周易

大讲堂
双　色
图文版

刘凤珍◎主编　黄威◎编著

中国华侨出版社
北京

图书在版编目（CIP）数据

周易大讲堂 / 黄威编著 .—北京：中国华侨出版社，2016.12
（中侨大讲堂 / 刘凤珍主编）
ISBN 978-7-5113-6536-1

Ⅰ.①周… Ⅱ.①黄… Ⅲ.①《周易》—通俗读物
Ⅳ.① B221-49

中国版本图书馆 CIP 数据核字（2016）第 292772 号

周易大讲堂

编　　著	黄　威
出 版 人	刘凤珍
责任编辑	冰　馨
责任校对	王京燕
经　　销	新华书店
开　　本	787 毫米 × 1092 毫米　1/16　印张 /24　字数 /411 千字
印　　刷	三河市华润印刷有限公司
版　　次	2018 年 3 月第 1 版　2018 年 3 月第 1 次印刷
书　　号	ISBN 978-7-5113-6536-1
定　　价	48.00 元

中国华侨出版社　北京市朝阳区静安里 26 号通成达大厦 3 层　邮编：100028
法律顾问：陈鹰律师事务所
编辑部：（010）64443056　　64443979
发行部：（010）64443051　　传真：（010）64439708
网　　址：www.oveaschin.com
E-mail：oveaschin@sina.com

前言

《周易》原是上古卜筮之著述，商、周之际，经过文王的整理，将它引入了"天人之际"的学术领域，后经过孔子的传述，又加上历代众多学者的精心研究，使其成为中国人文文化的基础，对儒、道、墨和诸子百家的思想都有较大的影响。我国著名哲学家冯友兰教授曾说："《周易》是宇宙代数学。"被誉为"中国脊梁"的梁漱溟教授说："《周易》是中华民族的文化瑰宝。"张岱年教授曾说："《周易》是中华民族传统文化的最高典籍。"季羡林教授说："《周易》是中华民族文化之源。"

《周易》是我国现存最早的哲学著作，在中华文化史上占有极其重要的地位，儒家尊之为"群经之首"，道家崇之为"三玄之一"。它仰观天文，俯察地理，中通万物之情；究天人之际，探索自然、人生易变的法则；不但启示事物发生的微妙契机，而且指引人们趋吉避凶；运用哲学的智慧，积极地指引人们采取正确的措施。其玄思宇宙的深奥哲学和象数图式，在世界文化史上也是独树一帜的，令古今中外无数思想家、政治家、科学家、术数家为之倾倒。从古至今，很多人通过研读《周易》获得了成功的智慧和方法：德国哲学家莱布尼茨受到《周易》的启示，破译了二进制的奥秘，从而研制成功了手摇计算器；丰田、三星的创始人也是受《周易》的启发，成就了大事业；而诺贝克物理学奖获得者、丹麦人尼尔斯·玻尔，因其对世界物理学的杰出贡献，被他的国家授予爵士徽章时，他选择了《周易》中阴阳太极图案作为整个徽章的标志。

《周易》既是一部古老的智慧书，也是一部现实生活的指导书。从《周易》中，哲学家看到辩证思维，史学家看到历史兴衰，政治家看到治世方略，军事家可参悟兵法，企业家可从中找到经营之道，管理者可从中领悟到管理秘诀，同样，芸芸众生也可将其视为为人处世、提高修养的不二法宝。

　　本书的目的在于解析《周易》的智慧对人们在当今社会成就人生的重要意义。为了帮助读者更好地理解《周易》，掌握其所蕴含的人生智慧，编者从《周易》六十四卦的本意出发，以生动的事例和精到的点评对《周易》中有关如何修身养性、为人处世、齐家立业等方面的思想做了深入浅出的阐释，把《周易》的智慧导入现代社会的生活情境中，帮助读者更透彻地领悟《周易》，用《周易》的智慧成就事业和人生。

　　为了方便读者阅读，本书在编排上，增设了相关的辅助性栏目：译文，在尊重原文的基础上对每一句进行讲解，扫除阅读障碍；智慧解读，将每一爻的主题思想、所蕴含的人生成功智慧予以解析，使读者深刻体会其内涵；要诀，提炼出精到的为人处世原则；例解，通过具有启迪性的事例来说明每一爻所蕴含的哲理，指导人们找到获得成功的捷径。这些内容，或纵向深入，或横向延展，帮助读者快速领略人生智慧，不断地超越自我，走向更加广阔的成功之路。

目 录

乾卦第一——自强不息 ... 2
坤卦第二——厚德载物 ... 8
屯卦第三——艰难困苦育新生 ... 15
蒙卦第四——以学愈愚人才兴 ... 21
需卦第五——揣时度力待时动 ... 27
讼卦第六——蚁斗蜗争是非留 ... 33
师卦第七——顿纲振纪重法度 ... 39
比卦第八——端本正源川归海 ... 45
小畜卦第九——戮力同心谋大道 ... 51
履卦第十——正己守道无忧惧 ... 57
泰卦第十一——权时制宜知进退 ... 63
否卦第十二——志洁行芳黑白明 ... 69
同人卦第十三——求同存异休戚共 ... 75
大有卦第十四——论富有之道 ... 81
谦卦第十五——谦虚是美德 ... 86
豫卦第十六——生于忧患，死于安乐 ... 92
随卦第十七——交际的艺术 ... 98
蛊卦第十八——革清弊政 ... 104
临卦第十九——领导的艺术 ... 110
观卦第二十——明察秋毫 ... 116
噬嗑卦第二十一——执法必严 ... 122
贲卦第二十二——外表与心灵 ... 128
剥卦第二十三——斗争的策略 ... 133
复卦第二十四——善于改过自新 ... 139
无妄卦第二十五——行动须谨慎 ... 145
大畜卦第二十六——注重才德的修养 ... 150
颐卦第二十七——修身养性得长生 ... 156

大过卦第二十八——以柔济刚	162
坎卦第二十九——排难脱险	168
离卦第三十——相依共存	174
咸卦第三十一——情感交流的重要性	180
恒卦第三十二——人贵有恒心	185
遁卦第三十三——及时退却安身心	191
大壮卦第三十四——积蓄力量待奋发	196
晋卦第三十五——德勤诚欲求上进	202
明夷卦第三十六——百折不挠守纯正	208
家人卦第三十七——团结守规日太平	214
睽卦第三十八——全面灵活定成功	220
蹇卦第三十九——休养生息解困境	226
解卦第四十——伺机而动化矛盾	232
损卦第四十一——有舍有得赢人心	238
益卦第四十二——不计小利成大事	244
夬卦第四十三——刚柔相济得太平	250
姤卦第四十四——防微杜渐免祸害	256
萃卦第四十五——德行兼备聚人心	262
升卦第四十六——顺势而升成大器	268
困卦第四十七——身陷困境不屈服	274
井卦第四十八——提高自我修养	280
革卦第四十九——审时度势除旧弊	286
鼎卦第五十——鼎力更新隆运昌	292
震卦第五十一——雷震压惊贵内省	297
艮卦第五十二——审时度势定进退	303
渐卦第五十三——循序渐进终成事	309
归妹卦第五十四——依礼行事终无忧	315
丰卦第五十五——丰盛不蔽光明行	320
旅卦第五十六——人生旅途道为先	326
巽卦第五十七——顺逊容人成大器	332
兑卦第五十八——和悦处世心态正	338
涣卦第五十九——临灾逢变创新天	344
节卦第六十——适可而止知节制	350
中孚卦第六十一——讲诚信，善待人	355
小过卦第六十二——小过无妨多通变	360
既济卦第六十三——功成名就须谨慎	365
未济卦第六十四——变易无穷向前行	370

乾卦第一
——自强不息

（乾下 乾上）

乾：元，亨，利，贞。

《彖》曰：大哉乾元！万物资始，乃统天。云行雨施，品物流形。大明终始，六位时成。时乘六龙以御天。乾道变化，各正性命。保合太和，乃利贞。首出庶物，万国咸宁。

《象》曰：天行健，君子以自强不息。

【译】乾卦象征天，元始，亨通，和谐有利，贞正坚固。

◎《彖》解释道：伟大的乾元（开创万物的阳气），万物由你而生，都本于天。云气流行，雨水布施，众物周流而各自成形。阳光运行于终始，六爻得时而形成。依时乘驾六爻之阳气，以驾御天道。乾道在变化，万物各定其性命。保太和之气，才能有利于守持纯正。阳气周流不息，如冬尽春来，又重新萌生万物，万国皆得安宁。

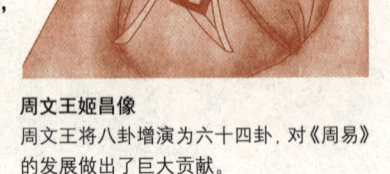

◎《象》解释道：天道的运行刚劲强健，君子因此发愤图强而永不停息。

周文王姬昌像
周文王将八卦增演为六十四卦，对《周易》的发展做出了巨大贡献。

【智慧解读】

乾卦纯由阳爻组成，它的卦德是天，代表着天道。"乾"字帛书《易经》又作"健"，有刚健之义。因此，乾卦的主要内容就是讲刚健的天道，以及它所喻示的一种自强不息的精神。它同"易"的"变易"精神相贯穿。这一卦涵盖了天地运行、昼夜更迭、四时交替之道。它给予我们的启示在于，君子应该效法天象的健于运行，以坚韧的毅力，永不停息地奋发自强。

【要诀】坚忍不拔，自强不息。

【例解】

20世纪90年代，某位中专毕业生到微软求职。第一次面试的时候，他被刷下来了。但他并没有立即离开，而是问考官自己需要加强哪些方面的能力。第二次面试的时候，虽然他比第一次有了进步，但同样被刷了下来，他也同样询问了自己的不足。就这样，经过多次面试，多次的自我提升，他终于被微软录用。考官的评价是：虽然这个年轻人在专业水平上有所欠缺，但他强烈的求知欲和不断提升自己的行为，完全可以进微软。

初九，潜龙，勿用。

《象》曰：潜龙勿用，阳在下也。

【译】 初九，龙在潜伏之中，不能轻举妄动。

◎《象》解释道：龙在潜伏之中，不能轻举妄动，是因为"初九"虽然是阳爻，但它在最下面。

【智慧解读】

"初九"以阳爻居最下位，象征阳气初生而潜藏在地下。而下位龙的形象的最大特点是变化多端，可大可小，可升可隐，因此很适合作为本爻的喻象。此爻的关键是"潜"和"勿用"。就其表象来说，现在是潜伏期，时机还没有成熟；就其对策来说，就是不能妄动。要注意的是，这里的"潜"和"勿用"并不是意味着什么也不做，而是要暗中积蓄力量，用一时的隐忍，换取进一步发展的时间和空间。"潜"是为了飞，"勿用"是为了大用。

【要诀】 戒急用忍，韬光养晦，暗中发展，以图大用。

【例解】

当初，日本黑白电视机发展进入鼎盛时期时，许多厂家纷纷投入生产，但松下公司没有盲动，而是积极筹备，等待时机。他们先是组织科技人员对刚出厂的各种品牌的电视机进行剖析，收集市场反馈信息，加以改进与完善。接着，他们投资兴建新厂，翻新生产流水线，投资培训员工，提高整体实力；同时还利用多种方法，千方百计地利用各种渠道搞情报活动，密切监视各电视机生产厂家的动向。这些准备工作为松下的发展打下了坚实的基础，后来，他们研制生产出更适合消费者需求的新机型，一举在电视机市场中占据了主导地位。

九二，见龙在田，利见大人。

《象》曰：见龙在田，德施普也。

【译】 九二，龙出现在田野里，有利于去拜见有道德有作为的人。

◎《象》解释道：龙出现在田野里，要普降恩泽（因此这时候见它很有利）。

【智慧解读】

"九二"是乾卦的第二爻，在下卦中央，因而"得中"，地位有利。这象征"初九"潜藏的龙，已经上升，此时已出现在田野之中。"九二"阳爻得中，就像刚健而具有中庸德行的伟大人物，已经由隐忍而显现，必将有所作为。筮遇此爻，即将显达，故曰"见龙在田，利见大人"。这是崭露头角的象征，因此要抓住这一机会，有道德、有作为的人可能正值用人之际。有时候机遇的作用要大过能力，有人才高八斗，却无人赏识；有人才能平庸，但机会赶得好，最终大有作为，因此对机遇的把握很重要。但是要注意，此时只是处于开始发展的阶段，实力比较弱，还没站稳脚跟。过分的张扬，可能招致不必要的麻烦，影响大好前程。

【要诀】 冷静思考，抓住机会。

【例解】

有一家公司招聘部门主管，最后进入面试的是3位非常优秀的青年。总经理决定亲自主持，他一句话也没说，只递出了写有地址的信封，地址是本市一个偏僻的街道，然后挥挥手示意他们可以走了。第一个人看了看地址，便匆匆奔向信封上所写的地点。第二个人也一样，最后他们都没有被录用。第三个人拿到信封后，觉得这个信封很奇怪，他没有急着出去送信，而是冷静地思考了一会儿，打开封口，发现里面有一张纸条，上面写着：恭喜你，你被公司录取了！第三位青年的成功，是因为他在机会来临时异常冷静，最终紧紧地抓住了机会。

九三，君子终日乾乾，夕惕若厉。无咎。

《象》曰：终日乾乾，反复道也。

【译】 九三，君子终日勤奋不松懈，到了晚上要戒惧反思。这样，即使有了危险，也不会带来灾祸。

◎《象》解释道：终日勤奋不松懈，也就是反复行道。

【智慧解读】

"九三"在奇数阳位，已至下卦上位，过分刚正，反而危险。好比有才能的君子一旦受到关注，反而处在危险的地位。此时须谨慎警惕，虽处险境，亦可无咎。在人生的旅途中，只有时时刻刻都谨慎行事，才能避免灾祸。因此，不能因为有了小的成就就沾沾自喜，目中无人。平时行事的时候，不能无所顾忌，肆意妄为。事实上，事过之后，你就会知道曾经的成就是多么微不足道，而自己曾经又是多么的鼠目寸光。

【要诀】 勤奋不懈，戒惧反思。

【例解】

金日磾是西汉时期著名的大臣，他本是匈奴贵族，被俘后降汉。他与霍光皆为汉武帝的托孤重臣，权倾一时。但他恃宠不骄、进退有度、御家得法。有一次，金日磾发现自己的儿子备受皇帝娇宠，以至于公然调戏宫女。他断然将自己的儿子处死，皇帝阻拦也不听。这是因为他认识到自己位高权重，容易受到攻击，其子凭借皇帝的宠爱胡作非为，终将酿成大祸。后来，霍光纵容家奴行凶，最终成为众矢之的，下场悲惨，而金日磾却受到皇帝的信任，恩宠不衰。正是因为他谦虚谨慎，才避免了杀身之祸。

九四，或跃在渊，无咎。

《象》曰：或跃在渊，进无咎也。

【译】 九四，龙在深潭中或者腾跃上进或者退处在渊，没有灾祸。

◎《象》解释道：龙在深潭中或者腾跃上进或者退处在渊，审时前进自然没有灾祸。

【智慧解读】

"九四"阳爻而居阴位，缺乏安定而进退未定，只要把握最有利的时机，进或退便不会有危险，故曰"或跃在渊，无咎"。此爻喻应认清形势，妥善把握时机。这个时候，处于比较有利的环境，各方面的条件都将要成熟，没有太多的牵绊，因此十分有利。但要注意，九四虽已进入上卦，但又居于上卦之下，若处理不妥，往往导致下受抵、上遭压，所以龙欲飞但要审时度势，待机奋进。

【要诀】 高瞻远瞩，审时前进。

【例解】

福建驰名股份有限公司是一家私营企业，其投资资金全部由个人所承担，但他们却做出了一件令人为之震惊的事：集资2.3亿元独自修建了泉州大桥，开创了私人企业承办大型交通设施的先河。此举风险很大，颇受质疑，然而事实证明，他们的投资是极其英明的。现在大桥收费站每天收费七八万元，除偿还利息还略有剩余。他们还趁热打铁，计划在大桥两边投资开发房地产，兴建加油站，发展服务业。这样，在国家授予的大桥30年的收费期限内，他们不但能收回投资，而且会有大量收入。福建驰名股份有限公司由此取得了令人瞩目的成就。

九五，飞龙在天，利见大人。

《象》曰：飞龙在天，大人造也。

【译】 九五，龙飞腾在天空中，有利于出现德高势隆的大人物。

◎《象》解释道：龙飞腾在天空中，德高势隆的大人物必有所作为。

【智慧解读】

"九"是阳数的最高位,"五"是阳数的最中位,因此,"九五"在所有卦里都是最吉之爻,被称为"君位",皇帝通称"九五之尊"就是这个道理。此时正处于最风光最红火的阶段,是最佳时刻,事事顺心,无往不利,因此机不可失,时不再来,一定要好好把握。这一爻是上上签,也就代表着成功,因此,可以大胆地去做。

【要诀】狂飙突进,腾云而上。

【例解】

朱元璋是明朝的开国皇帝,是中国历史上唯一一个出身卑微的皇帝。他曾经因饥荒到皇觉寺当过和尚,后来见天下大乱,机会难得,遂决定去投奔濠州郭子兴的义军。郭子兴非常喜爱他,他也受到了重用。从此,他如鱼得水、屡立战功。朱元璋随个人成长而不断调整思想,树立了远大的理想,使得他在那个战乱的年代中脱颖而出,成就了霸业。

上九,亢龙,有悔。

《象》曰:亢龙有悔,盈不可久也。

【译】上九,龙飞到了极高之处,有了悔意。

◎《象》解释道:龙飞到了极高之处,有了悔意,这是因为水满则溢,不能持久。

【智慧解读】

"上九"之位是最高位,但同时也是最末位,阳气到了极致,必将消泻,而阴气则会相应地增长。龙飞到最高处,自然是不能更进一步了,已经无处可去,肯定会心生悔意。这也就是我们常说的"水满则溢,月满则亏"的道理。事业发展到顶峰的时候,也就是开始衰退的时候;世界上最伟大的人,也就是那个最孤独的人。登山的时候有"山到绝顶我为峰"的豪情,但相信没有人能够永远站在山顶上,他必然会踏上下山的路。因此,顶峰也就意味着衰退,成熟也预示着腐烂。在这个时候,不能被胜利冲昏头脑,要么功成身退,要么继续努力。"晴打雨伞,饱带干粮"是金科玉律。

【要诀】头脑清醒,居安思危。

【例解】

唐玄宗李隆基是中国历史上一位很有作为和气魄的皇帝。在他统

明皇幸蜀图 唐 李昭道
此图描绘唐玄宗为避"安史之乱"而行于蜀中的情景。

治期间，出现了最为鼎盛的阶段——开元盛世。当时民心安定，国力强盛。后来，唐玄宗宠爱杨玉环。自此唐玄宗昼夜笙歌伴舞，把江山社稷抛至九霄云外。结果是藩镇割据，局面失控，先是安禄山、安庆绪造反，后又有史思明造反。中原大地战争不断，藩镇叛乱使强盛的唐朝自此走向了衰退的下坡路。如果唐玄宗在鼎盛时期能够保持头脑清醒，居安思危的话，结局何至于此？

用九，见群龙无首，吉。

《象》曰：用九，天德不可为首也。

【译】用九，群龙出现，没有首领，吉利。

◎《象》解释道：各秉天德，不自居首领。

【智慧解读】

"用九"的意思就是通九，谓乾卦之六爻皆九。依古筮法，遇到六爻皆九的情况，就以"用九"爻辞断事。群龙无首，就是说，群龙同时出现在天空中，但都不以首领自居，比喻众人都得志，齐心协力，所以很吉利。在现实生活中，每个人都有自己的长处，都可以贡献自己的一份力，众人拾柴火焰高，团结起来的力量是巨大的。

【要诀】群策群力，人尽其才。

【例解】

《水浒传》中的宋江，就善于运用每个人的长处。他要请金枪手徐宁，并没有像刘备那样"三顾茅庐"，而是派石秀和时迁两人去，利用时迁"鼓上蚤"的梁上功夫，偷取徐宁珍视如命的传家宝——金丝锁子铠甲，激诱徐宁来到梁山入伙，大破铁甲连环马。宋江作为头领让每个人都发挥自己的专长，大胆起用众人讥讽的"鼓上蚤"时迁。这样一来，宋江不必事必躬亲，而时迁又因得到立功机会而乐此不疲，尽心尽力。最后，事情也圆满完成。这就是群策群力、人尽其才的作用。

乾卦给我们的启示

1. 有志于建功立业的人，要有坚忍不拔的精神。应当自强不息，努力拼搏，无论遇到什么样的艰难险阻都能勇敢向前，这样才能有大的成就。

2. 为人必须谦虚谨慎，戒骄戒躁。取得一点小的成绩不能沾沾自喜，故步自封，应该抓住好的机遇，不断地超越自己。在事业进展顺利的时候，要小心防范可能出现的危险；当出现挫折时，不能停滞不前。

3. 开创事业仅仅靠自己一个人的力量是不够的，要学会用人，发挥每个人的长处为自己服务。虚心听取别人的意见，集体的智慧蕴藏着无穷的财富。只要上下团结一心，群策群力，不愁大事不成。

坤卦第二

——厚德载物

（坤下 坤上）

坤：元，亨，利牝马之贞。君子有攸往，先迷；后得主，利。西南得朋，东北丧朋。安贞吉。

《彖》曰：至哉坤元！万物资生，乃顺承天。坤厚载物，德合无疆。含弘光大，品物咸亨。牝马地类，行地无疆，柔顺利贞。君子攸行，先迷失道，后顺得常。西南得朋，乃与类行。东北丧朋，乃终有庆。安贞之吉，应地无疆。

《象》曰：地势坤，君子以厚德载物。

【译】坤卦象征地，元始，亨通，利于像雌马一样守持正固。君子有所行，要是抢先居首必然误入歧途，若随从人后，就会有人做主，必得利益。往西南走会得到朋友，往东北走会失去朋友，这时安于坚持正道则吉。

◎《彖》解释道：坤元（配合天开创万物的大地）真伟大，万物因它而生，故顺承天道。坤用厚德载养万物，功在无疆。包含光大，众物皆得顺通。母马是地上的动物，奔行于无边的大地，柔顺而宜于坚持正道，君子有所行，要是抢先居首必然误入歧途，若随从人后，就会有人做主，必得利益。西南得到朋友，是同类相聚而行；东北丧失朋友，但最终将有吉庆。安于坚持正道的吉利，正是迎合了无边的地德。

◎《象》解释道：坤象征着地势，君子以宽厚之德容载万物。

伏羲八卦图

【智慧解读】

坤是"地"的意思，也有"顺"的意思。坤卦上下皆为坤，六爻皆阴，是纯粹的阴，象征地。乾卦代表刚健，讲的是奋斗精神，而坤卦的性质却是柔顺（纯阴），充满了忧患意识和宽容精神。它不是在任何情况下都有利，只有执着于正道，柔顺宽容，才会吉祥。因此，不能强出头，而应紧随人后，同时要像大地一样具有宽容精神，载养万物而不止。

【要诀】 柔顺宽容。

【例解】

有一条大河，河上有一座用一根圆木搭成的独木桥。有一天，两只山羊分别从河两岸走上桥，到了桥中间，却谁也不肯退让。结果两只山羊顶撞起来，最终双双跌落河中被淹死了。试想，如果它们让对方先行，自己退让一步。表面看来，自己吃了亏，但实际上却是免去麻烦，利人利己。柔顺宽容，这正是坤卦的精髓所在。

初六：履霜，坚冰至。

《象》曰："履霜坚冰"，阴始凝也，驯致其道，至坚冰也。

【译】 初六，踏到薄霜时，则（知道）坚冰就要到来了。

◎《象》解释道：踏到薄霜时，阴气开始凝结。顺着阴气发展的规律，则坚冰必将到来。

【智慧解读】

"初六"在坤卦最下方，是初始第一爻，是老阴，有转化为阳爻的可能。从"初六"开始，阴气开始增长。霜是阴气凝结而成，可能象征着不好的事物。它提示我们，不好的事物刚出现苗头的时候，尚不能造成很大的危害，但有进一步恶化的可能，因此一定要引起足够的重视。要在萌芽状态就采取措施，否则可能会酿成大祸。此爻告诫我们：应该有忧患意识，见微知著。

【要诀】 见微知著，防微杜渐。

【例解】

东汉和帝时，窦太后亲临朝政，其兄窦宪掌握大权，官员们争着逢迎巴结，因此政局混乱不堪，但和帝对此却并不在意。司徒丁鸿忧心如焚，他借着日食出现的机会，向和帝控诉窦宪仗着太后的权势，包揽朝政，独断专行，连皇帝也不放在眼里。接着他又说："穿破岩石的水，一开始都是涓涓细流；长到天上的大树，也是由刚露芽的小树长成的。人们常忽略了微小的事情，从而造成祸患。如果陛下能亲自处理朝政，从小地方着手，在祸患处于萌芽的时候消除它，这样就能够安定汉室王朝，国泰民安。"汉和帝听从了司徒丁鸿的建议，革了窦宪的官职，削减了窦氏家族的势力。由于朝廷除去了隐患，国势便开始有了明显好转。

六二，直方大，不习，无不利。

《象》曰：六二之动，直以方也。"不习，无不利"，地道光也。

【译】六二，（大地）平直、四方、广袤，即使去陌生的地方，也不会不利。

◎《象》解释道："六二"之动，"平直"而"方正"。即使去陌生的地方，也不会不利，这是因为地道柔顺、广大。

【智慧解读】

"六"是阴爻，"二"是偶数阴位。阴爻得阴位，得其正，又在下卦的中位，故是中正之位，有利。大地平直、四方、广袤，直行、横行皆一望无际，象征着人正直、端方、胸襟阔大。这一爻以大地的形势说明，顺从大地的法则，不违反事物发展的规律，不侵犯他人的利益，就能无为而无不为，得到较好的结果。因此，要心胸宽广，坦坦荡荡做人。君子坦荡荡，故不会瞻前顾后，无往而不利；小人长戚戚，故局促狭隘，斤斤计较，反而事事不顺心。

【要诀】正直方大，无往不利。

【例解】

艾森豪威尔在当选总统前曾担任哥伦比亚大学校长，当时各部门领导都要前来拜访，谈谈各自的工作。于是他每天要接见两三位院长或部门负责人。几天以后，他问副校长像这样的人一共有多少，对方说共有63位。艾森豪威尔两手举过头顶高声喊道："天哪！太多了！太多了！我当盟军统帅的时候，只接见3位将领，我完全相信这3个人。他们手下的将领，我从来不用过问。想不到我当一个大学校长，竟要接见63位负责人，他们谈的我不大懂，又说不到点子上，这对学校的发展实在没有好处……"艾森豪威尔坦坦荡荡，敢于说真话，所以仗打得好，大学也治理得好。

六三，含章，可贞，或从王事，无成有终。

《象》曰："含章可贞"，以时发也。"或从王事"，知光大也。

【译】六三，蕴含美德而不张扬，吉。跟从君王作战，不以成功自居，才会有好的结果。

◎《象》解释道：蕴含美德而不张扬，目的是待时而动。跟从君王作战，不以成功自居，这正是智慧光大的体现。

【智慧解读】

"六三"是阴爻，在奇数阳位，不中不正，正如阴气在半空中，半刚半柔，半静半动，正酝酿着变化，因此有利也有弊，需要谨慎行事。它告诫我们：美德、才能，迟早是会被别人承认的，此时不要张扬，必须谦虚谨慎。成功了也不能骄傲，谨从臣事，不居功自傲，才能有好的结果。此爻讲的是不出头、不争强、不贪功，恪守本分，才能善始善终的道理。

【要诀】谦虚谨慎，恪守本分。

【例解】

有一个计算机博士去应聘，开始他提出很高的薪金要求，结果总是碰壁。后来，他认识到自己的错误，不再以自己是博士而自视甚高。他到一家公司应聘，只拿出本科文凭，结果被录用了，但工资很少。他无怨无悔，认真工作，不久老总发现他的才能，提升了他，这个时候他亮出了自己的硕士文凭。后来老总认为他能力很强，又一次提升了他，这时候他才亮出自己的博士文凭。他的故事告诉我们：是金子总是会发光的，不要张扬，而要谦虚谨慎，保持本色。

六四，括囊，无咎无誉。

《象》曰："括囊无咎"，慎不害也。

【译】六四，扎紧口袋，没有过失，也不求赞誉。

◎《象》解释道：扎紧口袋，没有过失，谨慎就没有危害。

【智慧解读】

"六四"是阴爻，在偶数阴位，但却是上卦的最下位，得正却未得中，上下不交，阴气太重，故仍然是危险的位置。这个位置的上下不交，预示着赞誉和诋毁都会到来，必须万分谨慎。它告诫我们：此时形势异常复杂，必须适时收敛，强行忍耐，不该说的话不说，不能做的事不做，千万不能强出头。就像扎紧的口袋一样，使别人的赞誉和诋毁都无法施展。在这种时候，必须明哲保身，避免祸患。

【要诀】明哲保身，收敛忍耐。

【例解】

明代著名的戏曲家汤显祖自幼就文名远播，当时权倾天下的内阁首辅张居正希望能够将他收为己用，便欲帮他打通会试的关节。此时，如果汤显祖能够顺势投靠张居正，肯定可以高中，但他严词拒绝了张居正。结果汤显祖受到排挤，名落孙山。后来，张居正死后被抄家，和他有关联的人都受到了牵连。汤显祖却未受其害，就是因为他深知权重者不谦逊，必定没有好下场。他如果接受了张居正的帮助，可能会获得一时的权位，

张居正像

但必定会招致莫大的祸患。面对复杂的形势，汤显祖能够正确地抉择，避免了一场灾难。

六五，黄裳，元吉。

《象》曰："黄裳元吉"，文在中也。

【译】六五，穿黄色的裙裳，大吉。

◎《象》解释道：穿黄色的裙裳很吉利，温润而守中道。

【智慧解读】

"六五"居上卦的中位，大吉。但在奇数位，故不正。阴居阳位，其位尊高，其德谦下，有柔顺之德。黄色是大地的颜色，也是中央之色，较贵重，因此用它来预示吉利。裳为下裙，黄裳则比喻尊贵而居下位，保持柔顺的本色。它告诫我们：不管有多么得意，多么位尊权重，仍然要保持谦逊的美德、和善的本色。不能自以为高人一等，瞧不起人，更不能飞扬跋扈，利用手中的权势，损害别人的利益。

【要诀】谦逊有礼，保持本色。

【例解】

某单位要选出一名优秀分子给予表彰，小张工作突出，成绩优异，但他恃才傲物，瞧不起同事，甚至与几位单位领导都发生过冲突。在群众评议时，领导便把小张提出来，说将要选他为优秀分子，看看大家的态度如何（大家可以自由发表意见）。众人早就看不惯小张，于是你一言我一语地说他的缺点，最后，领导只好放弃了小张。这个故事说明做人不要张扬，必须谦虚谨慎。不居功自傲，才能有好的结果。

上六，"龙战于野"，其血玄黄。

《象》曰：龙战于野，其道穷也。

【译】上六，龙在原野上争斗，血流遍地。

◎《象》解释道：龙在原野上争斗，是因为纯阴之道已发展穷尽。

【智慧解读】

"上六"是六爻的最高位，又是偶数阴位，此时阴已过盛，达到了极点，必然要阴极转阳，和阳的争斗在所难免。顺转为逆，向不好的方向转化，此时是非常危险的。坤卦所代表的是柔顺、谦逊，但如果"坤道"发展到极致，则必然物极而反，逞刚于外，爆发冲突。此爻告诫我们：功高盖主必遭忌。居于臣属的地位就要尽忠职守而不可越俎代庖，权势炙手可热之时应当适可而止、急流勇退，自可善始善终。

— 012 —

【要诀】 过犹不及，适可而止。

用六，利永贞。

《象》曰：用六"永贞"，以大终也。

【译】 用六，有利于永守正道。

◎《象》解释道：永守正道，以坤道养育万物而大终。

【智慧解读】

"用六"的意思与"用九"相似，谓坤卦之六爻皆六。依古筮法，遇到六爻皆六的情况，就以"用六"爻辞断事。乾卦的"用九"，教导人们善用阳刚，遵循自然法则生成万物，因而它居于创造地位。坤卦的"用六"则教导人们运用阴柔原则，如大地厚载，包育万物，位居属位，须永远纯正才能有好结果，故曰"利永贞"。

【要诀】 执着纯正。

【例解】

此事发生在西汉名将张良发迹前。张良有一次在桥上漫步，适遇一老人。只见老人故意把鞋扔下桥，对张良说："你下去给我把鞋捡上来！"张良有点儿生气，但碍于老人的年纪，只好下桥去捡鞋。捡了鞋后，老人又让张良给他穿上，张良跪膝于前，小心帮老人穿上了鞋。事后，老人非但不谢，反而大

张良得《太公兵法》图

笑而去。片刻老人又返回，对张良说："孺子可教也，五日后的黎明，与我会此。"两次会面，都因张良迟到而散，第三次张良夜半赴约，先老人一步，老人才授给张良一本书。张良觉得很奇怪，天亮后一看，方知为《太公兵法》，张良就日夜诵读此书，终于成为名将。张良以自己的执着纯正，赢得了老人的信任，苏轼在《留侯论》中曾对张良的涵养评论道："卒然临之而不惊，无故加之而不怒。"我们为人处世，正需要这种执着纯正的态度。

坤卦给我们的启示

1. 一个人在刚强、进取的同时，还要具备阴柔、退让的性格，后者是对前者的辅助和补充，一味逞强，必遭折断；刚柔相济，才能获得成功。行善积德，以宽厚、豁达的态度待人接物，常常会获得出人意料的成功和幸福。

2. 做人要谨慎谦逊，要见微知著。把不好的苗头扼杀在萌芽状态，才能避免可能到来的灾祸。

3. 要学会明哲保身，并不是说不去见义勇为，不帮助别人，而是要有避祸意识，不做无谓的牺牲，不强出头，这些都建立在对局势的冷静观察之上。急流勇退、适可而止才是善始善终之道。

屯卦第三

——艰难困苦育新生

☳☵（震下 坎上）

屯：元亨，利贞。勿用有攸往。利建侯。

《彖》曰：屯，刚柔始交而难生。动乎险中，大亨贞。雷雨之动满盈，天造草昧。宜建侯而不宁。

《象》曰：云雷，屯。君子以经纶。

【译】屯卦象征初生，和畅通顺，宜于守正，不要有所往，宜于建立诸侯以广资辅助。

◎《彖》解释道：屯，刚柔开始相交，艰难也同时产生。在险难的情况下活动，前景虽然比较吉利，但要守持正固。雷雨将作，雷声、乌云充满天地之间，如天始造化，万物开始萌发之时，此时适宜于建立诸侯治理天下，而不可安居无事。

◎《象》解释道：云与雷合成屯卦，君子以此肩负起策划经营的责任（以天下为己任）。

【智慧解读】

屯卦紧排在乾卦和坤卦之后，卦象为下震上坎。下卦"震"象征雷，代表着动，是新生命的孕育；上卦"坎"象征云，代表着艰险、陷阱。"屯"的原意为草木萌芽的状态，因而有生命开始的含义，而生命的萌生时期由于其自身力量过于弱小，所以非常艰难，充满危险。因而屯卦意在告诫人们：在前进道路上，必须戒骄戒躁、艰苦奋斗。这一卦的关键是"勿用"和"建侯"，因为是萌芽阶段，所以很弱小，此时不能大用，否则可能会夭折，因此应该积蓄力量。"建侯"也就是说，虽然很艰难，但万物都在萌发，此时正是建立功业的大好时候，只要毅然前行，就希望无穷。小小的树苗，可能会长成参天大树，给人以希望。所以说，"君子以经纶"，现在正是谋划的时候了，这就需要有以天下为己任的胸襟与责任感，因为机会只会让位于有准备的人。

【要诀】 积极策划，以备大用。

【例解】

隋朝末年，隋炀帝荒淫无度、施行暴政、征战连年，百姓穷苦不堪，纷纷揭竿而起。面对这种天下大乱的形势，部分地方官僚也纷纷起兵，以图建立帝王之业。这个时候，有很多人劝太原留守李渊起兵，但都被他拒绝了。他清楚地知道，隋王朝还拥有相当的实力，天下大势还不明朗，因此不能贸然行事。但他并不是无所作为，而是暗中招兵买马，集聚粮草，待时而动。果不其然，隋王朝的军队锐气未消，陆续击败了瓦岗军和一些地方势力，但由于起义此起彼伏，不久又陷入了内乱之中。李渊见时机成熟，果断地出兵直取长安，建立了霸业。李渊的成功，就是认清形势、积极策划的结果。

初九，磐桓，利居贞，利建侯。

《象》曰：虽磐桓，志行正也。以贵下贱，大得民也。

【译】初九，盘旋难进，宜于安居守持正固，宜于建立诸侯多获资助。

◎《象》解释道：虽然盘旋难进，但志向、行为纯正。以高贵而下接低贱，大得民众依附。

【智慧解读】

"初九"为屯卦之始，阳爻阳位得正，总体上居于有利地位，故曰"利居贞，利建侯"。但初爻是阳刚之爻，却在两个阴爻之下，因此受到阴气的压制，阳气不足。"万事开头难"，任何事物在萌芽时期，力量都十分弱小，故而举步维艰，徘徊踌躇，但艰难中孕育着无穷的希望，所以应当坚定地走下去。因此，此时尚不是显露自身实力的时候，还是要默默发展，建立事业的基础。同时要放下架子，与下层接触，收拢民心，所以说"利建侯"。总体而言，此时是萌芽期，有很多艰辛，但只要坚持不懈，最终将建立伟大的事业。

【要诀】百折不挠，顽强拼搏。

【例解】

TCL公司首次施行国际化战略时，就在越南面临着18个月亏损18亿的厄运，但总裁李东生并没有因此气馁。他知道，要迈出国门，肯定会遇到这样那样的问题，也必然会经历失败。因此，他继续坚定地走国际化的战略，并一如既往地支持海外负责人易春雨。他的坚持不懈，终于有了回报，不久TCL公司在越南的业务就扭亏为盈。有了这一次的经验，李东生后来又兼并了汤姆逊和阿尔卡特，使TCL公司成为全球知名的家电制造商。李东生的故事告诉我们，在创业之初，肯定会备尝艰辛，但一定要百折不挠，风雨过后，才能见彩虹。

六二，屯如邅如，乘马班如。匪寇婚媾。女子贞不字，十年乃字。

《象》曰：六二之难，乘刚也。十年乃字，反常也。

【译】六二，困顿而徘徊。乘马的人纷拥前来，不是强盗，是来求婚的。女子却不愿嫁人，要过十年才许嫁。

◎《象》解释道："六二"的灾难，是因为它居于（初九之）刚之上。十年才许嫁，说明难极至通，事理又恢复正常。

【智慧解读】

"六二"阴爻而居阴位，又是下卦的中位，处于中正之位。它本与上卦之"九五"相配对，但因处于"初九"之上，受到"初九"的"骚扰"，因此困顿徘徊。这就是"六二之难"。也就是说，它要在"初九"和"九五"之间选择，目前它正面对"初九"的压力。但是它最终还是决定坚持，就像女子坚持十年不嫁一样。此爻告诫我们：在创业的初期，肯定会受到各方面的压力或诱惑，这个时候可能会困惑、犹豫，但一定不能屈服，眼光要放远一点。坚持不懈，最终会有更大的收获。

【要诀】坚定执着，高瞻远瞩。

【例解】

百事可乐公司是全球知名的饮料公司，在它成立之初，可口可乐公司已经是家喻户晓的大公司了。面临可口可乐公司的巨大压力，百事可乐公司举步维艰，甚至差一点儿被兼并。对百事可乐公司的股东来说，被兼并也并非是坏事，他们可以乘机甩掉"烂摊子"。在这种不利的局势下，百事可乐公司痛定思痛，积极筹划，着眼于长远，终于在努力奋斗后，可以和可口可乐公司并驾齐驱，这是当时任何人都无法想象的。百事可乐公司的成功，就是因为能够着眼长远、坚持不懈。

六三，即鹿无虞，惟入于林中，君子几不如舍，往吝。

《象》曰："即鹿无虞"，以从禽也。君子舍之，往吝穷也。

【译】六三，追鹿到了山林里，却没有看林人做向导，考虑是否到树林中去的问题。君子很明智，认为还是不去为好，进去非但打不到野兽，还会有危险。

◎《象》解释道：追鹿到了山林里，却没有看林人做向导，因此纵禽逃走。君子不去追，去则灾害无穷。

【智慧解读】

"六三"阴爻居阳位，因而骚动不安，想要妄动。但"六三"位不中不正，若轻举妄动，必然陷入困境。此爻告诫我们：应认清形势，明辨取舍，切不可轻举妄动。在有些时候，适当地放弃，是明智的体现。每个人都有不满足的时候，比如说想成为富翁，想出名，或者认定做某个项目肯定赚钱，做某个决定对己有利。这个时候，就需要认真地做评估，先要认清自己的优势是什么，做这件事需要什么条件，如果条件不具备，最好还是放弃为妙，因为盲目下决定，很可能会招致无穷的祸患。

【要诀】 认清形势，适当放弃。

【例解】

胡适是新文化运动的主将，他曾在专业选择上经历了一番痛苦的思考。他到美国留学，最开始是到康奈尔大学学习农业，但学得很吃力。30多种苹果，他要花两个半小时才能分辨出20种，远远不如班上的其他同学。胡适认识到，他并不适合学农学，如果自己坚持学习农学，可能不会取得多大成就。于是，他转而学习文学、历史、哲学，最终成为一代大家。胡适的故事，说明只有对形势做认真评估，才不会一条路走到黑。

六四，乘马班如，求婚媾。往吉，无不利。

《象》曰：求而往，明也。

【译】 六四，骑马前去求婚徘徊不前，感到困难，怕被人家拒绝。但前往则结果吉利，没有不成功的。

◎《象》解释道：(勇敢地)前去追求，才是明智之举。

【智慧解读】

"六四"与"九五"接近，只要前进，便会大吉大利，故曰"往吉，无不利"。俗话说："一朝被蛇咬，十年怕井绳。"经历过一次求婚失败，下一次求婚就很犹豫，害怕被拒绝。这就如同我们在日常生活中，经历过一次失败，总会在心理上留下阴影。这个时候我们要做的，不是惧怕，或者认为自己不行，未战先怯，而是要相信自己，勇敢地去面对，认真地准备，积极应对。迈过这个坎，就会迎来光明的前景。此爻喻当抉择困难、进退两难时，宁可取积极前进的态度。

【要诀】 不惧失败，积极进取。

【例解】

皇太极在攻打明朝的时候，遇到了一个强劲的对手——袁崇焕。袁崇焕坚守宁远，打退过努尔哈赤的进攻，使得后金伤亡惨重。皇太极为替父报仇，再一次率军攻打宁远，但又一次败北。这两次失败，使得后金内部非常害怕攻城。但皇太极没有被吓倒，他认真总结经

宁远城遗址
1626年，努尔哈赤亲率十三万（对外号称二十万）大军，围攻明关外要塞宁远城（今辽宁省兴城市），遇到明将袁崇焕抗击，久攻不下，背发痈疽而死。

验，铸造了攻城用的大炮，并制定了围点打援的战略，最终全歼明朝主力，为清军入关奠定了基础。

九五，屯其膏，小，贞吉；大，贞凶。

《象》曰："屯其膏"，施未光也。

【译】九五，克服初创艰难，即将广施膏泽。柔小者，守持正固可获吉祥；刚大者，守持正固以防凶险。

◎《象》解释道：克服初创艰难，即将广施膏泽，说明九五所施德泽尚未及光大。

【智慧解读】

"九五"爻虽中正而又居"五"位，但却在上卦坎卦之中央，被围困于群阴之中，陷于凶险，有力难施。在这种情况下，纵然施展抱负，前途也未必光明。这正如事业已经有了一些小的成就，这时候可以进行小的投资，获得小的发展，但步子不能迈得太大，因为根基不牢，周围仍然充满凶险。这个时候，最现实的做法是自保，而不要异想天开，幻想一口吃成个胖子。故此爻喻处困境而无援时，应退守自保，不可逞强冒进。

【要诀】结合实际，稳扎稳打。

上六，乘马班如，泣血涟如。

《象》曰："泣血涟如"，何可长也？

【译】上六，骑在马上盘旋不前，哭泣得血泪涟涟。

◎《象》解释道：哭泣得血泪连连，这样下去，好景能维持得长吗？

【智慧解读】

"上六"爻虽阴柔，却已上升到极点，日暮途穷，进无可取，退无可守。与乾卦的"亢龙有悔"不同的是，此时已完全处于绝地，极其不利。事业初创的时期，也是混乱不堪的困难时期，这个时候一定要把握好方向，找好对策，才能趋利避害，获得大发展。如果一步走错，就会断送无限美好的前程，最后血泪连连，也于事无补。

【要诀】正确抉择，不可冒进。

【例解】

巨人集团曾经是一个红遍全国的知名企业，历经不到 2 年就成为销售额近 4 亿元、利税近 5000 万元、员工达 2000 多人的大企业，可谓是前途远大。但集团老总并没有认识到公司尚处于起步阶段，基础还不牢固，就盲目进行投资，提出"三大战役一起打""产品多元化"等口号，将有限的资金分散开来。另外，他还决定建造一座38层的大厦，大概需要资金2亿元，工期为2年，这些使公司正常运营的资金全部被挤占，结果出现了严重的资金短缺问题，大厦没建成，公司却陷入了困境，一个大有前途的企业就这样结束了。这就是盲目冒进的结果。

屯卦给我们的启示

1. 在创业之始，每个人都会遇到困难，都会踌躇和迷惘。眼前的事物又如此纷纭众多，充满着诱惑。这正是建功立业、大有作为之时，此时最重要的，不是急着出击，而是先要坚守正道，志向纯正，选择正确的道路，才不会在跨出第一步时误入歧途，一失足成千古恨。

2. 创业初期，往往力量有限，经不起挫折，任何错误都可能导致灾难性的后果。因而在情况未明、前途未卜之时，要努力搜集各种信息，认真分析研究，以期准确把握时机，做出正确决策。在目标选定时，看准时机，迅速行动才会有好结果。如果情况未定或时机未到，则宁可舍弃，另寻新路，切不可盲目行动。

3. 当处于进退两难的困境时，则宁进勿退。因为只有积极进取，采取果断行动，才能打破僵局，使局势明朗，从而找到出路。若固守待变，则会失去机会，可能使局势更加恶化，有时进取实际上是在制造机会。

蒙卦第四

——以学愈愚人才兴

（坎下 艮上）

蒙：亨。匪我求童蒙，童蒙求我。初筮告，再三渎，渎则不告。利贞。

《彖》曰：蒙，山下有险，险而止，蒙。"蒙亨"，以亨行时中也。"匪我求童蒙，童蒙求我"，志应也。"初筮告"，以刚中也。"再三渎，渎则不告"，渎蒙也。蒙以养正，圣功也。

《象》曰：山下出泉，蒙。君子以果行育德。

【译】蒙卦象征启蒙，亨通。不是我求蒙昧的童子，而是蒙昧的童子求我对他进行启蒙教育。他初次请教我施以教诲，接二连三地滥问，是渎乱学务，如此则不予施教，利于守持正固。

◎《彖》解释道：蒙卦（山上水下），山下有危险，遇到危险就停止下来，这就叫作蒙。蒙卦亨通，这是因为遇到危险能停下来的缘故。不是我求蒙昧的童子，而是蒙昧的童子求我，双方的志趣相投。他初次来向我求教，我告诉他，是因为我存刚毅中正之心。可是他再三地来向我求教滥问，如此则不予施教，因为这渎乱了蒙稚启迪的正常秩序。启蒙是为了培养正道，这是神圣不可侵犯的事业。

◎《象》解释道：山下流出泉水，就好像是启蒙幼童；君子应当效法这一卦的精神，以果敢的行动来培养人的品德。

【智慧解读】

蒙卦上卦取艮为山，下卦以坎为水，整个卦象就好像是山下流出泉水。泉水从山下流出，就好像儿童的成长一样，所以此卦取名为蒙卦。山泉虽小，但是却很清澈而不混浊，由小而大能汇成江流。此卦以下卦的"九二"爻为主爻。这一爻，刚爻合位，且与"九六"同类呼应，具有启蒙的力量，所以说"亨"，也就是可以畅通无阻了。从这个意义上，我们可以说蒙卦乃最早期教育之卦，而早期教育的关键在于对儿童进行"养正"。现在所流行的胎教，就是属于养正的重要内容。就像周文王的母亲在生养周文王时，史书记载："娠文王，目不视恶色，耳不听淫声，口不出敖言。生文王而明圣，太后教之，以一识百，卒为周宗。"由此可见，胎教如果措施得当，那么生下的孩子一般就会贤明、聪慧、高寿，将来能成就大业。当今社会，随着文明的日益进步，科学的日益发达，人们越来越重视对儿童的早期教育，这可以从蒙卦中找到它的历史渊源。

【要诀】防微杜渐，教育为本。

【例解】

民族英雄林则徐出身贫寒，但却取得了巨大的成就，这与他父母的教育有关。他的母亲勤劳节俭、善良厚道，虽然没有读多少书，但在做人上却言传身教，对幼年的林则徐起到了潜移默化的作用。他的父亲一生未曾中举，因此希望林则徐来实现这一夙愿。他非常重视启蒙教育，从小就一字一句谆谆教导，根据林则徐的理解和接受能力而循序渐进，举通俗事例加深理解，从未对孩子鞭笞，也很少苛责。父母的言行举止、严格要求，在林则徐小小的心灵中播下了优良的种子，为其后来建立丰功伟绩奠定了坚实的思想基础。

林则徐虎门销烟池纪念碑　清

初六，发蒙，利用刑人，用说桎梏，以往吝。

《象》曰："利用刑人"，以正法也。

【译】初六，对儿童进行启蒙教育，必须用责罚来规范蒙童的行为，端正他们的品质，使他们不至犯罪。若不注重对蒙童道德的启蒙教育，却急于求成，必有遗憾。

◎《象》解释道：之所以惩戒蒙童，是要以此来规范他们的行为，使他们知法度，有规矩。

【智慧解读】

"初六"是阴爻，处于整个卦体的最下方，代表的是最幼稚蒙昧的时期，所以需要对之进行教育，以便启发蒙昧。对蒙童进行启蒙教育，在开始时，要严厉地惩罚蒙童所犯的错误，这是有利的。但是在使用惩罚对他们进行告诫时，如果一味地只知严刑重罚，而不能掌握适当的限度，这不但对儿童的身心不利，反而会造成他们的逆反心理，引起他们的反抗，从而招来羞辱。所以说在教育刚开始时应当严格，但是不可过分，应当端正法度，法度比惩罚重要，没有规矩不成方圆。应当对儿童进行道德上的教育，树立一定的规范。

【要诀】 确立规矩，适当诱导。

【例解】

"风流才子"唐伯虎小时候就在画画方面显示出极高的天赋。后来他拜大画家沈周为师，掌握绘画技艺很快，深受沈周的称赞。沈周的称赞，使得一向谦虚的唐伯虎渐渐地滋生了自满的情绪。对于他的这种变化，沈周看在眼里，记在心里。一次吃饭，他让唐伯虎去开窗户，唐伯虎去推的时候才发现，原来自己眼前的窗户竟是老师沈周的一幅画。唐伯虎恍然大悟，从此认真学习绘画的基本功，虚心地临摹名家之作，从中学习一些绘画的技法，最终成为明代出名的大画家。试想，如果他幼时即自满，不用心学习绘画的基本技法，肯定不可能取得如此大的成就。沈周在唐伯虎犯错误时，不是严加训斥，而是积极诱导，这也是很好的教育方法。

九二，包蒙，吉。纳妇，吉。子克家。

《象》曰："子克家"，刚柔接也。

【译】 九二，包容蒙昧，吉祥。娶妻吉祥。儿子能够承担起家庭的责任。

◎《象》解释道：儿子能够承担起家庭的责任，是刚爻能与上九相互交接的原因。

【智慧解读】

从本卦的卦象上来看，全卦两个阳爻，"上九"处外卦的上方，"九二"处内卦之中，刚健而为内卦之主。在蒙昧的时局中，就好像是中流砥柱，统领众阴爻，成为众阴爻崇拜的偶像。从家庭层面上来讲，"九二"相当于儿子，"六五"相当于父亲。但是"六五"柔弱，不能承担起家庭的责任。而"九二"刚健，为内卦之主，且能容众，所以能够使家庭兴旺。结合本爻的卦辞和爻位来看，对于下一代的教育至关重要。国家需要人才，家庭也是需要有潜力的下一代来兴旺，从而源远流长。

【要诀】 人才强国，兴家旺族。

【例解】

汉高祖刘邦统一天下后，在洛阳大宴群臣。宴会上，刘邦问道："我何以得天下？项羽何以失天下？"群臣无不认为是刘邦有雄才大略。刘邦却不这么认为，他说："你们只知其一，不知其二。论运筹帷幄，我不如张良；论安抚民心，后勤保障，我不如萧何；论统率千军，指挥作战，我不如韩信。我之所以得天下，只在博取众将官之为我所用也。项羽连其心腹亲人范增都不能重用，只靠孤家寡人之勇，何以能得天下？"刘邦不刚愎自用，善于用人，才能最终得天下。

六三，勿用取女，见金夫，不有躬，无攸利。

《象》曰："勿用取女"，行不顺也。

【译】六三，不要娶这样的女子，见到有钱财的男子就忘记了自己的礼节，娶她没有什么好处。

◎《象》解释道：不要娶这样的女子，是因为她的行为不符合礼节。

【智慧解读】

"六三"与"上九"阴阳正应，从道理上应该从"上九"。但"六三"与"九二"距离最近，"九二"是众望所归，人气最旺且很富有，所以称之为"金夫"。况且"六三"阴居阳位，又处于上下卦的交际处，上下犹豫不定，贪慕钱财，见利忘义，取悦于"九二"，苟且失身。这样的女子行为不端，是不可以娶回来做老婆的，就是娶了以后也是没有好处的。这一爻以贪财倚势的女子做譬喻，来说明教育不可三天打鱼两天晒网。依此类推，此爻告诫我们：凡事要意志坚定，选准了一件事就要坚定不移地做下去，不能见异思迁，只有这样才能成就事业。

【要诀】立场坚定，矢志不移。

【例解】

众所周知，爱迪生发明了电灯，但他的这一发明是建立在无数次失败的基础之上的。为了寻找合适的材料做灯丝，他试验了上千次，仍以失败告终。这时有人劝他："你已经失败了上千次，还是放弃吧。"爱迪生回答："不，我已经发现了上千种材料不适合做灯丝。"正因为爱迪生能够以如此宽容的态度坦然面对挫折，并坚持自己的理想不动摇，勇于迎接挑战，才最终成为了著名的发明家。

六四，困蒙，吝。

《象》曰："困蒙之吝"，独远实也。

【译】六四，被困在蒙昧中，有吝难。

◎《象》解释道：被困在蒙昧中而受到吝难，这是因为远离刚健笃实的启蒙老师。

【智慧解读】

柔爻为虚，刚爻为实。从全卦来看，本卦四个阴爻，"初六"与"九二"比邻，"六三"与"上九"为正应，"六五"与"九二"为正应，只有"六四"这一爻与全卦的两个刚爻毫无关联，所以说处在蒙困之中。既无依靠，又没有救援，所以说有吝难。从阳的属性上来看，阳代表的是积极、充实、进取、上进，而阴代表的是消极、空虚、退却、懈怠，所以我们说阴虚阳实。"六四，困蒙"的原因，就是因为行动脱离实际，陷入空想。此爻告诫我们：教育不可脱离实际，学习不可好高骛远。

【要诀】 脚踏实地，务实进取。

【例解】

年轻人富有上进心，但往往心浮气躁，喜欢幻想。东汉时期，有个少年叫陈蕃。他住的房子很脏，其父的朋友薛勤看了批评他，他却振振有词地说："大丈夫处事，当扫除天下，安事一屋乎？"薛勤反问道："一屋不扫，何以扫天下？"但陈蕃不思悔改，仍然一意孤行。后来，他虽然当上了大官，也有一番大作为，但却仍然改不了好高骛远的毛病。他积极筹划消灭宦官集团，结果计划不周，事情败露，终被宦官所杀。

六五，童蒙，吉。

《象》曰："童蒙"之"吉"，顺以巽也。

【译】 六五，蒙昧的儿童单纯无邪，正待受人启发，吉祥。

◎《象》解释道：蒙昧的儿童吉祥，是因为其对蒙师恭顺谦逊。

【智慧解读】

"六五"虽然也是阴爻，但得中，高居"五"的尊位，此爻的上方是具有阳刚之气的"上九"，阳刚的"上九"又与下方的"六三"相互呼应，是上下都有应援的形象。它是处于待变、将变、适变的阶段。一旦变成了阳爻，上卦就变成了巽，巽也就是风，与下卦的水相互作用，从而风调雨顺，必然大吉大利。所以说"六五"虽然幼稚蒙昧，但是能虚心接受教导，因而吉祥。这一爻强调的是学习应该虚心，只有这样才能学有所成。如果学了点儿东西就骄傲自满，这是很有害处的。客观的形势是千变万化的，所以我们学习东西是没有止境的。学习时要能明白应变之道，与时俱进，这样才会大有收益。

【要诀】 与时俱进，随缘应变。

【例解】

春秋时候，秦国的孙阳擅长相马，人们都称他为伯乐。他把自己多年积累的相马经验和知识写成了一本书，配上各种马的形态图，书名叫《相马经》。孙阳的儿子看了父亲写的《相马经》，以为相马很容易，自以为自己也可以很快成为相马大师。他按书中所写的特征去找，最后竟然找到的是一只癞蛤蟆。他兴高采

窦燕山教子图轴　清　任薰
画面中屏风之前，窦燕山身着便服，慈眉善目，儒雅之风充溢画端。此时，他正教导身前幼子背诵诗书。幼子踌躇满志，斜视旁边专心读书论诗的兄长，羡慕之余，暗握拳头，发誓紧追兄长。正如"六五"所说的，儿童虽然幼稚蒙昧，但是如能虚心接受教导，最终是会成就大业的。

烈地给他的父亲看，他的父亲感叹道："你这就是所谓按图索骥，可惜这马太喜欢跳了，不能用来拉车。"所以说我们不能局限于书本知识，遇事应该随机应变，才会有所得。

上九，击蒙，不利为寇，利御寇。

《象》曰："利用御寇"，上下顺也。

【译】上九，以严厉措施教治蒙童，但不宜用过于暴烈的方式，应适当严厉，像抵御强寇的方式。

◎《象》解释道：采用抵御盗寇的方式治蒙有利，这是因为双方的意志相合。

【智慧解读】

此爻处于最上层，刚强过盛，强兵易折。治国不能以兵强天下，需要从政治、经济、外交、军事多方面进行考虑才能赢得彻底的胜利。如果单纯地以暴虐的方式治国，是不会取得真正的胜利的。移之于教育，百年大计，教育为本。在教学中，我们应该采取不偏不倚的原则，要对学生进行全方面、多方位的综合式的教育方针。

【要诀】张弛有道，宽猛相济。

蒙卦给我们的启示

1. 蒙卦应用于教育事业，它告诫人们，教育的原则应该注重潜移默化、循序渐进，不可贪功冒进。教育是百年大计的事业，应该把握住不偏不倚的中庸之道。教育又是神圣不可侵犯的事业，学习的动机必须要纯正，而且要持之以恒，坚持到底。

2. 教育应当严格，但是又要适度，因为过于严厉会造成学生的抗拒心理。学习不可见异思迁，不可好高骛远，更不可浅尝辄止。无论教还是学，都应该谦虚，相互切磋，从而教学相长，彼此受益。在教学中还应该做到内柔外刚，对内应当作到兼容并蓄，对外来的邪恶，则应当断然排斥，要能经得住诱惑。

3. 这一卦还象征了在创业的初期，秩序尚未建立，事物还处于萌芽的状态，一切都是蒙昧混乱的。这个时期的特点是危机四伏，一切都是不确定的，从而使人内心产生恐惧，造成一种对事物的抗拒心理，以致重私利、轻公益，趋向于保守，缺乏进取心。因而在创业的初期，未雨绸缪、广罗人才是最为重要的。

需卦第五

——揣时度力待时动

☰ （乾下 坎上）

需：有孚，光亨。贞吉，利涉大川。

《彖》曰：需，须也。险在前也，刚健而不陷，其义不困穷矣。"需，有孚，光亨，贞吉"，位乎天位，以正中也。"利涉大川"，往有功也。

《象》曰：云上于天，需。君子以饮食宴乐。

【译】 需卦象征等待，心怀诚信，光明通顺，守持正固可得吉祥，渡大河有利。

◎《彖》解释道：需，也就是等待的意思，(水在天上) 表示险在前面。刚健而没有陷入，它的意思就是不会遭到穷困了。需卦有孚信，光辉亨通，守正吉祥，处在天的位置，因为有中正之德。有利于涉过大河险阻，一往直前必有功效。

◎《象》解释道：上卦坎为云，下卦乾为天，云在天的上方，就是需卦了。君子从中受到启发，要待其时饮食宴乐。

【智慧解读】

需卦内乾外坤，阴阳合体。这一卦的卦形，在"乾"的上方是"坎"，"坎"代表的是水，不容易步行涉过。然而"乾"代表的是刚健，坚强有力，如果能够等待，在等待中做到有信心，最后的前途仍然是很光明的，是亨通的。只要坚守纯正，就会吉祥，就能够渡过大河。在这里，"贞"是"吉"的先决条件，必须纯正才能吉祥，必须等待时机才能有所作为。"需"就是等待的意思。蒙卦是儿童成长的时期，而需卦是等待万物吸收营养成长发育的时期，但这不等于无所作为。它启示我们在条件不成熟时，应该好好地积蓄力量，在积蓄中不断地壮大自己，将来定会一飞冲天，大有作为。

【要诀】 坚守正道，厚积薄发。

【例解】

在某知名大学的一次讲座上，同学们向讲演的著名律师请教怎样才能成为一位优秀的律师。那位律师举了一个例子：上大学时他有两个很好的朋友，一个毕业以后就去了律师事务所工作，而另外一个则选择继续学习深造，他们毕业时是23岁。转眼10年过去了，那个参加工作的同学已经成了鼎鼎有名的大律师，而继续深造的另一个同学也结束了学习生涯，跨入了律师的行业。到他们都是35岁的时候，这位33岁才成为律师的同学已经和做了12年律师的那位同学做得一样好，一样有名。可是到了43岁，也就是他们毕业后20年，后者由于10年深造积累的知识不断地派上用场，事业越做越大；而前者却受自己的知识所限，驻足不前，跟不上时代的潮流而日渐沉寂下来。这两个同学的对比，就是厚积薄发和急功近利的对比。

初九，需于郊，利用恒，无咎。

《象》曰："需于郊"，不犯难行也。"利用恒无咎"，未失常也。

【译】 初九，在郊外等待，有利于保持恒心，这样没有灾祸。

◎《象》解释道：在郊外等待，是不冒险前进；有利于保持恒心，没有灾祸，是没有失去常态。

【智慧解读】

"初九"在下卦的最下方，又在需卦，所以称为"需于郊"这一卦的各爻基本上是处于等待的状态。大河大险在上卦，从"初九"至上坎，由远及近，步步紧逼坎险，而"初九"离坎险最远，是在最远处的郊外等待。因为灾祸一时还危及不到，所以只要保持常态就可以了。这一爻告诫我们：在等待时机时，要像"初九"一样能够坚持常规，做到刚毅又有恒心，并且与灾害保持一定的距离，不应该过早地采取行动，这样才不会有过失。

【要诀】 远害全身，不轻举妄动。

【例解】

商纣王是出名的暴君，他常常通宵达旦地吃喝玩乐。有一次他喝得烂醉如泥，醒来后竟忘记了当时是何年何月何日，于是便问左右的人。左右的人害怕纣王，都说不知道。纣王就问箕子，箕子从容地回答道："我喝醉了，也记不清楚了。"箕子的弟子们问箕子："先生明明知道是什么日子，为什么说不知道呢？"箕子说："一国的人都说不知道，唯独我一个人知道，那我岂不是自找麻烦吗？"箕子是很明智的，面对像纣王一样的暴君，远害才能全身，妄动只会招来灾祸。

九二，需于沙，小有言，终吉。

《象》曰："需于沙"，衍在中也。虽小有言，以终吉也。

【译】 九二，在沙滩上等待，虽然有些小的口舌是非，但最后会吉祥的。

◎《象》解释道：在沙滩上等待，说明九二心中宽绰不躁；虽然有些小的口舌是非，但最后会吉祥的。

【智慧解读】

"九二"爻比"初九"爻靠近坎水一步，到了水边的沙滩上了，加上"九二"阳处阴位，所以"小有言"。但是此爻处在下卦的中位，行为适中而不斜出，且有刚强的属性，所以虽然会有些口舌是非，但是影响不会太大，最终的结果是吉祥的。这一爻告诫我们：在等待时机时，虽然不时会有些困惑，有些失意不安，但是我们不必去理会，不要把精力浪费在一些不必要的小的纷争之上，因为前途是光明的。

【要诀】不计小失，乐观向上。

【例解】

汉朝著名的军事家韩信是淮阴人，他幼时家中贫穷，因此常在熟人家里讨闲饭，很多人都讨厌他。但韩信却志向远大，日日苦读兵书。有一次，在淮阴的屠宰户里，有些恶少公然侮辱他道："韩信，你要是不怕死的话，就用你的剑来刺杀我；如果怕死不敢刺，就从我的胯下钻过去！"韩信考虑了一下，就低下头趴在地上，从那恶少的胯下钻了过去。满街的人都讥笑韩信，认为他是胆小鬼。但他们都没有想到，就是这个"胆小鬼"，最后却成了汉朝大名鼎鼎的淮阴侯。韩信志向远大，富有经纶天下之心，又怎么会和这些恶少一般见识呢？

九三，需于泥，致寇至。

《象》曰："需于泥"，灾在外也。自我致寇，敬慎不败也。

【译】九三，在泥沼中等待，招来了强盗。

◎《象》解释道：在泥沼中等待，灾害在外边；自己招来了强盗，只要小心谨慎，就不会失败。

【智慧解读】

"九三"爻与外卦坎险紧紧相邻，就像已经逼近了河边的泥沼一样。以泥作为象征，就等于说随时有陷入危险的可能。况且"九三"又为尚武之爻，外卦"九五"阳爻得位，位居外卦的尊位，因此在强大的外敌面前，妄进就会招来灾难。所以必须谨慎，才不会失败。这一爻告诫我们：愈接近危险，我们愈要小心谨慎，千万不可轻举妄动，一定要权衡事情的利弊，否则就会招来灾祸。

【要诀】小心谨慎，妄作则败。

【例解】

东汉末年，由于荆州地理位置十分重要，因此成为兵家必争之地。当时关羽镇守荆州，孙权久存夺取荆州之心，北边的魏国也虎视眈眈。可以说，关羽的处境相当危险，但他自认为勇猛难当，没有把敌人放在心上。诸葛亮深为忧虑，他给关羽定下了"东联孙权，北拒曹操"的战略，但被关羽抛在脑后。不久以后，关羽发兵进攻曹操控制的樊城，怕有后患，留下重兵保卫荆州。这时候，吴国大将陆逊写信给关羽，信中极力夸耀关羽。关羽读罢陆逊的信，仰天大笑，说道："无虑江东矣。"马上从防守荆州的守军中调出大部人马，一心一意攻打樊城。孙权认定夺取荆州的时机已经成熟，派吕蒙为先锋，向荆州进发。吕蒙将精锐部队埋伏在改装成商船的战舰内，日夜兼程，突然袭击，攻下荆州南部。关羽得讯，急忙回师，但为时已晚，孙权大军已占领荆州，关羽只得败走麦城。关羽的失败就在于太过于自负从而丧失了应有的谨慎，以致被陆逊所惑，败走麦城。

关羽秉烛夜读图

六四，需于血，出自穴。

《象》曰："需于血"，顺以听也。

【译】 六四，在血泊中等待，从洞穴中逃出来。

◎《象》解释道：在血泊中等待，是柔顺而听命于时势。

【智慧解读】

这一爻中的血好像与前面的郊、沙、泥联结不起来，但其实是很有关联的。这说明坎险已经接触到了身体，不仅是身体肌肤，而是已经接触到血液了。这种局势是非常紧张的一种状态，常使人热血沸腾。"六四"已经面临了巨大的危险，很有可能会造成很大的伤亡，所以用在血中等待来象征。不过好在"六四"阴爻能够居阴位，虽然柔弱但是能够守持中正。因此不会轻举妄动，不久就会从陷入的"穴"中走出来。这一爻告诫我们：在面临危险时，应当明晓柔顺之道，顺应外界的变化，切不可逞强使气，只有这样才能最终脱离险境。

【要诀】 临危不惧，以柔克刚。

九五，需于酒食，贞吉。

《象》曰："酒食贞吉"，以中正也。

【译】 九五，在酒食宴乐中等待，守正吉祥。

◎《象》解释道：在酒食宴乐中等待，是因为中正。

【智慧解读】

"九五"以阳爻之身而能居于阳位，且"五"又为尊位。这是全卦中最好的一爻。聪明的人知道把握时机，能够预知事物的发展趋势，所以他们能够乐天知命，也就能够做到忧郁不怀于心了。因此就能够在安闲的饮食宴乐中等待时机的来临。但是有一点应该引起足够的注意，就是在这种安全的状态下，仍然要坚守正道，就如"九五"居中正之位一样。这一爻告诫我们：在安全舒适的环境中，我们仍然需要洁身自好，坚守做人的原则，不可有违中正的道理。如果不这么做，会导致危险的。

【要诀】 诚信守正，富而不骄。

【例解】

贵州茅台集团是全国出名的大公司，前董事长季克良却仍住在20世纪80年代初建的残旧的单元楼里，而且住房面积只有80多平方米。从1981年季克良任副厂长、总工程师，到1991年任董事长以来，集团先后建了4栋高层电梯住宅楼，连不少职工都建起了小楼，而季克良一直没搬过家。他心中的事是让茅台产量突破1万吨。在全集团的支持、努力下，2000年，茅台酒终于攀上了1万吨大关。季克良的一桩桩心事也似乎了却了，但他仍未搬家。正是拥有了这样富而不骄、贵而不舒的董事长，才有了茅台集团今天的辉煌。

上六，入于穴，有不速之客三人来，敬之终吉。

《象》曰："不速之客来，敬之终吉"；虽不当位，未大失也。

【译】 上六，落入陷穴中，有三个不请自到的客人来临，尊敬他们，最终会吉祥。

◎《象》解释道：来了不请自到的三个客人，尊敬他们最终会吉祥；虽然位置不当，但不至遭受重大损失。

【智慧解读】

"上六"与下卦的"九三"相互呼应。"九三"加上它下面的两个阳爻，具有积极进取的刚毅品性。因为前面有坎险，所以等待了很久，现在终于到了等待的最终时刻，因而一拥而来，也就是"不速之客三人"。"上六"属于阴爻处在阴位，但却在阳爻之上，且又处于上的极点，已是进退无路，虽居高位却有名无实，没有地位。对于三个来临的阳爻，既无力量赶走，那么就只好以恭敬虔诚的态度来相待，这样就能化暴戾为祥和。这一爻告诫我们：应该有自知之明。当处在不利的环境中，我们应该化被动为主动，化不利为有利，充分利用自己的长处，发挥自己的优势，这样才能逢凶化吉，最终一定会获得好的结果。

【要诀】忍让谦恭，化不利为有利。

【例解】

张居正是明朝著名的"权相"，他善于隐忍，性格多变。在初入阁时，内阁首辅高拱自视是隆庆皇帝的老师，意欲压制群臣，树立自己的权威。这个时候，张居正虽然有所不满，但却留在心里，表面上仍然对高拱极为尊重，结果得到了他的信任。在高拱和另外一位内阁大学士徐阶的争斗中，张居正很好地处理了和他们之间的关系，得到了双方的认可。后来，高拱和徐阶先后被罢免，而张居正却熬过了这一段时间，成了内阁首辅，并着手推行改革，获得了极大的成功。

需卦给我们的启示

1. 需卦阐述的是事业的草创时期。这个时期仍然是危机四伏、动荡不安，因此要有足够的耐心和恒心来等待有利的时机。不可急躁冒进，不可因别人的只言片语而动摇自己的信念。

2. 在困难和挫折面前，要镇定自若，甚至可以安心地饮食宴乐，以一种乐观的心态来等待有利的时机。当陷入危险时，千万不可逞强斗气，应当保持冷静的头脑，运用柔的法则，处世若水，随机应变，自能化险为夷。

讼卦第六

——蚁斗蜗争是非留

（坎下 乾上）

讼：有孚窒惕，中吉，终凶。利见大人，不利涉大川。

《彖》曰：讼，上刚下险，险而健，讼。"讼有孚窒惕，中吉"，刚来而得中也。"终凶"，讼不可成也。"利见大人"，尚中正也。"不利涉大川"，入于渊也。

《象》曰：天与水违行，讼。君子以作事谋始。

【译】 讼卦象征打官司，是诚信被窒塞，心有惕惧所致，持中不偏可获吉祥，始终争讼不息则有凶险。宜于见有德行与能力的人，不利渡过大河险阻。

◎《彖》解释道：讼卦上卦乾为刚健，下卦坎为险阻，险阻而又刚健有争讼。争讼是诚信被窒塞，心有惕惧所致，持中不偏可获吉祥，是刚爻来到下卦而居于中位。始终争讼不息则有凶险，是因为争讼不会有结果。宜于见有德行与能力的人，是崇尚中正。不利于渡过险阻的大河，说明恃刚乘险将进入到深渊中。

◎《象》解释道：上卦乾为天，下卦坎为水，天与水背道而驰，这就是讼卦。君子做事情在开始时就要谋划好。

【智慧解读】

这一卦与需卦正好相反，需卦为等，此卦为争。讼卦的上卦为乾，代表的是刚强；下卦为坎，代表的是阴险。内心阴险而外表刚强，必然与人产生争讼。由此卦的整体来看，刚强的"乾"在阴险的坎卦之上，亦即刚毅却踏在陷阱之上。因此，自以为刚强而逞强斗勇，是行不通的，唯有反省，戒惧谨慎，把握一定的原则，才会吉祥。如果非要逞强，最后一定是凶险。除非遇到公正的大人来裁判，才会有利。

【要诀】 韬光养晦，隐忍自励。

【例解】

为了能够与大月氏建立军事战略同盟，并学会精钢宝刀的炼制办法，汉武帝任命张骞作为汉朝的特使出使大月氏。然而张骞面临的困难是要经过当时汉朝的敌对国——匈奴。在经过匈奴地界时，张骞被匈奴所俘。他忍辱偷生，时刻不忘使命，寻找机会逃脱。然而每一次逃脱的结果都是被匈奴人抓回来，接受更严酷的惩罚。在这样艰难的条件下，他并没有丧失信念和斗志，在匈奴一待就是13年。后来，他娶了匈奴人为妻，有了家庭，但他并没有安于眼前的舒适，而是依然坚持自己的理想，牢牢谨记汉武帝的重托，最终寻找机会到了大月氏。从他身上，我们不但能够看到超强的执行力，大丈夫的一诺千金、不畏艰难险阻的豪情，更能看到我们中华民族所特有的韧性，那种韬光养晦、最终有所作为的精神。

张骞像
字子文，西汉成固人。汉武帝时，张骞以军功受封为博望侯，后又拜为中郎将。

初六，不永所事，小有言，终吉。

《象》曰："不永所事"，讼不可长也。虽"小有言"，其辩明也。

【译】初六，不久缠于争讼事端，尽管会有小的口舌是非，最后会吉祥。

◎《象》解释道：不久缠于争讼事端，所以争讼的事情不能长期地坚持下去；即使有小的口舌是非，一经说明，还是可以明白的。

【智慧解读】

"初六"阴爻居阳位，又在此卦的最下方，所以非常的柔弱。虽然与上卦的"九四"阳相应，但是中间有"九二"阻隔，力量薄弱，所以无力排除争讼。但"九四"阳刚，有呼应的倾向，虽然会有小的争讼，但终究会有好的结果。这一爻告诫我们：遇到争讼的事情不可纠缠太久，更不能好勇斗狠，应当以解释来求得化解。

【要诀】处事果敢，和气致祥。

【例解】

战国时期，秦国最强，吸引了列国大批的人前来，其中有些是为本国打算，有些是间谍。因此，秦国的大臣、贵族们要求秦王把"客卿"统统撵出秦国。秦始皇就下了一道逐客令。大小官员，凡不是秦国人，都得离开秦国。有个楚国来的客卿李斯，也遭到驱逐，心里挺不服气。离开咸阳的时候，他上了一道奏章给秦始皇，详细解释了必须用天下之人才才能统一天下的道理。秦始皇觉得李斯说得有道理，连忙打发人把李斯从半路找回来，恢复他的官职，还取消了逐客令。这个故事说明遇到不顺利时，应当尽量以解释求取和解，化不顺为坦途。

九二，不克讼，归而逋。其邑人三百户，无眚。

《象》曰："不克讼"，归逋窜也。自下讼上，患至掇也。

【译】九二，官司败诉了，逃回家，在三百户人家的采邑中没有灾祸。

◎《象》解释道：官司败诉了，逃回家；九二居下与尊上争讼，灾患临头但及时躲避而又中止。

【智慧解读】

"九二"与"九五"相应，但两爻全为阳爻，这种相应，属于敌应，不是阴阳两性间的正应。所以上下不能应援，心志不能相合。且"九二"在下卦的中央，禀性刚而喜欢与人争讼，加上以阳爻居阴位，位置不正又低，争讼必然失败，只好逃亡隐藏起来。这一爻，强调不可逞强争讼，应当退让深自反省，才不至惹祸上身。

【要诀】遇事冷静，深自反省。

【例解】

蔺相如"完璧归赵"，保全赵国不受屈辱，立了大功。赵惠文王十分信任蔺相如，拜他为上卿，地位在大将廉颇之上。廉颇很不服气，私下对自己的门客说："蔺相如有什么了不起，我见到他，一定要给他点儿颜色看看。"这句话传到蔺相如耳朵里，蔺相如就装病不去上朝。有一天，蔺相如带着门客坐车出门，老远就看见廉颇的车马迎面而来，他叫赶车的退到小巷里去躲一躲，让廉颇的车马先过去。蔺相如的手下不服气，说蔺相如不该这样胆小怕事。蔺相如对他们说："强大的秦国不敢来侵犯赵国，就因为有我和廉将军两人在。要是我们两人不和，秦国知道了，就会趁机来侵犯赵国。"有人把这些话告诉了廉颇，廉颇感到十分惭愧。他就裸着上身，背着荆条，到蔺相如的家里去请罪。从这以后，两人成了知心朋友。廉颇的深切反省，蔺相如的谦逊，一直被后世传为美谈。

六三，食旧德，贞厉，终吉。或从王事，无成。

《象》曰："食旧德"，从上吉也。

【译】六三，享用故旧的德业，守正以防危险，最终吉祥；或者也有从事政事的可能，但并无所成。

◎《象》解释道：享用故旧的德业，是说他有顺从上位的吉兆。

【智慧解读】

"六三"以阴柔上承阳刚，所以说"食旧德"。"六三"又与"上九"正应，且在下卦之末，故说"终吉"。但此爻阴柔，无力与人争讼，因此，隐忍前往先祖遗留的封地，吃祖宗留下的余荫，坚守纯正，自励自勉，才能渡过难关，最后得到吉祥。或者也有从事政事的可能，但不会有成就。这一爻告诫我们：凡事应当知足，不可强出头，不能张狂，应当隐忍自励，这样才会有好的结果。

【要诀】 主静毋动，隐忍自励。

【例解】

五代十国时期，战争频仍，各割据势力都想着消灭别的国家，但往往是在战争中消耗了元气，最后还亡了国。但其中有一个例外，这就是吴越国。吴越国的建立者是钱镠，他知道自己的地域狭窄，力量过于弱小，只能勉强自保，因此不轻易发动战争，而是积极和强国保持良好的关系。在唐亡之前，钱镠忠于唐朝；在朱温篡唐建后梁以后，他又效忠于后梁，由是亦从后梁得到了吴越国王、诸道兵马都元帅的头衔。后唐灭后梁以后，钱镠又向后唐上表称臣，不仅得到了吴越国王、天下兵马都元帅的头衔，而且还得到了御册金印。凭此，吴越便有效地防御了周边割据势力对吴越国的侵扰。与此同时，他积极地关注国计民生，修筑了捍海塘等水利工程，颇得民心。在他的治理下，吴越国作为一个小国，却经济发达，社会安定。这就是钱镠主静毋动、不强出头的功劳。

九四，不克讼，复即命渝，安贞吉。

《象》曰："复即命渝"，安贞不失也。

【译】 九四，不能克胜讼事，返回到自己命定的分限，变得安分守己，吉祥。

◎《象》解释道：不能克胜讼事，变得安分守己，没有损失。

【智慧解读】

"九四"虽然阳刚，但在上卦的最下方，况且又以阳爻之身占居阴位，地位弱，争讼不会有好的结果。此爻在上乾和互巽当中（"六三""九四""九五"构成互巽），乾为天，巽为命（古人认为巽为风，风能传送上天的讯息，故以巽为命），"九四"天命如此，不能强求。但此爻有柔的品性，能够回头以就正道，改变初衷，顺其自然，所以不会有过失了。这一爻告诫我们：做事如果顺其自然，安于正理，则心安恬适。

【要诀】 顺其自然，怡然自乐。

【例解】

陶渊明是魏晋南北朝时期的大诗人，他早年当过祭酒、参军、县令等官职。后来，他渐渐地觉得不应该"为五斗米折腰"，虽然辞官后可能很穷，但他更喜欢那与世无争的田园生活。因此，他毅然决定辞官回家，重操农事。田园生活虽然很辛苦，但却给他的精神带来了极大的安宁。因此，他才写出了"采菊东篱下，悠然见南山"这样的佳句，取得了更大的诗歌成就。陶渊明的归隐，正是积极回头，顺其自然，最终怡然自乐的真实写照。

陶渊明饮酒图　元　钱选

九五，讼，元吉。

《象》曰："讼，元吉"以中正也。

【译】 九五，君子听讼，明断曲直，大吉大利。

◎《象》解释道：君子听讼大吉大利，是因为既中又正。

【智慧解读】

"九五"为刚爻，"五"是刚位，位正，"五"是上卦中位，位中，"五"是尊位、天位，刚爻占据五位是大人得位，拥有统治权，可以用自己的道理治理天下。居此位者有权有势，行为不失中道，办事又公道，不倚不偏，清正廉明，能理枉断屈，故"讼元吉"，所以大吉大利。这一爻告诫我们：裁判诉讼，应以至中至正为根本；为人处世，要能中正祥和，不能太偏激。

【要诀】 公正严明，不偏不倚。

【例解】

春秋时期，祁黄羊是晋国的大臣。有一次，晋平公问他："南阳县缺个县令，你认为派谁去当比较合适呢？"祁黄羊建议让解狐去。晋平公很惊讶，因为解狐是祁黄羊的仇人。祁黄羊说："你只问我什么人能够胜任，谁最合适，你并没有问我解狐是不是我的仇人呀！"于是，晋平公接受了他的建议，结果解狐到任后，替那里的人办了不少好事。后来，晋平公又问祁黄羊谁适合当法官，这一次祁黄羊推荐了自己的儿子祁午。晋平公又惊讶起来了，他问道："你难道不怕别人说闲话吗？"祁黄羊说："你只问我谁可以胜任，所以我推荐了他，你并没问我祁午是不是我的儿子呀！"这一次晋平公同样接受了他的建议，结果祁午同样干得很出色。祁黄羊办事公正严明、不偏不倚，故而得到了晋平公的信任和尊敬。

上九：或锡之鞶带，终朝三褫之。

《象》曰：以讼受服，亦不足敬也。

【译】上九，也许会得到赐赠服饰上鞶带的诰赏，但一天之内又多次被解下。

◎《象》解释道：因为诉讼而争取到诰命的服饰，也没有什么值得尊敬的。

【智慧解读】

这一爻在外卦乾的上方，乾为衣、为金、为玉，金玉为服，最明显的是鞶带，乾为白昼，故曰"终朝"；上卦共三爻，所以说"三"。"上九"阳刚已达到了极点，放在诉讼这个大的环境，是说可以逞强而赢得诉讼，但是不会太持久。因为靠的是争讼，而不是凭贤能和自己的政绩，得之无道，故"不足敬"。这一爻说的是做事要脚踏实地，不被虚名所累，以务实肯干的求实精神来做事，才能真正地受到人们的尊重。

【要诀】名不虚得，就实避虚，敦本务实。

【例解】

秦末天下大乱，东阳少年杀死县令响应陈胜起义，但他们都觉得自己的资历不够，需要找一个有声望的人来当"王"。恰好陈婴原是东阳县令史，为人信谨，有威望，于是他们便拥立陈婴为王，迅速聚众两万人。陈婴的母亲对陈婴说："自我做你家妇，从未闻你家先代出过贵人。现在暴得大名，不吉利，不如附属他人，事成可以封侯，事败也容易隐匿，因为不是众人关注的人物。"母亲的话提醒了陈婴，因为自己根本没有想到要称王，且年事已高，也没有这个才能和精力，于是他谨遵母训，对拥戴者说："现在下相（今宿迁）人项梁已在吴中起义，并率兵过江。项氏世世为将，在楚国非常有名，我等现在要举大事，非以他为将不可。我们依靠名族，一定会灭亡暴秦！"于是众人归属了项梁，而陈婴也及时从中抽身。

讼卦给我们的启示

1. 讼卦阐释了在事业的初期，难免与人发生一些争执，引起诉讼。在处理争讼时，不要自以为有理而逞强，得理不饶人。行动过于刚强，会招来一些是非之争，使自己的信誉蒙羞，从而对以后的事业不利。

2. 处理争讼上的事情时，宜于用平和化解恩怨，最不宜使诉讼拖延太久，以免最后弄得不可收拾。在争讼之前，要深思熟虑，自我批评一下最好。在争讼之时，得饶人处且饶人，为自己以后的事业打下"人和"的根基，从而在业界赢得广泛的关系。

师卦第七

——顿纲振纪重法度

（坎下 坤上）

师：贞丈人吉，无咎。

《彖》曰：师，众也。贞，正也。能以众正，可以王矣。刚中而应，行险而顺，以此毒天下，而民从之，吉又何咎矣。

《象》曰：地中有水，师。君子以容民畜众。

【译】师卦象征兵众，众而正，贤明长者统兵可获吉祥，没有危险。

◎《彖》解释道：师是众的意思，贞是正的意思。能带领部属走正路，就可以为王了。刚毅中正者上应其君，行进在险阻之中却能符合正理，用这种方法来治理天下，民众自然会服从他，当然很吉祥了，还有什么危险呢！

◎《象》解释道：地中有水，这就是师卦。君子从中得到启示，要容纳人民，蓄聚群众。

【智慧解读】

争讼必定会有众人起来相斗，所以在讼卦之后紧接着就是师卦。师卦又是从比卦覆变而来的。这一卦，只有"九二"是阳爻，在下卦的中央，被五个阴爻所包围，以军事来打比喻，这个"九二"是统帅，五个阴爻是士兵。"九二"刚强，处于下卦等于身处下层，但是握有实权。"六五"柔和，高高在上，象征带兵打仗的统帅得到了君王的高度信任，必能大展才能。由于是正义之师，仗是非打不可，这就如同用毒药医治疾病一样，不得已而用之。

【要诀】率众走正道，无往而不利。

【例解】

汉景帝在位期间，采用了晁错的策略，着手削藩，以此来削弱各诸侯王的势力，结果引起以吴王刘濞为首的以"请诛晁错，以清君侧"为名的"七国之乱"。但七国的叛乱并不得民心，故而得不到民众的支持。相反，汉景帝的军事行动，却得到了民众的积极支持。汉景帝于是命令周亚夫发兵进攻叛军，周亚夫治军很严，士兵也乐于效命，他也很受景帝的信任。有了上上下下的支持，周亚夫信心倍增，他分两路袭击敌军后方：派一支部队袭击吴、楚供应线，断其粮道；自己亲自率领大军袭击敌军后方重镇昌邑。结果断了敌军的粮道，又击败了敌军的先锋，最终取得了胜利。周亚夫的胜利，是因为得到了皇帝和民众的支持，故无往而不利。

初六，师出以律，否臧凶。

《象》曰："师出以律"，失律凶也。

【译】 初六，进行战争必须以严格的军纪来进行统制，否则无论胜败都会有凶险。

◎《象》解释道：进行战争必须以严格的军纪来进行统制，没有军纪就会有凶险。

【智慧解读】

"初六"是师卦的第一爻，象征军队出发作战的阶段。战争以开始的阶段最为重要，必须以严格的军纪统制，否则无论胜败都有危险。因为"初六"这一爻如果变成了阳爻，则整个卦象就成了临卦。临卦兑下坤上，兑为泽，是大河被堵塞变成了沼泽。军队没有了法度，力量就会削弱涣散，所以说凶。行军打仗是这样，经营企业、管理下属同样如此，没有一套严明的纪律、科学的法度，是很难取得好的业绩的。

【要诀】 顿纲振纪，重视法度。

【例解】

海尔集团如今是国际知名的大公司，更是民族工业的代表，但在改革开放之初，它却是个名不见经传的小公司，谁都没有预料到它会有今天的业绩。它的成功，在很大程度上要归功于总裁张瑞敏对管理的重视。在张瑞敏的带领下，海尔集团创立了"OEC管理模式"——即每天的工作每天完成，每天工作要清理并有所提高。这就意味着企业每天所有的事都有人管，所有的人均有管理、控制内容，并依据工作标准对各自控制的事项，按规定计划执行，每日把实施结果与计划对照、总结、纠偏，达到对生产过程的日日控制与事事控制的目的，确保向预定目标发展。正是有了严格的管理，海尔才会有今天的业绩。

九二，在师中吉，无咎。王三锡命。

《象》曰："在师中吉"，承天宠也。"王三锡命"，怀万邦也。

【译】 九二，统率兵众，持中不偏是吉祥的，没有灾难，而且还会得到君王不断的赏赐嘉奖。

◎《象》解释道：统率兵众，持中不偏是吉祥的，那是因为得到了天子的宠信。君王不断地赏赐嘉奖，是要怀服万邦。

【智慧解读】

"九二"爻与"六五"爻阴阳正好相应,且属正应。由二到五中间经过三次跳跃,也就是"三锡命"。这一爻是全卦中唯一的一个阳爻,位于下卦,得到许多阴爻的信赖。又位于下卦的中位,象征的是刚毅、中正。军队有了巩固的领导中心,这样就会吉祥,就不会有灾害过失了。这一爻强调的是统帅坚持中正之道,君臣上下齐心,团结一致的重要性。

【要诀】上下齐心,团结一致。

【例解】

L公司在其发展中不断调整策略,逐渐跻身到大公司的行列。有一次,一个德国经销商要求L公司必须在两天内发货,否则订单自动失效。如果按照一般程序,做到这一点几乎是不可能的。如何将不可能变为可能,此时,优良的团队精神显示了巨大的能量。他们采取齐头并进的方式,调货的调货、报关的报关、联系船期的联系船期,全身心地投入到工作中,抓紧每一分钟,使每一个环节都顺利通过。当天下午五点半,这位经销商接到了来自L公司货物发出的消息,他非常吃惊,吃惊转为感激,还破了十几年的惯例向L公司写了感谢信。L公司神奇般的崛起和茁壮成长,绝不仅得益于它的统军人物,还得益于整个团队中每位员工的努力,整个过程体现了上下齐心、团结一致的巨大效应。

六三,师或舆尸,凶。

《象》曰:"师或舆尸",大无功也。

【译】六三,出师可能拉着尸体回来,凶险。

◎《象》解释道:出师可能拉着尸体回来,完全没有功劳。

【智慧解读】

"六三"爻为动武之爻,而又以阴爻居于阳位,属于居位不正,象征了缺乏领袖的才能而又刚愎自用、好大喜功的军队领袖。这样的统帅,在作战时行为乖张,轻举妄动,一味冒进,必然会导致战斗的失败,造成"舆尸"的惨痛下场。这一爻,说明了统帅不中不正、无能无德的严重后果,对于当权者以及管理者无疑具有极大的警醒作用。

【要诀】任人唯贤,考虑周详。

【例解】

明和后金的萨尔浒之战,是努尔哈赤崛起的关键性一仗。在这一仗中,明朝任用了昏庸的杨镐为总指挥,他任人唯亲,排斥异己,还想当然地制订了四路围剿计划,将兵力分散。杜松好大喜功,做事莽撞,却被他用为主力,结果杜松孤军深入,很快被后金全歼。刘𫓧是一员虎将,但却得不到重视,甚至在打仗之前,连粮饷都得不到保证,结果同样被努尔哈赤歼灭。因为杨镐的失误,明军在萨尔浒之战中损失惨重,最后渐渐丧失了优势,只能是被动挨打。

六四,师左次,无咎。

《象》曰:"左次无咎",未失常也。

【译】 六四,军队撤退驻守,没有危险。

◎《象》解释道:军队撤退驻守,没有危险,说明没有失去用兵的常法。

【智慧解读】

"六四"爻正处在上下之交的"危险地带",他的下面没有相应的援军作为他的后援,形势非常不利。但是"六四"阴柔,且能以柔爻而居阴位,虽然无战胜的可能,但是却能因阴柔而得正位,性格细腻慎重,自知一时无力前进取胜,于是退守驻扎下来。这比"六三"强行冒进好多了。虽然暂时无功,毕竟保存了实力,又可待时而动,伺机进击,随时有反攻为守的可能。这一爻启示我们:做事应该从大局着眼,不急功近利,不计一时之得失,深谋远虑,才能把握未来。

【要诀】 保存实力,深谋远虑。

【例解】

春秋时期,吴王夫差凭着自己国力强大,领兵攻打越国。结果越国战败,越王勾践被俘。吴王为了羞辱勾践,便派他看墓与喂马,做这些奴仆做的事。勾践心里虽然不服气,但仍然极力装出忠心顺从的样子。吴王出门时,他走在前面牵着马;吴王生病时,他在床前尽力照顾。吴王看勾践这样尽心伺候自己,认为他对自己非常忠心,最后允许他返回越国。勾践回

越王勾践卧薪尝胆图

国后,决心重振越国,消灭吴国。但他知道越国的实力远远不及吴国,于是他卧薪尝胆,经过十年的艰苦奋斗,越国变得国富兵强。于是勾践亲自率领军队进攻吴国,成功取得胜利,吴王夫差在战败后自杀。后来,越国又乘胜进军中原,成为春秋末期的一大强国。越王勾践能够不计一时之失,顾全大局,最终得以东山再起,正表现了他的深谋远虑。

六五，田有禽。利执言，无咎。长子帅师，弟子舆尸，贞凶。

《象》曰："长子帅师"，以中行也。"弟子舆尸"，使不当也。

【译】六五，田地里有禽兽，捕捉是有利的，没有灾祸。刚正长者可以率师出征，委任平庸小子必将载尸败北，守持正固以防凶险。

◎《象》解释道：刚正长者可以率师出征，是能以中道行事的原因；委任平庸小子必将载尸而归，是任用将领不当的原因。

【智慧解读】

"六五"阴柔，处在这一卦的君位之上，同时与"九二"相互呼应。这一爻可以比作战争时代的君王。他授权给能以正道行事、有军事才能的"九二"来指挥战争，这是非常正确的。但是"六五"又具有阴柔的品性，以阴爻而居阳位，因此又非明君。他任用"六三"去牵制"九二"，造成"九二"不能放开手脚大干一场，也就造成了很多的损失和惨痛的失败，这是非常可惜的。这一爻说明在使用人才时应该用人不疑，疑人不用，只有这样才能真正地发挥人才巨大的潜力和人才优势。

【要诀】疑人不用，用人不疑。

【例解】

唐太宗对房玄龄十分信任，便把用人大权完全交付给他。房玄龄对所有中央官员重新进行了审核优选，最后只留下精干人员共640员。他知人善任，常常向唐太宗推荐新发现的人才，委以重任。太子晋王李治宫中，有一位官居太子右卫帅（负责太子宫的保卫工作）的李大亮，为人耿直，受到房玄龄的器重，他向唐太宗推荐说，李大亮有汉朝忠臣王陵、周勃的气节，可以当大任。后来李大亮被任命为房玄龄的副手，和房玄龄共职相府。唐太宗疑人不用，用人不疑，结果使得房玄龄的才能得到了最大程度的发挥。在房玄龄等人的辅佐下，唐太宗开创了"贞观之治"的局面，奠定了大唐的基业。

上六，大君有命，开国承家，小人勿用。

《象》曰："大君有命"，以正功也。"小人勿用"，必乱邦也。

【译】上六，国君颁布命令，或者分封诸侯，或者任命大夫，小人不可重用。

◎《象》解释道：国君颁布命令，是为了封赏功勋；小人不能重用，是因为重用他们会使国家产生动乱。

【智慧解读】

"上六"是师卦之终，象征的是战争的结束，且"上六"所占之位为宗庙之位。古人每于战事之后，于宗庙献功告捷。对于有功之君子，国君给以重用；但是对于即使有战功的小人，也不会重用，不能重用的原因是因为这些人没有治国之才，重用他们会乱邦扰国。君子不居功，小人多贪利；君子往往功成而弗居，小人往往不择手段地揽权夺利。因此对这些小人要格外地小心谨慎。这一爻强调的是对于小人一定要格外地警惕，不可使其左右国家的政治。

【要诀】 重贤人，轻小人。

【例解】

明朝中期，英宗宠信宦官王振，结果造成了"土木堡之变"，英宗被俘，北京城危在旦夕。在这一关键时刻，于谦挺身而出，率领军民抗击敌军，最终赢得了北京保卫战的胜利。在这场战争中，武将石亨也立下了很大的功劳，但他性格残暴，品行不端。继位的代宗在大胜之下，没有保持足够的警惕，加封了石亨。石亨得势后，更加猖獗起来，最后竟然联络了一批小人，进行复辟活动，杀死了于谦，也把代宗赶下了台。代宗的失误，就是在大胜之下，没有保持对小人的警惕。

师卦给我们的启示

1. 师卦紧承讼卦而来，因为相互之间的争讼而导致了双方的战争。战争必然会带来流血和牺牲。但这是正义之争，是迫不得已而为之的。也正因为如此，才能得到人民群众真正的拥护，才能战无不胜。

2. 行军作战时，应该从大局考虑，不计一时的得失，应该君臣一心、上下一体，团结而拧成一股绳，这样才能取得战争的最终胜利。为帅者应当德才兼备，能得众人的爱戴；为君者应当授之以权，任之以信，奖之以勋。

3. 对于当今社会，什么最重要？毫无疑问是人才。对于人才，我们每个人都知道它的重要性。可是在现实中应该怎样去任用人才，充分地发挥他们的潜力？这一卦对人们有很大的启示作用：疑人不用，用人不疑；重贤人，轻小人。

比卦第八

——端本正源川归海

（坤下 坎上）

比：吉。原筮，元永贞，无咎。不宁方来，后夫凶。

《彖》曰：比，吉也；比，辅也，下顺从也。"原筮，元永贞，无咎"，以刚中也。"不宁方来"，上下应也。"后夫凶"，其道穷也。

《象》曰：地上有水，比。先王以建万国，亲诸侯。

【译】比卦象征亲密无间，吉祥。（在选择亲密比辅对象之前）推原占决其可比者，选择有德君长而永久不渝地守持正固，没有害处。不愿臣服的诸侯国前来依附，迟来的人有凶险。

◎《彖》解释道：比卦，是吉祥的；比，就是依附，是下级服从上级。（在选择亲密比辅对象之前）推原占决其可比者，选择有德君长而永久不渝地守持正固，没有害处，是有德君长刚毅中正的原因。心中不安宁才前来，是上与下能上下响应的缘故。后来的人有凶险，是因为迟缓使亲密比辅之道穷尽，无人与他亲近。

◎《象》解释道：下卦坤为地，上卦坎为水，地上有水就是比卦。先王根据这一卦的精神，分封了很多的诸侯国，使诸侯能相亲相附。

【智慧解读】

比卦下卦坤为地，上卦坎为水，传统叫作水地比。此卦的前一卦是"师"，人多了必然在一起生活，相互之间相亲相爱，相互合作，服从领导，才能美满和谐，所以在师卦之后就是比卦。这一卦的主体是"九五"爻。"九五"具阳刚之气，刚毅而又处在上卦的至尊之位，阳爻阳位，至中至正，其上下的五个阴爻都能来依附他。因此能上下团结，和平共处，所以整个卦象呈现出一团和气的景象。对于"九五"这样的圣主明君，前去依附时，不要心存疑虑，因见别人前往归依，才姗姗而去，是谈不上明智的，所以说有凶险。这一卦说明：择善而从，从善当若流，不可迟疑。

【要诀】择善而从之，从善当如流。

【例解】

郑国是春秋时的小国，它为了防御楚国，和晋国签订了盟约。结盟的第二年，楚国即发兵进犯郑国。晋军有约在先，便派兵救援，路上与楚军相遇，楚军不战而退。晋将赵同等人主张乘机攻占楚国的蔡地。他们催请栾书元帅下令行动，但"中军佐"知庄子不让栾书元帅发兵，说："楚军已撤，郑国转危为安，我们就不该进攻楚国。"栾书元帅觉得有理，毅然命令大军撤回晋国。对此，《左传》称赞栾书的举动是"从善如流宜哉"！听从好的、正确的意见，就像流水向下那样迅速、自然，这就叫"从善如流"。

初六，有孚比之，无咎。有孚盈缶，终来有它，吉。

《象》曰："比"之初六，有它吉也。

【译】 初六，因有诚信使人前来依附，没有过失。诚信就好像是雨水充满了瓦缶，必然就会有人来依附他，吉祥。

◎《象》解释道：比卦的"初六"爻，有意外的吉祥。

【智慧解读】

下卦坤为地，借为缶，上卦坎为水，水在缶中，所以说"有孚盈缶"。这就好像是诚信如装满了水的瓦缶一样充盈，必然会有人前来依附。"九五"刚健中正，阴爻都来归附他。"初六"爻是比卦开始的第一爻，象征的是相亲相附当以诚信为基础。而"初六"之爻又距离"九五"最为遥远，如同是绝域异俗的蛮夷之邦也前来依附，它的意义就远非其他各爻所能比了，因此特别吉祥。这一爻告诫我们：相互之间要想团结如一，必须做到以诚信为本，以信誉为基。

【要诀】 精诚团结，宽容为本。

【例解】

三国时期的刘备，本来是一个平民，在战乱纷飞的年代，手头也没有一兵半卒。但是他为人宽厚、品德高尚，结果很快就团结了关羽和张飞等猛将，又收了赵云，逐渐在群雄中站稳了脚跟。在襄阳时期，他又"三顾茅庐"，请诸葛亮出山，结果用真诚打动了诸葛亮，从而如鱼得水，三分

三顾茅庐图　明　佚名

天下有其一。刘备之所以能这么快就团结一大批人才，最关键还是他个人的诚信，所以后来诸葛亮才六出祁山，以报知遇之恩。

六二，比之自内，贞吉。

《象》曰："比之自内"，不自失也。

【译】六二，发自内心来依附，坚贞自守，吉祥。

◎《象》解释道：发自内心来依附，说明自己没有过失。

【智慧解读】

"六二"爻在内卦之中，柔爻而能居阴位，位正。与上卦中的"九五"的呼应是属于正应的关系，所以说"比之自内"。这一爻与"九五"相亲相比，名正而言顺，所以非常吉祥。这一爻与"九五"爻相互照应且各爻都是得位而中正的，各自均处于中位。"六二"处下卦的中位；"九五"处上卦的中位，这说明了相互依附应该发自内心，依附的动机必须是纯正无邪的，否则一样会自失。

【要诀】相互依存，推心置腹。

【例解】

曾国藩当年在编练湘军的时候，利用自己的亲戚、朋友、同学、老乡的关系，把一些忠于自己、有能力的人任命为军官，由他们负责组建各自的营队。这些营官再利用亲戚、朋友、同学、老乡的关系，招募下级军官。依此类推，下级军官再用相同的办法招募自己的士兵。这样，曾国藩就组建了一支以亲戚、朋友、同学、老乡关系为纽带，以利益为目标，效忠于自己的军队。可见，湘军有着非常浓厚的个人色彩，是与国家利益相悖的，但在当时迫不得已的情况下，却非常有效地起到了增强凝聚力、提高战斗力的作用。湘军在当时是唯一能够与太平军相抗衡的军队。但湘军的这种个人色彩，使得曾国藩在湘军士兵满足了个人的基本需求之后，再也无法像开始那样发挥其战斗力了。所以说相互依附应当推心置腹，依附的动机必须是纯正无邪的，否则一样会自失。

六三，比之匪人。

《象》曰："比之匪人"，不亦伤乎？

【译】六三，亲近不应该亲近的人。

◎《象》解释道：亲近不该亲近的人，不是很可悲的事吗？

【智慧解读】

在这一卦的各爻当中，"初六"在卦的最下方，下面没有邻爻可以依附，只能与"九五"

相依,"六二"与"九五"正应,"六四"与"上六"和"九五"比邻,只有这一爻上面比邻的是"六四",下方紧依的是"六二",就是不能与"九五"相依。所以说"比之匪人",就是指这种情况。这一爻阴柔又不能得位,不中不正,上下都是阴爻,以致造成了阴阴相斥的局面,所要亲近的都不是应当亲近的,怎么叫人不伤心流泪呢?此爻告诉我们应当亲近什么人,应当疏远什么人,我们应当学会抉择。

【要诀】善与人交,不结匪类,黜邪宗正。

【例解】

明朝末年,时局动荡,大明王朝早已是满目疮痍。崇祯皇帝即位后,也想有一番作为,但他猜疑成性,贤臣良将根本不能在朝廷立足,他一连更换了十几个宰相,又杀了威震边关的袁崇焕,结果造成边事无人,屡战屡败。但他对内阁大学士温体仁却非常信任,温体仁在朝内拉帮结派,排斥异己。使得正直的大臣得不到重用,反而使一群昏庸无能、品行不端的小人身居要职,结果造成国势一日不如一日,最后竟然亡了国。

六四,外比之,贞吉。

《象》曰:外比于贤,以从上也。

【译】六四,向外比附,守持正可获吉祥。

◎《象》解释道:向外与贤明的人相亲近,是要追随比自己高尚的人。

【智慧解读】

"六四"虽然与"六三"是比邻的,但是两者都是阴爻,所以是同性相斥,以致不能相互依附,互相照应。它的上方是刚毅中正的"九五"阳爻,而这一爻本身阴柔又能得位,因此与"九五"能异性相吸,同声相应。"外比于贤"说的就是这种情况。"贤"指的是"九五"爻刚毅为圣主明君,"上"指的是"六四"爻的上方。从职位上来说,"五"是君王,"四"是肱股之臣。这一爻强调要见贤思齐,与品德、才能兼备的人多多交往,是非常有好处的。

【要诀】亲贤远佞,见贤思齐。

【例解】

有两个收银员同时进入某家超市,其中的一个认为收钱、找钱是再简单不过的事情了,因此不注意向别人学习,结果经常出错,不久就被辞退。而另一位却见贤思齐,如果她发现同行中的哪些人非常优秀,收款速度非常快,就虚心地拜对方为师,努力向对方学习。在学习的过程中更是很客气,很谦虚,把对方当作自己真正的老师,以礼相待。通过拜师学艺,她学到收款的各种方法、技巧,从而缩短自己奋斗的历程。她的谦虚好学,也得到了同事和上司的认可,结果没过几年，她成为了这家超市的主管。

九五，显比，王用三驱，失前禽，邑人不诫，吉。

《象》曰："显比"之吉，位正中也。舍逆取顺，"失前禽"也。"邑人不诫"，上使中也。

【译】 九五，光明无私而广获亲附，君王用从三面张网的方法来狩猎，失去了前面的禽兽。邑国的人不受惊吓，吉祥。

◎《象》解释道：光明无私而广获亲附是吉祥的，是因为位置中正。舍弃背离的，容纳顺从的，如失去了前面的禽兽。邑国的人不受惊吓，是君王实行中正之道。

【智慧解读】

联系前一卦来看，"九五"从师卦的"九二"上升到"五"位，经过三次上跃，所以说"王用三驱"。因为狩猎如同战争，逆我而来犹如投我而来，是不能杀害的。"九五"从师卦的内卦进到比卦的外卦，即由坤的下方进到坤的上方，坤为顺，所以邑人不会受到惊扰，从而让他作为大家所依附的中心。这一爻重在强调君王的仁义之心，以其刚毅而又中正之仁来感化万民，自然会得到很多人的拥护和爱戴。作为上级，只要能走正道、行正义，自能得到下级的尊敬与拥护。

【要诀】 端本正源，归之若水。

【例解】

战国时期群雄争霸，燕国地窄人稀，饱受各国欺凌。燕昭王即位后大举招揽人才，问计于大臣郭隗。郭隗以马为喻，说古代君王悬赏千金购买千里马，三年后得一死马，用五百金买下马骨，于是不到一年，就得到三匹千里马。郭隗劝说燕昭王只要是真心求贤，贤士将闻风而至。燕昭王听从了郭隗的计策，不久乐毅、邹衍、剧辛等贤能之人就从各地赶来，辅佐燕昭王，燕国从此变得强大。燕昭王真心求贤，源正本端，天下英雄自然归之若百川归海。

上六，比之无首，凶。

《象》曰："比之无首"，无所终也。

【译】 上六，依附却没有首领，凶险。

◎《象》解释道：依附却没有首领，终究没有好的结果。

【智慧解读】

卦的最上方为首，最下方为尾、为足；上为终，下为始。比卦和剥卦联系起来看，剥卦（下坤上艮，下地上山）唯一的一个阳爻"上九"变成比卦的"九五"，"六五"成了比卦的"上六"。如同失去了首,所以说"比之无首"。比卦的"上六"爻处在上位而无实,又无阳刚果毅之气,因此没有成为领袖的条件,无法得到下属的拥护与支持。有始尚且难以有终,何况无始怎能做到有终呢?因此说"无所终也"。这是全卦中最凶的一爻,它说明了互相依附,相互合作,应该做到有始有终,否则会有大的危险。

【要诀】 善始善终,终始若一。

【例解】

周武王建立了周王朝以后,过了几年就死了。他的儿子成王继承了王位,当时才13岁,于是由武王的弟弟周公旦辅助成王掌管国家大事。历史上通常不称周公旦的名字,而称他周公。周公尽心尽意辅助成王,管理国事,可是他的弟弟管叔、蔡叔却在外面造谣,说周公有野心,想要篡夺王位。周公心里很难过,他首先向召公奭披肝沥胆地谈了一次话,告诉召公奭,他绝没有野心,要他顾全大局,不要轻信谣言。召公奭被他这番诚恳的话所感动,消除了误会,重新和周公合作。周公在安定了内部之后,辅助成王执政了7年,总算把周王朝的统治巩固下来,他还制定了一套典章制度。到周成王满20岁的时候,周公把政权交给成王管理。从周成王到他的儿子康王两代,前后约50多年,是周朝强盛和统一的时期,历史上叫作"成康之治"。周公辅助成王尽心尽意,善始善终,从而赢得了不朽的美名。

周公像

比卦给我们的启示

1. 比卦阐释了相互依附、互相合作的一些原则,对我们很有启示作用。首先相互团结应该有一个可以依附的中心,也就是必须有一个有力的领导中心。这个能够作为领导中心的人物应该具有向心力、亲和力,能够团结大多数人到他的身边。

2. 作为一个优秀的领导,他应该从善如流,广行中正之道,严于律己而又能宽以待人。本着这种合乎中庸的原则,仁至义尽的态度,他的下属自会对他心存爱戴,从而他的决策就能达到不令而行的最佳妙境,他的事业自会蒸蒸日上。

3. 作为下属,作为一个集体中的一员,应当紧紧地团结在有德有才的领导中心周围,不能见异思迁,并且应该自始至终,为集体做出自己应有的,应当作的贡献。

小畜卦第九

——戮力同心谋大道

（乾下 巽上）

小畜：亨。密云不雨。自我西郊。

《彖》曰："小畜"，柔得位而上下应之，曰小畜。健而巽，刚中而志行，乃亨。"密云不雨"，尚往也。"自我西郊"，施未行也。

《象》曰：风行天上，"小畜"。君子以懿文德。

【译】 小畜卦象征小有积蓄，亨通。浓云密布却不下雨，从我西面的郊外开始。

◎《彖》解释道：小畜卦，柔爻占据了正位，它上下的阳爻和它呼应，叫作小畜。阳爻刚健而阴爻谦逊，刚爻占中位，心志能推行，所以才亨通。浓云密布却不下雨，云向上去了。从我西面的郊外开始，雨没有降下，说明阴阳交和之功方施却未畅行。

◎《象》解释道：(乾下巽上，天下风上）风在天上吹，是小畜卦。君子用这种精神来蓄养文明的美德。

【智慧解读】

小畜卦的原始卦象是风在天上动的一幅图案。"密云不雨"就是从这个卦象出发而言的。从先天的卦位来说，巽在西南方接近正西方的坎位，所以有"西郊"之说。这一卦下卦乾为天，上卦巽为风。阴少阳多，只有"六四"为阴爻，其他的五个都是阳爻，象征阳大阴小，阳过盛，阴不足。从另一角度看，以一阴蓄养五阳，力量有限，因此不得不暂时停顿下来，以便积蓄力量。但这只是小的停顿，不足以阻止行动，不久就可以亨通。这一卦告诫我们：要坚定信念，不可因为小的挫折就放弃了整个的行动。

【要诀】 为山九仞，不可功亏一篑。

【例解】

明朝著名散文家、学者宋濂自幼好学，不仅学识渊博，而且写得一手好文章，被明太祖朱元璋赞誉为"开国文臣之首"。宋濂很爱读书，遇到不明白的地方总要刨根问底。有一次，宋濂为了弄清楚一个问题，冒雪行走数十里，去请教已经不收学生的梦吉老师，但老师没有在家。宋濂没有气馁，而是在几天后再次拜访老师，但老师并没有接见他。因为天冷，宋濂的脚趾都冻伤了。当宋濂第三次独自拜访老师的时候，掉入了雪坑中，幸被人救起，宋濂差点儿又晕倒在老师家门口，老师被他的诚心所感动，耐心解答了宋濂的问题。后来，宋濂为了求得更多的学问，不畏艰难困苦，拜访了很多老师，最终成为闻名遐迩的散文家。求知的道路上一定会有许多的坎坷与荆棘，就如积土成山一样，要不畏艰险，锲而不舍才会终有所成。

初九，复自道，何其咎？吉。

《象》曰："复自道"，其义"吉"也。

【译】 初九，返回正道，没有什么害处，吉祥。

◎《象》解释道：返回正道，它的意义当然是吉祥的。

【智慧解读】

这一卦的第一爻是"初九"，把天风姤卦的"九四"与"初六"换位，就变成了小畜卦了。也就是说小畜卦的"初九"是从姤卦的"九四"从上至下而来的，说"复自道"，也就是返回正道，所以说这样是很吉祥的。这一卦下卦乾为天应该在上，但是"六四"阴爻相阻成为障碍。好在"初九"阳爻阳位，又与"初六"阳阴正应，乾天的飞升仍然能够沿着正道返回，不会有过失。这一爻告诫我们：在身陷困境时，我们不能改变初衷，应当更加坚定信念，相信未来一定是美好的。

【要诀】 身陷逆境而不易辙改弦。

【例解】

罗伯特·兰格是麻省理工学院的教授，被《福布斯》等媒体评为全球生物技术领域最有影响的人物之一，但他曾经遭遇到极大的挫折。1974年兰格博士毕业后，并没有像他的同学那样去那时十分红火的石化公司，而是志在治病救人的生物医学研究。生物医学当时还没有起步，因此他这种行为近乎离经叛道，他的研究基金申请不断被拒绝，打击之大可想而知。还有人提醒他，如果他不在研究方向上"改弦易辙"，得到晋升的希望就比较渺茫。兰格相信，自己的研究工作很重要，并且开始寻求和产业界的合作，最终他的研究得到了认可，成为生物医学方面的泰斗。

九二，牵复，吉。

《象》曰：牵复在中，亦不自失也。

【译】 九二，一起返回正道，吉祥。

◎《象》解释道：一起返回正道，又在中位，也是自己没有过失。

【智慧解读】

"九二"与"初九"紧紧相连，是"初九"牵动着"九二"一起来返回正道，所以说"牵复"。复就是返回正道。"九二"爻处在下卦的中位，所以说"在中"，自然也就没有"自失"了。这一爻与它的下一爻携手并进，定能突破障碍，步步前进，从而回到原来所处的位置，自然是吉祥的了。这一爻启示我们：在突破困难时，与志同道合的人一起同心合力，齐头并进，一定能克服艰难险阻。

【要诀】众人同心，其利断金。

【例解】

微软推出 Windows 95 产品时，在全球范围内进行了一场声势浩大的市场推广活动，活动费用超过 2 亿美元。这一场声势浩大的市场营销传播活动需要投入大量的物力、财力和人力，一个团结、步骤协调一致的团队在其中所起的作用显而易见。120 多家公司受雇于微软，在这次大型的市场推广活动中出谋献策，制定有效策略并执行，为这次活动的成功做出了巨大的贡献。几千人组成的团队参与了这场新产品推向世界的市场营销活动，组成人员中包括微软的高层管理人员、公司外部的软件销售商和当地的零售商。一个由 60 人组成的公司营销团队专门从事整个活动的协调工作。每一个微软产品部门则专门负责制订和执行自己的促销计划。众人同心，其利断金。如果没有微软各个部门、各个层次的员工协作，就没有 Windows95 成功的市场推广。

九三，舆说辐。夫妻反目。

《象》曰："夫妻反目"，不能正室也。

【译】 九三，大车脱落辐条，夫妻反目不和。

◎《象》解释道：夫妻反目不和，是不能使家庭关系合于正道的原因。

【智慧解读】

"九三"这一爻，上与"六四"爻毗连，是阴阳互结为夫妇的象征。但从这一卦的卦象上来看，"六四"以独阴之身而居于这一阳爻之上，妻当在内，夫当在外，今妻乘夫而出于外，有凌驾于阳爻之上的趋势。可是本卦的阳刚之气特别旺盛，因此就有了阴阳之争，这就好像是道不同不相为谋一样，但是这种相争会影响前进的步伐。这一爻告诫我们：在前进的道路上，应该与志同道合的人结成同盟，否则就会有危险。

【要诀】同则谋，异则争。

【例解】

曹操远征汉中，有三位"素皆不睦"的将军张辽、李典、乐进，其中张辽坚决执行曹操以攻为守的指令，表示自己亲自出击，和敌人"决一死战"，展示了广阔的胸怀和豪迈的气概；李典"素与张辽不睦"，对于张辽提出的建议，起初"默然不答"，后为张辽的行为所感动，立即表示"愿听指挥"；乐进是个中间人物，态度模棱两可，对张、李二人都不敢得罪，并有些怯战。曹操对其三人了如指掌，一开始就匠心独运，巧用张、李、乐三人性格的差异，甚至有意利用他们的不和，防止一人说话大家通过，贸然决策而导致失败。危急时刻，曹操以一道指令，促成他们精诚团结，形成一个最佳的指挥结构。于是，三人齐心协力，把不可一世的吴军打得七零八乱，一战令"江南人人害怕，闻张辽大名，小儿也不敢夜啼"。由此可以看出曹操择人任势的高超艺术，他能从人的相异中找到共同处，从而结成联盟，取得战争的最后胜利。

六四，有孚，血去惕出，无咎。

《象》曰："有孚惕出"，上合志也。

【译】 六四，有孚信，于是脱离忧恤与惕惧，没有灾祸。

◎《象》解释道：有孚信于是脱出惕惧，是上面与自己心志相合的原因。

【智慧解读】

"六四"爻是全卦中唯一的阴爻，从姤卦的"初六"之位来到了这一卦的"六四"之位，属于得位，因此有孚信。但是"六四"这一阴爻前进上升的阻力，当然时刻担心着自己哪一天会受到伤害。因此"血去惕出"。但它阴位得正，谦虚而能容人，加上它的上方有二阳爻与自己心志相合（上合志也），所以"无咎"。这一爻强调了在突破障碍时，应当心存警惕，以诚信为本，自然能够获得足够的外部支援。如果一味地自以为是，就会陷入困境。

【要诀】 心存警惕，诚信为本。

【例解】

晚清时期，以李鸿章为代表的洋务派进行了一系列的洋务运动，他们购置船炮，开办兵工厂，以图能够富国强兵。在这个时候，日本也开始崛起，并一心想侵略中

中日甲午海战图　清

国。虽然李鸿章也认识到了日本的危害，但大多数国人尚停留在传统的看法之中，对日本放松了警惕；慈禧太后竟然为了自己的享受，挪用北洋水师的军费，来修筑苑囿，结果造成中国在甲午战争中战败，被迫割地赔款，失去了复兴的希望。甲午战争的失败，就是因为放松了对日本的警惕，而且上下不同心，军队的建设得不到统治者的支持而造成的。

九五，有孚挛如，富以其邻。

《象》曰："有孚挛如"，不独富也。

【译】九五，心怀孚信，紧密合作，连邻居都会一起富裕。

◎《象》解释道：心怀孚信，紧密合作，不是一家独富。

【智慧解读】

"挛如"是手紧握的样子，加以引申表示紧密合作。"九五"刚爻处刚位，得位而中正，在这一爻的领导下，其他各爻合力突破障碍一同前进。小畜是小有积蓄而富有，"九五"这个其他各爻的带头人，带领大家共同前进，共同富裕，所以说"富以其邻"。为什么"不独富"呢？原因就在于"九五"中正而"有孚"，是个有仁有义的好领袖，因此能得到大家的信赖与拥护，从而共同创造出了小畜的业绩。这一爻强调领导有力，下属齐心，才能创造出好的业绩。

【要诀】君圣臣贤，国富民强。

【例解】

著名的经济与管理学家阿里·德赫斯，对世界上的能幸存并寿命很长的公司进行了研究后，得出了这样的结论：能长期生存的公司都是宽容型公司。公司职员有一种宽容的环境，使公司在重要转折关头渡过难关。那些有创意的人，甚至采取"疯狂之举"时，不仅不会有压力而且往往会受到决策层、管理层的重视与鼓励，从而使公司或渡过危机，或抓住机遇，发展和壮大。世界上许多成功的企业，尤其是一些高科技企业，正是因为实现了领导层与员工创造性的有机统一，才能在很短的时间内迅速发展起来。

上九，既雨既处，尚德载。妇贞厉，月几望；君子征凶。

《象》曰："既雨既处"，德积载也。"君子征凶"，有所疑也。

【译】上九，密云已经降雨，阳气已经蓄止，高尚的功德已经圆满，可以用车子装载；妇人应该坚守正道以防止危险，要像月亮将圆而不过盈；此时君子如果继续前进，会有凶险。

◎《象》解释道：密云已经降雨，阳气已经蓄止，可以用车子装载，此时君子如果继续前进，会有凶险，是因为前进将使阳质被阴气凝聚统化。

【智慧解读】

这一爻从"上九"的爻位取象。上位是极位，老之至也。"上九"已经是积蓄的极点，"君子征凶，有所疑也"是指盛极而衰，再不停止前进，就有衰败的可能。"六四"的阴，以诚信与"九五"精诚合作，共同积蓄已经达到了饱和，及时雨已降（既雨）的状态，这时应当安于现状，不可贪得无厌。这一爻告诫我们：物极必反，强自取柱，凡事应当适可而止。

【要诀】见好就收，不可贪多。

【例解】

曾国藩在镇压太平天国的过程中，掌握了清朝大部分的军队，控制了大半个中国，特别是他的湘军英勇善战，成为镇压的先锋。在攻破天京后，曾国藩的声望达到了最高点，他的家人也被加封。但他清楚地知道，自己的功劳太大，军权过于集中，已经威胁到皇权；再加上自己是个汉人，肯定会引起一部分人的诽谤。果然，当时就有人造谣说，湘军攻破天京后，缴获了大量的财宝，却没有上报，都被押送回湖南。针对这一情况，曾国藩为人低调，还主动提出裁减湘军，并将部分军队调走。他的这些举动，得到了清廷的认可，避免了一场危机，曾国藩也因此更受重用。

小畜卦给我们的启示

1. 本卦阐述的是怎样对待前进中的挫折和困惑，以及精诚合作等问题。在创业的过程中，有时会面临积蓄不足等一系列的问题。这时候千万不可中途退却，应该充分发挥领导的核心作用，依靠全体员工的共同努力，渡过难关。

2. 积蓄达到了一定的限度时，一定要注意坚守中正之道，要以更加精诚的态度，带领大家共同致富。这时如果产生骄奢的倾向，就会很危险。无论什么时候，都要坚守中正之道，以诚待人，不骄不躁，善于团结众人，才会不断地取得进步，事业才会长盛不衰，蒸蒸日上。

履卦第十

——正己守道无忧惧

（兑下 乾上）

履：履虎尾，不咥人。亨。

《彖》曰："履"，柔履刚也。说而应乎乾，是以"履虎尾，不咥人"。亨，刚中正，履帝位而不疚，光明也。

《象》曰：上天下泽，"履"。君子以辩上下，定民志。

【译】 履卦象征小心行动，小心行走在老虎尾巴之后，老虎却不咬人，亨通。

◎《彖》解释道：履卦，是阴柔小心行于刚强上。为处在上位的乾刚所喜，从而互相感应，所以说小心行走在老虎的尾巴之后，老虎却不咬人，亨通。以至刚至正自处，即使踏上帝王之位也不内疚，是由于光明正大的原因。

◎《象》解释道：（兑下乾上）上为天下为泽，这就是履卦；君子效法这一卦的精神，来明辨上下，安定民心。

【智慧解读】

履即礼，礼与物之蓄聚相联系，人事多了，势必发生大小尊卑、物恶物美的差异，所以在小畜之后紧接着就讲履。这一卦下卦为"兑"，上卦为"乾"。"兑"象征泽、悦、和；"乾"全部是阳爻，象征了刚强。"兑"跟在"乾"的后面，所以用小心行走在老虎的尾巴之后来比拟。但是，兑具有和悦的德行，能够谦卑自处，自能无险不可涉，纵然行走在老虎的尾巴之后，也是没有妨碍的。"刚中正"指的是"九五"这一爻。"九五"刚而居正，刚处事不偏不倚，无过无不及，这种人一旦君临天下，一定"不疚"，光明磊落之故也。这一卦重在说明以柔临刚，谦卑自处，自有无往而不利的好处。

【要诀】 宽以待人，柔能克刚。

【例解】

东周的时候，楚庄王为庆祝胜利举行了一次盛大的太平宴。喝到高兴的时候，

— 057 —

庄王命自己最喜欢的许姬为诸大夫劝酒。许姬来到席间，忽然，一阵大风将所有的蜡烛吹灭了。这时有人趁着厅内一片漆黑，偷偷扯许姬的衣服。许姬见有人对自己无礼，便随手拔了那人的帽缨，请求庄王找出这个少了帽缨的人。哪知庄王不但没有生气，反而命在场的人都拔下自己的帽缨。当宴会厅里重新点亮蜡烛的时候，连许姬也认不出对自己无礼的那个人了。后来，这个人为了报答庄王网开一面之恩，在一次战斗中拼死救了庄王一命。庄王的宽容与大度，为他赢得了赞誉与臣下对他的忠贞。

初九，素履往，无咎。

《象》曰："素履之往"，独行愿也。

【译】 初九，依朴素、端正的做法去履行，前往没有灾祸。

◎《象》解释道：依朴素、端正的做法履行、前往，也就是按自己的意愿（符合道义与礼的意愿）去行事。

【智慧解读】

"初九"是这一卦的初始阳爻，在这一卦的最下方，却心甘情愿地处于下位，不被世俗所惑，依照自己的意愿行事，没有什么过失。"素履"可以解释为白色的鞋子，也可以引申为朴素的行动，等等。再说得具体一点，就是我行我素，按照自己的意愿去行事。"独行愿"是说行动的目的只是要实现自己的凤愿初志，不为情迁，不为物累。孟子所说的"富贵不能淫，贫贱不能移，威武不能屈"就是这个意思。

【要诀】 恪守本志，矢志不移。

【例解】

美国发明家莱特兄弟曾尝试着向天空挑战，经过几年的努力，他们的第一架飞机"飞鸟"一号终于出现在人们的面前，飞机摇摇晃晃在空中飞行了12秒钟，在36米远的地方降落下来。莱特兄弟在第一次试飞成功以后，迎接他们的不是鲜花和掌声，而是怀疑与挑剔，保守的学者们不相信"自行车工人"能造出飞机。然而莱特兄弟仍然不断地探索和进取，并多次到世界各地做飞行表演，散播航空种子，他们将自己的一生都献给了航空事业，终身没有结婚。后来，莱特兄弟被誉为飞机的奠基者。他们的成功，其中重要的原因就是为了实现自己的凤愿初志，不为情迁，不为物累。

九二，履道坦坦，幽人贞吉。

《象》曰："幽人贞吉"，中不自乱也。

【译】 九二，前进的道路平坦宽阔，幽静安恬的人，能够坚守中正，自然吉祥。

◎《象》解释道：幽静安恬的人坚守中正所以吉祥，是因为具有内心清静而不自乱的品质。

【智慧解读】

"九二"这一爻，以其刚毅中正之性而居于下卦的中位，处境很好，前进的道路是光明的。但是毕竟是以阳刚之躯处于阴柔之位，依其本性，很有可能轻举冒进，要想解决这种矛盾，只有恬淡自处，坚守中庸之道，犹如坚贞不出而固守贞操的"幽人"一样，方能无患。但是为什么这样会无患呢？"幽人贞吉"是因为他能做到恬淡自处，所谓"君子坦荡荡"就是这个意思。这一爻强调的是心胸坦荡，心境淡然，不断加强自我修养的道理。

【要诀】 非淡泊无以明志，非宁静无以致远。

六三，眇能视，跛能履，履虎尾，咥人，凶。武人为于大君。

《象》曰："眇能视"，不足以有明也。"跛能履"，不足以与行也。"咥人之凶"，位不当也。"武人为于大君"，志刚也。

【译】 六三，目盲强视，脚跛强行，行走在老虎的尾巴之后，老虎咬人，凶险。有武人做大君的征兆。

◎《象》解释道：目盲的人即使认真看，还是不能看得清楚明白。一只脚跛的人，虽然能够侧重于另一边行走，但是不能走长路。老虎咬人是凶险的，是因为所处的位置不当。武人要做大君，是说他的志行很刚强。

【智慧解读】

本卦的下两个爻都是从正人君子的角度来加以演绎的。但是到了这一爻，这个本卦中独一无二的阴爻，处在上下都是阳刚的局面当中。我们解析一个卦与一个爻的意思，要从它的变化上来看。本卦中的这个"六三"爻，属性从柔，居于阳位，处于上卦乾阳之下，犹如大臣追随君王左右。但是这一爻是尚武之爻，且阴处阳位，爻辞把它比如"武人为于大君"，就好像一个拥兵自重的权臣，有篡位的迹象。可他所见不明，所行不当，不明大势，阳刚之气在本卦中太盛，而阴柔之气太弱，他的结果必然是反被上位的乾元所吞没，也就是"咥人，凶"。这一爻告诫当权者应该笃守正道。

【要诀】 笃守正道，切忌专权。

【例解】

清朝雍正时期的年羹尧，就是一个因专权而亡身的人。本来他很受雍正帝的器重，雍正甚至称他为朕之恩人，非常相信他。年羹尧善于用兵，在西北打了大胜仗，威望如日中天。但他不知收敛，居功自傲、专权跋扈、乱劾贤吏、苛待部下，引起朝野上下公愤。并且他任人唯亲，在军中及川陕用人自专，称为"年选"，形成庞大的年羹尧集团。而且，他在皇帝面前"无人臣礼"，藐视并进而威胁皇权。这是雍正帝所不能容忍的，他将年羹尧罢官，并授意臣下揭发年的罪行。年羹尧见大势已去，遂自杀身亡。年羹尧落得如此下场，就是因为没能笃守正道。

九四，履虎尾，愬愬，终吉。

《象》曰："愬愬终吉"，志行也。

【译】 九四，小心走在老虎的尾巴之后，只要小心谨慎，终究会吉祥。

◎《象》解释道：只要小心谨慎，终究会吉祥，是因为循正道的志向可以施行。

【智慧解读】

"六三"是虎尾，"九四"在虎尾之后，故曰"履虎尾"。"九四"紧临下卦"兑"，兑为口，有被老虎咬噬的危险。但这一爻处在上下卦的交际处，并且阳爻阴位，虽然不得其位，但他内心本为刚强，虽身处柔位，却能内刚外柔，刚柔并济。故此能够做到小心翼翼，如履薄冰，这正是君子的处身之道。所以虽然在老虎的尾巴之后行走，有被老虎咬噬的危险，但能小心应对，所以心志仍然能够得到满足，得以实现，因此吉祥。这一爻强调了在应对外界的危险时，不可掉以轻心，麻痹大意。

【要诀】 小心驶得万年船。

【例解】

春秋时期，楚庄王为了扩张势力，发兵攻打庸国。由于庸国奋力抵抗，楚军一时难以推进。庸国在一次战斗中还俘虏了楚将杨窗，但由于庸国疏忽，三天后，杨窗竟从庸国逃走了。杨窗回国后报告了庸国的情况，说道："庸国人人奋战，如果我们不调集主力大军，恐怕难以取胜。"楚将师叔建议用佯装败退之计，以骄庸军。于是师叔带兵进攻，开战不久，楚军佯装难以招架，败下阵来，向后撤退。像这样一连几次，楚军节节败退。庸军七战七捷，不由得骄傲起来，不把楚军放在眼里。庸军军心麻痹，斗志渐渐松懈，戒备渐渐失去了。这时，楚庄王率领增援部队赶来，师叔说："我军已七次佯装败退，庸人已十分骄傲，现在正是发动总攻的大好时机。"楚庄王下令兵分两路进攻庸国。庸国将士正陶醉在胜利之中，怎么也不会想到楚军突然杀回，仓促应战，抵挡不住，楚军一举消灭了庸国。师叔七次佯装败退，是为了制造战机，一举歼敌。庸国的失败就在于两军对峙的危险时刻，被假象所迷惑而掉以轻心，麻痹大意。

九五，夬履，贞厉。

《象》曰："夬履贞厉"，位正当也。

【译】九五，果断刚决，守正防危。

◎《象》解释道：行为果断刚决，守正防危是因为这一爻的位置处在（九五的）中心。

【智慧解读】

"九五"阳爻处在阳的位置上，即"位正当"。这一位置乃属"九五之尊"，是一卦的主爻，作用非常重要。这一爻包含着非常重要的辩证法思想，也就是正面的东西往往包含着反面的东西，积极中蕴含着消极的因素。"九五"以刚毅中正而履帝位，这本是无可厚非的；它的下面有人拥护，有权有势，它果敢决断，没有任何的阻碍。但其以刚居刚，过于刚强而不能以柔补刚，往往造成"九五"独断专行、肆无忌惮的作风，这是非常危险的。这一爻告诫为人君者、领导人物万万不可一意孤行，过于自负。

【要诀】福中藏祸，居上守正。

【例解】

由于魏徵能够犯颜直谏，即使唐太宗在大怒之际，他也敢进谏，从不退让，所以唐太宗有时对他也会产生敬畏之心。有一次，唐太宗想去秦岭山中打猎取乐，行装都已准备停当，但却迟迟未能成行。后来，魏徵问及此事，唐太宗笑着答道："当初确有这个想法，但害怕你又要直言进谏，所以很快又打消了这个念头。"还有一次，唐太宗得到了一只上好的鹞鹰，把它放在自己的肩膀上，很是得意。但当他看见魏徵远远地向他走来时，便赶紧把它藏在怀中。魏徵故意奏事很久，致使鹞鹰闷死在怀中。唐太宗能成为历史上的有道明君，这与他能接受魏徵的直言进谏，从而居上守正是分不开的。

上九，视履考祥，其旋元吉。

《象》曰：元吉在上，大有庆也。

【译】上九，回顾小心行走的历程，考察祸福得失的征祥，周行无亏，则大吉大利。

◎《象》解释道：大吉大利在上位，大有喜庆。

【智慧解读】

从全卦各爻来看，只有"上九"这一爻能够与"六三"这个全卦中的唯一阴爻相互呼应，而且能够正应。"上九"又是行之至也，是履卦发展的最后阶段，履卦到此已经可以宣告完成了。犹如一个人到了他生命完结的时候，人们要根据他的行迹来评定他一生的是非功过。一个人如果回视一生行迹，能做到无怨无悔，就会"元吉"。由这一爻可以看出，评论一个人的是非得失，应该综合考察，以既成的事实为据，切不可随意歪曲，片面地、片断式地看人。

【要诀】 实事求是，不偏不倚。

【例解】

秦始皇统一中国，车同轨，书同文，统一货币，修都江堰，开郑国渠以利万世，修秦干道使大将蒙恬北击匈奴，卫护刚统一起来的秦国的经济文化发展，筑长城抵御北方游牧民族对中原地区的侵扰，使农耕文明与封建制度得以生长。此为秦始皇之功。而他征敛杀伐，不恤黎民，发戍卒于骊山，建造庞大宫殿于咸阳，使百姓疲敝，民不聊生。功为功，过为过，功过两分开。秦统一中国是历史的发展，秦因暴虐被推翻也是历史的必然，如是而已，我们不能因秦始皇的过错而否认他的伟大历史功绩。这就是观察问题时实事求是、不偏不倚这一原则的运用。

履卦给我们的启示

1. 履卦和小畜卦都是一阴五阳之卦。小畜卦阴爻在第四爻上，处外卦，以柔蓄刚，主要在制人，而履卦阴爻在第三爻上，处内卦，主要在修己。《周易》的主要精神在于劝人向上，有所作为，所以很多时候阐述的是扬刚抑柔的原则。但同时也注意到了阳刚喜动好勇的缺陷，履卦给我们的启示也正在于此。它告诫人们做事应当不偏不倚，保持中和，因为太刚则折，强自取柱，阴阳互变从而祸福相依。

2. 创立事业是一个艰辛的过程。在这个过程中，一方面要正己修身，保持恬静的心境，注意个人修养的磨砺，另一方面在处理各种社会关系时，应该做到刚中有柔，柔中有刚。遇到不顺时，要能从自身找原因，也就是看看自己是否走在正道上，即"视履考祥"。如果能做到走正路，处正位，加上小心谨慎，自会一路吉祥，也就是本卦所说的"愬愬终吉"。

泰卦第十一

——权时制宜知进退

（乾下 坤上）

泰：小往大来，吉，亨。

《彖》曰："泰，小往大来。吉，亨"。则是天地交而万物通也，上下交而其志同也。内阳而外阴，内健而外顺，内君子而外小人，君子道长，小人道消也。

《象》曰：天地交，泰。后以财成天地之道，辅相天地之宜，以左右民。

【译】泰卦象征通达，小的离去大的到来，吉祥亨通。

◎《彖》解释道：泰卦，小的离去大的到来，吉祥亨通。这是天地之气相互交感，万物得到亨通的缘故；上下相互交感，心志能够同一。内卦阳刚而外卦阴柔，内里强健而外表柔顺，君子在内而小人在外，君子之道在生长，小人之道在消退。

◎《象》解释道：天地互相交合，象征通达，君子从中得到启示，悟出天地的法则，在天下推行天地的法则，来指导人民。

【智慧解读】

这一卦乾为天，下降到下卦；坤为地，上升到上卦。看起来好像是不合理的，但是实际上这代表的是天地相交，地气重由上下降，天气轻由下上升，两者相互交感，阴阳和合，万物因之而生。"小往大来"小为阴，大为阳，小为臣，大为君，君臣和合而心志相通。另外本卦中阳爻处下，阴爻处上，阳爻的生长前景广阔，而阴爻已呈老态，也就是"君子道长，小人道消也"。从政治上来说，这一卦强调的是君臣能和谐共处，君圣臣贤，所以天下和乐，一派祥和。

【要诀】上下齐心，无坚不摧。

【例解】

人们曾经认为，在安第斯山脉修筑铁路是不可能的。因为安第斯山脉险情四伏，其海拔高度已使修筑工作十分困难，再加上恶劣的环境，冰河与潜在的火山活动，使修建工作更是困难重重，整个工程有大约100座隧道和桥梁。但是一个波兰血统的工程师欧内斯特·马林诺斯基却以实际行动对这个想法发起了挑战，无论修建过程中发生了什么，马林诺斯基和他的团队从来都没有放弃过，他们上下一心，互相配合，紧密团结在一起，最终使这件不可能的事变成了可能。马林诺斯基和他的团队之所以成功，不仅因为他们发扬了以一当十的拼搏精神，坚持不懈地去努力，还在于他们以十当一的团队精神为成功提供了强有力的保障。

初九，拔茅茹，以其汇。征吉。

《象》曰："拔茅征吉"，志在外也。

【译】初九，拔出茅草，牵连着他的同类，出征吉祥。

◎《象》解释道：拔出茅草，出征吉祥，是说他的志向向外发展。

【智慧解读】

"初九"阳爻阳位，值此阴阳和合，万物交泰之际，宜于积极进取，而这一阳爻本身就具有阳刚向上之性，也就是"志在外也"。物以类聚，人以群分。此爻和它上面的二爻都为阳性，志同道合，结成同盟，一致向外而求发展。另外"初九"这一爻与"六四"爻阴阳互应，出外有较好的发展空间，所以形势一片大好。这一爻强调在大好的形势下不可遁身隐居，应该因时而动。

【要诀】积极进取，因时而动。

【例解】

三国末年，晋武帝司马炎灭掉蜀国，夺取魏国政权以后，准备出兵攻打东吴，

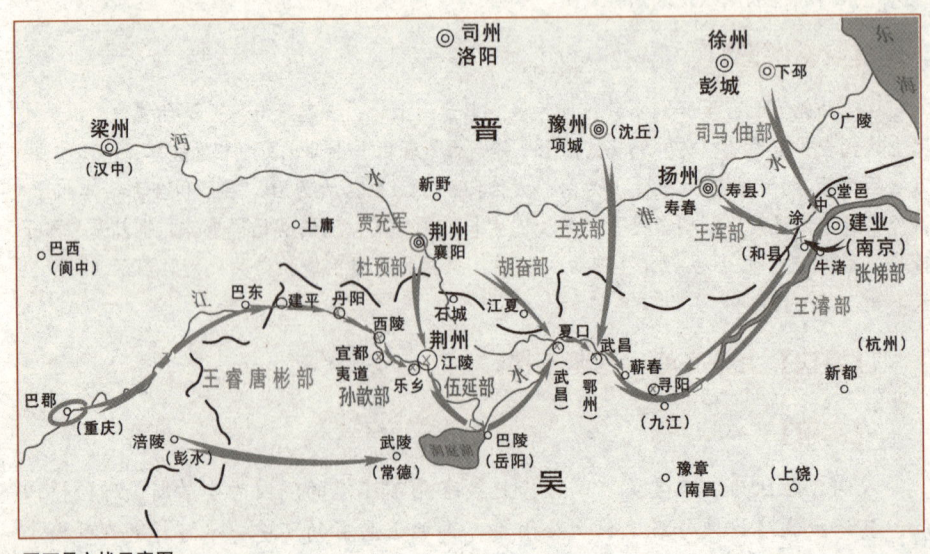

晋灭吴之战示意图

实现统一的愿望，他召集文武大臣们商量灭吴大计。多数人认为，吴国还有一定的实力，一举消灭它恐怕不易，不如有了足够的准备再说。大将杜预不同意多数人的看法，杜预认为，必须趁目前吴国衰弱，迅速灭掉它，不然等它有了实力就很难打败它了。于是司马炎就下了决心，任命杜预做征南大将军。公元279年，晋武帝司马炎调动了20多万兵马，分成6路水陆并进，攻打吴国。一路势如破竹，直冲向吴都建业，不久就攻占建业灭了吴国，晋武帝统一了全国。这一事例深刻地彰明了乘势与因时的重要性。

九二，包荒，用冯河，不遐遗。朋亡，得尚于中行。

《象》曰："包荒，得尚于中行"，以光大也。

【译】九二，犹如天地包容八荒，用这种胸襟可渡长河，也可广纳远方贤者，不结党营私，能得到行事中正的君王赏识。

◎《象》解释道：天地包容八荒，能得到行事中正的君王赏识，因为光明正大的原因。

【智慧解读】

"九二"以阳刚居柔位，且得下卦的中位，上与"六五"正应，内心刚强而外表柔顺。其心可以包容天地，当然也可以包容龌龊小人，"宰相肚里能撑船"，这一爻具有非常难得的胸襟，实乃治世能臣。它与处于君位的"六五"正应，正是泰之道大行于天下的征兆。这种人治世，当可做到优劣得所，野无遗才，从而天下大治。这一爻给出了治世之才应当具有的品性，也就是胸怀宽广，度量宏大，刚决果敢，有徒涉大河的勇气。

【要诀】包山容海，大家风范。

【例解】

西汉名相陈平少时家贫，与哥哥相依为命。他为了秉承父命，光耀门庭，不事生产，闭门读书，却为大嫂所不容。为了消弭兄嫂的矛盾，面对一再的羞辱，陈平都隐忍不发。随后大嫂变本加厉，他实在是忍无可忍，于是离家出走，准备浪迹天涯，被哥哥追回后，又不计前嫌，阻兄休嫂，在当地传为美谈。后来有一老者，慕名前来，免费收徒授课。陈平学成后，辅佐刘邦，成就了一番伟业。他的包容精神，在后来治理国家的过程中也有所体现，故而刘邦非常信任他。

九三，无平不陂，无往不复。艰贞无咎。勿恤其孚，于食有福。

《象》曰："无往不复"，天地际也。

【译】九三，没有总是平地而没有坎坷的，没有总是前进而不回来的；不忘艰险，坚持正道可以无过失；不要忧伤，要建立孚信，自有食享福禄。

◎《象》解释道：没有总是前进而不回来的，是说（这一爻）处在天地交接的边际。

【智慧解读】

"九三"居三阳之巅，三阴之下，于天地的交接处寄身，这里是阴阳激荡的前沿，恰是泰极否来之处。大自然的规律，盛极必衰，物极必反，安泰达到一个临界点时，必然遭遇阻塞。天地运行的规律就是这样往来而不绝，循环而无已。但人不是对此无能为力的，人可以积极发挥自己的主观能动性。当处安泰之时，应当居安思危，见微知著，反思己之所为是否处在正道。这一爻强调安逸时勿放松警惕，未雨时当思绸缪。

【要诀】 时刻警惕，未雨绸缪。

【例解】

明朝万历皇帝是一个没有警惕心的皇帝。他即位之初，尚想有一番作为，因此励精图治，事必躬亲。但到了后来，他认为自己的王朝已经够稳固了，便放松了对自己的要求。他终日在后宫与妃子、宫女们在一起鬼混，很少上朝，甚至是明军在关外打了大败仗，他也不闻不问。这时候有大臣就说，如果敌人打到了紫禁城，皇帝您还能安稳地身处内宫吗？但他仍然不为所动，在他看来，明朝这么大的国家，怎么会亡在小小的清军手中呢？他在世的时候，明朝没有灭亡，但到了崇祯朝却灭亡了，所以历史学家们常说："明亡实亡于万历。"万历皇帝放松了警惕，贪图享受，最后却害了自己的子孙。

六四，翩翩，不富以其邻，不戒以孚。

《象》曰："翩翩不富"，皆失实也。"不戒以孚"，中心愿也。

【译】 六四，翩翩然轻举妄动，不能保有财富，但与邻里互相感应而得信赖，所以不必加以警戒也能得到孚信。

◎《象》解释道：翩翩然轻举妄动，不能保有财富，说明上卦阴爻都损去了殷实。不必加以警戒也能得到孚信，说明阴爻内心均有应下的意愿。

【智慧解读】

"六四"阴爻阴位得正，又与"初九"正应，并且与它上面的两个阴爻能以类聚，也就是说能与它上面的两个邻居互相感应、互相信赖，所以可以"不戒以孚"。阴爻为虚，阳爻为实，阳爻为富，阴爻为不富，因此称此爻为"翩翩不富"。这一爻与它下方的"九三""九二"爻虽阴阳各异，却不能相吸相引，即"失实也"。通过此爻虽"失实"却能与上两爻相互团结，强调的是当泰极否来时，应该团结一致，共渡难关。

【要诀】 互帮互助，风雨同舟。

【例解】

一位老农上山开荒，要砍倒茂密的杂草和荆棘。在砍倒一丛荆棘时，发现荆条上有一个箩筐大的蚂蚁窝。荆条倒，蚁窝破，无数蚂蚁蜂拥而出，老农立刻将砍下的杂草和荆棘围成一圈，点燃了火。风吹火旺，蚂蚁逃命，但无论逃到哪方，都被火墙挡住。蚂蚁占据的空间在火焰的吞噬下越缩越小，灭顶之灾即将到来，奇迹发生了。火墙中突然冒出一个小黑球，然后不断有蚂蚁"粘"上去，渐渐地变得更大，地上的蚂蚁已全部抱成一团，向烈火滚去，外层的蚂蚁被烧得噼里啪啦，烧焦烧爆，但缩小后的蚂蚁球毕竟越过火墙滚下山去，躲过了全体灰飞烟灭的灾难。小小的昆虫，为着整体的生存，竟有那视死如归、勇于牺牲的英雄气概，竟有那么强烈坚定的团队精神，能不令人动容吗？这个故事生动地说明了应该团结一致，才能渡过难关的道理。

六五，帝乙归妹，以祉元吉。

《象》曰："以祉元吉"，中以行愿也。

【译】六五，帝乙嫁妹，以此得福，大吉大利。

◎《象》解释道：以此得福，大吉大利，是行中道实行自己的心愿。

【智慧解读】

"六五"处尊位，是泰卦的君位、主体，以阴爻处尊位，阴爻得中，柔顺而固守中庸之道，位至极而性极柔，且与它下面的"九二"相互响应，而且是正应。爻辞取"帝乙归妹"来说明这个道理。这位天子，处尊位而能以谦虚为怀，待下以宽，处世以柔，选贤与能，可以说是一位贤明之君。他将妹妹下嫁给才德兼备的下属，当然吉庆祥和。在泰卦的大好环境下，能够这样做确属难能可贵了。这一爻强调的是在政通人和的安泰时期，尤其需要选贤任能，亲贤臣而远小人。

【要诀】选贤与能，广开才路。

【例解】

汉武帝非常重视人才，多次举行恩科从民间选拔人才，使董仲舒等一批饱学之士得到了重用，并使其在汉朝经济建设和国政管理上发挥了重要作用。除此之外，他对武将的使用更是不拘一格。卫青带领汉军多次取得对匈奴作战的巨大胜利并最终消灭匈奴主力，他的出身只是一个骑奴（为汉武帝的姐姐驾车）。然而汉武帝慧眼识英才，看中了他的武艺、胆识和忠心，让他追随身边，最终造就了一代名将。霍去病虽然年少气盛、放荡不羁，但汉武帝欣赏他的勇气与执着、胆略与智谋，将仅仅20多岁的他任命为骠骑将军，统率千军万马，在战场上所向披靡，令匈奴人闻风丧胆。正是汉武帝能够广开才路，所以才能成就一番霸业。

上六，城复于隍，勿用师，自邑告命。贞吝。

《象》曰："城复于隍"，其命乱也。

【译】 上六，城墙倒塌在城壕里，不要用兵。自行减损曲谄政令，守持正固以防憾惜。

◎《象》解释道：城墙倒塌在城壕里，说明上六的发展趋向已经错乱转化。

【智慧解读】

从卦象上来看，"上六"已经处在泰卦的最高位，物极必反。下乾为天，上坤为地，现在天要往上复，地要往下返，天地翻覆将有大的变化发生，用土堆积起来的城堡，将崩塌而恢复到原来的平地状态。在这种恶劣的形势下不宜动用武力来挽回颓局，否则只会加速灭亡。命令应该是从上至下，"自邑告命"说明了君王的命令已无权威可言。在这种残局中，仍然可以发挥人类的主观能动性，只不过攻守之势相异，此时只宜采取守势，以积极的防御代替无效的进攻。

【要诀】 审时度势，灵活应对。

【例解】

战国末期，秦国少年将军李信率20万军队攻打楚国。开始时，秦军连克数城，锐不可当。不久，李信中了楚将项燕伏兵之计，丢盔弃甲，狼狈而逃，秦军损失数万。后来，秦王又起用已告老还乡的王翦。王翦率领60万大军，陈兵于楚国边境，楚军立即发重兵抗敌。老将王翦毫无进攻之意，只是专心修筑城池，摆出一派坚壁固守的姿态。两军对垒，战争一触即发。楚军急于击退秦军，相持年余。王翦在军中鼓励将士养精蓄锐，吃饱喝足，休养生息。秦军将士人人身强力壮，精力充沛，平时操练，技艺精进，王翦心中十分高兴。一年后，楚军绷紧的弦早已松懈，将士已无斗志，认为秦军的确防守自保，于是决定东撤。王翦见时机已到，下令追击正在撤退的楚军。秦军将士人人如猛虎下山，杀得楚军溃不成军。秦军乘胜追击，势不可当。公元前223年，秦灭楚。由此可见：让敌方处于困难局面，不一定只用进攻之法。关键在于掌握主动权，伺机而动，以不变应万变。

泰卦给我们的启示

1. 创业固然艰难，可是守成更加不易。不可因为小有成绩就自满，更不可因为形势大好，一切皆成定局而只顾安逸享乐。居安思危，安不忘危，才能不断前进。《周易》的整体精神是导人向上，奋发进取。虽然物极必反，矛盾双方是相互转化的，事物的发展是以波浪式前进的，但只要我们主动地去认识这些规律，把握这些规律，运用这些规律，一定能够除害兴利，使《周易》的真谛更好地为人类服务。

2. 国有人才能兴邦，家有人才能耀祖。在创业的起始阶段人才固然重要，可是当事业鼎盛时，不少人往往认为时局已定，可以坐享其成，变得专制跋扈起来，这可以从很多史实中找到佐证。这一卦给我们的启示是深刻的，广纳人才无论何时都应该是领导者的第一要务。

否卦第十二

——志洁行芳黑白明

（坤下 乾上）

否：否之匪人，不利君子贞，大往小来。

《彖》曰："否之匪人，不利君子贞，大往小来"。则是天地不交而万物不通也，上下不交而天下无邦也；内阴而外阳，内柔而外刚，内小人而外君子，小人道长，君子道消也。

《象》曰：天地不交，"否"。君子以俭德辟难，不可荣以禄。

【译】否卦象征闭塞，小人做坏事，天下不得其利，君子独能守正不苟合于"否"道，此时刚大的离去柔小的进入。

◎《彖》解释道：小人做坏事，天下不得其利，君子独能守正不苟合于"否"道，此时的刚大的离去柔小的进入，这是天地之气不能交感流通，万物就不会得到亨通；上下不能相通交感，天下就不会有像样的邦国。内里阴柔而外表刚强，内里是小人而外表是君子，小人之道在增长，君子之道在消退。

◎《象》解释道：天地之气不能相互交感，这就是否卦；君子用崇尚俭德的隐退来避开祸难，不可以去追求利禄，谋取荣华富贵。

【智慧解读】

否卦是泰卦的覆卦、变卦，即泰卦的六爻全变是否卦。柔爻是小人，刚爻是君子，否卦阴爻呈上升趋势，而阳爻呈下降趋势，也就是说君子之道消，而小人之道长。刚爻处在消退的大势之下，君子应当知命乐天，顺时引退，方为上策，故"不可荣以禄"。这一卦，内卦全为阴爻，外卦全为阳爻，象征了外表刚强而内心柔弱的小人，小人在内，而君子在外，天地不能交感而万物不能得生，政治混乱，国家虽有而实无，当此之际，君子应当收敛才华，退避而远害。

【要诀】识时务，知进退。

【例解】

公元前656年，齐桓公约会了宋、鲁、陈、卫、郑、曹、许七国军队，联合进攻楚国。楚成王得知消息，也集合了人马准备抵抗，他派屈完去探问。齐桓公为了显示自己的军威，请屈完一起坐上车去看中原来的各路兵马。屈完一看，果然军容整齐，兵强马壮。齐桓公趾高气扬地对屈完说："你瞧瞧，这样强大的兵马，谁能抵挡得了？"屈完淡淡地笑了笑，说："君侯协助天子，讲道义，扶助弱小，人家才佩服你。要是光凭武力的话，那么，我们国力虽不强，但肯定会拼死抵抗的。"齐桓公听屈完说得挺强硬，估计也未必能轻易打败楚国，而且楚国既然已经认了错，答应进贡包茅，也算有了面子。就这样，中原八国诸侯和楚国一起在召陵订立了盟约，各自回国去了。齐桓公在当时的情形下能做到识时务、知进退，是非常明智的。

初六，拔茅茹以其汇。贞吉，亨。

《象》曰："拔茅贞吉"，志在君也。

【译】初六，拔出茅草牵连出了它的同类，这样非常吉祥、亨通。

◎《象》解释道：拔出茅草，这样做吉祥，是心里想着君王的缘故。

【智慧解读】

此爻与泰卦的"初九"同象，所不同的地方在于本爻所处的环境是君子之道消，而泰卦的"初九"爻所处的环境是君子之道长，因此在意义上就有差异。这一爻身处卦的底层，与它上方的两个阴爻以类聚，以人事比之，就如同小人结党营私，朋比为奸。但是这一爻又与上卦的"九四"正应，心中不忘君臣之义，这就体现出了儒者的价值取向，身处江湖而心念君王。这一爻强调的是在不利中看到有利的，即使一时失利也应当修身保洁，不可失志。

【要诀】处下而思上。

【例解】

在"安史之乱"中，大诗人杜甫被困在了长安城，但他没有投靠叛军，而是想着一心去投奔在灵武即位的唐肃宗。第一次他试图逃出城，结果被抓住，吃尽了苦头。但他矢志不渝，终于逃出了长安城。在逃亡的过程中，他忍饥挨饿，风餐露宿，最后终于到达了灵武，见到了肃宗。肃宗看到衣衫褴褛、形容枯槁的杜甫，又是悲伤又是高兴，便重用了杜甫。杜甫之所以甘

杜甫草堂
草堂位于四川省成都市，杜甫曾在此生活3年。

愿冒着生命危险远赴灵武，就是因为他不忘君臣之义，处下而思上。

六二，包承，小人吉，大人否。亨。

《象》曰："大人否，亨"，不乱群也。

【译】六二，包容承受，小人吉利，君子闭塞，亨通。

◎《象》解释道：君子闭塞，亨通，是不乱群的原因。

【智慧解读】

只要是被上爻和初爻夹在中间的均可称为"包"。"六二"阴爻阴位，且处在下卦的中位，"六二"亨通是因为它是下三阴爻的主爻，群体不乱故能亨通。同时与"九五"阳爻正应，也就是此爻虽为小人之象，但能做到包容君子，可是近朱者赤，近墨者黑，君子对于这种小人要格外地小心谨慎，与之划清界限，不要为之所迷惑，因为"否"的环境对于君子是不利的。这一爻强调的是在闭塞之时，君子应当处世以明，分清是非，不与世俗同流合污。

【要诀】存身明哲，是非分明。

【例解】

春秋时期，晋国想吞并邻近的两个小国——虞和虢。然而，虞和虢关系很好。晋如果要攻打虞，虢就会出兵救援；晋如果攻打虢，虞也会出兵相助。于是，大臣荀息向晋献公献上一策。晋献公拿出了心爱的两件宝物送给虞公。之后，晋国要求虞国借道让晋国伐虢，虞公欣然答应了。晋国大军通过虞国道路，攻打了虢国。三年后，在再次向虞借道灭虢后回师的途中，晋国乘机占领了虞国。虞国被灭亡的教训就在于虞公从晋国借道伐虢中看不到这件事对自己的是非得失，他处事不明所以亡了国。

六三，包羞。

《象》曰："包羞"，位不当也。

【译】六三，恃他人的包容而为非作歹，终致羞辱。

◎《象》解释道：恃他人的包容而为非作歹，终致羞辱，是所处的位置不当。

【智慧解读】

"六三"阴爻阳位，处位不正，与"六二"还能包容小人相比，已经完全是一个小人了。这一爻是尚武之爻，主动，而且与上方的阳爻相接，心存阴险，毫不知羞耻地用阴谋迷惑君子。这一爻阴柔而又不正位，又接近于上，试图笼络人心，以便干成更大的坏事。而且此爻一旦向前发展，所处之位一旦得中，则它的危害性就会大大地增强，因此君子务必要提防这种小人。这一爻强调的是君子处世不但要远小人，而且对于小人一定要认清危害，提高警惕。

【要诀】 提高警惕，防止危害。

【例解】

　　清朝时的毕振姬曾任湖广布政使，享受阁老待遇，人称"毕阁老"。有一年，毕阁老拜祖返乡，听说高平当任县令多收粮税，百姓怨声载道。他听说高平县令要来见他，就特地让家人做了准备。县令来到毕府后，双方寒暄了一番，上桌就宴，按毕阁老的安排，家人很有秩序地端上了四个盘子：第一盘是红枣，第二盘是黄梨，第三盘是蒸糕，第四盘是苹果。县令看到毕阁老不太热情，又看了看桌上的食品，如梦初醒，桌上的枣、梨、糕、苹不是叫他"早离高平"吗？于是回城不久，就带着家眷溜了。这个县令虽然昏庸，但还是认识到了自己的处境，为了防止被进一步打击，赶快走人，还是很明智的。

九四，有命无咎，畴离祉。

　　《象》曰："有命无咎"，志行也。

【译】 九四，奉行扭转否道的天命，没有灾祸，众人依附，同享福禄。

◎《象》解释道：奉行扭转否道的天命，没有灾祸，心愿能够实行。

【智慧解读】

　　"九四"在六爻中已经过了一半，闭塞时期开始有所解冻，曙光已经微露。"九四"阳刚，已初步具备了排除险阻的能力。但是这一爻以阳刚而居阴位，缺乏敢作敢为的刚毅精神，要想前进，只有与它上面的两个阳爻团结一致，齐心合力，志同道合，才会有所作为，从而心愿得以实现。这一爻强调的是在艰难险阻面前，当自己的力量不足时，应该团结志趣相投的人，一起努力。

【要诀】 面对艰险，善借外力。

【例解】

　　安史之乱后，唐朝有个叛将仆固怀恩，他煽动吐蕃和回鹘联合出兵，进犯中原。后来仆固怀恩病死了，吐蕃和回鹘就失去了中间的协调人物。双方都想争夺指挥权，矛盾逐渐激化。唐朝老将郭子仪于是乘机分化这两支军队。他在"安史之乱"时，曾和回鹘将领并肩作战，因此关系很好，便亲自来到回鹘营，双方立誓联盟。吐蕃得到报告，觉得形势骤变，于己不利，他们连夜准备，拔寨撤兵。郭子仪与回鹘合兵追击，击败了吐蕃的10万大军。吐蕃大败，很长一段时期，边境无事。唐军的胜利就在于身处险境能借力打力，利用矛盾。

九五，休否，大人吉。其亡其亡，系于苞桑。

　　《象》曰：大人之吉，位正当也。

【译】九五，闭塞休止，君子吉祥；（心中时时自警）要灭亡了，要灭亡了，就会像系结在桑树的根上一样牢固。

◎《象》解释道：君子的吉祥，是由于所处的位置得当。

【智慧解读】

这一卦"九五"爻占据大中之位，也就是这一卦的尊位，所以称为"大人"，同时阳处阳位，既中又正，所以说吉。"九四"爻已有向泰转化的倾向，到了这一爻已是"休否"了。闭塞休止虽然已是势之必然，但要将它转化为现实，还是需要发挥"九四"爻刚毅果断、中流砥柱的作用。由此可见，《易经》虽然强调客观规律的作用，但是很注重人的主观能动性的作用。"其亡其亡"说的是"大人"在此泰道将复之际，人皆晏乐，而他独存危机意识，像桑根那样深沉。这一爻强调的是在否极泰来、祸去福归之时，一定不能掉以轻心，要心存戒惕。

【要诀】祸去福归，仍需谨慎。

【例解】

880年，黄巢率领起义军攻克唐朝都城长安。唐僖宗仓皇逃到四川成都，纠集残部，并请沙陀李克用出兵攻打黄巢的起义军，起义军被击败。黄巢见形势危急，当即决定：部队全部退出长安，往东开拔。唐朝大军抵达长安，不见黄巢迎战，觉得特别奇怪。先锋程宗楚下令攻城，气势汹汹杀进长安城内，才发现黄巢的部队已全部撤走。唐军毫不费力地占领了长安，众将欣喜若狂，纵容士兵抢劫百姓财物。唐军将领被胜利冲昏了头脑，整日饮酒作乐，欢庆胜利。黄巢派人打听到城中情况，

唐代铠甲

高兴地说："敌人已入瓮中。"当天半夜时分，唐军沉浸在胜利的喜悦中呼呼大睡。突然，神兵天降，起义军以迅雷不及掩耳之势，冲进长安城内，杀得毫无戒备的唐军尸横遍野。唐军的失误，就在于大胜之后，失去了警惕。

上九，倾否，先否后喜。

《象》曰：否终则倾，何可长也。

【译】上九，闭塞的状况要倾覆，先闭塞后喜悦。

◎《象》解释道：否卦到了终点就会倾覆，怎么能够长久？

【智慧解读】

"上九"到了全卦的最上位，物极必反，否极泰来，闭塞不通的现象要消失，否的对卦是泰，形势马上就会好转了。但是泰的到来不是规律自然发展的结果，中间人力的作用至关重要。"上九"这一爻阳刚有力，能积极进取，服从"九五"爻的领导，且与"六三"爻能正应，内有团结，外有照应。因此随着规律的运转，加上人力的作用，否极泰来的局势是一定会到来的。这一爻强调客观形势固然重要，但人力是不容忽视的。

【要诀】尊重规律，重视人力。

【例解】

上海微创医疗器械有限公司常务副总裁张捷2002年进入公司时，公司生存很艰难。为了给员工信心，他自掏腰包给员工发工资，自己则一年没有收入。他的所作所为，在员工中树立了良好的形象。要想创下一番事业，个人的机遇、商界的规则这些固然需要，但是这中间最为重要的就是个人的素养。换句话来说就是：客观形势固然重要，人力也是不容忽视的。正因为张捷尊重规律、重视人力，最终才使得上海微创医疗器械有限公司否极泰来。

否卦给我们的启示

1. 泰到否，物极必反，事物就是这样对立而又统一地运动着。这一卦向我们生动地揭示了这种规律，从而指导人们运用这种规律，把握自身的命运。外在的形势是客观的，有时不以人的意志为转移，但人能够积极地运用规律，充分发挥主观能动性，从而趋利避害，远祸全身，不断取得成功。

2. 因为事物的发展是千变万化、复杂多变的，有向各种方向发展的可能。事物的发展达到一定的量时，就会产生相应的质变。因此我们要善于观察形势，认清形势，从而避开灾祸，使事情向好的方向发展，保持一定的危机意识对这种转化是大有裨益的。

同人卦第十三

——求同存异休戚共

（离下 乾上）

同人于野，亨。利涉大川。利君子贞。

《彖》曰：同人，柔得位得中，而应乎乾，曰同人。曰："同人于野，亨。利涉大川"，乾行也。文明以健，中正而应，君子正也。唯君子为能通天下之志。

《象》曰：天与火，同人。君子以类族辨物。

【译】 同人卦象征与人和睦相处，在野外聚集众人，亨通；有利于渡过险阻的大河，有利于真正的君子。

◎《彖》解释道：同人卦，柔顺得到正位且在中位，向上与乾天相呼应，所以叫同人卦。同人的卦辞说：在野外聚集众人，亨通。有利于渡过险阻的大河，这是乾的运行。上卦乾为天，文明而刚健，且居中正之位与下相应，这是君子端正的表现。只有君子才能沟通天下人的心志。

◎《象》解释道：上卦乾为天，下卦离为火，这是同人卦；君子从中得到启示，对天下的万物要按族归类，又要按物加以分别。

【智慧解读】

同人卦只有"六二"是阴爻，其他各爻均为阳爻。"六二"柔居柔位，在下卦之中位；"九五"阳爻阳位，在上卦的中位。这两爻上下相互正应，同心同德，上下一气，故称"同人"。上下一心就会无险不能克，无难不能过。同人是人与人聚，人与人同。但是同中应该有异，异中应该有同，这是客观的规律。如果光是求同而不存异，就会混同而丧失自己；如果知异而不求同，就会难以统一而导致分裂。因此君子从中得到启示，所以"以类族辨物"。这一卦在整体上强调的就是用这种科学的方法看待问题。

【要诀】 同中求异，异中取同。

【例解】

20世纪初，英国工人在给乡村配送牛奶时，一般都是将牛奶送到顾客家门口。

他们发现，由于牛奶瓶没有盖子，山雀与知更鸟常常前来"享用"。后来，厂商加装了铝制的瓶盖，情况才有所改观。但到了20世纪50年代初期，所有的山雀居然又学会了刺穿铝制瓶盖，而知更鸟却只有少数学会。为什么山雀可以，而知更鸟却不能呢？生物学家发现，山雀在年幼时期，就已习惯与同类和平相处，甚至编队飞行。而知更鸟则是排他性较强的鸟类，势力范围内是不允许其他鸟进入的，同类之间基本上是以敌对的方式沟通。因此，虽然两者同属鸟类，但和谐相处的山雀，比起互相敌视的知更鸟，更能学习互助，进化程度更高。由此可见，在一个群体之内，如果内部竞争太激烈，成员之间互相争位敌视，因异而相争，不能异中求同，对这个群体是大有危害的。

初九，同人于门，无咎。

《象》曰："出门同人"，又谁咎也。

【译】初九，刚出门口就能与人和睦，没有灾祸。

◎《象》解释道：刚出门口就能与人和睦，谁能有灾祸呢？

【智慧解读】

"初九"是同人卦开始的第一爻，阳刚坚毅，处阳位。这一爻与"九四"爻同性相斥，故此不能相应，但也能象征两者之间公正无私。"同人于门"是同人于门外，而不是门内，就是说与人交往广泛而没有偏私，亲者不私，疏者不远，公平相待，一视同仁。像这样的交往，能相互拓展视野，取长补短，社会因之趋于大同，怎么会有害处呢？从这一爻中我们可以得出这样的启示：相互和同、相互交往首先应该打破狭隘的门户之见。

【要诀】相处以诚，不存偏见。

【例解】

B先生从事的是销售助理的工作，但他并不喜欢这份工作。一方面是觉得屈才，另一方面是工作不合格，老板就不高兴。长此以往，变成恶性循环，以至于B先生行为出现轻微异常。他变得尽量回避老板，不到万不得已，他绝不正面面对老板。B先生的工作越做越糟糕，老板对他也越来越不满意，B先生对工作心灰意冷。心理咨询师在咨询中先和他分析销售业绩不佳的原因，站在客观公正的立场帮助B先生消除对工作和老板的敌意。B先生明白老板的训斥是对事不对人，不是故意为难他，于是，他与老板沟通不再有心理障碍。咨询师与B先生的老板进行沟通，也使老板明白自己的工作方式有不足之处，脾气太过急躁可能会使态度变得粗暴，引起员工的反感。反馈显示，B先生能积极主动和老板交流，老板也不再动辄呵斥，他的销售业绩不断提高，对工作也越来越喜欢。由此可见，相互交往，无论员工与上司，都应该做到相处以诚。

六二，同人于宗，吝。

《象》曰："同人于宗"，吝道也。

【译】 六二，只与同一宗族的人同心同德，有过失。

◎《象》解释道：只与同一宗族的人同心同德，是鄙吝之道。

【智慧解读】

全卦只有"六二"是阴爻，这一爻柔爻阴位，居下卦的中位，五个刚爻都希望能与这个全卦中唯一的阴爻同心相应，然而它只与"九五"相正应，这样做心胸未免有些狭隘，所以说这是"吝道也"。卦辞对"六二"爻大加赞美，而爻辞对之不无贬斥，因为卦是大局，而爻是大局中的一个局部、一个时期，所以从不同的角度对之考察，得出的结论也就不同了。这一爻提示我们：要成就大事业，必须心胸宽广，能容人，不能搞裙带关系。

【要诀】 唯才是举，心胸宽广。

【例解】

改革开放后，我国的民营企业取得了很大的发展，但其中不乏家族企业，它们存在一个通病：家族式管理。选拔人才的标准不是任人唯贤而是任人唯亲，成员在家族企业中的重要性取决于他在家族网中的地位，于是，常常有无能之辈受重用，而有才之人遭排挤的现象。优秀职业经理人难以进入决策管理层，即便进入也得不到信任和重用。家族式的管理，往往会因决策者的无知和专断，给企业的发展带来致命的失误。因此，这一管理方式是民营企业走向兴盛的瓶颈。这也应了本爻的爻辞："同人于宗，吝。"

九三，伏戎于莽，升其高陵，三岁不兴。

《象》曰："伏戎于莽"，敌刚也。"三岁不兴"，安行也。

【译】 九三，把军队隐藏在密林草丛中，还登上高陵频频察看，但三年都不敢发兵。

◎《象》解释道：把军队隐藏在密林草丛中，是因为敌方刚强。三年不能发兵，是安于本位的行动。

【智慧解读】

这一卦只有一个阴爻，而每个阳爻都想与之相应，可是这个阴爻只与"九五"相应。"九三"阳爻阳位，不在中位，性情又过于刚强暴躁，且为尚武之爻，生性好动，"九三"想与它亲近，势必会得罪处于尊位的"九五"，"九五"强大，正面为敌，难有胜算，于是在草丛中设下伏兵，并登高勘察地形。但是畏首畏尾，瞻前顾后，到最后必然不了了之。这一爻说明正义之师、道义之盟必然会对不义者产生一定的震慑作用。

【要诀】 德之及处，纷扰自解。

【例解】

春秋战国时期魏楚边境有一个小县，两国交界的地方住着两国的村民，村民们都喜欢种瓜。有一年天气异常干旱，魏国的一些村民就组织一些人，每天晚上到地里挑水浇瓜。一段时间后，魏国村民瓜地里的瓜苗明显比楚国的瓜苗高许多。楚国的村民一看到魏国村民种的瓜苗长得又快又好，非常忌妒，有些人夜里便偷偷潜到魏国村民的瓜地里去踩瓜苗。魏地的村民气愤了，也准备去踩楚国的瓜苗。魏地县令宋就耐心地劝说他们："如果你们一定要去报复，最多解解心头之恨，可是如此下去，双方互相破坏，谁都不会收获一个瓜。"村民们皱紧眉头问："那我们该怎么办呢？"宋就说："你们每天晚上去帮他们浇瓜，结果怎样，你们自己就会看到。"村民们只好按宋县令的意思去做，楚国的村民发现魏国村民不但不忌恨，反而天天帮他们浇瓜，惭愧得无地自容。从这个事例中可以充分地看出：以德报怨，纷扰全消，且无后患。

九四，乘其墉，弗克攻，吉。

《象》曰："乘其墉"，义弗克也。其"吉"，则困而反则也。

【译】 九四，登上敌方城墙，但是又自退不能进攻，吉利。

◎《象》解释道：登上敌方城墙，从道义上不能发动进攻，吉利，是因为受困后能返回到正道上来。

【智慧解读】

"九四"阳爻阴位，与"初九"同性相斥，不能相应。在同人卦里，不能相应就是相异，相异即有相攻之象。在进攻这一点上，它与"九三"有点儿相同，但是也有不同。"九三"阳爻阳位，所以"伏戎于莽""三岁不兴"，最后也就不了了之了，有些执迷不悟。"九四"处柔位，不能克胜，能够迷途知返，所以结果是吉祥的。"九四"之所以"困而反则"，主要是因为通过内心的挣扎发现所行与道义不合，于是返回正道，这是非常明智的。这一爻强调的是"知错能改，善莫大焉"的道理。

【要诀】 知错能改，善莫大焉。

【例解】

清朝初期的著名学者、史学家万斯同小时候特别顽皮。有一次，万斯同由于贪玩儿，在宾客们面前丢了面子，从而遭到了宾客们的批评。万斯同恼怒之下，掀翻了宾客们的桌子，被父亲关到了书房里。从生气、厌恶读书，到从《茶经》中受到启发，万斯同开始用心读书。转眼一年多过去了，万斯同在书屋中读了很多书，父亲原谅了儿子，而万斯同也明白了父亲的良苦用心。万斯同知错能改，经过长期的勤学苦读，终于成为一位通晓历史、博览群书的著名学者，并参与了《二十四史》之《明史》的编修工作。

九五，同人先号咷后笑，大师克，相遇。

《象》曰：同人之先，以中直也。大师相遇，言相克也。

【译】九五，聚集众人在一起，先号啕大哭，后放声大笑，大部队进攻胜利后相遇。

◎《象》解释道：聚集众人在一起，先号啕大哭，这是说它中心正直。大部队能够相遇，是说已经克敌制胜了。

【智慧解读】

"九五"刚健中正，在全卦的尊位，并且又与处于下卦中位的"六二"相互正应。但是"九三"与"九四"或埋伏或越墙，总是在中间作乱阻隔，难以结合。但是"九五"与"六二"的结合照应是以道义为基础的，外力是破坏不了的，"九五"的刚毅与坚持不懈的努力终于使这种结合成为可能，所以有"先号咷而后笑"的情况发生了。对于笑的理解也可以从此卦中只有"九五"能与唯一的一个阴爻"六二"相应来理解。所谓"二人同心，其利断金；同心之言，其臭如兰"说的就是这两爻的结合。这一卦给我们的启示是：只要合乎道义的事终有一天会成功，但是需要主观上坚持不懈地努力方可达到。

【要诀】两方相争，义者胜。

【例解】

有三个商人都在同一个集市上卖药材。第一位药材商专门从产地购进货真质优的上等药材，根据进价定售价，差价不大，从不牟取暴利。刚开始时，他的生意萧条，铺面冷清，只有少数知根底的人来买他的药材，他只能勉强维持生计。可是，时间长了，许多人都争先恐后地来买他的药材，他的生意变得特别兴隆。不到两年，这位商人成了远近闻名的一个大富翁。第二位药材商将质优质劣的药材都收购进来，售价随顾客的意愿而定，出价高者就给优等品，出价低者就给劣等货。因为选择余地较大，利润有大有小，所以生意开始比较好，综合效益也比较可观。但是前来买药材的人总不见增长，几年下来也仅能维持现状。第三位药材商专门大量收购价廉质劣的药材，然后略做加工，再换上精美的包装，俨然是一种名牌精品的派头，可是毕竟质量太差，前来买药材的人渐渐稀少，这个商人一段时间后就破产了。由此可见，"两方相争，义者胜"，歪门邪道也许能得逞于一时，但终究是不会长远的。

上九，同人于郊，无悔。

《象》曰："同人于郊"，志未得也。

【译】上九，在郊外聚集众人，不会后悔。

◎《象》解释道：在郊外聚集众人，是没有得志的迹象。

【智慧解读】

"上九"在全卦的最外层，有引退的迹象。另外，这一卦无爻能与它相应，本来应该与"九三"相应，可是与"九三"同性相斥，不能聚集，于是只好求之于野，这是不得志的表现。不过本爻中的"同人于郊"有无私的意思。从表面上看，这种不得志应该是不吉祥的，然而"上九"远离人群而能做到公平无私，虽存身僻野，却远离尘嚣，因此虽然谈不上吉祥，但是可以称之无悔。这一爻给我们的启示是：在一个地方如果不能有所遇合，应该另求发展，在他方会另有所遇，关键在于我们怎么去看待这种遇合。这一爻带有很强的哲学思辨意义。

【要诀】一处不就，乃谋他方。

【例解】

蒙牛集团总裁牛根生是中国乳业巨子，但他也有不如意的时候。在任伊利集团副总裁时，他因与管理层理念不合等原因，最终辞去了副总裁的职务。1998年年底的一天，已经从伊利辞职的牛根生去了呼和浩特的人才市场，他站在一家公司的招聘柜台前，"你多大了？"对方问。"40岁。"牛根生回答。"对不起，你这样的年龄在我们企业属于安排下岗的一列。"对方直言不讳地笑着回答。但牛根生并没有灰心，辗转求职多时，他最终白手起家创立了蒙牛集团，并使之迅速成长为中国乳业的知名企业。

同人卦给我们的启示

1. 同人卦所要阐述的是同中有异，异中有同，同中有辨，异中有争的道理。同人交往，与人合作，应该符合道义的原则，不能相互欺骗。以道义为基础的合作与联盟，犹如走正道，行坦途，是没有什么颠覆之危的。

2. 为了使相互的合作达到最佳的境界，合作双方应该排除一家、一族乃至一国的偏见，求同存异，重视大同，不计较小异，于相异处找出共同点来，积极主动地广交天下朋友，才能做到无往而不胜。

3. 事物是复杂多样的，与人求同，并不是无原则、无条件地求同。在求同的同时应该存异，既不能与小人同流合污，沆瀣一气，又不能因相异而导致相互攻击，走上极端。另外，清高自诩、孤芳自赏也是不值得赞扬的。

大有卦第十四
——论富有之道

（乾下 离上）

大有：元亨。

《彖》曰："大有"，柔得尊位大中，而上下应之，曰"大有"。其德刚健而文明，应乎天而时行，是以元亨。

《象》曰：火在天上，"大有"。君子以遏恶扬善，顺天休命。

【译】大有卦象征大有收获，至为亨通。

◎《彖》解释道：富有，阴柔者居于尊位，大而得中，上下阳刚与它相应，称为富有。它的品德刚健而文明，能够顺应自然规律，适时行事，所以是至为亨通的。

◎《象》解释道：火在天上，象征富有。君子此时要遏止邪恶，发扬善行，顺应天道，不违天命。

【智慧解读】

大有卦乾下离上，乾为刚健，离为文明。"应乎天而时行"指日顺应天而随四时运行。"大有"离为日，乾为天。这个卦是异卦（乾下离上）相叠。上卦离为火，下卦乾为天。火在天上，普照万物，万民归顺，顺天应时，事业已经取得一定的成就，最忌得意忘形，胡作非为。人务必止恶扬善，坚守中正，交往正直的朋友，戒惧谨慎，兢兢业业，真正做到大而不盈，满而不溢，事业才可望迈上新的台阶。

【要诀】富而不骄，发扬善行。

初九，无交害，匪咎。艰则无咎。

《象》曰："大有"初九，无交害也。

【译】初九，不涉及利害，没有过错，仍然要不忘艰难，才能免除过错。

◎《象》解释道：大有卦"初九"爻，不涉及利害。

【智慧解读】

"初九"不仅与本卦主爻"六五"相距甚远,无比无应,甚至与位置相对的"九四"也没有相应的联系。这样,"初九"也就不涉及上层的利害,一般来说是可以逃避过错,不受怪罪了,这种情况就是爻辞所说的"无交害,匪咎"。然而不可以为"匪咎"而掉以轻心,一定要处富而思艰,不要忘记创业时的艰难,不生骄侈之心,谨慎行事,才能免除过错。如果人富而忘本,大肆挥霍,忘记了自己的本色,财富就会很快消失,相反,富而不忘贫,一定会大有作为。

【要诀】慎终如始,不忘创业之艰难。

【例解】

朱元璋是明朝的开国皇帝,但他曾经一度因家贫而入皇觉寺当了和尚。在元末那个动乱、饥馑的年代,他历尽了生活的辛酸。因此,当他建立了明朝,当了皇帝后,仍时时不忘自己初创业时的艰辛,异常勤政。虽然他对大臣们很残酷,但却能够比较体谅老百姓的苦楚。后来他还颁布了《皇明祖训》,毫不讳言自己曾经当和尚与乞讨的经历,希望子孙后代不要忘记创业的艰辛。在朱元璋的治理下,明朝的国力逐渐强大起来,但到了明末,他的子孙却忘记了这一教训,整日不理朝政,最终亡了国。

明太祖朱元璋像

九二,大车以载,有攸往,无咎。

《象》曰:"大车以载",积中不败也。

【译】九二,有大车运载财富,有所前往,必无过失。

◎《象》解释道:有大车运载财富,积累于其中,不会失败。

【智慧解读】

因"九二"是阳爻,有刚健之质,居阴位,有谦和之德,又得中,能中道而行,上与居于君位的"六五"阴阳相应,得到上层人士的倚重和信任。这样,"九二"在大有之时,有如一辆任重道远的大车,材质坚实,谨慎行驶,承载的东西适量而不超重,沿着中道稳稳地前进,当然可以远行而不会败毁。其实经商者只要多学知识,从多方面充实自己的学识,一定受益匪浅,知识就是力量。一个人的知识和品德就是这辆大车,可以载人远行,走向成功。

【要诀】 虚心学习，富而有知。

【例解】

年轻人多学知识才能变得富有，美国《财富》杂志评选2004年度年轻富豪，给它做出了最好的诠释。在《财富》杂志评选的40个40岁以下的富豪中，年龄最小的只有18岁。18岁，刚刚跨过成年人的门槛年龄，却能创造上亿美元的财富，不得不让人佩服，而在排名前10名的年轻富豪中，有7位来自IT（information technology，信息技术）业，他们的成功，无疑加重了知识的砝码。雅虎的创始人杨致远只花了4年，就获得了学士学位和硕士学位。1994年杨致远开始网站经营，6个月后想出了雅虎的点子。1995年，还在就读研究生时，他就收到了100万美元的投资资金，并实现了雅虎梦想。虚心学习，年轻就是一种资本，财富就在不远的前方。

九三，公用亨于天子，小人弗克。

《象》曰：公用亨于天子，小人害也。

【译】 九三，公侯向天子致敬献贡，小人难当此大任。

◎《象》解释道：公侯向天子致敬献贡，小人当此大任时必然为害。

【智慧解读】

因为"九三"居于下卦之上，刚健而得正（以阳爻居阳位），有公卿侯王之象。"九三"已经是有地位有影响的人物，这时要向"天子"做出物质上的贡献和精神上的敬意，才能保持其富有和地位，这是明智的做法。这告诫我们：当你拥有财富时，你一定要明智谦虚，特别是面对比自己地位和财富高的人，不能目空一切，一定要保持礼节，这样才能保全自己；否则就是因小失大，得不偿失。

【要诀】 有礼有节，明智谦虚。

【例解】

西汉的石奋，原是汉高祖刘邦身边的侍从，一次偶然的机会他得到提拔。这时的石奋没有沾沾自喜，而是更加踏实、恭谨。景帝晚年，他回家养老，每年定期作为大臣参加朝会。经过皇宫的门楼，他一定下车快步走；看见皇帝的车驾，一定俯身按着车前横木表示敬意。皇上时常给他家赏赐食物，他一定跪下叩拜俯伏着吃，好像就在皇上眼前。子孙遵循他的教导，也和他一样，都因为品行善良，孝敬父母，办事谨严，做官做到了二千石。于是景帝说："石君和四个儿子都是二千石官员，作为臣子的尊贵光宠竟然集中在他一家。"于是称石奋为万石君。石奋一家深知自己的财富、地位都是皇上给予的，因此谨慎、踏实、谦虚，终于长保富贵。

九四，匪其彭，无咎。

《象》曰："匪其尪，无咎"。明辩晰也。

【译】九四，富有而不过盛，没有过错。

◎《象》解释道：富有不过盛则无过错，说明"九四"具有明辨事理的智慧。

【智慧解读】

"九四"以阳爻居于阴位，具有内刚而外柔的品质，能够谦以自处，不以富有骄人，能够看到盛极得咎的规律，自觉减损其盛大，得以免过。这就是"匪其彭，无咎"的含义。有时候人富了就变得贪得无厌，对财富一味追求，这样做反而会招致祸患，因为物极必反。

【要诀】富而不盛，物极必反。

【例解】

李嘉诚是香港C富豪，但他为人低调、谦逊而乐善好施，并常常回馈社会。他教子十分严格。他朋友的孩子在国外读书，买了一辆最新款的敞篷车，但是他只让两个儿子李泽钜、李泽楷买自行车，因为在美国斯坦福大学行走也十分方便。李泽钜、李泽楷兄弟幼年时，外出也常坐汽车、巴士，生活很俭朴。后来，他的两个儿子事业十分成功，大儿子李泽钜叱咤香港地产界，而小儿子李泽楷则是亚洲新经济界的风云人物。

六五，厥孚交如，威如，吉。

《象》曰："厥孚交如"，信以发志也；"威如之吉"，易而无备也。

【译】六五，以诚信交接，威严庄重，吉祥。

◎《象》解释道：以诚信交接，以自己的诚信启发他人的忠信之心。威严庄重是吉祥的，威严是在平易近人中显示的，无须防范戒备。

【智慧解读】

"六五"是一卦之主，是阴爻处于君位，柔而居中，五个阳爻都归向于它。它以自己对下的诚信启发众人对上的忠信，这就是爻辞所指出的"厥孚交如"，而《象传》更进一步强调这是"信以发志也"。不仅如此，"六五"虽然是阴柔之爻，毕竟居于阳位、尊位，仍然有一种刚健威严的气象。不过这种威严，并不是作威作福，使人畏而远之。恰恰相反，"六五"是平易近人的，人们也无须畏惧戒备；然而由于"六五"温和诚信，坦然无私，受人拥戴，使人心悦诚服地生出敬畏之心，自然地显示出威严庄重的王者气象来。这种平易近人的威严，无须戒备的威严，由威信、威望而产生，是祥和的、内在的。所以《易传》说："威如之吉，易而无备也。"

【要诀】诚信待人，平易近人。

上九，自天祐之，吉，无不利。

《象》曰："大有"上吉，自天佑也。

【译】上九，得到来自上天的保佑，吉祥，无所不利。

◎《象》解释道：大有卦上有九爻的吉祥，是由于得到来自上天的保佑。

【智慧解读】

"上九"居于大有卦之终，能够以阳从阴，以刚顺柔，谦逊地与下面的"六五"结成阴阳相比的关系。可见它能察知盈满则溢、盛极则衰的客观规律，富而不骄，慎终如始。这就顺应了客观规律，当然也就受到了客观规律的保护，因而可长保富有，"吉无不利"。用古人的话来说，这是得到了"天助"，这是"自天佑也"，也就是《象传》所说的"顺天休命"的意思。

【要诀】谦虚谨慎，能保长久。

大有卦给我们的启示

1. 拥有财富后要谦虚谨慎，注重知识修养，不仅可以保住自己的财富，还可以使自己立于不败之地。拥有知识可以使人拥有更多的财富，事业步步高升。

2. 人富有了之后，不能忘记创业的艰难，不能忘记贫穷的过去，更不能为富不仁。如果人富有之后，能明辨事理，发扬善行，多做善事，一定会有更大的回报。诚实守信，可以让你财源滚滚而来，得到更多人的支持与帮助。

谦卦第十五
——谦虚是美德

（艮下 坤上）

谦：亨。君子有终。

《彖》曰：谦，亨。天道下济而光明，地道卑而上行。天道亏盈而益谦，地道变盈而流谦，鬼神害盈而福谦，人道恶盈而好谦。谦，尊而光，卑而不可逾，君子之终也。

《象》曰：地中有山，谦。君子以裒多益寡，称物平施。

【译】谦卦象征谦虚，亨通，君子有好的结局。

◎《彖》解释道：谦虚则亨通。天的规律是下济万物而天体却愈加光明，地的规律是低处卑下而地气却源源上升。天的规律是损去满的，补益虚的；地的规律是倾陷满的，充实虚的；鬼神的规律是危害满的，加福于虚的；人类的规律是厌恶满的，喜好虚的。谦虚的人居于尊位时，其道德更加光大；处于卑位时，其品行也不可逾越。只有君子能够始终保持谦虚。

◎《象》解释道：地下藏着高山，象征谦虚。君子因此取多补少，称量财物，平均分配。

【智慧解读】

谦卦卦名即卦辞之义。这个卦是异卦（艮下坤上）相叠，艮为山，坤为地。地中有山，地卑（低）而山高，是为内高外低，比喻功高不自居，名高不自誉，位高不自傲。这就是谦。谦卦上坤为地，下艮为山，是"地中有山"之象。山本来是高耸于地面的，现在却降到地下，以造成山与地平之势，这象征着谦虚、谦让以求"平"的精神。人尚未被人器重，但因品德高尚，终会被人发现。这时自己不必有意表现，尤其不可放弃谦虚的美德，埋头苦干，一定会得到他人的帮助，在事业上大有作为。经商之人须逐步积累，应小心谨慎，诚心与他人合作，遵守商业道德，通过自己的勤劳努力，取得商业的发展。

【要诀】谦虚如一，君子之道。

【例解】

爱因斯坦是20世纪最伟大的科学家之一，他一直都很谦虚，直到晚年，仍然学习不倦。有个年轻人就问他："您在物理学领域的成就已经是空前绝后了，为何还要孜孜不倦地学习呢？"爱因斯坦听后，找来一支笔，在纸上画了一个大圆和一个小圆。接着，他对那位年轻人说："在物理学领域，你所知道的是这个小圆，我所知道的是这个大圆，但是物理学知识却是无边无际的。小圆的周长小，它与未知领域的接触面小，于是就感受到自己未知甚少；但是大圆与外界所接触的周长大，因此更感到自己的未知东西多，于是便会更加努力地去探索。"谦虚如一、孜孜不倦，是爱因斯坦的一大美德。

初六，谦谦君子，用涉大川，吉。

《象》曰："谦谦君子"，卑以自牧也。

【译】初六，君子谦而又谦，用以涉越大河，吉祥。

◎《象》解释道：谦而又谦的君子，能够以谦卑之道自我修养。

【智慧解读】

"初六"以柔爻处于谦卦最下的位置，是谦而又谦之象。"初六"处于谦道之初，象征人在初入世时，容易锋芒毕露，不知深浅，尤其需要谦上加谦。有谦谦之德，心地光明，得道多助，就有能力渡过艰难险阻，做成大事业，前途必定顺利吉祥。

【要诀】韬光养晦，大有作为。

【例解】

《三国演义·青梅煮酒论英雄》有一个细节是：(曹)操以手指玄德（刘备），然后自指曰："天下英雄，唯使君与操耳。"玄德闻言，吃了一惊，手中所执匙箸，不觉落于地下。时正值天雨将至，雷声大作。玄德乃从容拾箸曰："一震之威，乃至于此！"曹操权倾一时，正踌躇满志。而刘备此时新败于吕布，只得暂时栖身于曹操处。曹操对刘备其人是了解的，也不是没有戒心，请他来小酌，也是想借机考察一下他的志向。刘备的对策就是虚与委蛇，一味装糊涂，给曹操一个胸无大志，不可能有什么作为的平庸之辈的印象。刘备的谦恭，终于使他化险为夷。韬光养晦使刘备后来成为蜀国国君。

汉昭烈帝刘备像

六二，鸣谦，贞吉。

《象》曰："鸣谦贞吉"，中心得也。

【译】六二，有名而谦，守持正固可获吉利。

◎《象》解释道：谦虚的名声远扬，坚持正道可获吉祥，说明六二靠中心纯正赢得名声。

【智慧解读】

"六二"以柔爻居阴位得正，又得下卦之中，柔顺则能谦退，得中则无过无不及。谦退居下，而又能行中正之道，所以谦声外传，远近闻名。由于谦退之道有得于心中，所以一言一行不必做修饰，就会自然而然地合乎谦退之道。这是"得于中而形于外"的自然流露，毫不做作。当然，其谦虚的名声会自然地由近而闻于远。正所谓"兰在林中，其香自远"。

【要诀】谦虚为怀，坚持正道。

【例解】

西汉末年，外戚王莽起初很谦恭。他优待元老故臣，照顾宗室贵戚。重视人才，招揽天下通经之士。他还积极救灾，自己则节衣缩食。他的行为受到世人的称赞，纷纷要求给他加官晋爵。王莽后来位极人臣，然其谦恭、俭朴、忠诚、克己等种种美德未曾消减。王莽"翅膀"丰满之后，野心也大了起来，他毒杀了14岁的平帝，篡位自立。但好景不长，他最后被农民起义军推翻。为此，白居易感叹道："周公恐惧流言日，王莽谦恭未篡时。向使当初身便死，一生真伪复谁知。"王莽谦虚，可惜不守正道，所以下场可悲。

新莽"大泉五十"陶范
"大泉五十"是王莽第一次货币改革的新铸币之一，是王莽统治时期流行时间较长的一种币型。

新莽时期铜斛
器身刻八十一字篆书铭文，记载着王莽在全国范围内颁布标准度量衡器的史实。

九三，劳谦，君子有终，吉。

《象》曰："劳谦君子"，万民服也。

【译】九三，有功而谦，君子有好的结果，吉祥。

◎《象》解释道：有功劳而又谦虚的君子，人人都敬服。

【智慧解读】

"九三"是本卦中唯一的阳爻，一阳处于五阴之中，有出类拔萃之象，同时又以刚居阳，守其正位，是勤劳有功之士。论其功德，"九三"本应居于上位，现在却止于下位。能者多劳，同时又甘心谦退，这正是"劳谦君子"之象。而"九三"虽处下位，而上下群阴皆归向之，也正象征着君子谦退而万民归心。

【要诀】劳谦君子，人人敬服。

【例解】

黄培伦是椰树公司的董事长，同时担任"椰树"利乐项目小组的负责人。在项目实施过程中，他不摆领导架子，与大家同甘共苦，一起工作，一起生活，每天早出晚归，带领大家安装设备，为工厂的顺利投产打下了坚实的基础。在他的这种以身作则、无私奉献精神的鼓舞下，工人们齐心奋战，顶住了恶劣天气的影响，战胜了各种困难，用不到一个月的时间便顺利完成了利乐设备的吊卸、安装工作，为椰树绍兴饮料公司的建设谱写了一曲美丽的序曲。黄培伦正是"劳谦君子"的形象，自己带头劳动，又谦退有礼，与工人打成了一片。

六四，无不利，㧑谦。

《象》曰："无不利㧑谦"，不违则也。

【译】六四，无不顺利，发挥其谦虚的美德。

◎《象》解释道：没有不利于发挥谦德的，因为这样做不违背法则。

【智慧解读】

谦卦下体的三爻，"初六""谦谦"以自养其德行，"六二""鸣谦"已有得于心中，"九三""劳谦"而万民悦服，谦虚之道已经得到了最充分的表现，再谦虚下去就有过谦之嫌了，应该适可而止了。所以谦卦上体的三爻，都有防止过谦之义。到了"六四"，本来就是阴柔之质，以居于阴位，不患其不能谦虚，而患其谦虚过度。所以这时"六四"挥手不受谦逊的虚名是对的，是无所不利的。这就是"㧑谦"之义。

【要诀】谦虚不要过度。

【例解】

小王在公司以谦虚而出名。做成一个项目，他总是谦虚地说是大家的功劳；而年终发奖金时，他也不向上级争取更多的数额。起初，同事们都认为小王为人谦虚，人品好。但时间一长，他们发现小王有些谦虚过火。如某件事明明与别人一点儿关系也没有，他偏偏要说某某也有功劳，使得大家觉得他很虚伪，肯定是在故意拉关系。从此，他的谦虚不仅没有给他带来好处，反而使得大家日渐疏远他。小王的失误，就是没有把握好度，被谦虚的虚名所累。

六五，不富以其邻，利用侵伐，无不利。

《象》曰："利用侵伐"，征不服也。

【译】六五，虚心可影响周围的人，宜用讨伐（惩治），无所不利。

◎《象》解释道：宜于出征讨伐，因为这是征伐不服从的骄横者。

【智慧解读】

《易经》以阳爻为实、为富，以阴爻为虚、为贫。"六五"居于君位，但它是阴爻，是不富实的，就是说实力并不强，但它仍能左右它的近邻，指挥得动亲近它的力量，这是什么原因呢？就因为它能行谦道，有谦德。"六五"以柔居尊得中，能够广泛地施谦于下，善于团结群众，所以部下乐于为它所用。在《易经》中，"富以其邻"是比较正常的，富有实力的阳爻居中处尊，当然足以左右其近邻，如前面介绍过的小畜卦的"九五"爻。

【要诀】桃李不言，下自成蹊。

【例解】

西汉的飞将军李广战功卓著，他不仅待人和气，还能和士兵同甘共苦。朝廷如果给他赏赐，他就把那些赏赐统统分给官兵们；行军打仗时，遇到粮食或水供应不上的情况，他自己也同士兵们一样忍饥挨饿；打起仗来，他身先士卒，英勇顽强，只要他一声令下，大家个个奋勇杀敌，不怕牺牲。李广死后，全军将士无不痛哭流涕，连许多与大将军平时并不熟悉的百姓也纷纷悼念他。司马迁称赞道："桃李不言，下自成蹊。"意思是说，桃李有着芬芳的花朵、甜美的果实，虽然它们不会说话，但仍然会吸引人们到树下赏花尝果，以致树下都走出一条小路。

上六，鸣谦，利用行师征邑国。

《象》曰："鸣谦"，志未得也。"可用行师"，征邑国也。

【译】上六，有名望而又谦虚，（这样才）宜于出兵，讨伐小国。

◎《象》解释道：谦虚的名声远扬，然而其志向没有实现。可以出兵，然而只能征讨附近的小国。

李广射石图　清　任颐
唐代诗人卢纶诗："林暗草惊风，将军夜引弓。平明寻白羽，没在石棱中。"即讲李广射石这件事，极力称赞李将军的高超箭术和神勇。

【智慧解读】

"上六"以柔爻处于阴位，是阴柔之极，又居于谦卦最上，是谦让之极。以至柔之质，处于极谦之地，所以"上六"的谦名远扬，有"鸣谦"之称。"上六"虽然位高谦极，足以感化众人，恐怕仍然无法在骄横的强徒身上奏效。所以成大事者既要谦虚宽容，也要学会刚柔相济，对待纷乱必须快刀斩乱麻，该出手时就出手，不能优柔寡断。

【要诀】谦虚宽容，刚柔相济。

【例解】

1673年，吴三桂在云南起兵。三藩一乱，整个南方都被叛军占领。康熙帝并没有被他们吓倒，他一面调兵遣将，集中兵力讨伐吴三桂；一面停止撤销尚之信、耿精忠的藩王称号，把他们稳住。尚之信、耿精忠一看形势不利，便投降了。对反叛者，康熙帝在重点打击的同时，适当用各种宽和政策，促使其放下武器，只要他们放下武器便既往不咎，维系"相反"双方的"相和"。正是由于他采取了这种刚柔相济的中道政策，才使政局逐步稳定下来，终于削平群叛，安定了社会。

谦卦给我们的启示

1. 谦虚是一种美德，是一种修养。大度才能旷达，谦虚可以使人不断进步。谦卦安排在大有卦之后，也很有意思：富有骄人是世间常态，然而越是富有越要谦虚。大获所有，到了一定极限就要盈满，就要走向其反面而衰败。为了防止因盈满而衰败，必须谦虚。

2. "满招损，谦受益"，《尚书》中的这句古语，已经成为至理名言了。从初涉人世的青年到饱经世故的老人，对这句话都会有切身的体验。谦虚处世，必致亨通。谦虚者皆乐于与他共事。有一分谦虚，必然有一分受益处。不仅事业上能够得到他人之助，精神上也能得到与人融洽相处的快乐。

3. 越是精神贫乏的人越是骄矜浮躁，越是内心充实的人越是谦逊深沉。谦虚是每个对主客观世界孜孜探求的人所自然形成的品性。

豫卦第十六

——生于忧患，死于安乐

（坤下 震上）

豫：利建侯行师。

《彖》曰：豫，刚应而志行，顺以动，豫。豫顺以动，故天地如之，而况建侯行师乎？天地以顺动，故日月不过，而四时不忒。圣人以顺动，则刑罚清而民服，豫之时义大矣哉！

《象》曰：雷出地奋，豫。先王以作乐崇德，殷荐之上帝，以配祖考。

【译】豫卦象征欢乐愉快，宜于封建侯国及用兵作战。

◎《彖》解释道：欢乐，这里指阳刚与阴柔相应，意愿得以实现，顺应情理而动，就感到欢乐。欢乐，顺应情理而动，所以连天地的运行都是如此，何况建立诸侯、出师征战这些事呢？天地顺应物理而动，所以日月运转不致失误，四时更替不出差错。圣人顺应民情而动，所以刑罚清明，民众服从。欢乐的意义真大啊！

◎《象》解释道：雷声发出，大地振奋，象征欢乐。先王因此制作音乐，用来赞美功德，以盛大的典礼奉献给天地，并让祖先的神灵配享。

【智慧解读】

这个卦是异卦（坤下震上）相叠，坤为地，为顺，震为雷，为动。雷依时出，预示大地回春，因顺而动，和乐之源。豫卦与谦卦互为综卦，交互作用。事业要获得成功，必须符合实际，顺应潮流，并得自己努力奋斗，树立远大目光，尤其不可因事业的顺利而放松谨慎小心的态度，陷于懒散享乐。否则，必将后悔莫及。人的时运已到，就应大胆行动，即使遇到挫折，也可以很快化险为夷。应加强同他人的合作，开诚布公，共同开展事业。

【要诀】小心谨慎，顺势而动。

【例解】

三国时期，刘备入川，居有益州、荆州之地，占据一方。此时曹操已死，曹丕篡汉自立。在这种情况下，刘备一方的群臣、谋士、武将纷纷要求刘备称帝，但他却顾虑重重，不能决断。此时诸葛亮给他分析了形势：三国鼎立的局面已经形成，汉室已衰，此时只有称帝，论功行赏，方能安定军心，使众人欢悦。刘备大悟，顺势而动，称帝行赏，军心大安。这个故事说明了顺应潮流，顺势而动的重要性。

初六，鸣豫，凶。

《象》曰："初六鸣豫"，志穷凶也。

【译】 初六，欢乐得自鸣得意，将有凶险。

◎《象》解释道："初六"因欢乐而自鸣得意，说明欢乐之志穷极，会有凶险。

【智慧解读】

"初六"阴柔居初，位卑而不中正，却与本卦唯一的阳爻"九四"阴阳相应。犹如小人在下，行为不端，却依靠关系而得到上层强有力者的支持，因而得意扬扬，忘乎所以，甚至到处自吹自擂，这就叫作"鸣豫"。对君子来说，应该自我奋斗，成就功业。

【要诀】 取之不义，终将失去。

【例解】

和珅是清朝出名的大贪官，他出身并不高贵，也没有任何功名，更没有任何背景，但是善于钻营，特别是能讨乾隆帝开心，因此很快就赢得了乾隆的"赏识"，一步步升迁，最终位居一品大员，可谓是一人之下，万人之上。和珅因乾隆的宠信而得势，因而骄横跋扈，结党营私、打击异己、大肆贪污。但是好景不长，乾隆帝死后，他也失去了靠山，继位的嘉庆帝下令抄了他的家。和珅品行不端，靠乾隆的宠信而权倾一时，但最终落了个凄惨的下场。

和珅府花园湖心亭旧址　清

六二，介于石，不终日，贞吉。

《象》曰："不终日贞吉"，以中正也。

【译】 六二，坚贞如磐石，不待终日，守持正固可得吉。

◎《象》解释道：不等候一天终竟（就悟知欢乐必须适中的道理），坚守正道可获吉祥，因为"六二"居中得正。

【智慧解读】

它以柔居阴，居中而得正，能以中正之道作为立身之根本，又无应无比（与其他各爻没有比应关系），意味着它不为外物所吸引，能够我行我素，对于安逸享乐不动于心。这与"志满"的"初六"恰好形成一正一反的鲜明对比。

【要诀】 不贪安乐，不忘功业。

【例解】

曾国藩是个不贪图安乐的人，其信条是"不为圣贤，则为禽兽"。他不贪图享乐，不收受贿赂，对自己要求极严，因为他深知"世无艰难，何来人杰"。"天下事有所激有所逼而成者居其半"，所以他不畏困难，"坚忍维持"，以期"有后日之振"。他常严厉责备自己的懒惰、卑琐，其严于律己的精神值得借鉴。担当学术界领袖也是曾国藩的一大事业，他是个带兵打仗的文人，战火纷飞时仍不忘读书作文。不贪安乐，不忘功业，从经典中他汲取做官、为人的营养，这些经典也成为他的归宿。

曾国藩像

六三，盱豫，悔，迟有悔。

《象》曰："盱豫有悔"，位不当也。

【译】 六三，仰视（媚颜）为乐，将有悔；迟疑不决，亦有悔。

◎《象》解释道：献媚讨好以求安乐，必生悔恨，说明"六三"居位不当。

【智慧解读】

"六三"居位不当，以阴爻居于阳位，不中不正，上承唯一的阳爻"九四"，象征不正派的小人，内怀阴柔，外有所求，张目向上仰视，不择手段地巴结讨好有权势的上司。"人到无求品自高"，唯利是图的人，利欲熏心，也就不顾廉耻了。这等人，不仅以巴结讨好求安乐，久而久之，还练成了一副奴颜媚骨，也就以巴结讨好为乐，自以为得计，沾沾自喜，以为做一个溜须拍马、阿谀逢迎的奴才是无穷乐趣，这是"盱豫"二字的又一层含义了。

【要诀】 自强自立，白手起家。

【例解】

美国早期的富豪，许多靠机遇成功，约翰·洛克菲勒是个例外。他并非多才

多艺，但异常冷静、精明，富有远见，凭借自己独有的魄力和手段，白手起家，一步步地建立起他那庞大的石油帝国。约翰·洛克菲勒1855年中学毕业后，便决定放弃上大学，到商界谋生，开始了做生意的生涯，每周工资是4美元，第三年他的年薪升到600美元……作为美国历史上第一个亿万富翁，作为石油巨子，他在相当一段时期控制着全美国的石油资源，并创设了托拉斯企业制度，在美国资本主义经济发展史上占据了重要的一席之地。

九四，由豫，大有得，勿疑。朋盍簪。

《象》曰："由豫大有得"，志大行也。

【译】九四，人们由于它而得到欢乐，大有收获；无须疑虑，朋友聚合如簪子收束头发。

◎《象》解释道：人们靠它得到欢乐，大有所获，说明它的志向可以充分实现。

【智慧解读】

"九四"是豫卦中唯一的阳爻，得到五个阴爻的相应和悦服。它象征给人们带来安乐的人，人们靠它得到安乐，"由"它而"豫"，故而称为"由豫"。所以，尽管"九四"处于上下二体之间的"多惧之地"，也不必疑惧，因为人心已经归向于他，会像朋友一样紧密地聚集在他周围，爻辞中称之为"勿疑，朋盍簪"。

【要诀】用人不疑，疑人不用。

【例解】

索尼中国董事长正田纮坚持用人不疑。他认为，一个企业的领导，在企业还比较小的时候，尚且能够具体指挥做一个项目。但在企业做大了之后，财务会由财务专家去做，市场将由市场专家去做，技术应该由技术专家去做。在公司里的人事决定做出以前，他都非常慎重地考虑这个人是否合适，但是一旦做出了决定，他就会放手让部下去干而不干涉。正是因为他坚持"用人不疑，疑人不用"的策略，索尼中国才在他的领导下，获得了极大的发展，市场占有率稳步提升。

六五，贞疾，恒不死。

《象》曰："六五贞疾"，乘刚也。"恒不死"，中未亡也。

【译】六五，守持正固防备疾病，必将长久康健。

◎《象》解释道："六五"守持正固防备疾病，因为它乘于阳刚；经久不死，因为它还没有失去中道。

【智慧解读】

以阴柔之质居于尊位,又乘于"九四"阳刚之上,依托于强臣。这样的君主,处在安乐之时,必然只图享乐,不问国政,以致大权旁落于"九四"之手,处境十分糟糕。就好像一个人疾病缠身,无法治愈了一样。

【要诀】沉溺安乐,大权旁落。

【例解】

东晋孝武帝司马曜是一个只图享乐、不问国政的皇帝。他除了重用有淝水之战功绩的谢安外,剩下的就只有吃喝玩乐、沉迷佛学。淝水之战后,他受到弟弟司马道子的影响,终日声色犬马、不理朝政,成了名副其实的风流皇帝。因此大权旁落,最后竟然被妃子闷死在床上。司马曜在战争时期能够任用贤能,使国家避免了灾难,但安乐时期,却淫欲亡身,这正是贪图享乐,意志不坚所导致的。

上六,冥豫,成有渝。无咎。

《象》曰:"冥豫"在上,何可长也?

【译】 上六,已形成昏冥纵乐的恶果,及早改正则没有灾祸。

◎《象》解释道:昏昧纵乐居上位,怎能保持长久呢?

【智慧解读】

"上六"以阴爻在上位,处于豫卦之终,是极端享乐的象征,到了昏昏沉沉、迷迷糊糊的程度,这种状况叫作"冥豫"。"豫"本来是好事,到了这种地步就不妙了,要乐极生悲了。西方社会中常有这类病态现象,醉生梦死地一味狂欢,以致失去了理智。所以卦辞一方面以"冥豫成"发出警告,另一方面又从"有渝无咎"勉励盲目纵乐者迷途知返,从灭顶之灾中自拔,实现有价值、有意义的人生。

【要诀】迷途知返,改过自新。

【例解】

唐代著名诗人李白从小就很聪明,琴棋书画一看就懂,一学就会,不过学什么都不专心。李白小时候在四川象耳山读书时,很不用功,天天

太白醉酒图 清 改琦
唐代大诗人杜甫于唐玄宗天宝五载(746年)初至长安,分咏当时八位著名酒徒的个人性情和艺术成就。其中有这样的诗句"李白斗酒诗百篇,长安市上酒家眠。天子呼来不上船,自称臣是酒中仙",淋漓尽致地描绘了李白作为"诗仙"的狂傲和放逸不拘。此图是清代著名画家改琦为这一诗句所作的人物画,再现了李白的洒脱和轻狂。

在山中打猎玩耍。年轻的时候，他离开家乡江油，去游历峨眉山。有一天，他见到一位老婆婆在石头上磨铁棒。他好奇地问了其中缘由，老婆婆说要把铁棒磨成针，李白一听就笑了。老婆婆说："只要功夫深，铁杵磨成针。"李白仔细一想，磨杵成针，求学宜精，不专心、无恒心可算求学的大敌啊。从此，他好像变了一个人，读书很用心。没过多久，便以性格豪放、诗酒无敌闻名了。

豫卦给我们的启示

1."生于忧患，死于安乐"是至理名言。不过，只要能认清沉溺安乐的危害，以安乐为忧患，仍然可以从死中求生，重获新生。安适的环境容易使人产生骄傲奢侈的心理，所以要想成功必须保持清醒的头脑。如果没有忧患意识，很难有大作为。

2.豫卦指示我们，要顺理而动，使天下同归于安乐，这是我们应有的安乐观。至于如何致安乐、如何处安乐的道理，都包括在这样的安乐观之中。如何正确对待逆境，也是我们思考的问题。聪明人自我奋斗，勇于战胜困难，最后终会获得成功的。

3."豫"处理好了就是好事，处理不好就是坏事。一个人犯了错不要紧，如果能知错就改，仍然能有所成；反之，执迷不悟，一错再错就不可救药了。

随卦第十七
——交际的艺术

（震下 兑上）

随：元亨，利贞，无咎。

《彖》曰：随，刚来而下柔，动而说，随。大亨贞无咎，而天下随时，随时之义大矣哉！

《象》曰：泽中有雷，随。君子以向晦入宴息。

【译】随卦象征随从、随和，开始即通达而宜于守正，没有灾祸。

◎《彖》解释道：随从，阳刚能前来居于阴柔之下，有所行动一定使人悦服，乐于随从。坚守大亨通的正道不会有过错，天下人都会适时地来随从。适时地随从，意义很大啊！

◎《象》解释道：大泽中响起雷声，象征随从。君子因此随着天时在傍晚时入室休息。

【智慧解读】

随卦震下兑上，震为刚，兑为柔，刚在柔下。这个卦是异卦（震下兑上）相叠，震为雷，为动；兑为泽，为悦。动而悦就是"随"。"随"指相互顺从，己有物随，物能随己，彼此沟通。"随"必依时顺势，有原则和条件，以坚贞为前提。从卦序上来看，豫为安乐，随为随从，安居乐业了，人们自然会来随从，所以豫卦之后是随卦。对社会和人生有正确的估价，重视人际关系，善于同他人合作，事业会很顺利。为了保证取得更进一步的成功，人不得贪图小利，向比自己优秀的人学习，择善而从，心存诚信，努力开拓事业。在与他人的真诚合作下，能够达到预期的目的。在竞争中应保持头脑清醒，从大处、长远考虑，遵守商业道德，保持至诚的态度对待顾客和同行，这样会保持竞争优势。

【要诀】团结协作，共同成功。

【例解】

《西游记》中唐僧师徒四人能够取经成功，正是靠团队精神。到西天取经，路途遥远，困难重重，即使一个人能力再强，也无法独立完成。沙僧安分守己，兢兢业业，但没有主见；孙悟空武艺高强，有斗争的决心，但喜欢感情用事，性格暴躁；八戒有一定的功夫，有时候也很卖力，但生性懒惰，好逸恶劳；而唐僧带领三个徒弟，互相协作，大家拧成一股绳，靠集体的力量和智慧，披荆斩棘，战胜意想不到的困难，使得取经圆满成功。可以说，西天取经的成功是团队合作的范例，是集体协作的结果。

初九，官有渝，贞吉，出门交有功。

《象》曰："官有渝"，从正吉也。"出门交有功"，不失也。

【译】初九，思想观念随时改善，选择正直的一方可获吉祥；出门有所交遇，互相帮助有好处。

◎《象》解释道：思想观念随时改善，随从正道可获吉祥；出门交往能够成功，说明"初九"的行为没有过失。

《西游记》图册　清
明代吴承恩的《西游记》问世后，各种表现唐僧师徒取经故事的艺术题材相继涌现，如诗歌、绘画、书法、雕塑、建筑等，不仅有巨大的美学价值，而且在民俗学、社会学上也有不小成就。《西游记》图册由清代康熙时期的四大书法家之一的陈奕禧书写上简单的文字说明，图画生动传神，富有想象力，图文并茂，使故事情节经过图片与文字得到更好的体现和延伸。

【智慧解读】

按照常规，阳爻为主应该居上，阴爻为从应该在下。但在本卦中，阳爻"初九"反而在阴爻"六二"之下，"初九"为主的地位改变了，这就是爻辞中所说的"官有渝"。这恰好符合随卦卦辞所说的"刚来而下柔"的精神，阳刚居于阴柔之下。这意味着"初九"不以"主"自居，变主为从，首先降其尊贵去随从"六二"。

【要诀】择善而从。

六二，系小子，失丈夫。

《象》曰："系小子"，弗兼与也。

【译】六二，依从年轻小子，失去了丈夫。

◎《象》解释道：依从年轻小子，不能同时与多方亲近。

【智慧解读】

"六二"以阴爻居阴位，它是优柔寡断的。看它的本意，既想系于年轻小子，又不想失去伟岸丈夫，但这是不可能的，一女不能随二男。在这艰难的选择中，"六二"终于依从了小子，同时失去了那位大丈夫。

【要诀】 权衡利弊，慎重选择。

【例解】

"人头马"在进入中国市场的时候，在到底选用什么营销策略上，曾经经过了一段时间的争论和权衡。很多西方大公司到中国后，一般都还要保持自己的品位，不愿意降低"身份"，怕这样会影响自己的品牌形象。这种做法虽然对维持品牌的知名度有好处，但也使得产品变得"高处不胜寒"。刚开始"人头马"的目标定位是中国先富起来的一部分人，但那时候的"富人"大部分对奢侈品不甚了解，如果不做变通，只怕会将很多有消费能力的人拒之门外，这就人为地压缩了市场规模。人头马集团反复权衡利弊后，决定采用"入乡随俗"的战略，以"人头马一开，好事自然来"，深深打动了人心，增加了销量。"人头马"的成功，正是因为他们能反复权衡利弊，最后又能慎重选择。

六三，系丈夫，失小子，随有求得。利居贞。

《象》曰："系丈夫"，志舍下也。

【译】 六三，依从丈夫，失去年轻小子，随从别人，有求而得，利于居家守正。

◎《象》解释道：依从丈夫，意在舍弃后面的年轻小子。

【智慧解读】

"六三"毕竟是阴居阳位而失正，给人的印象不太好，现在又舍下而从上，上交于权贵，恐怕会有腆颜媚上之讥，在舆论上有些不利。所以，虽然"六三""随有求得"，还是不要得意忘形为好，要注意安居守正，少出风头，否则前景恐怕不妙。爻辞以"利居贞"三字为戒，并不多余。

【要诀】 大局为重，敢于放弃。

【例解】

2004年中国女排集训的时候，就制定了奥运战略：除了奥运会争牌，不再制定其他的任何目标。也就是说在这3年多的时间里，不论是世界女排大奖赛，还是世界锦标赛、世界杯赛，都没有具体的成绩要求。因为国人对女排的要求是全方位的，世界三大赛，每一项都不愿意落在人后，特别是世界杯冠军是女排五连冠的开始，世锦赛冠军是女排五连冠的结果，这两项锦标是有特殊意义的。中国主动放弃，不为各种大大小小的比赛所左右，正是敢于放弃，以大局为重的表现。

九四，随有获，贞凶。有孚在道，以明，何咎？

《象》曰："随有获"，其义凶也。"有孚在道"，明功也。

【译】九四，"九四"被"六三"随从而有所获，守持正固以防凶；（然而）存诚信而守正道，立身光明磊落，有什么灾祸呢？

◎《象》解释道：被人随从而有所获，它的意义定有凶险。心怀诚信，合乎正道，这是做事光明磊落的功效。

【智慧解读】

"九四"以阳爻居阴位失正，处理问题不妥当，此乃取凶之道。要注意"贞凶"，也就是守正以防凶。具体说，要内怀诚信之心，外行中正之道，所作所为既尽其诚，又合于道，一切归之于心地光明，胸怀磊落。如此则无愧于人，无懈可击，还有什么过错呢！

【要诀】守正防凶，无愧于心。

九五，孚于嘉，吉。

《象》曰："孚于嘉吉"，位正中也。

【译】九五，存诚于善美，吉祥。

◎《象》解释道：真诚地随从于嘉言善行，吉祥，因为"九五"的位置处于正中。

【智慧解读】

"九五"以阳刚居尊，却能中正诚信，从善如流，这是作为一个领导者的优秀的品质。"九五"的象征意义是：居于尊位，而能以诚从善，必获吉祥。"九五"既得正又居中，得正则所从皆善，居中则不偏不倚，这是其卓越之处。

【要诀】从善如流。

【例解】

东汉时期，有一次大司空宋弘奉召参加汉光武帝刘秀的宴会，见宫室内新添屏风上画的都是美艳的仕女，宴会中刘秀不时注目仕女图，宋弘见状说："未见好德如好色者。"刘秀听后不仅没有生气，而是立即派人撤去屏风，笑着对宋弘说："闻义则服，可乎？"择善而从，虚心纳谏，使得刘秀延揽的大批人

汉光武帝刘秀像

才最大限度地发挥了他们的聪明才智，也使得刘秀及其所建立的政权最大程度地减少了决策失误。

上六，拘系之，乃从维之，王用亨于西山。

《象》曰："拘系之"，上穷也。

【译】上六，遭囚禁强令附从，于是顺服相随，再用绳索拴紧，（为此）大王出师讨逆祭享于西山。

◎《象》解释道：被拘禁起来，说明在最后阶段随从之道已经到了穷尽的地步了。

【智慧解读】

"上六"居于最高爻，以柔乘刚，不愿随从，作为君王象征的"九五"不得不以阳刚之力强行"拘系"。"上六"和"九五"毕竟是阴阳比近，仍有相随之义，加上"九五"以阳刚之尊居于"上六"之下，符合"刚来而下柔，动而悦，随"的卦旨。这样，在"九五"诚意的感召下，"上六"终究是会悦而相随的。

【要诀】诚意感召，以德服人。

【例解】

三国蜀汉鼎盛时，辖区远至滇中，但在一些少数民族头领中，有些人并不心服，彝族头领孟获便是其中突出人物之一。刘备白帝城病逝之后，诸葛亮受命托孤，辅佐幼主，多次出奇制胜，七擒七纵，制伏了桀骜不驯的孟获，使他不得不对蜀汉幼帝和诸葛先生拜服得五体投地。诸葛亮就令他永为洞主，尽皆退还所夺之地。孟获宗党及诸蛮兵，无不感恩戴德，于是，蜀汉得以安定，并有了一个可靠的边疆屏障。之所以会有这么完满的结局，全靠诸葛亮诚意感召，以德服人。

诸葛亮营　三国
此营位于云南省保山地区，传说是诸葛亮七擒孟获时的兵营所在地。

随卦给我们的启示

1. 作为领导者，重要的是不用威权，而一定要以德服人，这样才是正确的策略。许多人就是这样成功的，这样做的目的是可以让更多的人团结在你的周围，不会误入歧途，并且会得到更多人的帮助。

2. 随卦集中展示了人际关系中以正相随的宗旨。随卦六爻，其中"初九"是刚下于柔，"九五"是居尊中正，最能体现竭诚从善的"随"之正道，其余四爻，情况各有不同，或有得有失，或守正才能防凶，或被制方可从正。本卦从正、反两方面，从各种不同角度反映"随从"这一行为的得失利弊和相应对策，是古人处世修身经验的宝贵结晶。

3. 选择的学问也不少。我们可以自由选择，但是必须慎重。因为选择一经做出，结果就不同了。我们一方面要考虑现实，另一方面还要考虑未来。在决策阶段，要三思而后行，这样才能获得最大的回报。

蛊卦第十八
——革清弊政

（巽下 艮上）

蛊：元亨。利涉大川，先甲三日，后甲三日。

《彖》曰：蛊，刚上而柔下，巽而止，蛊。蛊，元亨而天下治也。"利涉大川"，往有事也。"先甲三日，后甲三日"，终则有始，天行也。

《象》曰：山下有风，蛊。君子以振民育德。

【译】蛊卦象征救弊治乱，始即亨通顺利，宜于涉越大河，（当以）甲前三日，甲后三日（为宜）。

◎《彖》解释道：蛊乱，由于上下刚柔不交，柔顺而又遇阻，就形成了蛊乱。除弊治乱，至为亨通，意味着天下大治。利于涉越大河，说明治蛊要勇往直前，有所作为。预先深虑救弊治乱前的事态，详为辨析，引为鉴戒；再推求治乱后必将出现的事态，制定措施，谨慎治理，说明旧的告终，于是新的开始。这是大自然的运行规律。

◎《象》解释道：山下吹来大风，象征整治蛊乱；君子因此振奋民众精神，培养道德风尚。

【智慧解读】

这个卦是异卦（巽下艮上）相叠，与随卦互为综卦。蛊本意为事，引申为多事、混乱。器皿久不用而生虫称"蛊"，喻天下久安而因循、腐败，必须革新创造，治理整顿，挽救危机，重振事业。运气处于不佳状态，或因外界条件，或因个人因素所致。唯有谨慎分析原因，找出弊端，坚决大胆，不惜冒险，战胜阻力。这时一要头脑冷静，二要向高明的人请教，必能创造业绩。诸多不利困扰着自己，不宜继续走老路。应全面分析事情的动向，当机立断，另外找寻出路。

【要诀】冷静分析，革除弊病。

【例解】

清初的税收按照人头来收税，所以又叫"人头税"。但由于连年战乱，贫苦农民交不起税，只有隐瞒人口或逃亡在外。这就造成了大量流民，使社会不稳定，并影响国家税收。雍正帝即位后，经过冷静地分析，他把"人头税"归入田赋"土地税"，两税合一征收。为了慎重，雍正帝把这个奏折交给户部讨论，户部同意。雍正帝颁旨，在他即位的第二年，就在全国实行。这样，有田就交税，没田就不用交税了。这对无地或少地的贫苦农民来说，是一个福音，他们不用再去逃亡躲税了。他们可以老老实实地种地，国家自然增加了税收。同时，减少了流民，使社会安定了。雍正能够多方咨询、冷静分析，最终成功地革除了弊政。

初六，干父之蛊，有子，考无咎。厉，终吉。

《象》曰："干父之蛊"，意承考也。

【译】初六，匡正父亲的过失，有这样的儿子，（则父亲）没有灾祸，虽有危险，最终得吉。

◎《象》解释道：解决父辈留下的弊病，意在继承先父之志。

【智慧解读】

"初六"以柔爻处于卑位，上承"九二""九三"之阳，阴之承阳，犹如子之承父，在这种意义上，"初六"正是处于"子"的地位。蛊害的产生不是一朝一夕的事，是积久而成，往往要经过一个世代才能充分表现出来。上代人造成的弊端，往往要到下一代人才能得到矫正。所以，本卦谈治弊常以父子为喻，本爻则以父与儿子为喻。

【要诀】改革创新，不因循守旧。

【例解】

尧在位的时候，黄河流域发生了大水灾。尧就让鲧去治理，鲧花了9年时间治水，没有把洪水制伏。因为他只懂得水来土掩，造堤筑坝，结果洪水冲塌了堤坝，水灾反而闹得更凶了。舜接替尧当部落联盟首领以后，亲自到治水的地方去考察。他发现鲧办事不力，就把鲧杀了，又让鲧的儿子禹去治水。禹改变了父亲的做法，用开渠排水、疏通河道的办法，把洪水引到大海中去。他和百姓一起劳动，戴着箬帽，拿着锹子，带头挖土、挑土，累得磨光了小腿上的毛。经过十几年的努力，终于治水成功。

夏禹王像
禹，传说中夏朝的第一个王，鲧之子。因禹治水有功，舜让位于他。

九二，干母之蛊，不可贞。

《象》曰："干母之蛊"，得中道也。

【译】九二，匡正母亲的过失，情势难行时不可固执守正。

◎《象》解释道：解决母亲的弊病，应该掌握刚柔适中的原则。

【智慧解读】

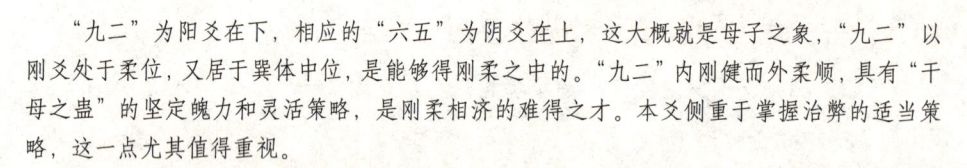

"九二"为阳爻在下，相应的"六五"为阴爻在上，这大概就是母子之象，"九二"以刚爻处于柔位，又居于巽体中位，是能够得刚柔之中的。"九二"内刚健而外柔顺，具有"干母之蛊"的坚定魄力和灵活策略，是刚柔相济的难得之才。本爻侧重于掌握治弊的适当策略，这一点尤其值得重视。

【要诀】刚柔适中，清除弊端。

【例解】

清朝乾隆皇帝是和珅的大靠山，因此他才可以横行无忌。乾隆皇帝驾崩后，嘉庆皇帝为了避免和珅生事，解除了和珅与福长安的军机处大臣职务，命他们昼夜在大内守灵，不许出入，隔断了他们与外界的联系。接着又查抄和珅的家，宣布了和珅的二十大罪状，并通报各省督抚，讨论定罪。和珅老奸巨猾，但嘉庆在短短15天内，就把一个被先帝恩宠几十年的"二皇帝"收拾得干净利落。除掉和珅后，嘉庆马上收兵，除伊江阿、吴省兰、吴省钦等人受到处罚外，其他由和珅保举升官的或给和珅贿赂过的都没有追究。嘉庆果断灵活的处理方式，最终保证了政局的稳定。

九三，干父之蛊，小有悔，无大咎。

《象》曰："干父之蛊"，终无咎也。

【译】九三，匡正父亲的过失，虽多少有些后悔，（但却）无大过。

◎《象》解释道：整治父亲的弊病，终究不会有过失的。

【智慧解读】

"九三"以刚爻居于阳位（第三爻），未免过于刚猛了。"九三"居于巽体，这就意味着它在治蛊过猛而失当时，能够适度地退让，调整其策略。因此，虽然出了些偏差，有些小悔，归根到底是没有大过失的，不必畏缩不前，丧失锐气。

【要诀】适时调整，方为正道。

雍正帝临辟雍讲学图　清

【例解】

清朝康熙皇帝建立了不朽的功业，但他晚年体弱多病，对朝政稍有松懈，因此国家积弊甚多。雍正帝继位之前，久居亲王之位，深知前朝官吏贪污，钱粮短缺，国库空虚的情况，对康熙晚年弊政知之甚详。他即位刚一个月，便下令全面清查钱粮，又进一步整顿吏治，先后颁改十一道谕旨，反复强调"国家首重吏治""吏治不清，民何由安"等观点。还整顿旗务，发展生产，最终使得清朝的国力大为增强，国库也极为充实。

六四，裕父之蛊，往见吝。

《象》曰："裕父之蛊"，往未得也。

【译】 六四，宽容父亲的过错，前往会感到羞辱。

◎《象》解释道：宽容父亲的过错，长此以往，必然不得治弊之道。

【智慧解读】

"六四"恰恰相反，本来就是阴柔之爻，又处于阴位，而且居于艮止之体柔者懦，止者怠，既懦弱又懈怠。这样的人根本就不是治弊的材料，只能够姑息宽容，敷衍了事。所谓"投鼠忌器"，不敢下手，这就叫"裕父之蛊"。"裕"就是"宽裕"的意思，采取能拖就拖、得过且过的态度。"六四"就是这种胆小怕事、难当大责的典范。

【要诀】 姑息宽容，后患无穷。

【例解】

东郭先生是一个有学问的人，因此经常用一个口袋装着他喜爱的书行路。有一次，他碰到一只被猎人追赶的狼逃到他这里，请求他救一命。东郭先生出于对狼的怜悯之心，就用口袋把狼装了起来。猎人找不到狼，就只好作罢走了。之后，东郭先生将狼放了出来，谁知这只狼说："我现在饿了，不吃点东西就会饿死，你既然救了我，那么救人就救到底，干脆让我把你吃了吧。"东郭先生听后非常后悔，正好这时一位农夫路过，二人就使计将狼打死了。这件事说明对待坏人不能姑息宽容，否则会后患无穷。

六五，干父之蛊，用誉。

《象》曰："干父用誉"，承以德也。

【译】六五，匡正父亲的过失，备受称誉。

◎《象》解释道：匡正父亲的弊乱而受称誉，说明六五能用美德来继承先业。

【智慧解读】

"六五"在"九二"爻中可以是治蛊的对象，在本爻中则是治蛊的主体，这并不奇怪。"六五"是以道德的力量继承并发展了前人的事业，而不是承袭前人之弊端，这正是最值得称誉的地方。所以《象传》说："干父用誉，承以德也。"

【要诀】以德化人，功在千秋。

【例解】

明朝的明成祖朱棣发动"靖难之役"，夺取了他的侄儿建文帝的皇位。他自知理亏，大肆屠杀不服从的大臣，将他们的家属流放到边疆，使得士人受到了极大的摧残，人人只图自保，不敢为国效命，反而是一帮小人和太监得到了重用。明成祖死后，继位的仁宗、宣宗二帝，一改永乐朝苛刻的政策，尊重知识分子，重用文人，使得士人乐于为明王朝效命，国家也从恐怖政策中恢复过来，最终促使了"仁宣之治"的出现。

上九，不事王侯，高尚其事。

《象》曰："不事王侯"，志可则也。

【译】上九，不为王侯的事业，高尚自守其事。

◎《象》解释道：不为王侯的事业，说明"上九"的高洁的志向值得效法。

【智慧解读】

本卦之终的"上九"爻，谈的就是治弊完成之后的行为原则了。在某种事业完成的最后阶段，功劳卓著、众口交誉的人往往会经营自己的权势地位，产生称王称侯的欲望。在这种情况下，古人看得很高尚的行为是功成身退，超然地退出名利之争，而保持自己志向的高洁。因为除弊治乱是为了民众的幸福，志不在建立私人的"王侯事业"。如果借此以追求个人私欲的满足，必然是治蛊未成，反被名利权势蛊惑，不仅身受其害，而又蛊害于社会。

【要诀】 功成身退，明哲保身。

【例解】

范蠡是春秋时期宛人，任越国大夫，在吴越争霸中为越国打败吴国立下了大功。公元前495年，吴王夫差日夜练兵马，想对越国开战。越王勾践听说后就想先发制人，大臣范蠡进谏说不要首先发兵。勾践不听，下令攻打吴国，结果大败，勾践被俘。勾践后悔莫及，范蠡启发勾践，用卑谦之辞，请求吴国退兵。勾践忍辱负重，卧薪尝胆，在范蠡、文种的全力辅佐下，经过20年的励精图治，使越国强大了起来。当吴国因与齐、晋连年打仗，元气大伤，加上荒年，军无粮饷时越国大举进攻吴国，吴军大败。吴国灭亡后，勾践封范蠡为上将军。然而范蠡却明哲保身，辞官不受，选择了浪迹天涯，最终保全了自己。

吴越战争图

蛊卦给我们的启示

1. 如何惩治腐败，确实是一个难题，需要我们付出很多艰辛的努力。由乱变治，由害转亨，只是客观的可能性。将可能变为现实，还需要主观能动性发挥作用。腐败现象必须下大决心坚决整治，必须奋力冲破障碍，要有涉险济难的精神，才能转乱为治。

2. 拨乱反正毕竟是一场艰苦的斗争，需要有"涉大川"的勇气、决心和魄力。不能手软，不能轻易放弃，不能虎头蛇尾，否则所有的努力会付诸东流。

3. 惩治腐败不仅需要有济险犯难的极大勇气，而且要有周密的谋划、贯彻始终的科学精神，开始之前要进行调查研究，做好充分的准备；在开始以后更要坚决地监督执行，随时地补救缺失。这样才能真正地惩治腐败，根治腐败。

临卦第十九
——领导的艺术

（兑下　坤上）

临：元亨，利贞。至于八月有凶。

《彖》曰：临，刚浸而长，说而顺，刚中而应。大亨以正，天之道也。"至于八月有凶"，消不久也。

《象》曰：泽上有地，临。君子以教思无穷，容保民无疆。

【译】 临卦象征督导，开始亨通顺利，利于守正。到八月将有凶事。

◎《彖》解释道：以上临下，说明此时阳刚之气逐渐增长，万物喜悦而顺从，刚健者居中而上下相应，由于坚持正道而获大亨通，这是自然的法则。到了八月将有凶险，这是因为阳气消减，好运不能长久。

◎《象》解释道：水泽上有土地，象征以上临下。君子因此要教化、关心民众，永无穷尽；要包容、保护百姓，永无止境。

【智慧解读】

临卦下兑为悦，上坤为顺。这个卦是异卦（兑下坤上）相叠。坤为地，兑为泽。地高于泽，泽容于地。喻君主亲临天下，治国安邦，上下融洽。正是成功的极好时机，人们务必抓紧，不可失去良机。但却不可就此满足，时运会很快消失，一定要从长计议，注意总结经验，团结他人，共同开拓新领域。这时会十分顺利，并有收获，但须随时注意事情的动向，兢兢业业，防止出现意外的事故，尤其应妥善处理人际关系。

【要诀】 以德服人，以德亲民。

【例解】

班超是东汉著名的外交家、军事家，他先后在西域待了30余年，使西域50余国皆归附汉朝，因功被封为定远侯。有一次，汉明帝封班超为将兵长史，节制西域边兵，另派卫侯李邑护送乌孙国使者回国。李邑出行时，正赶上西域两国交战，他害怕不敢前行，于是上书说西域没有内附的希望，并极力诽谤班超"拥爱妻，抱爱子，安乐外国，无内顾心"。班超听说了这件事，怕被朝廷怀疑，就和妻子离异了。汉明帝知道班超忠勇，严辞切责李邑，说："就算是班超拥爱妻，抱爱子，镇守西域的思归将士千余人为什么都和班超同心协力呢？"明帝下诏给班超：如果李邑在西域任职，便留在身边做从事。但班超并没有这样做，他派李邑陪伴乌孙国使者回京师洛阳，使他能够体面地回国。班超这种光明磊落、以德报怨的态度，使得将士们很受感动，西域诸国无不佩服，于是汉朝的边疆也更加稳固。

初九，咸临，贞吉。

《象》曰："咸临贞吉"，志行正也。

【译】初九，以感化之心而临民，守持正固则吉。

◎《象》解释道：以感化的方法统御民众，坚持正道可得吉祥，说明"初九"的思想行为端正。

班超像

班超，字仲升，东汉扶风安陵（今陕西咸阳）人，班彪之子，班固之弟。62年随兄班固至洛阳，以文为生，后投笔从戎。73年，奉明帝之命与窦固一起北击匈奴，班超任司马，机智勇敢，杀敌无数。后出使西域以肃清匈奴势力，被任命为西域都护，使50余国归汉。95年，班超被封为定远侯，102年去世。

【智慧解读】

临卦六爻，四个阴爻在上，两个阳爻在下。在取象上，四个阴爻取以上临下之义；两个阳爻则不同，取以刚临柔之义。阳刚为主导，阴柔为附从，仍然是统御民众的象征。"初九""九二"这两个阳爻处在"刚浸而长"的主导地位，四个阴爻则处于"悦而顺"的从属地位。不过"初九"毕竟是在"临"之初始阶段，象征刚刚上任的领导者，更加注意以德临人。于是屈尊降下，用感化的方法统御民众，群众当然会喜悦地顺从，一切都很顺利吉祥。这就是爻辞"咸临，贞吉"的含义。

【要诀】其身正，不令而行。

九二，咸临，吉，无不利。

《象》曰："咸临吉无不利"，未顺命也。

【译】九二，以感化而临民，吉祥，无所不利。

◎《象》解释道：以感化的方法统御民众，会得到吉祥，无所不利，因为这时民众还没有顺从命令。

【智慧解读】

"九二"居于下卦之中，形成与"六五"阴阳感应的关系。但是这里面隐藏着不利因素，由于"九二"是以阳爻居阴位，"六五"则以阴爻居阳位，两者位皆失正，造成"九二"与"六五"

相应关系中的不协调，因而产生被统御的民众"未顺命"的不利情况。这时"九二"必须实行感化式的领导，协调好与群众的关系。

【要诀】 重在感化，注意协调。

【例解】

《水浒传》第十六回"杨志押送金银担 吴用智取生辰纲"中的杨志，就是一个不注意感化，最终酿成大祸的例子。杨志本是个被发配的囚犯，因武艺高强，得到了梁中书的赏识，派他押运生辰纲。为了应付不测，杨志一路处处小心，事事留意。为安全起见，他决定天正热时赶路，这本是顺应地势的防范之策，怎奈天气酷热、担子沉重、山路难行，他又不讲究方式方法，"轻则痛骂，重则藤条鞭打"，军汉们"雨汗通流"，苦不堪言，怨声载道。他不但与兵士的矛盾激化，还不注意协调好与老都管、虞侯的关系，使得本来就对他心存鄙视的老都管公开抵制，直接导致了军汉们不听杨志命令，坚持在强盗出没的黄泥岗松林里休息的局面。这样，杨志一行丧失了天时、地利、人和，终于不免失败。杨志的失败，就是因为他不注重感化，没有注意协调，而一味地只按自己的想法要求别人的结果。

施耐庵著《水浒传》图　当代　晏少翔

六三，甘临，无攸利；既忧之，无咎。

《象》曰："甘临"，位不当也。"既忧之"，咎不长也。

【译】 六三，只凭甜言蜜语统御民众是不利的。已知此而忧之，则无灾祸。

◎《象》解释道：靠花言巧语统御民众，说明"六三"居位不当。知道忧虑而改正，过错就不会长久。

【智慧解读】

"六三"阴居阳位，不中不正，上无正应，下乘二阳，位不当，故其心术不正。"六三"又在"兑"之上，为悦之极，故一味以甜言蜜语欺骗取悦民众。骗术不可能长久生效，必有技穷之时。如果"六三"能知危而忧，改弦易辙，还是可以挽回影响的。所以，爻辞提醒说："既忧之，无咎。"以甘美的空言欺骗，口惠而实不至，这种领导作风是最要不得的。

【要诀】 言出必行，讲究诚信。

【例解】

《郁离子》中记载了一个因失信而丧生的故事：济阳有个商人过河时船沉了，他抓住一根大麻杆大声呼救，有个渔夫闻声而至。商人急忙喊："我是济阳最大的富翁，你若能救我，给你一百两金子。"待被救上岸后，商人却翻脸不认账了。他只给了渔夫十两金子。渔夫责怪他不守信，出尔反尔。富翁说："你一个打鱼的，一生都挣不了几个钱，突然得十两金子还不满足吗？"渔夫只得怏怏而去。后来，商人又一次在原地翻船了。有人准备救他，那个曾被他骗过的渔夫说："他就是那个说话不算数的人！"于是商人淹死了。商人两次翻船而遇同一渔夫是偶然的，但商人的不得好报却是在意料之中的。因为一个人若不守信，便会失去别人对他的信任。所以，一旦他处于困境，便没有人再愿意出手相救。

六四，至临，无咎。

《象》曰："至临无咎"，位当也。

【译】 六四，下临民情，则无灾。

◎《象》解释道：亲临现场统御民众，没有过错，说明"六四"居位正当。

【智慧解读】

"六四"居于上卦之下，切近下体，正是"地"与"泽"的接触之处，故能亲近于所临之民。再说，"六四"以阴居阴位而得正，象征领导者温和虚心地亲近群众。这些都是"六四"位当之处，它摆正了自己的位置。这些都值得细心地领会。

【要诀】 平易近人，心悦诚服。

【例解】

沃尔玛是全球500强企业，它有一个特别之处，把公司领导称作"公仆领导"。在沃尔玛，任何一个员工佩戴的工牌上除了名字外，没有标明职务，包括总裁也是这样。公司内部没有上下级之分，见面就直呼其名，营造了一个上下平等的气氛。这种"公仆领导"，很好地拉近了员工和领导之间的距离，使得领导们平易近人，员工们心情舒畅，共同分享平等分工的快乐，共同努力促进企业的发展。

六五，知临，大君之宜，吉。

《象》曰："大君之宜"，行中之谓也。

【译】 六五，以聪明睿智统御民众，懂得大君之所宜，吉祥。

◎《象》解释道：伟大的君主应该如此，是说"六五"应该实行中道。

【智慧解读】

"六五"以柔居尊，而又得中，下与"九二"阴阳取应，可见它能够中道而行，善于虚心任用刚健能为的大臣，辅助自己君临天下，这正是"大君"的明智之处。领导者如果事事亲临，难免分身乏术，疲于奔命，穷于应付，这样也不利于最大限度地调动众人的积极性。领导者应该选贤任能，适当授权。以众智为己智，善取下级之智慧以临天下，这才是以智慧临下的"知临"。既不是事必躬亲，又并不脱离民众，这才是无过无不及的"中道"。

【要诀】选贤任能，任人唯贤。

【例解】

明孝宗朱祐樘并不能算是一个雄才大略的皇帝，但他有一个优点：善于运用有才能的人。在他的提拔下，马文升、刘大夏这样的军事人才得到了重用，使得明朝的边防很稳固，不必再担心蒙古的大规模进攻。文臣方面，他任用了谢迁和李东阳等人，他们都是治理国家的能手，给孝宗皇帝提了很多好的建议。在他们的辅佐下，国力日渐增强，出现了"弘治之治"。

上六，敦临，吉，无咎。

《象》曰："敦临之吉"，志在内也。

【译】上六，以厚道统御民众，吉利，无灾祸。

◎《象》解释道：用厚道统御民众是吉祥的，因为用意敦厚存在内心。

【智慧解读】

"上六"以阴柔之质处上，是能够以敦厚临下的。"上六"处于本卦上体坤之极，天高地厚，"上六"恰好具有君子敦厚之象。居于极位者，获得了绝对的权势，易于刚愎自用，得暴政以虐民，其恶果是祸不旋踵的。所以本爻强调位居最上者必须心存厚道以临民，只有这样才能免除卦辞所警告的"至于八月有凶"。

【要诀】真诚仁厚，虚心纳谏。

【例解】

齐景公爱喝酒，连喝七天七夜不停止。大臣弦章上谏说："君王已经连喝七天七夜了，请您以国事为重，赶快戒酒，否则就请先赐我死吧。"另一个大臣晏子后来觐见齐景公，齐景公向他诉苦说："弦章劝我戒酒，要不然就赐死他。我如果听他的话，以后恐怕就享受不到喝酒的乐趣了；不听的话，他就不想活了，这可怎么办才好？"晏子听了便说："弦章遇到您这样宽厚的国君，真是幸运啊！如果遇到夏桀、商纣王，不是早就没命了吗？"于是齐景公果真戒酒了。齐景公知错能改，肯虚心接受他人的劝告，这种宽大的度量值得学习。

临卦给我们的启示

1. 领导是一门艺术，一门可以让人陶醉的艺术。领导者要有平易近人的人品，要有大度的胸怀，还要有远见卓识，这些要求并不过分。作为一个领导者，要有人格魅力才能使人心悦诚服，跟随你左右。从中可以看出人本的思想，以人为本，因人而变，才能更好地领导人。

2. 临卦的核心思想是为临人、治人者着想，实质上是统御之术。然而，其给人的感觉又不仅仅是权术的研究，而与伦理思想融合在一起，处处显示出内心的真诚仁厚、心灵的沟通感应。

3. 作为领导者，作为行业的主管，需要耐心，更需要才干。将心比心，换位思考，才会使你聪明起来。这样做的好处是你不再头脑单纯，不再一意孤行，很多错误都可以避免。

观卦第二十

——明察秋毫

（坤下 巽上）

观：盥而不荐。有孚颙若。

《彖》曰：大观在上，顺而巽，中正以观天下，观。"盥而不荐，有孚颙若"，下观而化也。观天之神道，而四时不忒，圣人以神道设教，而天下服矣。

《象》曰：风行地上，观。先王以省方观民设教。

【译】观卦象征瞻仰，祭祀宗庙时，须观祭祀开始时盛美的降神礼，其后的献飨礼则可略而不观。（心存）诚信而崇敬之貌已可仰。

◎《彖》解释道：站在高处，眼界阔大，综观一切。要温顺而谦逊，以持中守正的观念去观察万事万物。观看祭祀，看开始时盛美的降神礼，其后的献飨礼则可略而不观，就已经表现出非常诚敬的样子，观礼的人会受到感化。观看天然的神奇规律，四时交替无差错，圣人借用这种神奇规律施行教化，就能使天下人顺服。

◎《象》解释道：风行于地上，象征观仰。先代君王因此巡视四方，观察民情，施行教化。

【智慧解读】

观卦下坤上巽，坤为顺，故曰顺而巽。此卦是异卦（坤下巽上）相叠，风行地上，喻德教遍施。观卦与临卦互为综卦，交相使用。在上者以道义观天下，在下者以敬仰瞻上，人心顺服归从。观察事物立足点要高，眼界要阔大，才能纵览一切，这才称得上是"大观"。要想看得真、看得全、看得深入透彻，还必须有虚心求教的精神，因为个人所见毕竟是有限的；同时要有持中守正的观念，因为个人的偏见和私心往往妨碍观察的由表及里和去伪存真。

【要诀】眼界阔大，高瞻远瞩。

初六，童观，小人无咎，君子吝。

《象》曰："初六童观"，"小人"道也。

【译】初六，像儿童一样观察（问题），小人无灾，（而）君子则难以成事。

◎《象》解释道："初六"像儿童一样观察，这是小人的浅见之道。

【智慧解读】

"初六"以阴居阳，其位不正，又处在"观"之初期，离"九五""上九"的"大观"境界很远，当然谈不上远见卓识。因为小人卑下，鼠目寸光，并不足怪，况且小人胸无大志，苟且偷生，浑浑噩噩，也无须苛责。而君子肩负重任，欲有作为，理应高瞻远瞩，却局限于小人的短视浅见之道，当然是令人憾惜的事。

【要诀】目光长远，切忌短视。

【例解】

1988年秋，骤然刮起的"抢购风"将东北的一家钢琴厂卷入了销售的热潮之中，但是后来市场突变，钢琴销售势头迅速降温，该厂的产品大量积压。厂领导大胆做出决定，还本销售，即消费者购买钢琴满5年后，可以从钢琴厂把买钢琴的钱拿回去，相当于买一送一。通过这种方式，钢琴厂迅速将库存的5000台钢琴销售一空。这样的决策虽然带来了钢琴在市场上的短暂繁荣，但是给企业背上了沉重的负担，因为5年后的钢琴厂要在一年内偿还2000万元的债务。果然，到了1994年的9月，这家钢琴厂再也无法安宁，几乎每天都有消费者登门讨取本金，最终企业陷入难以自拔的困境。钢琴厂为自己的短视决策付出了沉重的代价，甚至葬送了企业的前途。

六二，窥观，利女贞。

《象》曰："窥观女贞"，亦可丑也。

【译】六二，暗中窥探地观察，宜女子守正。

◎《象》解释道：暗中窥探地观察，只利于女子坚持正道，对男子来说是羞耻的。

【智慧解读】

"六二"居于下体之中，又以阴爻处阴位得正，确实是静居闺中、自守贞洁的象征。"六二"虽与上面的"九五"相应，但是阴柔暗弱、见识不广，并不能见到"大观"之境。像个足不出户的人，从门缝里向外窥看，只能见到一星半点儿。这对于不出闺房、自守贞洁的女子来说，还算正常；对于要外出办大事的男子，这样就显羞耻了。男子汉应该眼界开阔，综览全局。

【要诀】眼界开阔，纵览全局。

【例解】

有一年，市场预测表明，该年度的苹果将供大于求，众多的苹果供应商和营销商暗暗叫苦，他们认定必将蒙受损失。就在大家都在长吁短叹时，聪明的张先生却想出了"绝招"。当苹果还长在树上,他就把剪纸贴在了苹果朝阳的一面,如"喜""福""吉""寿"等。由于贴纸的地方阳光照不到,苹果上就留下了贴字的痕迹。比如贴的是"福",苹果上也就有了清晰的"福"了,结果他的苹果出人意料地畅销。第二年,别人也学会了这一手,但仍然是他的苹果卖得最火。原来这次他的苹果上不仅有字,而且是成句的,能鼓励顾客"成系列地购买"。在一袋袋装好的苹果中,每个袋子里苹果总能组成一句美好的祝福,如:"祝您寿比南山""祝你们爱情甜美"等,于是人们再度慕名而至,纷纷买他的苹果作为礼品送人。打破思维定式,开阔眼界,就很可能找到商机。

六三,观我生,进退。

《象》曰:"观我生进退",未失道也。

【译】 六三,观瞻阳刚美德并对照省察自我行为,以决定进取或退守。

◎《象》解释道:观瞻阳刚美德并对照省察自我行为以决定进取或退守,说明"六三"没有失去观察的正道。

【智慧解读】

从"六三"来说,以阴柔之质居于阳刚之位,又处于上下二体之间,很容易进退失据。这就更需要在观察自己的处境的同时,省察自己的行为,以决定自己用舍行藏,时可进则进,时不可进则退。根据客观态势的发展,灵活地调整自己的行为,才能像活水中的蛟龙一样腾挪变化,进退自如。

【要诀】 观风而动,见机行事。

【例解】

我国某进出口公司从国外进口200万吨DW产品,该产品很畅销,赢利也很多,但对方延期交货,使该公司蒙受了一定的经济损失。于是该公司抓住这一点做文章,欲向对方提出降低价格10%的要求。谈判伊始,该公司就提出由于对方的延期所造成的损失,对方听罢,以为该公司会提出索赔要求,自然心慌意乱,忙不迭地对延期交货问题加以解释,表示歉意,而后便诚惶诚恐地等着该公司的反应。看时机已成熟,该公司便提出削价的要求,明确指出希望上次延期交易的损失能通过这次减价10%来弥补,对方无奈,只好表示同意。于是,该公司又乘胜追击,提出由原来预定的200万吨增加到500万吨,对方最终不得不在合同上签字,谈判圆满成功。该公司的成功,正在于观风而动、随机应变。

六四,观国之光,利用宾于王。

《象》曰:"观国之光",尚宾也。

【译】六四，观察一国的政绩光辉，宜用宾主之礼朝见国王。

◎《象》解释道：观察国家的政绩光辉，说明"六四"有志于从政。

【智慧解读】

"六四"与"九五"形成阴阳亲比的关系，上承"九五"，有君子宾于君王之象。所谓"宾于王"，就是为王之宾，指的是在朝做官，为国效力。决定是否从政之前，当然先要观察国家的政治情况。"六四"遇"九五"之明君，观见国家的政绩光辉，当然要出来从政，为国家和民众效力。

【要诀】择主而从，慧眼识英。

【例解】

姜子牙生于齐地的富贵家庭，自幼聪慧。商朝末年，姜子牙年近八十，隐居在渭水边，每天在渭水边钓鱼。他钓鱼与众不同，杆短线长，钩直无饵。他一边钓鱼，一边自言自语地说："姜太公钓鱼，愿者上钩！"后来的周文王见商纣王昏庸残暴，民不聊生，决定讨伐商朝，可是他身边缺少有军事才能的人来指挥作战。一次文王经过渭水，他听说姜子牙是位贤人，就亲自来请他到西岐去。姜子牙故意回避，躲在芦苇丛里不出来以考验文王。文王斋食三天，沐浴更衣，又命人抬着礼品，再来请姜子牙，姜子牙这才出来相迎。后人称这件事为"姜太公八十遇文王"。姜子牙被文王封为丞相，帮助文王、武王伐纣，创立了周朝。姜太公和文王彼此"赏识"，慧眼识英的故事千古流传。

姜太公像
至今民间还有许多关于他的传说。姜子牙在人们心目中是一个德高望重的智者形象。他帮助周文王治国，辅佐周武王灭商。

九五，观我生，君子无咎。

《象》曰："观我生"，观民也。

【译】九五，观察自我行为，君子这样做一定没有过错。

◎《象》解释道：观察自我行为，首先要体察民风民情。

【智慧解读】

"九五"阳刚而中正，居于群阴之上，所以能够统观全局，省察民情，作为反观本身作为的借鉴，算得上是有君子之风、行君子之道的明君。作为一个君王，能向他直言相谏的人极其罕见，而人们又总是难得有自知之明，很难看到自己的真相，很难实现客观的自我评估。所以"九五"虽然认识到了自我审察的必要，但是实现自我审察极其困难。而民风之美恶、民情之好恶、民生之优劣，正是检验为君者的政绩以及合乎民意的尺度，正是自我审察的极好的明鉴。

【要诀】 细心体察民情。

【例解】

某公司上下共同努力，在短短几年内，公司便从一个行业的追随者迅速成长为行业的主导者。为鼓励员工的积极性，促进企业的持续发展，公司规定，员工的薪酬随企业效益的增长而不断增加。因此，公司的员工获得了行业内最好的薪酬。然而，近年来，公司的经营者却发现，员工的薪酬越升越高，而企业的凝聚力却越来越低。过去，公司每提升一次薪酬，员工的工作热情就会上一个台阶；而如今，员工似乎已经无所谓了，更令人困惑的是，这种情绪有蔓延的趋势。问题的关键就在于公司的领导者忽视了"体察民情"，不知员工除了有物质上的需要，还有精神上的需要，即被承认、被接受、被爱护的心理感受。这件事说明，只有了解了民情民生，才能制定出合适的制度政策，才能促进公司健康稳步发展。

上九，观其生，君子无咎。

《象》曰："观其生"，志未平也。

【译】 上九，人们都观仰他的行为，这样的君子一定没有过错。

◎《象》解释道：人们都观仰他的行为，"上九"的心志才不至于安逸松懈。

【智慧解读】

"上九"爻辞与"九五"爻辞基本相同，只有一字之差。"上九"居于本卦最上位，正是天下人仰观的对象，应该时刻想到自己的一举一动皆为万民所瞩目，要格外地自我检点，垂范于众人才是。

【要诀】 严于律己，接受监督。

【例解】

东汉末年，曹操统兵行军的路上，看见路边的麦子都已经成熟了，于是下令全体士兵绝不允许践踏麦田，违令者斩首示众。经过麦田的官兵，都下马用手扶着麦秆，小心地蹚过麦田，没有一个人敢践踏麦子。忽然，田野里有一只鸟惊叫着飞起来，曹操骑的马受了惊吓，一下子蹿入麦田中，践踏坏了一块儿麦田。曹操立即

魏武帝曹操像
受《三国演义》的影响，在许多人的心目中，曹操是个反面人物。实际上，曹操是一位雄才大略的政治家和军事家，他统一北方，使混乱的社会经济得到恢复，对于结束东汉末年的战乱功不可没。同时，曹操在文学上也卓有建树。

叫来随行的官员，治自己践踏麦田的罪行。曹操说："我亲口说的话，我自己都不遵守，还有谁会心甘情愿地遵守呢？一个不守信用的人，怎么能统领成千上万的士兵呢？"随即抽出腰间的佩剑，想要自刎，众人连忙拦住。这时，大臣郭嘉上前劝说："丞相统领大军，重任在身，怎么能自杀呢？"曹操沉思了片刻，想了个办法：用剑割断自己的头发代替斩首。三军为之肃然，军纪更加严明。

观卦给我们的启示

1. 要想看得真、看得全、看得深入透彻，必须有虚心求教的精神，因为个人所见毕竟是有限的；还要有持中守正的观念，因为个人的偏见和私心往往妨碍观察的由表及里和去伪存真。观察的学问十分深奥，对一般人来说，多学习、多思考，眼光会越来越敏锐。

2. 既有阔大的眼界，又有科学的态度，这才是真正的"观"，才是"观天下"的"大观"，才算穷尽了"观"之道。观察事物立足点要高，眼界要阔大，才能综览一切，而不是目光短浅，坐井观天。

3. 登高望远胸自宽，此种境界确实是令人神往的。观卦专谈观察事物的原则和方法。观卦在临卦之后，构成一组，卦形也恰好是临卦的颠倒。《序卦传》说："临者大也，物大然后可观，故受之以观。"居高临下的事物一定很大，会成为众人观望的对象，所以临卦后面是观卦，观卦论述如何观察事物，涉及对客观世界和主观世界的正确认识，提出不少有关人生策略和政治道德的精辟见解。

噬嗑卦第二十一

——执法必严

（震下 离上）

噬嗑：亨。利用狱。

《彖》曰：颐中有物曰噬嗑。噬嗑而亨，刚柔分，动而明，雷电合而章。柔得中而上行，虽不当位，利用狱也。

《象》曰：雷电，噬嗑。先王以明罚敕法。

【译】噬嗑卦象征咬合，亨通，宜于处理刑狱之事。

◎《彖》解释道：嘴里有东西，咬断了才能合上嘴。咬合才能亨通，由于包含刚柔分明的两个因素，能够迅速行动而又明察秋毫，像雷电一样互相配合，从这里显示出卦理。柔爻居中，并且在上体，虽然不当位，但利于执法断狱。

◎《象》解释道：雷电交加，象征咬合。先代君王因此严明刑罚，公布法令。

【智慧解读】

口中有物隔其上下不能合上嘴，必须咬断它才能合上嘴，故为噬嗑。噬嗑卦下震上离，震为动，离为明。这个卦是异卦（震下离上）相叠。离为阴卦，震为阳卦。阴阳相交，咬碎硬物，喻恩威并施，宽严结合，刚柔相济。困难与阻力非常大，应以坚强的意志、果敢的行为、公正无私的态度去战胜种种厄运。为了早日化险为夷，必要时可采取强硬手段，甚至诉诸法律。

【要诀】严明刑罚，公正无私。

【例解】

商鞅变法得到秦孝公的支持，顺利地开展了起来。但变法对贵族阶级的利益损害十分大，因此，许多贵族极力反对新法，他们操控太子的老师，令他们教唆太子故意触犯新法。这使商鞅陷入了困境，变法的其中一条就是"王子犯法，与庶民同罪"，如果纵容太子犯法，而又不加惩处，则法律的威严将不复存在，变法也将失败。在这一关键时刻，商鞅决断无比，他表示任何人触犯新法都要严惩，但因太子是国君继承人，所以不能施刑。那么就惩罚教唆太子的老师——公子虔因教不改被处以劓刑（割掉鼻子），公孙贾被处以黥刑（脸上刺字）。从此再也没有人敢明目张胆地反对新法了。变法的直接效果，就是秦国由弱至强，从七雄之中跃至七雄之首，横扫六国，一统天下。商鞅的成功，在于在危急时刻毫不手软，严明刑罚，公正无私。

商鞅像

初九，屦校灭趾，无咎。

《象》曰："屦校灭趾"，不行也。

【译】初九，戴着脚镣，断掉了脚趾，没有灾祸。

◎《象》解释道：脚上套着刑具，断掉了脚趾，受到警戒，不至于犯重罪。

【智慧解读】

"初九"是第一爻，象征初犯刑法，其过尚微，所以不必严惩。"初九"又是以阳爻居阳位，刚暴好动，能力很大，所以又必须加以惩罚。量刑的结果，是加以较轻的足刑，以警戒防止他犯更大的罪行。这样做，看来是惩治，实际上是挽救。限制他的自由，使他不至于在犯罪道路上继续走下去，这对他当然是没有害处的。

【要诀】初犯必罚，防止再犯。

【例解】

古代有这样一个严格执法的故事，某一差役从钱库中偷了一文钱，被县官张乘崖看到，大怒之下，他升堂判道："一日一文，百日百文，水滴石穿，绳锯木断……"最后把差役处死了。张乘崖执法如此之严，正因为他看出了其中的危害：差役每天偷一文钱，日积月累，水滴石穿，会对国家造成巨大的损失。如果不对他严加处罚，就是纵容他去偷窃国家财产。初犯必罚，可以起到很好的威慑作用。

六二，噬肤灭鼻，无咎。

《象》曰："噬肤灭鼻"，乘刚也。

【译】六二，施刑伤及皮肤，即使毁掉鼻子，也不会施刑过重，没有灾祸。

◎《象》解释道：施刑伤及犯人的皮肤，毁掉犯人的鼻子，这是因为必须用重刑使犯人屈服。

【智慧解读】

"六二"以阴爻处阴位，又居于下体之中，象征柔顺中正的执法者。这样的人审讯治狱，不能一味用柔，要防止优柔寡断，要注意执法的森严，要像咬松软的嫩肉一样，一下子就深深地咬进去，甚至连鼻子也陷进肉里。"六二"作为执法人员，要扬长避短，在耐心细致的同时，必要时要抓住时机，像"快刀斩乱麻"一样坚决果断，才能办好案子。对罪犯一味地用柔是不行的，必须压住他的气焰，凌驾于强硬的罪犯之上，执法森严，宽猛相济，才能制伏罪犯，进而达到改造、挽救他的目的。

【要诀】刚强果断，切忌优柔寡断。

六三，噬腊肉遇毒，小吝，无咎。

《象》曰："遇毒"，位不当也。

【译】 六三，施行刑法像咬坚硬的腊肉并遇到毒物那样不顺利，小有不适，但没有灾祸。

◎《象》解释道：施行刑法像咬坚硬的腊肉并遇到毒物那样不顺利，因为"六三"居位不当。

【智慧解读】

由于"六三"居位不当，阴居阳位，而又不居中，以柔弱之质居于执法者的刚强之位。犯人也会欺软怕硬，因此而顽抗，所以难免会遇到一些小麻烦。不过"六三"毕竟上承于"九四"，得到刚强的上司的支持，这块硬肉终究会咬下来，中了毒也不过是小有不适，无伤大体，尽管执法好了。

【要诀】依法办事，决意执行。

【例解】

隋朝初年，朝廷严令禁止使用劣币。一次，巡逻的将士逮捕了一个使用劣币的人，隋文帝下令将此人处死。大理寺少卿赵绰说："按照法律，这个人只该受杖刑。"隋文帝生气地说："这事与你无关。"赵绰回答说："陛下既然任命我为法官，这样草菅人命，怎能说与我无关呢？"隋文帝说："一个人想撼大树，若见树不动，就该知趣地站到一边。"赵绰说："我不想撼大树，只想维护朝廷的法律。"隋文帝大怒："你若庇护此人，就不能保护自己，我先把你杀了。"赵绰面不改色地说："陛下可以用忤旨的罪杀我，但

隋文帝像

绝不可滥杀此人。"说完，赵绰走下朝堂，解开衣衫，准备受刑。这时候，隋文帝也想到杀赵绰太没道理，就对赵绰说："你还有什么话说？"赵绰跪在地上，挺直了腰说："臣一心执法，不怕一死。"隋文帝冷静下来后，觉得赵绰没错，于是赦免了他，并赐给他三百匹锦缎，以示褒奖。赵绰依法办事，维护了法律的尊严。

九四，噬干胏，得金矢。利艰贞，吉。

《象》曰："利艰贞吉"，未光也。

【译】九四，实施刑法像咬带骨头的肉那样困难，但因具有金箭般的刚直品德，宜于艰难中守正则吉利。

◎《象》解释道：虽然利于在艰难中守正，可获吉祥，但是执法治狱之道尚未发扬光大。

【智慧解读】

由于"九四"以阳居阴位，失位而又不中，在主客观因素上有这样的弱点，所以在执法治狱时遇到重重困难，十分艰苦。不过"九四"的优点也很明显，它秉性阳刚、正直不阿，有此品格，就能够在艰难中坚持守正，所以爻辞断为"利艰贞，吉"。六爻中只有这一爻吉祥，可见执法人员刚直的品格十分可贵。

【要诀】正直不阿，一身正气。

【例解】

马寅初先生是海内外久负盛名的学者，一生刚直不阿。马寅初在民国时期先后担任立法院经济委员会和财政委员会的秘书长，对于当时财经法案的审议，无论在大会上和审查会上，都是站在国家和人民利益的立场上，力陈利害得失，据理力争。每当财政部提出增税、发行公债等有关增加人民负担的法案和修订关税等有损于国家主权和利益的法案时，马寅初总是大声疾呼，坚决主张不予通过。

六五，噬干肉得黄金。贞厉，无咎。

《象》曰："贞厉无咎"，得当也。

【译】六五，实施刑法像吃干硬的肉脯那样艰难，但它具有黄金般的刚坚中和的品质，守持正固以防危险，没有灾祸。

◎《象》解释道：守正防危，可以免过，说明"六五"的行为得当。

【智慧解读】

"六五"居于中位，要注意发扬中道；"黄金"为刚坚的金属，暗示"六五"以柔居刚，要注意刚决果断。总之，黄金是刚中之德的象征，要求"六五"以"刚"来克服阴爻性格的"柔弱"，以"中"来克服以阴居阳的"不正"。

【要诀】 要有魄力，不要犹豫。

【例解】

某省有家民营冰箱厂在创业初期特别风光，但是几年后产品积压，企业陷入困境。为了使这家企业重振雄风，市里专门召开会议研究解决方案。在会上厂长无奈地说出了苦衷。厂里有总工程师、副总工程师4人，工程师几十人，彼此互相不服，互相不买账。往往是张三的新方案，李四指摘，厂长无法拍板，所以新产品计划一直没有着落。几天后，市里给厂长提供消息，说国外有家著名的冰箱企业，有意与该厂合资生产冰箱，由外方提供技术指导，按他们的工艺来生产，市里愿意出面介绍洽谈。厂里立即召开会议讨论。会上有人赞成，认为是好机会；也有人反对，认为和外国人合资要吃亏，况且厂里不是没有技术，不如靠自己，也能走出困境。这下厂长又犯难了，就在厂长犹豫之时，有消息说，外商已经和本省的另一家冰箱厂签订了合资协议。不久，该合资企业的产品就成了冰箱市场的新贵，产品十分畅销。

上九，何校灭耳，凶。

《象》曰："何校灭耳"，聪不明也。

【译】 上九，肩负重枷，遭受严惩，失掉了耳朵，有凶险。

◎《象》解释道：肩上负着重枷，失掉了耳朵，这是因为不听劝告，不能改恶从善，结果受了这样的重刑。

【智慧解读】

初、上两爻是始与终的关系。"初九"是初犯，故施以薄惩，使其痛改前非、重新做人。"上九"却是最后一爻，这意味着罪行已经发展到了极点，必须严办，处以重刑，以儆效尤。所以"上九"被钉上了失掉耳朵的死囚大枷，这当然是极为凶险的象征。

【要诀】 累犯必诛，不可轻饶。

【例解】

明孝宗去世的时候，给他的儿子武宗留下了马文升、刘大夏、刘健、谢迁、李东阳等能干的大臣。但武宗生性爱玩儿，东宫的旧人刘瑾、谷大用、马永成、张永等八党逐渐掌握了大权，到处为非作歹。刘、谢、李三人见奸佞当道，将孝宗时的善政"变易殆尽"。于是和司礼太监王岳联合准备让皇帝杀掉刘瑾等人，迫于士大夫们的巨大压力，武宗同意将八党南京安置。但后来八党立即找到武宗，在他面前哭诉，使得他心软了下来，此事也就没了下文。八党躲过了这一危机后，又掌握了权力，立即着手对付那些大臣们，将刘、谢等53人列为奸党，残害忠良，使得明朝的国势一日不如一日。明武宗的失误，就在对大奸大恶之徒发了善念，没有做到累犯必诛，不可轻饶。

噬嗑卦给我们的启示

1. 这不仅是司法人员的事，每一个人都必须具备法制观念，在现代人的生活中尤其应该如此。《周易》不仅重视德治，也很讲究法治，这二者是相辅相成的。儒家的法治思想包容着德治的精神。不仅对于罪犯以惩戒作为教化的手段，对于各种性格类型的执法者也特别重视各种道德修养。只有这样，才能在"咎""吝""艰""厉"的情况下顺利地执法治狱。

2. 量刑的结果，是加以较轻的足刑，以警戒后来，防止其继续发展，犯更大的罪行。这样做，看来是惩治，实际上是挽救。如果对一个人的错误不加制止，会使他陷入更大的恶性循环。

3. 执法人员在耐心细致处理问题的同时，必要时要抓住时机，坚决果断，才能办好案子。对罪犯一味地用柔是不行的，必须压住他的气焰，凌驾于强硬的罪犯之上，执法森严，宽猛相济，才能制伏罪犯，进而达到改造、挽救他的目的。

贲卦第二十二
——外表与心灵

（离下 艮上）

贲：亨。小利有攸往。

《彖》曰：贲亨，柔来而文刚，故亨。分刚上而文柔，故小利有攸往。刚柔交错，天文也。文明以止，人文也。观乎天文，以察时变，观乎人文，以化成天下。

《象》曰：山下有火，贲。君子以明庶政，无敢折狱。

【译】 贲卦象征文饰，亨通，有小利，可以前往。

◎《彖》解释道：文饰，亨通。阴柔前来文饰阳刚，所以亨通；分出阳刚居上，文饰阴柔，所以对于事业发展有小利。刚美与柔美交相错杂，这是大自然的文饰。文明礼仪而有一定的限度，这是人类的文饰。观察大自然的文饰，可以了解四时变化的规律；观察人类的文饰，可以教化天下。

◎《象》解释道：山下有火光，象征文饰；君子要通晓各种政事，但不敢依此判决官司。

【智慧解读】

贲，文饰、修饰。这个卦是异卦（离下艮上）相叠。离为火为明，艮为山为止。文明而有节制。贲卦论述文与质的关系，以质为主，以文调节。顺利时，小有成绩，宜即时总结经验，图谋更大的发展。树立信心，不计较一时的得失。追求实质性的内容，慎重诸事，不得随波逐流，寻求有实力的人物提携自己。看问题当然首先要看实质，不能只看外表。像某些包装华美的商品，"金玉其外，败絮其中"，到底是骗不了人的。但是，质优价廉的产品，如果包装粗劣，同样地打不进市场。可见外表的文饰美化也是不可忽视的重要因素。一个人内在的品质优秀，如果再加上外在的仪表高雅，秀外而慧中，那就更显示一种人格的魅力了。

【要诀】 文质彬彬，内外兼修。

初九，贲其趾，舍车而徒。

《象》曰："舍车而徒"，义弗乘也。

【译】 初九，装饰自己的脚趾，舍弃乘坐车马徒步而行。

◎《象》解释道：不乘车徒步行走，因为"初九"在道义上不该乘车。

【智慧解读】

"初九"为"贲"的初始阶段，文饰程度最轻。把脚包扎一下，这是为徒步远行做准备的最基本、最初步的文饰，简直可以说是朴素无文，表现出的是一种质朴之美。"初九"以阳爻居于阳位，地位虽然低下，其精神并不卑下。虽然没有高车大马，但那种一往无前的刚毅精神就足以壮其行色了。"千里之行，始于足下"。只需包扎好一双硬脚板，就可安步当车，风雨兼程，一路行歌，坦然前进。

【要诀】质朴为美，天然雕饰。

【例解】

周小燕是中国著名花腔女高音歌唱家和声乐教育家。在周小燕客厅的墙上，挂着一行草体字：以真为美。真，是她为人为艺中最最看重的一个字。这个真，是一种质朴，一种境界。当有人赞扬她培养了那么多优秀学生时，她说："如果说功劳，我最多只有三分之一。另外的一大半是学生本人的努力和其他老师及社会的帮助。"当今，很多人一出了名就货币化了。但是，过去、今天，她都没有将它货币化过，今后更不会。她教学生不仅不收钱，还拿钱为学生办音乐会。她的家更是学生免费的教室和旅店，质朴、纯真为她一生的追求。

六二，贲其须。

《象》曰："贲其须"，与上兴也。

【译】 六二，文饰长者的胡须。

◎《象》解释道：文饰胡须，说明"六二"是随着上面的"九三"而动的。

【智慧解读】

从爻象看，"六二"与"九三"两爻，各得其位（"六二"以柔爻居柔位，"九三"以刚爻居刚位），皆无应爻，二者亲比依附，正像胡须和颜面的关系。"六二"为纯柔、为胡须，是文饰的象征；"九三"为纯刚、为颜面，是实质的象征。正像胡须依附于颜面，要随着颜面而动一样，文也是依附于质的，是由于质的存在而发挥作用的。

【要诀】注重外表，适度包装。

【例解】

不仅人靠衣裳马靠鞍，就是一个企业同样需要对形象的塑造和包装。早在1984年，"维力"和"健力宝"同时被定为第23届奥运会中国代表团指定专用饮料，同时被称为"中国魔水"。但是时至今日,"健力宝"已成为国人所熟知的著名饮料品牌,而"维力"却依旧默默无闻。究其原因,"健力宝"在企业成立时就注重企业形象,设计了独特的企业标志,同时通过各种途径加强宣传,提高知名度。相反,"维力"却没有这样做,而是始终固守传统。

九三,贲如,濡如,永贞吉。

《象》曰:"永贞之吉",终莫之陵也。

【译】九三,修饰、润色、长久守正,则可得吉。

◎《象》解释道:永守正道能获吉祥,说明终究不可使"文"凌驾于"质"之上。

【智慧解读】

"九三"爻处在两个阴爻之间,下比于"六二",上比于"六四"。一个刚爻同时受到两个柔爻的文饰,可以说是上下文饰,锦上添花,到处是鼓掌声和赞美词,文饰自然是令人赏心悦目的,文饰过分了很可能是鲜花掩盖的陷阱。所以必须对文饰加以限制,终不可使"文"凌驾于"质"之上。

【要诀】包装不可过度。

【例解】

我国目前存在严重的商品过度包装的问题,过度包装不仅污染环境,还造成了资源的巨大浪费。据统计,全国每年平均生产衬衫12亿件,包装盒用纸量达24万吨,相当于砍掉了168万棵碗口粗的树。就食品包装而言,我国焙烤业每年投放在月饼包装上的费用高达25亿元,而每生产1000万个纸盒月饼,包装耗材就需砍伐400棵至600棵直径在10厘米以上的树木。作为资源需求巨大的人口大国,如果不注重节约资源,将会严重影响国民经济的可持续发展,影响后人的生存质量。因此,我们必须制止由过度包装而引起的浪费资源的短视行为。

六四,贲如皤如,白马翰如。匪寇,婚媾。

《象》曰:六四,当位疑也。"匪寇婚媾",终无尤也。

【译】六四,修饰得如此素雅,白马奔驰如飞,(他们)不是强盗,是来求婚的。

◎《象》解释道:"六四"所处的位置,是疑惧之地。不是强盗,而是求婚者,终于没有什么可怨尤的。

【智慧解读】

贲卦发展到"九三",是象征文明的"离"体的最后一爻。已经出现"文"胜于"质"

的倾向。发展到"六四",已经进入象征停止的"艮"体,文饰应该到此为止,到了贲极返素的时候了,便由文饰转为质朴,尚"质"而不尚"文"。所以"六四"素装白马,不加文饰,以朴素为贲。

【要诀】 不加文饰,返璞归真。

【例解】

爱因斯坦没有成名时,生活非常艰苦,在衣着上十分随便。有人提醒他,应该有件像样的大衣,才能进入社交界。他说:"默默无闻,即使穿得再漂亮,也没人认识我。"几年后,爱因斯坦成了举世闻名的大科学家,衣着仍然非常随便。那个人又提醒爱因斯坦赶快做一件大衣,否则与大科学家的名声不符。爱因斯坦笑着说:"现在我即使穿得再破烂,也会有人认识我的。"有时他甚至穿着运动衫和凉鞋到柏林大学上课,朋友们不以为然,他却不在乎。

六五,贲于丘园,束帛戋戋,吝,终吉。

《象》曰:六五之吉,有喜也。

【译】 六五,修饰家园,虽然只有极少的束帛,显得吝啬,但最终会吉祥。

◎《象》解释道:"六五"的吉祥,说明必有喜事临门。

【智慧解读】

"六五"以柔居尊位,象征仁厚之君。他并不兴建壮丽的宫殿,只花费一束之帛,戋戋之数,修饰一下山丘中的庭园。看起来很吝啬,没有国君的排场和气派,但是这种崇尚朴实无华的清廉举措,对政风的影响是巨大的。对一个国家来说,这无疑是吉祥喜庆的征兆。茅草覆顶的房屋,连同生活在其中的非凡的人,正有一种朴素之美的特殊魅力,这往往是沉浮在花花世界中的庸夫俗子们所不能理解的。

【要诀】 讲究俭朴,清心寡欲。

上九,白贲,无咎。

《象》曰:"白贲无咎",上得志也。

【译】 上九,用素白无华的文饰,没有灾祸。

◎《象》解释道:以素白无华为文饰,没有过错,因为这完全符合"上九"崇本尚质的心志。

【智慧解读】

"上九"处于贲卦之极,文饰至极,则返归于素,由追求文饰转为崇实尚质。"白贲"

是以白为饰，以无色为文采，以质素为贲。"贲"至于极点，饰极返素，无饰就是最好的饰。任其质素，不劳文饰，才见其自然真趣，才是自然的美、朴素的美、本色的美，才是纯美、真美的象征。真美是本质的美，是不用再美化的。真正的"天生丽质"是"粗服乱头，不掩国色"的，是"却嫌胭脂污颜色"的。由绚丽归于纯白，以白为饰，以无色为美，进入返璞归真的美的最高境界。

【要诀】 质朴自然，平淡之美。

【例解】

质朴自然，返璞归真，不仅体现在人身上，也体现在建筑上。瑞士建筑学家凯乐教授说："真正的别墅应该是融在自然环境里，需要你在自然环境里寻找才能发现的，而不是个性的张扬。"芬兰传媒巨头盖多宁家的别墅离芬兰西部的图尔库市不远，背朝森林面朝海。别墅建在海边的一块大岩石上，木结构平房，简洁的线条，原木色的外观，但窗外有青翠的树，远处有蜿蜒的海湾，室内有透亮的水晶饰品，墙上挂着古老的油画。置身其中，最深的感受是幽静、典雅、朴素、自然，简直是对心灵的一种净化。这种别墅，实际上也就达到了质朴自然、返璞归真的效果。

贲卦给我们的启示

1. 看问题当然首要看实质，不能只看外表。像某些包装华美但质劣的商品，到底是不能长久的。但是，质优价廉的产品，如果包装粗劣，同样难以打进市场。可见外表的文饰美化也是不可忽视的重要因素。

2. 一个人内在的品质优秀，如果再加上外在的仪表高雅，秀外而慧中，那就更显示一种人格的魅力了。不能华而不实，不能金玉其外，败絮其中。人应该是外表美和内心美的统一。

3. 适当的文饰，有助于发挥积极作用。但是文饰要恰如其分，不可太过。因为文饰只是促进事业成功的助因，而不是主因，只起辅助作用，不起决定作用。决定因素仍然是内在的实质。如果文饰太过，超过限度，不符实际，那就会适得其反。文过盛，实必衰，这是必然的道理。

剥卦第二十三

——斗争的策略

（坤下 艮上）

剥：不利有攸往。

《彖》曰：剥，剥也。柔变刚也。"不利有攸往"，小人长也。顺而止之，观象也。君子尚消息盈虚，天行也。

《象》曰：山附于地，剥。上以厚下安宅。

【译】剥卦象征剥落，不宜有所往。

◎《彖》解释道：剥，是剥落的意思，由于阴柔的侵蚀改变了阳刚的性质。不利于有所前往，因为小人的势力正在增长。要顺应形势，停止进取，这是从观察卦象得到的启示。君子崇尚消息亏盈互相转化的哲理，这是大自然的运行规律。

◎《象》解释道：高山颓落，附着于地，象征剥落。在上者因此加厚下面的基础，以求安固宅屋。

【智慧解读】

这个卦是异卦（坤下艮上）相叠。五阴在下，一阳在上，阴盛而阳孤，高山附于地。二者都是剥落象，故为"剥卦"，此卦阴盛阳衰，喻小人得势，君子困顿，事业败坏。时运不佳，乃大势所趋，个人只能顺应时势而暂停行动，静观待变，不可冒险，积极创造条件，增强实力，谨慎隐忍，勿与小人同流，时来运转，成就事业，为期不远。此时，其已从高峰转入低谷，进入不景气时期，需要认真总结经验教训，进行整顿，尤其不可孤注一掷。君子应该研究并掌握阴阳的增长和消减的自然变化规律，把它应用到人事上来。要明白一切力量对比都是动态的，增长到一定时候就要消减，正像月亮盈满了就要亏损，冬天阴气极盛之时就预示着春天阳气的回归一样。所以君子既要顺时而止，又要冷静观察、把握机遇、适时而动。

【要诀】把握机会，适时而动。

【例解】

委内瑞拉有一名工程师名叫菲利普，他想做石油生意，但是他一没有关系，二没有资金。一天，他获悉A国政府即将在市场上购买2000万美元的丁烷气体，于是赶去碰碰运气。到了之后，他发现该国的牛肉过剩，政府正想尽办法卖掉牛肉。于是他找到该国政府的相关部门：如果你们卖我2000万美元的丁烷，我就买你们2000万美元的牛肉。该国政府正在为牛肉发愁，就立刻答应了，与他签署了合同。菲利普又立即赶到B国。找到一个濒临倒闭的大型造船厂，菲利普向大力扶持这个厂的B国政府提出：买我2000万美元的牛肉，我就定购一艘2000万美元的油轮。牛肉是B国的日常生活品，于是B国政府也很高兴地答应了。然后菲利普又来到费城的太阳石油公司，这里石油价格低廉，但是运费昂贵。菲利普很容易就签订了新的合同：太阳公司租用他的油轮，菲利普购买2000万美元的丁烷气体。实际上就是以运费顶替了油轮的造价。有了油轮，菲利普从此开始大做石油生意。菲利普的成功，正在于冷静观察，积极主动，最终把握住了商机。

初六：剥床以足，蔑，贞凶。

《象》曰："剥床以足"，以灭下也。

【译】 初六，剥蚀床先及床脚，灭正道，守持正固以防险。

◎《象》解释道：剥蚀床先及床脚，说明最初先蚀灭下面的基础。

【智慧解读】

剥卦的卦形像一张床，所以爻辞取床为象。剥卦下坤为地，地可以载万物，床具则可以供人安居休息。阴剥阳首先从床脚开始，好比潮湿的阴气对床的剥蚀，这叫"剥床以足"。初爻意味着剥蚀刚刚开始，如果能够及时地按照《象传》所指出的"厚下安宅"的原则行事，保护、加固下面的基础，问题还不至于很严重。如果此时仍然无视于正道，继续剥蚀下去，就难免会有凶险了，这就是爻辞所说的"蔑，贞凶"。

【要诀】 防微杜渐，固本培元。

【例解】

一个商人赚了一大笔钱后往家赶。离家不远了，这时仆人发现马的后掌蹄铁上掉了颗钉子。仆人提醒商人重新补好钉子再上路，商人为节约时间继续赶路拒绝了。路上休息的时候，仆人报告商人马后掌的铁蹄掉了，要求重新换一个新的，否则马的后掌很容易受伤。商人想还有3个小时就到家了，又拒绝了。没多久，马就开始一瘸一拐的；后来，马蹄渗出了血水，它终于一跤跌了下去，折断了腿骨。商人只好背上背包步行回家。等他到家时，已经是深夜了。"就怪那个该死的铁钉。"商人这么想。其实，要怪的不是铁钉，而是商人在事情发生之初没有防微杜渐，固本培元。

六二：剥床以辨，蔑，贞凶。

《象》曰："剥床以辨"，未有与也。

【译】 六二，剥蚀床头，灭正道，守持正固以防凶险。

◎《象》解释道：剥蚀到了床头，说明"六二"没有相应相助者。

【智慧解读】

阴阳相应为"有与"，"六二"与"六五"都是阴爻，互不相应，没有援助，这叫作"未有与"。阳消阴长的形势继续发展，剥蚀渐及于上，"六二"已经剥到床头了。当然，不守正道，更有凶险。

【要诀】 积极准备，防止恶化。

【例解】

扁鹊拜见蔡桓公，站了一会儿，对桓公说："我看你有病，在皮肤的表层，如果不医治的话，恐怕会向体内发展。"桓公不以为然地说："我没有病。"扁鹊退出去后，桓公说："医生就喜欢给没有病的人治病，以便邀功请赏，并以此证明自己的医术高明。"过了10天，扁鹊又来拜见，对桓公说："你的病已发展到皮和肉之间了，如果不治疗就会加深。"桓公没有理他。扁鹊退了出去，桓公心里很不高兴。过了10天扁鹊再次来拜见，对桓公说："你的病已经发展到肠胃里了，如果不医治的话，还会加深。"桓公还是不理他。扁鹊退出后，桓公更加不高兴。又过了10天，扁鹊老远看见桓公，掉头就跑。桓公觉得很奇怪，便派人去问原因。扁鹊说："病在皮肤的表层，用热水敷烫就能够治好；病在皮肤和肉之间，用扎针的方法就可以治好；即使发展到肠胃里，服几剂汤药也还能治好；病一旦深入到骨髓里，那就只好由阎王爷来做主了，医生是无能为力的。现在君王的病已经深入骨髓，所以我不能再去请求为他治病了。"5天以后，桓公浑身疼痛，派人去找扁鹊，扁鹊已经逃到秦国去了。桓公就这样病死了。

扁鹊像

六三：剥之，无咎。

《象》曰："剥之无咎"，失上下也。

【译】 六三，虽处剥蚀之时却没有灾祸。

◎《象》解释道：虽处剥蚀之时却没有灾祸，说明"六三"脱离了上下群阴，独应阳刚。

【智慧解读】

"六三"虽然被消剥成阴，但是它以阴爻居阳位，与"上九"阳刚相应，这就意味着"六三"仍然存有"含阳待复"的因素和"转剥复阳"的可能。一旦时机成熟，就可以阴退阳回，阳气复生，所以能够"无咎"。当然，处"剥"之时，因得阳刚之助，也仅能免过而已，毕竟无"吉"可言。"六三"处在本卦的五个阴爻的中间，上下各有二阴，唯独它与"上九"阳刚相应而"无咎"脱离了上下同类。"失上下"三字，意在指出"六三"在群阴中的特殊性，引起解卦者的注意。

【要诀】塞翁失马，焉知非福。

【例解】

战国时期，北部边塞有一位老人，他养了许多马。一天，突然有一匹马走失了。邻居们都来安慰他，塞翁却笑了笑说："丢了一匹马损失不大，没准会带来什么好事呢。"过了几天，丢失的马不仅返回家，还带回一匹骏马。邻居向塞翁道贺，他反而一点儿高兴的样子都没有，忧虑地说："白白得了一匹好马，不一定是什么好事，也许会惹出什么麻烦来。"塞翁有个独生子，非常喜欢骑马，一天从马背上跌下来，摔断了腿。邻居听说，纷纷来慰问。塞翁说："没什么，腿摔断了却保住性命，或许是好事呢。"不久，匈奴兵大举入侵，青年人都被应征入伍，塞翁的儿子因为摔断了腿，不能去当兵。后来，入伍的青年都战死了，唯有塞翁的儿子保全了性命。

六四，剥床以肤，凶。

《象》曰："剥床以肤"，切近灾也。

【译】六四，剥蚀床到了床面，凶险。

◎《象》解释道：剥蚀到了床面，说明"六四"已经逼近灾祸了。

【智慧解读】

"六四"剥蚀到了床面，问题非常严重了，"剥床以肤"，可以说剥到极点了，借以坐卧安身的床快要剥蚀完了。不过，正当剥落至极、大祸临头之时，转机也会随之而来。

【要诀】小人得志，注意防祸。

【例解】

北宋开国名将曹彬不但为人诚实、宽厚仁义，对付小人也很有办法。有一次，宋太祖任命曹彬为主将，率军征讨南唐，临行前宋太祖交给他一把尚方宝剑，并问曹彬还有什么要求。曹彬说请求皇上恩典，调用将军田钦祚担任另一路前敌指挥官。

大家听了都莫名其妙，因为这个田将军是有名的狡猾贪婪、爱争功名之辈，这样的人躲都来不及，为什么要把他弄到身边呢。曹彬对心腹讲明其中道理：在外领兵打仗，要防止朝中有人不断进谗言捣乱，田某就是这样的一个角色；要防着他，最好的办法就是把他放在自己的眼皮底下，分他点儿功名，堵他的嘴。如果让他留在朝中，没有人能够制止他的话，可能会坏了大事，自己有尚方宝剑在手，不怕他闹事。大家一听，连称妙计。曹彬在小人得志、形势不利的情况下出此妙招，不但可以防祸，还立了大功。

六五，贯鱼以宫人宠，无不利。

《象》曰："以宫人宠"，终无尤也。

【译】 六五，受宠宫人如贯鱼，无所不利。

◎《象》解释道：受宠之人求宠于君王，说明"六五"毕竟没有过错。

【智慧解读】

"六五"以阴爻居尊位，是众阴之长。当剥极将复之时，它以阴柔之性与"上九"阳刚邻近而相比，以阴承阳，不仅如此，它又以众阴之长的身份，影响并带领众阴一起顺承"上九"，就像后妃带领一群宫女向天子邀宠一样，听命于"上九"。由于鱼为阴物，所以又用一串首尾相接的鱼来比喻"初六""六二""六三""六四""六五"等五个阴爻。群阴鱼贯而进，归顺于孤阳"上九"。

【要诀】 众人归顺，命运将转。

【例解】

"安史之乱"发生后，唐王朝的军队猝不及防，再加上内地军队多不堪一击，因此唐军一溃千里，长安、洛阳相继沦陷，无奈之下，唐玄宗只有逃到四川，国家陷入危机之中。在这个时候，太子李亨在灵武宣布继承皇位，扛起了抗击安禄山的大旗，但他势单力薄，没有多少兵马。不久，形势发生了变化，驻守朔方的郭子仪率大军赶来，愿意听从李亨的指挥，各地的军队也纷纷支持他。于是，唐朝的军队在郭子仪、李光弼的率领下，向叛军发起了反击，最终获得了胜利。

上九，硕果不食，君子得舆，小人剥庐。

《象》曰："君子得舆"，民所载也。"小人剥庐"，终不可用也。

【译】 上九，有硕大之果而未被摘食，君子摘取可驱车济世，小人摘取则剥蚀屋舍。

◎《象》解释道：君子摘取硕果将驱车济世，说明万民得以乘载；小人摘取剥蚀屋舍，说明小人终究不可任用。

【智慧解读】

这仅存的一阳，下乘众阴，关系非常重大。如果君子能够得到这可贵的一阳，把握矛盾转化的时机，就可以力挽颓势，转剥复阳，那么得此一阳就犹如得到一辆大车，运装万民滚滚向前，历史就会展开一个新的历程。如果在此危急关头，小人竟占了上风，扑灭了这仅存的阳气，那就无异于破坏了安身的房屋，大家都无法生存了。一阳在上，覆盖五阴，也正像一间房屋，如果剥掉这一阳，岂不是掀去屋顶了吗？

【要诀】抓住时机，力挽颓势。

【例解】

鸦片战争以后，清王朝的国力日渐衰微，国内矛盾进一步激化。这个时候，洪秀全适时地发起了太平天国运动，一路席卷大半个中国。清王朝派去的军队，大部分都不堪一击，太平军挥军北上，几乎快要达到北京城了。在如此不利的形势下，曾国藩挺身而出，在湖南办起了团练，成立了湘军，死死地咬住了太平军，使得清朝的形势转危为安。此后，曾国藩又率领湘军，稳扎稳打，最后攻破了天京，消灭了太平天国。曾国藩在关键时刻，抓住时机，力挽颓势，使得清王朝获得了一个"同治中兴"的局面。

剥卦给我们的启示

1. 成大事者必须注意斗争策略，策略的正确与否直接关系胜负的结局。因此我们必须要讲究策略，运用智慧，这样才能获得成功。我们采用的策略不是一成不变的，要多一份考虑，多一份方案，才能使我们临危不惧。

2. 强与弱总是互相转化的，当我们面对比我们强大的对手时，我们要保持头脑冷静，注意把握机会，暗中积蓄力量，适时行动，就有可能成功。机会的把握在于我们的实力和智慧，如果不准备的话，机会就会从我们手中溜走。

3. 当我们的前途黯淡时不要气馁，不要放弃。关键时刻，三思而后行，慎重用人，积极主动，在斗争中一定会处于不败之地。

复卦第二十四

——善于改过自新

(震下 坤上)

复：亨。出入无疾。朋来无咎。反复其道，七日来复，利有攸往。

《彖》曰："复，亨"。刚反，动而以顺行。是以"出入无疾，朋来无咎"。"反复其道，七日来复"，天行也。"利有攸往"，刚长也。复，其见天地之心乎。

《象》曰：雷在地中，复。先王以至日闭关，商旅不行，后不省方。

【译】 复卦象征复归，亨通，阳气内生外长都无所疾患，刚健友朋前来无所危害。返转回复沿着一定的规律，过不了七日必将转至回复之时。利于有所前往。

◎《彖》解释道：复，亨通，说明阳刚更苏返回，阳动上复而能顺畅通行，所以阳气内生外长无所疾患，刚健友朋前来无所危害。返转沿着一定的规律，过不了七日必将转至回复之时，这是大自然的运行法则。利于有所前往，说明阳刚日益盛长。复归的道理，大概体现着天地生育万物的用心吧！

◎《象》解释道：震雷在地中微动，像阳气回复；先代帝王因此在微阳的冬至闭关静养，商旅不外出远行，君主也不省巡四方。

【智慧解读】

复卦与剥卦是综卦，一剥一复，相互作用，卦形则上下相反。剥卦的"上九"剥落，成为纯阴代表十月的坤卦，这时阳爻又在"初位"出现，成为复卦。这样阴阳去而复返，万物生生不息，所以亨通。由上下卦分开来看，内卦震为动，外卦坤为顺。内动外顺，阳在下动则上升。从阳爻的发展前途来看，会有新的阳爻陆续恢复。由代表五月的姤卦开始，阴爻在下面出现，经过六月遁卦、七月否卦、八月观卦、九月剥卦、十月坤卦，再到十一月复卦，这样天道循环不止。此卦大意是，君子得时，仕途亨通，前途远大。这启示我们：无论做什么事情都要顺应自然界的客观规律，如果条件不成熟，不可盲动，而应从小事开始，积蓄实力，这样才能在机遇到来时奋发有为。

【要诀】 从小致大，稳步发展。

【例解】

上海银行成立之初，在金融界首倡1元即可开户的小额储蓄。有人讥笑这个业务为蝇头小利。一天，上海银行接待了一个特殊储户，这个人带来银圆100元，要求上海银行为他开100个户头。银行工作人员耐心地为他开了100个存折。工作人员认真负责的态度使这个储户心悦诚服。此事传开以后，大家无不赞扬上海银行这种真正热心于小储户储蓄的举动，因此吸引了更多的小额储户前来储蓄。以小额储蓄业务打开局面之后，上海银行的业务越来越多。1917年，上海银行实力大增，还专门成立了储蓄部，广泛宣传，使储户大增。

初九，不远复，无祗悔，元吉。

《象》曰："不远之复"，以修身也。

【译】 初九，起步不远就回复正道，必无灾患、悔恨，至为吉祥。

◎《象》解释道：起步不远就回复正道，说明"初九"善于修美自身。

【智慧解读】

"初九"是复卦中唯一的阳爻，在最下得正位，是复卦之主，象征阳气的复生。象征阴气的阴爻从地下上升，赶走所有的阳爻。虽然阳爻暂时伏于地下，但最后一定又会恢复。从阳爻陆续恢复的前景来看，这是走上吉祥道路的开始。我们在追求理想的过程中，难免会遇到艰难挫折，但不能灰心丧气。只要我们能够发现问题，及时纠正错误，坚定信念，就一定能实现自己的目标。

【要诀】 不惧失败，坚定信念。

六二，休复，吉。

《象》曰："休复之吉"，以下仁也。

【译】 六二，美好的回复，吉祥。

◎《象》解释道：美好的回复，吉祥，说明"六二"能够亲近仁人。

【智慧解读】

"六二"是阴爻在下卦得中位，有柔顺中正之德。它的下爻是刚刚恢复的阳爻"初九"，两爻相仿成比，有亲近感，"六二"在坤卦下位，动则在兑卦中位，象征"六二"以顺从喜悦的态度与"初九"相亲，欢迎"初九"的恢复。这是修复的卦象。俗话说，万事开头难。只要我们决定完成一件任务，就应该抓住时机，利用一切有利条件，使之转化为自身前进的动力，那么前景就会越来越好。

【要诀】 抓住时机，积极进取。

【例解】

20世纪80年代，柯达公司和富士公司为争夺国际胶卷市场，进行了激烈的竞争。当时的柯达公司在市场占有率要落后于富士。更让柯达沮丧的是，富士公司获得了1984年的洛杉矶奥运会胶卷的指定产品资格，市场前景一片光明。但柯达没有气馁，他们同样想通过奥运会的宣传来使自己走出困境。柯达发现，富士公司所谓的"独占性"仅有运动会举办的那两周时间和指定的体育场馆，在其他的时间和地点，富士并没有什么特殊的举动。柯达公司将宣传的重点放在了奥运会举办前那狂热的6个月中，赞助了美国田径队和奥运会田径预选赛，聘用有可能夺冠的几个热门运动员为其"大力宣传"，并且使整个洛杉矶充满了柯达的出版物、电视片和张贴广告。待夏季奥运会来临时，很多人甚至没有注意到富士公司，反以为是柯达赞助了这届奥运会。柯达面对困境没有气馁，反而抓住时机，化劣势为优势，实现了大发展。

六三，频复，厉，无咎。

《象》曰："频复之厉"，义无咎也。

【译】 六三，愁眉苦脸而勉强回复，虽有危险却无灾祸。

◎《象》解释道：愁眉苦脸勉强回复的危险，从"六三"努力复善的意义看是无灾祸的。

【智慧解读】

"六三"是阴爻居阳位，不中不正。居下卦震上位，震为动，呈动极之象。上无正应的阳爻，又处在阳爻恢复、阴爻陆续被驱赶的时候。"六三"想恢复并巩固将要失去的地位，与阳爻"初九"交好。这就象征"六三"虽然面临危险，但还有上升的前途。"金无足赤，人无完人。"每一个人都会犯错误，但我们一定要改正，从中汲取教训。

【要诀】 知错能改，善莫大焉。

【例解】

从前，有个人养了一圈羊。一天早上他准备去放羊，按照惯例他先数了数羊的数目，数来数去他发现少了一只。他去羊圈仔细检查了一番，发现羊圈破了个窟窿。他想起来最近大家都说村子里来了一条狼，很多人家都丢了鸡鸭等禽畜。他想肯定是狼从窟窿里钻进去把羊叼走了。他气愤地跟邻居说起这件事，邻居劝告他说："是啊，肯定是那只可恶的狼干的好事！赶快把羊圈修一修，堵上那个窟窿吧！"他却说："反正羊都已经丢了，还修羊圈干什么呢？"他没有接受邻居的劝告。第二天早上，他又准备去放羊，到羊圈里一看，发现又少了一只羊，原来狼又从窟窿里钻进去把羊叼走了。他很后悔没有接受邻居的劝告，于是赶快找来泥灰和石头把那个窟窿堵上，把羊圈修补得结结实实。从此以后，他的羊再也没有被狼叼走过。

六四，中行独复。

《象》曰："中行独复"，以从道也。

【译】六四，居中行正，专心回复。

◎《象》解释道：居中行正，专心回复，说明"六四"遵从正道。

【智慧解读】

"六四"是五个阴爻的中间一爻，又在上下卦中间得下位，是"中行"的卦象，是复卦中唯一与"初九"相应的阴爻。只有它能够不随大流上升，单独走回头路与"初九"相应，恢复最初出现的位置。在五彩缤纷的世界中，我们不能毫无主见，随波逐流，要有远大的志向。

【要诀】有主见，不随波逐流。

【例解】

古希腊哲学家苏格拉底有很多学生。一次，苏格拉底拿着一个苹果，慢慢地，从每个学生的座位旁走过，一边走一边说："请大家集中精力，注意品味空气中的味道。"然后，他走回到讲台上，把苹果举起来，左右晃了晃，问："哪位闻到了苹果的味道？"有一位学生举手回答说："我闻到了，是香味儿！"稍停，苏格拉底又走到学生中间，让他们都嗅一下苹果。这一次，除了一位学生外，其他学生都举起手来。那位没有举手的学生，突然左右看了看，也慌忙举起手来。苏格拉底脸上的笑容不见了，他举起苹果，缓缓地说："非常遗憾，这是一个用蜡做的假苹果，什么味道也没有。"开始没有举手的学生最后都举了手，正是没有主见，随波逐流的缘故。

六五，敦复，无悔。

《象》曰："敦复无悔"，中以自考也。

【译】六五，敦厚笃诚地回复，无所悔恨。

◎《象》解释道：敦厚笃诚地回复，无所悔恨，说明"六五"居位稍偏并能自察成就复善之道。

【智慧解读】

"六五"是阴爻居中位，又在坤卦中位，象征有温柔敦厚之德，能顺应形势的发展，不以主观意志改变客观规律。虽然阳爻随着时间的推移陆续上升，阴爻将陆续退出，但并非吉兆。不过"六五"德行柔顺敦厚，能正确对待。这告诫我们：即使功成名就，身居高位，也不能产生骄傲自满的想法，一定要谦虚谨慎，平静如水。

【要诀】 功成身退，谦虚谨慎。

【例解】

连续三年夺得"日本唱片大赏"最高荣誉大奖的日本明星滨崎步，在"第46届唱片大赏"宣布12位角逐大奖的名单前夕，突然宣布辞演"唱片大赏"。她向审查会致歉，并解释将退出所有颁奖礼，包括"BestHit歌谣祭"和"日本有线放送大赏"。其实，工作人员已正如火如荼为滨崎步出席各大颁奖礼做准备，但滨崎步突然表示无意角逐任何音乐奖项，并拒绝出席各大颁奖礼。她解释拒绝原因是觉得已经在"日本唱片大赏"中创下史上三连霸纪录，已成为唱片女王，所以是急流勇退的好时机。

上六，迷复，凶，有灾眚。用行师，终有大败；以其国，君凶，至于十年不克征。

《象》曰："迷复之凶"，反君道也。

【译】 上六，迷入歧途不知回复，有凶险，有灾殃祸患；要是用于带兵作战，终将惨遭败绩；用于治国理政，必将国乱君凶，直到十年之久也不能振兴发展。

◎《象》解释道：迷入歧途不知回复，有凶险，是由于"上六"与君主阳刚之道背道而驰。

【智慧解读】

"上六"是复卦最后一个阴爻，本身空虚无力，又处于无位的地位，下面没有阳爻与它相应。"六五"变阳爻以正时，上卦变坎，坎为灾眚。"上六"居坎上，是"有灾眚"的卦象。"六五"变而为国君在坎中，险及国君，是"以其国君凶"的卦象。这就启示我们：厄运来临时，一定要审时度势，不能执迷不悟，否则后果不堪设想。

【要诀】 迷途知返。

【例解】

南北朝时，南齐有个陈伯之，曾任江州刺史。南齐亡后，他在南梁继任原职，仍镇守江州。但是他对于南梁并不心服，同时听信了部下邓缮的教唆，起兵反梁，结果吃了败仗，只得投奔北朝。在北方鲜卑族的北魏政权下，他当了"平南将军"，统领淮南一带兵马，和南梁对抗。梁武帝萧衍命他的兄弟"临川王"萧宏率军北伐，和陈伯之在寿阳一带对垒。萧宏叫部下丘迟出面写信给陈伯之，说明梁朝对他将既往不咎，只要他及早回头，便可宽大处理。丘迟在信中诚恳告诫陈伯之，千万不可执迷不悟。陈伯之读了这封信，大受感动。加上陈伯之审时度势，察觉到萧宏率领的梁军兵力雄厚，难以对敌，便决然离开北魏回到南梁。陈伯之能够迷途知返，最终避免了兵败被杀的命运。

复卦给我们的启示

1. 要认清和把握事物发展的趋势，不可逆流而动。物质世界表面上茫然无序，实际上是有客观规律可寻的。我们要有一双慧眼和勤于思考的心，透过现象看本质，这样才能掌握主动权，不至于随波逐流。如果违反客观规律，反其道而行之，则会自取灭亡。

2. 误入歧途是难免的，但要知迷而返。因为现实生活是复杂多变的，而每一个人对规律的领悟能力是有限的，所以难免会出现一些失误。比如对形势做了错误的判断，如果采取了不适当的措施，就会陷入困境。此时应该及时醒悟，迷途知返，否则会带来灾祸。

3. 抓住关键时刻，做出明智的抉择。任何事物的发展进程都是不平衡的，我们要分清主要矛盾和次要矛盾，找准其突变前后的临界点，从而采取果断有力的措施，这样才能达到最佳效果。

无妄卦第二十五
——行动须谨慎

（震下 乾上）

无妄：元亨，利贞。其匪正有眚，不利有攸往。

《彖》曰：无妄，刚自外来而为主于内，动而健，刚中而应。大亨以正，天之命也。"其匪正有眚，不利有攸往"，无妄之往何之矣？天命不祐，行矣哉！

《象》曰：天下雷行，物与无妄。先王以茂对时育万物。

【译】无妄卦象征不妄动妄求，至为亨通，利于守持正固；背离正道的人必有祸患，不利于有所前往。

◎《彖》解释道：不妄为，譬如阳刚者从外部前来而成为内部的主宰，威势震动而又禀性健强，刚正居中而又应合于下。此时大为亨通、万物守持正固，这是"天"的教命所致。背离正道的人必有祸患，不利于有所前往；在万物不妄为的时候背离正道而前往，哪里有路可走呢？"天"的教命不给予佑助，怎敢这样妄行啊！

◎《象》解释道：天下雷声震行，象征万物敬畏都不妄为；先代君王因此用天雷般的强盛威势来配合天时、养育万物。

【智慧解读】

无妄卦是讼卦的变卦，讼卦的"九二"与"初六"交换，变成无妄卦。从卦象上看，震下乾上，为天下有雷，阴阳调和，赋予万物生机而天性不同。从卦形结构上看，内卦震为动，外卦乾为健。"六二"以柔顺中正与刚健的"九五之尊"相应。刚柔相济，以中正而动是伟大、亨通的象征。以实力而动自然合理，坚持走正确的道路，否则就会有灾祸，对前进有所不利。这告诫我们：不论做事还是待人接物都要光明正大，只有站得正，行得正，才会有好的结局，如果一味地搞歪门邪道和阴谋诡计，到头来不但害人害己，而且将一事无成。

【要诀】心正身正，必有厚福。

初九，无妄往，吉。

《象》曰："无妄之往"，得志也。

【译】初九，不妄为，前往必获吉祥。

◎《象》解释道：不妄为而前往，是说必然得遂进取的意愿。

【智慧解读】

"初九"是无妄卦的开始，是阳爻得正位，下卦震的卦主，象征德行端正、阳刚有力、主动。上卦乾为天、为健；下卦震为雷、为动。雷动惊天动地，震撼一切，无可阻挡。这启示我们：在建功立业、实现目标的过程中，一定要根据自己的实力善于观察，抓住机遇，顺时而动，才能取得巨大的成功。

【要诀】把握时机，成功在前。

【例解】

香港著名商界人物曾宪梓，非常善于抓住时机来做广告。他利用电视广告视听兼备的特殊形式、专题节目双重广告的优势，在黄金时间播放"乒乓球锦标赛"的之前或者期间，不断推出"金利来领带独家赞助播出"字样。甚至在比赛进行得高潮迭起的时候，也不失时机地推出"金利来领带，男人的世界"的广告语，使得中国乒乓健儿精湛的球艺表演与充满魅力的"金利来领带、男性世界"，相映生辉，由此更加深入人心，从而获得了惊人的成功。

六二，不耕获，不菑畲，则利有攸往。

《象》曰："不耕获"，未富也。

【译】六二，不事耕耘、不图收获，不事开垦而求收获，这样就有利于前往。

◎《象》解释道：不事耕耘、不图收获，说明"六二"未曾谋求富贵。

【智慧解读】

"六二"是阴爻居下卦震中位，有柔顺之德，在震主动，上有"九五之尊"相应，这是对前进最有利的条件。"九五"在乾中为天，"六二"以柔顺中正应天，不可有个人打算。这告诫我们：给自己树立目标，不能大而无当，而应脚踏实地，从小事做起，不急不躁，顺应天时，自然就会成功。

【要诀】脚踏实地，努力奋斗。

六三，无妄之灾，或系之牛，行人之得，邑人之灾。

《象》曰：行人得牛，邑人灾也。

【译】六三，不妄为，却招致灾祸。譬如有人把一头牛拴在村边道路旁，路人牵走据为己有，同村的人将遭受诘捕的飞来横祸。

◎《象》解释道：路人顺手牵羊获得耕牛，说明同村的人自然将遭受到被诘捕的灾祸。

【智慧解读】

"六三"是阴爻居阳位，为人不中不正，又处在下卦震的上位，震为动，不中不正而又躁动不安，与"上九"相应，在轻举妄动之时，必受其害。"六三"在巽卦下位，动则在离卦上位，离主燥火，为兵戈。这告诫我们：任何事物的发展都有内在的规律，达到每一个发展阶段都是需要条件的，如果忽视这些条件而盲目蛮干，只能事与愿违，反受其害。

【要诀】顾全大局，不可盲目蛮干。

【例解】

有个人很想致富，见别人卖矿泉水卖得好，就到处去找水。他在山区找到了好水，经取样化验，水中不仅富含几十种有益人体健康的微量元素，更可贵的是，那些水没有受过任何污染。他欣喜若狂，立即贷款、修路、投资办厂，为了节省时间和成本，工厂和道路就建在水源附近。第一批产品出来后，他信心十足地投入市场，经检查，细菌严重超标，原来他太急于挣钱，没有顾及到水源保护，结果自吞苦果。

九四，可贞，无咎。

《象》曰："可贞无咎"，固有之也。

【译】九四，能够守持正固，所以没有灾祸。

◎《象》解释道：能够守持正固所以没有灾祸，说明"九四"要牢固守正才能长保无害。

【智慧解读】

"九四"是阳爻居阴位，属上卦乾体，象征性格刚健，寓刚于柔。无阴爻相应，又居艮卦上位，艮为止。因此只可固守自己的位置，不应有什么行动，是"可贞"的卦象。也就是说，如果时机未到，不可轻举妄动。

【要诀】时机未到，不可妄动。

【例解】

联想曾放弃了2005年在澳大利亚销售PC（personal computer，个人计算机）的计划，这主要是因为时机尚不成熟。在中国市场，联想凭借低价PC吸引了大量的中低收入用户。其中，联想的"圆梦"系列桌面电脑的售价仅为人民币2999

元。但是，联想在高端市场和中低端市场分别面临着国外和本土厂商的强劲挑战。因此，联想当前在澳大利亚的业务重心是整合从 IBM（International Business Machines Corporation，国际商业机器公司）继承而来的全部业务，并在澳大利亚打造自己的品牌。联想放弃这一计划，正是观察到了形势，没有轻举妄动。

九五，无妄之疾，勿药有喜。

《象》曰："无妄之药"，不可试也。

【译】九五，不妄为却身染疾病，这种疾病无须用药而将有自愈的欢欣。

◎《象》解释道：不妄为而身染疾病却不需用药，是因为不能胡乱试用。

【智慧解读】

"九五"是阳爻居尊位，德行刚健中正，是不可妄为的最高执行者。下有"六二"正应，"六二"柔顺中正，也深得"无妄"之三味。"九五"动则在坎卦上位，坎为疾。在艮卦上位，艮为药石。又在巽卦上位，巽为进退，无结果。只要自己的行为是正确的，就不应改变初衷，因此要坚定信念。但此时仍然要注意不妄为，渡过了难关之后，就会领略到最后胜利的喜悦。

【要诀】不可妄为，自然有喜。

【例解】

某日，在某城的公交车上，有一位老人突然发现钱包不见了。他身后有一名可疑男子，旁边有几个人像同伙，老人知道蛮斗绝对不行，于是死死盯住可疑男子，下车之后到人多的地方，老人才气喘吁吁地告诉路人：快报警，这伙人是小偷。这些人做贼心虚，在大庭广众之下他们不敢动手，最后只好把钱包还给了老人。设想一下，如果当时在车上就喊起来，这位老人就可能受到小偷团伙的围攻，丢了钱不说，甚至还会连累车上的其他人。正因为不妄为，最后才在与小偷的斗争中获胜。

上九，无妄行，有眚，无攸利。

《象》曰："无妄之行"，穷之灾也。

【译】上九，虽然不妄为，但时穷而行必将遭受祸患，得不到一点儿好处。

◎《象》解释道："上九"虽然不妄为，但若有所行，将由于时穷难通而要遭受灾祸。

【智慧解读】

"上九"是无妄卦的最高一爻,已经无位。"上九"阳居阴位,位不正,下有"六三"相应,是有妄行之象。它下应"六三"则在离卦上位,离为火为目。"上九"动则在兑卦上位,兑为折毁,是"无攸利"的卦象。这就是物极必反的道理。任何事物发展到极致,都会向相反的方向转化,到了这一爻,所有的时机都已经失去了,如果贸然行动,肯定会招致灾祸。

【要诀】行事有度,物极必反。

【例解】

南北朝时期,前秦苻坚励精图治,经过南征北战,终于统一了中国北部。这个时候的苻坚被胜利冲昏了头脑,他认为前秦国力强大,兵多将广,灭掉东晋根本不成问题。然而,他的部下大都持反对意见,因为前秦的内部并不稳定,新降服的各部落人民皆有反心,而东晋部队的战斗力很强,占有地利。但此时的苻坚不顾形势,贸然发动了对东晋的进攻。结果前秦部队外强中干,东晋利用前秦人心不稳的弱点,以弱胜强,前秦不久土崩瓦解。

无妄卦给我们的启示

1. 坚守正道而不妄为,以不变应万变。如果身处险境,就很容易遭受祸害。此时应该抱朴守拙,心定神闲,而不可四面出击。正所谓"任凭风浪起,稳坐钓鱼台"。

2. 审时度势,明察秋毫。要审察时机和形势,以决定进退行止。最要紧的是,客观情况变了,主观对策也要相应而变。只有在事物的动态变化中不断做灵活的自我调整,才能确保前途无忧,而免于犯下"刻舟求剑式"的错误。

大畜卦第二十六
——注重才德的修养

（乾下 艮上）

大畜：利贞；不家食，吉；利涉大川。

　　《彖》曰：大畜，刚健笃实，辉光日新。其德刚上而尚贤，能止健，大正也。"不家食吉"，养贤也。"利涉大川"，应乎天也。

　　《象》曰：天在山中，大畜。君子以多识前言往行，以畜其德。

　　【译】 大畜卦象征大为蓄聚，利于守持正固。不使贤人在家中自食，可获吉祥，利于涉越大河巨流。

　　◎《彖》解释道：大为蓄聚，犹如刚健笃实者蓄聚不已，乃至光辉焕发、日日增新他的美德，如阳刚者居上而崇尚贤人，能够规正强健者，这是极大的正道。不使贤人在家中自食可获吉祥，说明要蓄养贤人；利于涉越大河巨流，说明行动应合"天"的规律。

　　◎《象》解释道：天包含在山中，象征"大为蓄聚"；君子因此多方汲取前贤的言论、往圣的事迹，用来蓄聚美好的品德。

　　【智慧解读】

　　大畜的意思是大积蓄，大阻止。大畜卦与无妄卦互为综卦，卦形符号互为倒转，意思互为因果。无妄卦是不妄为，无期望而有所得，大畜卦是因为无妄而有大德。从卦形结构上看，内卦乾是纯阳，象征充实刚健；外卦艮是少男，象征笃实光辉。乾卦充实刚健的美德被艮卦笃实光辉的美德所阻止，是大有积蓄的样子。内乾为刚健，外艮为山止。前进的力量很大，阻止的力量也很大，是阻止的卦象。从变卦看，大畜卦是由需卦的"九五"与"上六"换位而成。"六五"本在上位，但能礼贤下士，甘居下位，是大畜卦招纳贤士的明君。从中我们得到启发，这就是要不断扩大自己的知识领域，学习前代贤人的道德学问和立身处世的原则。道德和智慧的蓄聚、培养是人生最大的财富，这是物质和金钱所无法比拟的。

　　【要诀】 蓄德养智，成就未来。

【例解】

范仲淹是北宋时期杰出的政治家、文学家。他不仅在政治上有卓越贡献，而且在文学、军事方面也表现出非凡的才能。范仲淹小时候生活坎坷，不到3岁时，父亲病故。他随着母亲改嫁到朱家。十几岁时，范仲淹到应天府书院，拜当时的一些著名学者为师，学习经邦治国的知识，立志报国为民。在应天府书院期间，生活条件非常艰苦，为了读书，他省吃俭用，把粥划成若干块儿，咸菜切成碎末，当作一天的饭食，这就是有名的"划粥割齑"。后来有富家子弟同情他，馈赠他丰厚的食物，但他坚辞不受，以磨炼自己的意志。早年的辛勤耕耘，终于换来了日后的丰硕果实。

范公亭　北宋
今位于山东省青州市西门外，相传宋皇祐二年（1050年），范仲淹任青州知府时，阳河边忽出醴泉，范仲淹建亭泉上，后人遂起名范公亭。

初九，有厉，利已。

《象》曰："有厉利已"，不犯灾也。

【译】初九，有危险，利于暂停不进。

◎《象》解释道：有危险，利于暂停不进，说明不可冒着灾祸前行。

【智慧解读】

"初九"在乾卦下位，下卦乾的行动被上卦所阻止，前进尤为艰险。虽与"六四"相应，而"六四"在艮卦，艮为止，象征"初九"的行动要停止才能避免艰险，是"利已"的卦象。如果不停止前进，上应"六四"，则下卦变巽，上卦变离，象征受绳而受兵火之灾。这告诫我们：在前进的路上如果遇到困难，要暂时停下来寻找解决方案，切不可贸然前进。

【要诀】暂停不进，排除障碍。

【例解】

1998年阿平大学毕业后，开了一家电脑专营店，用借来的资金，购进一批低价电脑销售。谁知不久，不少顾客便纷纷找上门，反映电脑质量不过关，要求退货。债主闻讯后纷纷上门要账，愁得阿平几乎无法生活。就在这时，他发现学校里学生排队等着上网。这时他突然有了主意，他用这些电脑开了家网吧。果然，他没用半年便收回了包括电脑在内的所有投资。但是创业之路总是充满坎坷。

2002年，全国开始大规模整顿网吧，另外，宽带包月优惠等措施使得许多居民实现了家庭上网。但是阿平没有怨天尤人、坐以待毙，而是临危不惊，经过充分的市场调查之后，他发现当地的电脑培训，特别是电脑应用技术的培训却跟不上电脑的普及速度。他打出了"电脑技术学校"的牌子，良好的市场定位和科学的教学管理使阿平的电脑应用技术学校不断发展壮大，他的"事业"再度步入辉煌时期。

九二，舆说辐。

《象》曰："舆说辐"，中无尤也。

【译】 九二，大车脱卸轮辐不前行。

◎《象》解释道：大车脱卸轮辐不前行，说明"九二"居中不躁进所以不会犯过错。

【智慧解读】

"九二"在乾卦得中位，以刚居柔，刚柔适中，并且与"六五"相应，在乾为艮所蓄止的时候，被"六五"蓄止。它动则在坎卦下位，坎为轮，是车与轮脱离的卦象。因为刚柔适中，所以能自觉停止前进，积蓄力量，把自己的车拆卸。我们做事的时候一方面要积极进取，另一方面也要观察形势，吸收有利于自己的力量，以利于取得更大的成绩。

【要诀】 审时度势，不可躁进。

【例解】

春秋时期，吴王夫差任用孙武、伍子胥，先后打败楚、越以后，他自以为天下无敌，一心要北上争霸中原，为此征调了大批民工构筑邗城，作为北上基地。开凿邗沟，沟通江淮，以利军运，使得百姓怨声载道。他先伐陈，又伐鲁、宋，为北进中原开辟了道路。公元前484年，夫差听说齐景公已死，决定北上伐齐，联合鲁军，击败齐军。战后，夫差更加骄横，认为只要最后压服晋国就可取得中原霸权，于是约定晋定公和各国诸侯在黄池会盟，并用武力威胁晋国让步，终于勉强做了霸主。但就在他不可一世的时候，越国军队却趁虚而入，攻占了吴国，后来夫差也兵败自杀。夫差的失误，就是没有认识到吴国国力还比较弱，取得了一定的成绩就应该停手，积蓄力量才能有更大的作为。

九三，良马逐，利艰贞；曰闲舆卫，利有攸往。

《象》曰："利有攸往"，上合志也。

【译】 九三，良马在奔逐，利于牢记艰难、守持正固；不断熟练车马防卫的技能，利于有所前往。

◎《象》解释道：利于有所前往，说明"九三"与"上九"意志相合。

【智慧解读】

"九三"是下卦乾的上爻得正位，象征阳极。它是上卦艮的上爻，象征蓄极、止极。"九三"动则在坤下位，"上九"动则在坤卦上位，坤为大车，又在乾上位，乾为良马。它在震卦下位，震主动，为大路。这就说明大畜卦经历了"初九""九二"的磨炼，道德、智慧已达到了一定的水平，可以继续向前。当我们平时所积蓄的力量相当充分时，就应该积极进取。

【要诀】蓄养已厚，奋起进取。

【例解】

星克印刷集团公司是全港规模最大的综合性包装印刷厂之一，其经营状况非常好。董事长林如光年幼时在一家印刷厂当了8年学徒，工作勤恳，认真负责。1971年，他利用8年积蓄的2万元自立门户，成立了星光印刷公司。当时只有3名员工，全部机器就是一台胶印机和两部凸版印刷机。创业伊始，极其艰难。熬过了20世纪70年代的经济衰退，在70年代末，生意终于走出了低谷，逐渐有了起色。他把积累的资金全部投入到生产中，改进了技术设备，由活版印刷改成了柯式印刷。这一改进成了星光印刷公司走向成功极其重要的一步。1982年，香港回归开始讨论后，许多投资者开始离港，但林如光反其道而行，大胆投资，引进先进设备，不但弥补了过去的损失，而且生意额大幅度增长，成为同行中的佼佼者，产品产量位居全港印刷业第二。林如光的成功，就在于积蓄到一定程度时，能果断地奋起进取，大胆投资。

六四，童牛之牿，元吉。

《象》曰："六四元吉"，有喜也。

【译】六四，束缚在无角小牛头上的木牿，至为吉祥。

◎《象》解释道："六四"至为吉祥，说明"止健"有方，值得欣喜。

【智慧解读】

"六四"属上卦艮体得正位，艮是大畜卦的蓄止者，阴爻"六四"是相应的阳爻"初九"的蓄止者。它在艮卦下位，为童。"初九"上伴"六四"，则下卦变巽，上卦变离。巽为木为绳，离为牛。这个比喻启示我们：既要以"止健"的精神蓄止刚健者过早的、过度的冲动，又要保护刚健的气质，以利于时机和条件成熟以后的进取。

【要诀】止健有方。

【例解】

翁联辉在取得华东师大国际金融硕士学位之前，曾在某大公司从事营销工作多年，然而当他选择自己成就一番事业时却让所有熟悉他的人瞠目结舌——他开了一家馄饨店，而他的同学则大多去了银行、证券交易所等赚钱的行业。翁联辉没有对亲朋的困惑、嘲笑、不解，甚至指责作任何解释，只是微微一笑，埋头做自己的事情。很快，他成立了自己的企业——上海世好餐饮管理有限公司。随着他创品牌、开连锁店、广纳贤才等一整套运营战略的实施，公司的"吉祥"牌馄饨迅速脱颖而出。更让人惊奇的是，仅仅一年时间，他开了50家连锁店，产值突破2000万元。翁联辉以满腔的热情创业，但是并不盲目冲动，而是选准目标，从点点滴滴做起，把握时机，稳扎稳打，开创了一番事业。

六五，豮豕之牙，吉。

《象》曰："六五之吉"，有庆也。

【译】六五，制约阉割过的小猪的尖牙，吉祥。

◎《象》解释道："六五"的吉祥，说明"止健"得法，值得庆贺。

【智慧解读】

"六五"是阴爻在此艮卦得中位，是柔而能刚的至尊，在蓄止阳爻前进时有足够的力量。"九二"与"六五"相应，是被"六五"蓄止的对象。"九二"动则在坎卦下位，"六五"在坎卦之上。有牙的公猪来势凶猛，而"六五"能以柔克刚。这就启示我们：对于那些勇猛暴躁而又可以利用的对象，我们应巧妙地加以制伏，使它更好地为我们服务。

【要诀】以柔克刚，两全其美。

【例解】

卡耐基曾经说过："如果你先承认自己弄错了，别人才可能和你一样宽容大度，认为他有错。"就像拳头出击一样，只有将拳头缩回来再打出去才有力度，但是往往很多人忘记了这一点。卡尔先生是一位优秀的律师，他曾经在最高法院参加了一个重要案子的辩论。案子牵涉一大笔钱和一项重要的法律问题，辩论中，法官反问卡尔先生："海事法的追诉期限是6年，不是吗？"（法官弄错了）庭内顿时一片静默。卡尔当即指出法官记错了，并据实告诉他追诉期的年限。卡尔相信法律是站在他这一边的，他的答辩比过去任何时候都精彩。然而，最后卡尔却败诉了。他当众指出了一位声望卓著、学识丰富的法官错了，却不知道使用外交辞令，他因此而犯了大忌。如果他巧妙地提示法官，以柔克刚，则既可以巧妙地将法官"制伏"，又可以给他台阶下，结果肯定也会完全不一样。

上九，何天之衢，亨。

《象》曰："何天之衢"，道大行也。

【译】 上九，何等畅通无阻的天街大道，亨通。

◎《象》解释道：何等畅通无阻的天街大道，说明"上九"蓄德之道大为通行。

【智慧解读】

"上九"是大畜卦的最高的一爻，是阳爻，象征大畜卦以阴止阳已经结束，到达顶点。物极必反，"上九"放开通天大道，"九三"与"上九"相应，于是顺利前进。它动则上卦变坤，坤为大车、为平地，是四通八达的卦象。该卦以德智蓄养为主要命题，以"止健"为基本手段，认为现实中的困难和挫折对性格刚健、急于进取者是一种磨炼，以其防轻率冒进。

【要诀】 接受磨炼，防止冒进。

【例解】

东晋著名书法家王献之从小就跟父亲王羲之学习书法。经过了一段时间的刻苦努力，他的小屋都被废纸堆满了。这天王献之觉得自己练得差不多了，就提起笔来在纸上写了一个"大"字。写完之后他又仔仔细细地端详一遍，发觉确实不错，才高高兴兴地拿给父亲看。王羲之看完之后二话没说就拿起笔来在"大"字底下加了一个点，然后又交给了王献之，让他拿给母亲看。王献之不知道怎么回事只好拿给他母亲看。王献之的母亲虽然不写字，但对书法也很精通。她拿起这个"太"字，仔细地揣摩了很长时间，然后指着王羲之在上面加的点对王献之说："这一点写得不错，和你父亲的已经差不多了。"说完又提笔在这个字旁边题了两句诗："学书用了三缸墨，只有一点像羲之。"献之非常惭愧，他这才深深感到自己写的字还远远赶不上父亲。于是他又拿起这个字去问父亲："怎样做才能把字写好呢？"王羲之微微一笑，没有马上回答，他把献之领到家里的18个水缸跟前，指着水缸对他说："写字的秘密就在这缸里边，把这18个水缸的水用完了，你就知道了。"从此以后王献之更加刻苦地学习书法，积极地接受磨炼，终于成为了著名的大书法家。

大畜卦给我们的启示

1. 现实中的挫折和困难有利于磨炼人的意志，使我们不断成熟，最终走向成功之路。古今成大事者，不少人都曾身陷常人难以想象的逆境。正是孟子所谓"故天将降大任于斯人也，必先苦其心志，劳其筋骨，饿其体肤，空乏其身，行拂乱其所为，所以动心忍性，增益其所不能"。

2. 一个人要做大事，应当从小事做起，不可好高骛远。人们常说"千里之行，始于足下"。也就是说，越是伟大的事业，越需要从小事做起，从而不断地积蓄力量，这样才能日积月累，功到自然成。

3. 做事不可仅凭一时冲动，而应谦虚谨慎。年轻人如初生牛犊，充满无所畏惧的进取精神，这是他们的优势，也是他们的缺点。所以他们要注意克服自身急躁、盲动的倾向，这样才能扬长避短，发挥自身优势，否则将一事无成。

颐卦第二十七

——修身养性得长生

（震下 艮上）

颐：贞吉。观颐，自求口实。

《彖》曰：颐，贞吉，养正则吉也。观颐，观其所养也；自求口实，观其自养也。天地养万物，圣人养贤以及万民，颐之时大矣哉！

《象》曰：山下有雷，颐。君子以慎言语，节饮食。

【译】 颐卦象征颐养，守持正固可获吉祥；观察事物的颐养现象，应当明确用正道自求口中食物。

◎《彖》解释道：颐养，守持正固可获吉祥，说明用正道养身才能吉祥；观察事物的颐养现象，是观察获得养育的客观条件；明确用正道自求口中食物，是观察领会自我养育的正确方法。天地养育万物，圣人养育贤者及万民。"颐养"之时的功效多么宏大啊！

◎《象》解释道：山下响动着震雷（下动上止、如口嚼食），象征"颐养"；君子因此以慎发言语以养德，节制饮食以养身。

【智慧解读】

"颐"的意思是口摄取食物。它的卦形是上下两个阳爻，中间含四个阴爻，外实内虚。上卦艮为山，下卦震为雷，象征春雷在山下滚动。卦形结构是口，阳外阴内，是以阳养阴，下动而上止是以口养人。古人认为，天地养育万物，圣人养育百姓和贤人，应当因时制宜。此卦的大意是：民以食为天，必须以正道养人养己，前途才吉祥。从这里可以看出，慎言可养德行，节食可养身体，当然是养德行为重，养口腹为轻。良好的心理情绪和精神状态对于身体健康的影响很大，我们应更多地摄取精神营养以颐养德行。所以清心寡欲、轻利贵德才是养生处世的吉祥正道。

【要诀】 轻利贵德，吉祥安泰。

【例解】

北京有一家服装公司，公司的一个采购员到广东订购一批价值35万元的面料。当他把样品带回北京后，发现面料有拉丝的现象，没有达到质量的要求，他立即要求取消订货。董事长得知此事后，对采购员说："面料拉丝，对方有责任，你更有责任，为什么在签订合同前，没有发现这个情况？我们不能因为你看走了眼，就为这35万元出尔反尔，取消合同。你明天就带着钱飞到广东，并向对方道歉。"结果北京这家服装公司赔了近百万，但是却赢得了信誉。如今，这位广东客户已成为北京这家服装公司固定的原料供应商，他们总能最先得到最新的市场流行面料。

初九，舍尔灵龟，观我朵颐，凶。

《象》曰："观我朵颐"，亦不足贵也。

【译】初九，舍弃你灵龟般的聪明智慧，而观看我垂腮进食，有凶险。

◎《象》解释道：观看我垂腮进食，说明"初九"的求养行为不值得尊重。

【智慧解读】

"初九"是阳卦阳爻得正位，在最下，像下嘴唇，被"六四"引诱，想吃东西。它动则变为阴爻，颐象不见。颐又为长离，离为龟。它在震卦下位，震为木下垂，是"朵颐"的卦象。由此可知，"初九"本来是有养生正道的，完全可以像灵龟那样以内质自养而不求于个食，但是却贪于口腹之欲，这样必有凶险。过度饮食，贪于吃喝，不但有害于身体健康，而且有害于德行。

【要诀】贪于口腹，百无一利。

【例解】

楚国向郑灵公进献一只鼋。郑灵公非常高兴，便令厨子烹煮做羹。正巧公子宋与子家来到殿前。公子宋食指大动，于是悄声对大家说："我每次食指大动都能尝到珍奇美味，这次君王一定把美味分与大家。"及至入殿见厨师正解割大鼋，便相视而笑。灵公觉得很奇怪，便问其缘由，大家据实相告。灵公听后不高兴，暗想：我不赐予你，无论你食指怎么动，也是没用。鼋羹煮好后，灵公招来许多大臣，赐予他们鼋羹。最后宋灵公才召见公子宋，却没有赐食鼋羹。公子宋大怒，不顾一切地将食指伸入鼎中蘸食鼋羹后拂袖而去，灵公暴跳如雷，声称非杀掉公子宋不可。公子宋回家后也怒气难消，又听说灵公要杀他，便先设计杀死了灵公，报了未赐鼋羹之恨，但他也由于谋杀国君被诛。此事虽起于口腹之欲，然而最终则导致一个国家陷于水火之中。虽然只是口腹之欲，但纵容它，也会成为日后杀身的隐患。

六二，颠颐，拂经于丘颐，征凶。

《象》曰："六二征凶"，行失类也。

【译】六二，既反过来向下求获颐养，又违背常理，向高丘上的尊者索取颐养，往前进发必有凶险。

◎《象》解释道："六二"往前进发必有凶险，说明前行得不到朋类。

【智慧解读】

"六二"是阴爻，不能养活自己，必须有别人供养。于是向下求邻爻"初九"，这是把颐养之理弄颠倒了。它在震中，象征虽然颠沛，但不失正位。如果向下则违背易理，而且上卦为山丘，必然凶险。这就是说，如果我们腆颜求养，能有什么好结果呢？厚颜求食，既无补于身体，又有损于品德。因口腹之累而不顾自尊，以致轻生自贱，这种人根本谈不上坦荡自然的胸怀，也不利于养生。

【要诀】 厚颜求食，自取其辱。

【例解】

明太祖朱元璋当了皇帝后，他以前落魄时候的伙伴总是来京城里找他，他既想见这些旧日朋友，又深为所苦：这些人来了自然会找他要赏赐。一次，一个人来见朱元璋，说："你还记得吗，那是我们在芦苇荡里，把偷来的豆子放在瓦罐里煮着吃，还没等煮熟，大家就抢着吃，把罐打破了，撒了一地的豆子，汤都泼了，你只顾从地上抓豆子吃，结果被卡住了，不是我让你吃一口青菜，你就梗死了。就凭这个，你也该好好地封赏我啊！"朱元璋听了，气得脸色发白，当即让人把他一顿痛打，驱逐出去了。这个人的失误，就在于厚颜求食的时候，不注意说话的策略，结果自取其辱。

六三，拂颐，贞凶；十年勿用，无攸利。

《象》曰："十年勿用"，道大悖也。

论不必渡海帖　明　朱元璋

【译】六三，违背"颐养"常理，守持固正以防凶险；十年之久不可施展才用，要是施用必将无所利益。

◎《象》解释道：十年之久不可施展才用，说明"六三""颐养"正道大相违逆。

【智慧解读】

"六三"是阴爻在震卦上位，震为动，象征为求得供养极力活动。其位不中不正，象征求得供养的方法不正确。它与"上九"成正应，本是"贞"卦象，但是有阴爻"六四"相隔，"上九"在艮上，艮为止、为拘。它又在坤卦下位，坤为老阴、数十，象征十年。也就是说，求得供养的方法必须正确。为了求养于人，必然媚上贪求，无所不至，不仅无法满足口腹之欲，甚至会造成道德沦丧。

【要诀】 不妄不贪，力行正道。

【例解】

企业家丁某出身贫寒，20岁时在一家机器公司当推销员。有一段时期，他推销机器非常顺利，半个月内就同33位顾客做成了生意。之后，他突然发现他现在所卖的这种机器，比别家公司生产的同样性能的机器贵一些。他想：如果客户知道了，一定以为我在欺骗他们，会对自己的信用产生怀疑。于是，深感不安的丁某立即带着合约和订单，整整花了3天时间，逐个儿拜访客户，如实向客户说明情况，并请客户重新考虑选择。他这种诚实的做法，使每个客户都很感动。结果，33位顾客中没有一个解除合约，后来反而成了他忠实的客户。

六四，颠颐，吉。虎视眈眈，其欲逐逐，无咎。

《象》曰："颠颐之吉"，上施光也。

【译】 六四，反过来向下求获颐养，吉祥；就像老虎眈眈注视，迫切求食物接连不绝，必无灾祸。

◎《象》解释道：反过来向下求获颐养，吉祥，说明"六四"居上而能施展光明美德。

【智慧解读】

"六四"在上卦，是阴爻得正位，与下卦"初九"相应。"六四"在上卦艮，艮为虎。动则在离卦下位，离为目。又在震卦之上，震为动足，是自上逐下的卦象。它与"初九"相应，必然没有灾祸。此爻大意是向下求贤问道，以德自养。所以我们不应贪于物质欲望，心愈贪则愈加凶险，而从事精神追求，愈迫切却愈为吉祥。只有清心寡欲，节制饮食，以德自养，主动地向下求贤自辅，才能求得美好的前途。

【要诀】 不耻下问，乐于向善。

【例解】

南北朝时，李谧拜孔璠，他非常用功好学，过了几年，他的学问就超过了孔璠。孔璠因为有这样的好学生而感到高兴。不仅如此，他自己有了疑难问题，还向学生虚心请教。李谧觉得孔璠是老师，因此解答问题时吞吞吐吐，很不自然。于是，孔璠诚恳地对他说："我向你请教问题，不要不好意思回答。凡在某一方面有学问的人，都可以做我的老师，何况是你呢！"孔璠虚心向学生求教的佳话传出后，人们深受感动。有人编了一首短歌，颂扬孔璠不耻下问的精神："青成蓝，蓝谢青；师何常，在明经。"

六五，拂经，居贞吉；不可涉大川。

《象》曰："居贞之吉"，顺以从上也。

【译】六五，（譬如"君主"依赖上者养己以养天下）违背常理，安居守持正固可获吉祥；不可涉越大河巨流。

◎《象》解释道：安居守持正固可获吉祥，说明"六五"当顺从依赖"上九"阳刚贤者。

【智慧解读】

"六五"是阴爻居尊位，位不正，不但不能养人，反而靠人养。它动则在巽卦中位，巽为绳，为进退不果的卦象。它居艮，艮为山为止。"六五"从上，则上卦变坎，坎为水险。此爻大意是向下求贤养德，守正安居。所以我们应该以谦虚的态度向有才能的人请教，借他人的智慧增加自己的才能，当力量充足之时方可进取。

【要诀】谦虚请教，充实自己。

【例解】

北宋名臣寇准向曾任蜀地太守的张咏求教，寇准说："公何以教准，准当洗耳恭听。"张咏深知寇准学术不足的弱点，便委婉地说："《霍光列传》不可不读也。"寇准不解张咏话意，回到住所，急忙取来《汉书》翻至《霍光列传》一篇。当读到"不学无术"这句话时，猛然省悟："张公言我，正是此句，多年来忙于事务，懒得读书，确是学术不足了，务须改过才是。"寇准虚心求教、知过即改的品格值得我们学习。

寇准像

上九，由颐，厉吉。利涉大川。

《象》曰："由颐厉吉"，大有庆也。

【译】上九，天下依赖他获得吉祥，知危能慎可获吉祥，利于涉越大河巨流。

◎《象》解释道：天下依赖他获得颐养，知危能慎可获吉祥，说明"上九"大有福庆。

【智慧解读】

"上九"是阳爻，象征充实、富有，但是已经失去正位。居尊位的是阴爻"六五"，无力自养，更无力养人。"上九"动则变阴，得正位，由失位的严峻处境变为正位是吉祥，"六五"从"上九"而动，卦变为坎，坎为河渠，为通。此爻大意是：以德自养，并且兼养天下。所以，即使我们有充分的积蓄，也要心存戒慎，防危虑险，以免功亏一篑，这样才能不断前进，成就更大的事业。

【要诀】 自养其德，好学向上。

【例解】

宋太宗赵光义是个非常爱读书的人，在他办公的地方、卧室到处摆着各种书籍。公元977年，他命令宰相李昉组织力量，编成了《太平御览》《太平广记》《文苑英华》等有价值的巨著。有一次，宋太宗外出视察，他命人带上有一千卷之多《太平御览》。虽然路途辛苦，公务繁忙，但他每天坚持阅读三卷。如果当天没看完，第二天他一定挤时间补上。身边的大臣无不为他这种刻苦读书的毅力所感动，有的说："陛下每天如此辛苦，还勤奋读书，实在令臣不安。"宋太宗语重心长地说："天下书如此之多，人生如此短促，不抓紧时间怎么行呢？其实只要打开书，就能得到不少知识，我也就不觉得疲劳了。"读书也就是从书中借他人的智慧以补自身的不足，知识就是力量，所以只有好学向上、广闻博取，才能成就大业。

颐卦给我们的启示

1. 凡事应适可而止，不可贪求过度。古人曾说，人到无求品自高。如果处处争强好胜，要出人头地，那必定会费力劳神，身心交瘁，最终一事无成。因此对于功名利禄、荣华富贵，应等闲视之，用一颗平常的心去正确对待，得亦不喜，失亦不忧。

2. 精神财富是无价之宝，是上帝赐予人类的最珍贵的礼物。每个人都希望快乐常相伴，希望子女回报养育之恩，希望知己信守千金一诺，更希望天下有情人的爱情生死不渝。

3. "他山之石，可以攻玉。"身处领导地位的人必须具有博大的胸怀，能容纳和吸收群众的各种意见和建议，这样才能实现宏伟的目标和理想。所以古人说："泰山不择细壤，故能成其大；江河不择细流，故能成其深。"

大过卦第二十八
——以柔济刚

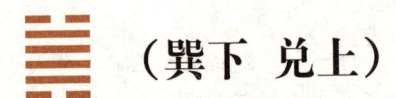

（巽下 兑上）

大过：栋桡；利有攸往，亨。

《彖》曰："大过"，大者过也。"栋桡"，本末弱也。刚过而中，巽而说行。利有攸往，乃亨。"大过"之时大矣哉！

《象》曰：泽灭木，大过。君子以独立不惧，遁世无闷。

【译】大过卦象征大为过甚，栋梁曲折弯挠，利于有所前往，亨通。

◎《彖》解释道：大为过甚，指刚大者过甚；栋梁曲折弯挠，说明首尾两端柔弱。阳刚过盛而处中，逊顺喜悦而行动。利于有所往，所以亨通。大过之时，其义太大了。

◎《象》解释道：大泽淹没树木，象征"大为过甚"；君子因此（处身"大过"之时）能够独自屹立，毫不畏惧；毅然逃世，无所苦闷。

【智慧解读】

该卦是颐卦的反卦，颐卦中间的四个阴爻需要供养，大过卦的四个阳爻过分充实。大过卦的中间是四个阳爻，上下两个阴爻。阴为小，阳为大。从卦象上看，上卦兑象泽，下卦巽象木，泽水没过树林，是大过。此卦大意是，阳刚过度，需要调整。此时，必须采取措施，调整阴阳强弱，使各自的力量对比处于相对平衡的状态，保持中和的谐调关系，这样才能转危为安。我们从中得到启示，在"大过"的非常时期，要有大过人之举，立大过人之行。

【要诀】力挽狂澜，无所畏惧。

初六，藉用白茅，无咎。

《象》曰："藉用白茅"，柔在下也。

【译】初六，用洁白的茅草衬垫承放（奉献尊者的用品），没有灾祸。

◎《象》解释道：用洁白的茅草衬垫承放（奉献尊者的用品），说明"初六"柔顺居下、行为谨慎。

【智慧解读】

"初六"在巽卦下位，巽性谦恭，为白色草木，是垫在下面的茅草。它甘居下位，以谦恭柔顺处世，是"无咎"的卦象。处于阳刚大过的非常时期，甘居人下可以避免灾祸。新生事物最初很弱小，像小草的嫩芽一样，但它会逐渐由弱变强，具有无穷的生命力。所以，对于弱小的事物，我们要谨慎地上承阳刚，使之逐渐强大。

【要诀】 百尺之台，起于累土。

【例解】

美国前国务卿鲍威尔是一个牙买加黑人，他的第一份工作是进一个大公司当清洁工。他做每一件事都很认真，很快，他就找到一种拖地板的姿势。这种姿势能把地板拖得又快又好，人还不容易累。老板看见了，观察一段时间后就断定这个人是个人才，然后很快就破例对他进行了提升。这就是鲍威尔人生的第一个经验：认真做好每一件事。鲍威尔干着"低等"的工作，但却能认认真真，这正是他成功的秘诀。

九二，枯杨生稊，老夫得其女妻，无不利。

《象》曰："老夫女妻"，过以相与也。

【译】 九二，枯槁的杨树生出嫩芽新枝，龙钟老汉娶了一个年少娇妻，无所不利。

◎《象》解释道：龙钟老汉娶了一个年少娇妻，说明"九二"阳刚过甚，但能和"初六"阴柔相互亲与。

【智慧解读】

"九二"以刚健居巽卦中位，德行刚健而中顺。上无阴爻相应，而下有"初六"成比相亲。"九二"应下，则下卦变离，离为枯杨。它在巽中，巽初为妇。卦变离为中女。巽为木，妇生中女。此爻以枯杨、老夫喻"九二"，以嫩枝、娇妻喻"初六"，"九二"阳刚过甚，需要以柔济之。因此就以阴柔抑制过度的阳刚，使之阴阳相济。这启示我们：对于严重偏离正道的事物应采取超过常理的果断措施，否则就不会有好的效果。

【要诀】 非常之事，实行非常之法。

【例解】

如今赫赫有名的杭州万向节厂，当年曾经一度陷入困顿，产品质量一般，而国家又在选择定点厂。鲁厂长深知，自己一个小厂没有背景，没有名气，很难有机会脱颖而出。那些大厂要想成为定点厂，尚且颇为不易，自己的厂连工资都发不出，哪里来的资金竞争呢？难道就眼看着这个厂被淘汰？经过反复思考，鲁厂长决定背水一战：宣布将积压在库房的价值数十万元的万向节当作废品卖掉。消息一出，上下惊动，舆论哗然，褒贬不一。新闻界采访、上级部门查问，甚至部里也来了人，这些正中了鲁厂长的下怀。他拿出自己的设想、规划和管理方案，以及优质样品，终于取得了舆论上的支持、上级的信任，使本厂被选为"定点厂"，如今的"杭万"已经是国际化的大厂了。鲁厂长对非常之事，实行了非常之法，结果大获成功。

九三，栋桡，凶。

《象》曰："栋桡"之"凶"，不可以有辅也。

【译】九三，栋梁曲折弯挠，有凶险。

◎《象》解释道：栋梁曲折弯挠而有凶险，说明"九三"的刚势不能再加以辅助。

【智慧解读】

"九三"是阳爻居阳位，过刚而不柔，与"上六"相应。"上六"是房梁的位置，在巽卦上位，为木；它又在兑卦之下，兑为木折毁。上应六则木折，是前途凶险的卦象。此爻大意是，过刚失柔，前进必毁，不能辅助他人。这告诫我们：对于生活中那些积极进取的富有阳刚气质的人、宽容退让的富有阴柔气质的人，要采取不同的措施，以弥补各自的不足。

【要诀】过刚失柔，前进必毁。

【例解】

秦始皇以严刑峻法治理国家，暴政征敛无度，赋税奇重，使全国出现"男子

力耕，不足粮饷，女子纺织，不足衣服，竭天下之资财以奉其政"的状况，以致民不聊生，百姓衣牛马之衣，食犬口之食。秦始皇急功近利、不恤民情，连年大兴土木、四处征战，为了自己之奢欲，奢华宫殿、修骊山墓，所耗民夫竟达70多万人。据估计，当时服兵役之人数远超200万，占壮年男子1/3以上。如此重税苦役，实非百姓所能忍受。秦始皇的失误，就是因为过刚失柔。

九四，栋隆，吉。有它，吝。

《象》曰："栋隆之吉"，不桡乎下也。

【译】九四，栋梁隆起平复，吉祥；要是有应于下方，必生憾惜。

◎《象》解释道：栋梁隆起平复，吉祥，说明"九四"使栋梁不再向下曲折弯挠。

【智慧解读】

"九四"是阳爻居阴位，以刚居柔是大过中的不过。与"初六"相应，"初六"是被压折的房梁，无力上应"九四"。"九四"下应"初六"，则初爻变阳，房梁隆起，是初爻的吉祥。此爻的大意是，房梁得助不向下弯曲，要不惜丢面子，支持弱者，使大家吉祥。从中我们可以得到启示，这就是过犹不及，任何事物一旦超过一定的限度就会走向自己的反面。所以我们应该准确地把握这个度，使它保持平衡的状态。

【要诀】不偏不倚，中正平和。

【例解】

战国时期，各国争战连年不断。经过多天思考，魏国国君决定派大臣乐羊率军攻打中山国。中山国的重臣乐舒恰恰是乐羊的儿子。朝中大臣争议不绝，均认为乐羊虽然善于布兵打仗，但这次父子对仗，恐怕乐羊就不会全心全意为国效忠了。尽管朝中争议颇多，但魏文侯却并未改变主意，而是依然派乐羊带兵出征了。乐羊在抵达中山国后，决定用围而不攻的战略攻城。一连好几个月过去了，乐羊却未曾动过一兵一卒。朝中有些大臣再也忍耐不住，纷纷上书。奏章像雪片似的飞到魏文侯手中，魏文侯只是一笑置之。朝中争议越来越激烈，魏文侯依然不动声色，反而派遣专使带着酒食、礼品去慰问乐羊，犒劳他的军队。流言愈演愈烈，魏文侯一不做、二不休，索性给乐羊建造了一座漂亮的别墅。最后，乐羊终于按计划攻克了中山国，得胜回朝。正因为魏文侯怀着中正平和之心，不偏不倚，所以才能如此信任乐羊，使其取得战争的胜利。

九五，枯杨生华，老妇得其士夫，无咎无誉。

《象》曰："枯杨生华"，何可久也？"老妇士夫"，亦可丑也。

【译】九五，枯槁的杨树开出新花，龙钟老太配了个年轻丈夫；不会有灾祸，也无所佳誉。

◎《象》解释道：枯槁的杨树开出新花，生机怎能长久呢？龙钟老太配了个年轻丈夫，这样的情状太丑恶了。

【智慧解读】

"九五"是大过卦最上的一个阳爻，居尊位，象征极为阳刚、过度。下面无阴爻相应，只有"上六"与它成比相亲。其上卦变离，离为树枯。阳枯变阴，而阴荣为阳。它又在兑卦，兑为悦，主折毁。这就意味着，如果阴柔已经处于过度衰竭而失去生机的阶段，表现出毫无作为的消极因素，它就不能发挥抑制阳刚过度，保持刚柔相济的调节作用。这就劝告尸位素餐、自感经历不济的领导：应当急流勇退，给新人让出地位，这样才能皆大欢喜。

【要诀】急流勇退，退位让贤。

【例解】

我国传说中的尧担当部落首领时，做了许多好事：治理了泛滥咆哮的黄河，确立了历法……就这样忙了几十年。后来尧老了，渐渐感到力不从心了，而国家还有许多大事要做，他就想物色一个人来接替他。于是，他召集众人商议，把位置让给了年轻有为的舜。舜上任之后，恪尽职守，做事极有分寸，于是部落愈加繁荣起来。这个例子说明，有些时候，当政者要有急流勇退的勇气和态度，这样既可以使自己不至于心力交瘁，也给年轻人提供了机会。

尧舜禅位图

上六，过涉灭顶，凶。无咎。

《象》曰："过涉之凶"，不可咎也。

【译】上六，涉水过深以致淹没头顶，有凶险，但没有灾祸。

◎《象》解释道：涉水过深以致淹没头顶有凶险，说明"上六"救时亡身，不可视为有灾祸。

【智慧解读】

"上六"是阴爻居大过卦之末，是空虚无力的无位之爻。在兑卦上位，兑为悦、为折毁。下接"九五"，是柔弱无力之人，以喜悦的心情入泽救人被折毁于泽中的形象，是在阳爻过多，弱者无力救助之时，因救人被淹死的。此爻大意是，舍己救人，精神可嘉。这告诫我们：当处于危险的境地时，要采取果断的措施，必要时应做出一定的牺牲，这样才能力挽狂澜。

【要诀】 不畏艰险，舍生取义。

【例解】

　　欧洲百年战争后期，法国的军队陷入困境。此时，一个拯救法国的英雄出现了，她就是被法国人民千古传颂的奥尔良姑娘——圣女贞德。在战斗中，她总是高举旗帜，冲在队伍的最前面，在她的领导下，被英军围困长达209天的奥尔良解围了。接着，贞德又率军收复了许多北方领土，并在兰斯大教堂举行了查理七世的加冕典礼。后来，她被当地的封建主出卖给了英国人。贞德宁死不屈，她说："为了法兰西，我视死如归！"英军将她活活烧死。贞德之死激起了法国人民极大的义愤和高度的爱国热情，他们赶走了英国侵略者。贞德不畏艰险、舍生取义的精神深深激励着后人。

大过卦给我们的启示

　　1. 要注意保持平衡，使事物处于中和状态。凡事都要适度，不及或过头都不好。要使事物内部的各种矛盾保持合理的比例关系。我们在日常生活中为人处事要外圆内方，既要有一定的原则，又要有灵活性。

　　2. 唯非常之举，方能成非常之事。如果我们要成就一番事业，千万不能因循守旧，循规蹈矩，必须要有舍我其谁的气魄和胸怀，要敢破敢立，勇于冲破束缚。

　　3. 必须用果断的措施，才能纠正偏差，惩治弊病。对于我们生活中的一些丑恶现象，如不文明的个人习惯、拜金主义、官僚主义、享乐主义等腐朽思想，我们必须下定决心，毫不犹豫地与之做斗争。

坎卦第二十九
——排难脱险

（坎下　坎上）

习坎：有孚维心，亨。行有尚。

　　《彖》曰："习坎"，重险也。水流而不盈。行险而不失其信。"维心，亨"，乃以刚中也。"行有尚"，往有功也。天险不可升也；地险山川丘陵也。王公设险以守其国。险之时用大矣哉！

　　《象》曰：水洊至，习坎。君子以常德行，习教事。

　　【译】坎卦象征重重危险，只要胸怀信实，就能使内心亨通，努力前行必被崇尚。

　　◎《彖》解释道："习坎"，意思是重重危险，就像水流进陷穴不见盈满。行走在险境而不丧失信实，就能使内心亨通，这是由于阳刚居中不偏；努力前行必被崇尚，说明往前进取可建功勋。天险高远无法升越，地险山川丘陵（也难以涉越），国君王侯于是设险守护国境："险陷"之时的功用是多么宏大啊！

　　◎《象》解释道：水叠连流至，象征"重重险陷"；君子因此恒久保持令德美行，反复熟习政教事务。

　　【智慧解读】

　　该卦的卦形符号是两个八卦符号重叠而成，一阳陷入二阴之中，是水的形象的重叠，是六十四卦中八个"纯卦"之一，上下符号相同，与八卦名称相同，内外含义相同。"习坎"，就是重重危险。此卦大意是，才德是在以信心战胜重重险阻，不断积累的，有必胜的信心才有不可战胜的行动和成功的结果。卦辞启示我们：遇险之时，重要的是应有足够的诚信之心，相信自己必然能够战胜艰险；这种诚信之心，可以产生巨大的精神力量。尽管身在险境，内心却处于一往无前、畅通无阻的状态。这样才能临危不乱、履险如夷。

　　【要诀】端正心态，排艰出险。

初六，习坎，入于坎窞，凶。

《象》曰："习坎入坎"，失道凶也。

【译】初六，面临重重危险，落入陷穴深处，有凶险。

◎《象》解释道：面临重重危险，而又落入陷穴深处，说明"初六"违失履险之道必有凶险。

【智慧解读】

该爻是坎卦的最下爻，上有重重危险。在双坎之下，无阳爻相应相援。虽与"九二"成比，"九二"在震卦下位，象征动于大途，努力前进，并不救援"初六"。"初六"阴居阳位，入于重险而得救，是"凶"的卦象。此爻大意是，"初六"深深地陷入危险，前途凶险。这意味着陷入险境很深，自身柔弱无力，并且没有救援，可能会越陷越深。

【要诀】势微力衰，外无应援，无法出险。

【例解】

986年，宋辽开战。杨业主张避免与辽军决战，服从朝廷的撤退命令，并提出切实可行的保护边境人民南撤的计划。但主帅潘美和监军刘文裕执意邀功，主张硬拼，夺回已失去的寰州。杨业无法，只得提出由潘美领精壮步兵埋伏在朔州以南的陈家谷口，等待他把辽兵引来时，前后夹攻，打垮辽军。杨业于七月八日夜被迫走上寰州前线，第二天清晨与辽兵相遇，进行了激烈的战斗。潘美等人先以为杨业得胜，为了争功，下令让大部队向前推进，后听说杨业失利，立刻又下令撤退逃跑。杨业的部队和辽兵苦战，到黄昏只剩下100多人。他们拼命杀出重围，退到陈家谷口，却不见潘美部队的接应。杨业知道自己已陷入绝境，只能奋死抵抗，后因战马遭受重伤，在朔州西南的狼牙村被俘，最后绝食三日而亡。如果外有救援，即使不能出奇兵打败辽兵，杨业也不至于力战而死。

宋代武士复原图

九二，坎有险，求小得。

《象》曰："求小得"，未出中也。

【译】九二，在陷穴中困罹险难，从小处谋求脱险必有所得。

◎《象》解释道：从小处谋求脱险必有所得，说明"九二"此时尚未脱离险境。

【智慧解读】

该爻处于下坎中位，正是在危险之中。"九二"得中，象征刚而能中，刚柔相济。三应中，卦变艮，初应中，卦变震。艮为止于山，震为动而为生雷。阴爻"初六""六三"位不正，象征小人。此爻大意是，入于险中，不得脱身，先求小得。这启示我们：危险之中只能做力所能及的事，先求小有所得，逐步探求出险制胜的途径。

【要诀】 先求小得，逐步出险。

【例解】

温州有个青年，1998年初到甘肃一个贫困地区联系校徽标牌业务，跑了许多天都一事无成。原因是那里太穷，学生们买不起两角钱一枚的校徽，另外也没有戴校徽的习惯，年轻人不禁开始心灰意冷。这天他来到建在山上的村办小学碰运气，老师非常热情，答应要一批。说是一批，其实这个学校一共只有13个人，而成本（开模具、制作、邮寄）远远超过这13枚校徽的价格。但是年轻人在一笔生意没有的情况下，咬牙接了下来。不久，乡上举办中小学生运动会，这所学校的13位师生戴着闪亮的校徽登场时羡煞了其他学校的学生。后来乡里出面，为全乡数千名小学生定制了校徽，年轻人的稳打稳扎取得了成效。后来，戴校徽之风气席卷全县，乃至邻县。

六三，来之坎坎，险且枕，入于坎窞，勿用。

《象》曰："来之坎坎"，终无功也。

【译】 六三，来去都在险陷之间，往前有险，退居难安，落入陷穴深处，不可施展才用。

◎《象》解释道：来去都在险陷之间，说明"六三"终究难成行险之功。

【智慧解读】

该爻是阴爻居阳位，不中不正，在下坎上位，是危险之极；又在上坎之下，是前险之始。坎卦象征危险，进退不得。退向"九二"，入于坎险之口，则下变为艮，进向"六四"，又入于前面的坎险。此爻大意是，行为不端，落入危险，进退维谷，一筹莫展。由此可知，处于危险境地时，如果进退维谷，那就应安心忍耐，等候机会，不要勉强而为，否则只能越陷越深。

【要诀】 伏枕以待，徐图良策。

【例解】

某单位特别的混乱，隐藏着许多不稳定因素，于是上级单位调来了一位新主管，据说是个能人，专门被派来整顿业务。可是，日子一天天过去了，新主管却毫无作为，每天彬彬有礼地进办公室，之后便躲在里面难得出门，那些"坏分子"反而更猖獗了。4个月过去了，新主管做出了决定，将"坏分子"一律开除了，能者则获得提升。下手之快，断事之准，同4个月前表现保守的他相比，简直像换了一个人。这个主管是十分精明的，正因为有前4个月的耐心守候，清楚观察了形势，徐图良策，才能一举革除旧弊。

六四，樽酒，簋贰，用缶，纳约自牖，终无咎。

《象》曰："樽酒簋贰"，刚柔际也。

【译】六四，一樽薄酒，两簋淡食，用质朴的瓦缶盛物（虔诚地奉献给尊者），通过明窗结纳信约，终将免遭灾祸。

◎《象》解释道：一樽薄酒，两簋淡食，说明"九五"阳刚和"六四"阴柔相互交接。

【智慧解读】

该爻是阴爻得正位，在上卦临近"九五之尊"，有柔顺端正的忠臣之德，在危难时期赤心不改。它在震卦上位，震为木；在坎，坎为水酒，又在艮卦下位，艮为瓜果。其动则在巽卦中位，巽为绳。又在兑卦上位，兑主折毁。此爻大意是，身陷险境，忠心不改，危难救主，灾祸可免。这启示我们：处于危险境地时，应努力争取外援，以求走出险境。

【要诀】身陷困境，自强不息。

【例解】

20世纪70年代的日本，人们普遍信奉西医，中医备受冷落，中药店境况十分凄凉。从事中药经营的石川为改变这一境况，绞尽脑汁，苦苦寻求办法。他把中药和现代生活方式的茶馆结合起来，以此来促进中药的销售。1974年9月，石川在东京的中央区办起了第一家中药吃茶馆。石川按照茶馆的式样进行装饰，店内豪华气派，格调高雅，并且装设了空调、灯光、音响等设备。墙壁刷得雪白，地面、桌椅则全部刷成绿色，店内气氛清新宜人，散发着浓郁的生活气息，迅速吸引了很多顾客。石川在生意面临困境时没有轻易放弃，而是积极主动寻求自救，结果获得了极大的成功。

九五，坎不盈，祗既平，无咎。

《象》曰："坎不盈"，中未大也。

【译】九五，险陷尚不满盈，小丘已被铲平，必无灾祸。

◎《象》解释道：险陷尚不满盈，说明"九五"虽居中但平险之功尚未光大。

【智慧解读】

该爻是居尊的阳爻，阳刚中正，能化险为夷。坎卦已经接近尾声，有"上六"在前。坎为水险，"上六"是积水的凹地。"九五"还未到"上六"的位置，象征水险还没有结束。其动则在上卦变坤，坤为平地。此爻大意是，危险将要过去，须谨慎等待形势好转，才能免除灾祸。这意味着只要我们坚持以不偏不倚的中正原则行事，就能踏平险陷走上正途。

【要诀】危险将过，仍须谨慎。

【例解】

袁宏道是明代著名的文学家，与其兄袁宗道，其弟袁中道，合称为"三袁"，是公安派、性灵派的代表，取得了巨大的诗歌成就。袁宏道有一个缺点，就是好酒，常常烂醉如泥，不省人事，结果身体每况愈下。痛定思痛之下，他决定戒酒。戒酒一段时间之后，他的身体有所恢复，度过了危险期。但就在这个时候，他的酒瘾又发了，他自己对自己说，我就喝一口，结果喝了之后，又觉得既然喝了一口，那就喝三口吧。最后一发不可收拾，竟然又一次烂醉如泥。经过几次之后，他最终英年早逝。袁宏道的教训，就在于在危险将过，形势将好转时，忘却了谨慎，结果更大的危险冲破了生命。

上六，系用徽纆，寘于丛棘，三岁不得，凶。

《象》曰：上六失道，凶三岁也。

【译】上六，被绳索捆缚，囚置在荆棘丛中，三年不得解脱，有凶险。

◎《象》解释道："上六"违失履险正道，凶险将延续三年之久。

【智慧解读】

该爻是坎卦的末爻，也是坎卦所象征的最后一道水险，阻拦了"九五之尊"脱险的去路，必然被擒拿。其动则卦变为巽，巽为绳。"九五"被"上六"所拦，在艮卦上位。坎卦之后，"上六"都不交好运。此爻大意是，以己之险挡人之路，三年不得脱险。这启示我们：人生的道路充满了艰难挫折，应该经受磨炼，并不断地总结经验，以利于前进。

【要诀】矢志不渝，克服艰险。

【例解】

有个叫阿巴格的人生活在草原上。有一次，年少的阿巴格和爸爸在草原上迷了路，阿巴格又累又怕，到最后快走不动了。爸爸就从兜里掏出5枚硬币，把一枚硬币埋在草地里，把其余4枚放在阿巴格的手上，说："人生有5枚金币，童年、少年、青年、中年、老年各有一枚，你现在才用了一枚，就是埋在草地里的那一枚，你不能把5枚都扔在草原里，你要一点点地用，每一次都用出不同来，这样才不枉人生一世。今天我们一定要走出草原，你将来也一定要走出草原。世界很大，人活着，就要多走些地方，多看看，不要让你的硬币还没有用就扔掉。"在父亲的鼓励下，那天阿巴格走出了草原。有了这样难忘的经历，阿巴格对生命有了更深一层的体会。长大后，阿巴格离开了家乡，成了一名优秀的船长。

坎卦给我们的启示

1. 在面对困难的时候，我们要时刻保持信心。有了信心才能临危不乱，履险如夷。古代的大军事家孙子曾说："两军交战，勇者胜。"特别是在大型体育比赛中，双方实力差距很小，谁的心理素质好，谁就能最终取胜。

2. 我们不能期待着撒满鲜花的平坦大道，而应准备走荆棘塞途的崎岖小路。正如古人所说："江头未是风波恶，别有人间行路难。"我们常说，前途是光明的，道路是曲折的，就是这个道理。人生处处有险境，关键是如何才能超越艰险，化险为夷。

3. 古人云："得道多助，失道寡助。"天时、地利、人和，万事成功，这是永远不会过时的道理。如果我们平时乐于助人，善待弱者，有一颗善良的心，那么，当我们身处险境时，别人就会伸出援助之手，帮我们渡过难关。

离卦第三十

——相依共存

（离下 离上）

离：利贞，亨。畜牝牛吉。

《彖》曰：离，丽也。日月丽乎天，百谷草木丽乎土。重明以丽乎正，乃化成天下。柔丽乎中正，故"亨"，是以"畜牝牛吉"也。

《象》曰：明两作，离。大人以继明照于四方。

【译】离卦象征附丽，利于守持正固，亨通。畜养母牛可获吉祥。

◎《彖》解释道："离"，意思是附丽。譬如太阳附丽在天上，百谷草木附丽在大地上，光明重叠而又附丽于正道，就能推行教化，促成天下昌盛。柔顺者附丽在适中方正之处，于是前景亨通。所以畜养母牛可获吉祥。

◎《象》解释道：光明接连升起（悬浮高空），象征"附丽"；德高望重的人因此连续不断地用光明照临天下四方。

【智慧解读】

该卦是一个"纯卦"，为官者符号都是离，同时与坎卦互为反卦。从卦形结构看，它是坤卦的第二、五两爻代替了乾卦的第二、五两爻，每个阴爻附着于两个阳爻之间。"离"象征内空虚而外光明，它又象征太阳。阴爻在下得中正之位，"六五"在上卦得中位，附着于上下阳爻之间，刚柔相依，卦象明丽。此爻大意是，与人相辅，柔顺中正，前途吉祥。这启示我们：社会中的人是相互依存的，但这种依附并不是人格的体现，也不妨碍独立人格的发展。它只是一种手段，而不是目的。依附应有正确的目的和适宜的策略，否则就会造成人格的丧失。

【要诀】互为依存，互相帮助。

【例解】

一个人问上帝："为什么天堂里的人快乐，而地狱里的人一点儿也不快乐呢？"上帝说："你想知道吗？那好，我带你去看一下。"他们先来到地狱，走进一个房间，这时正是午饭时间，许多人围坐在一口大锅前，锅里煮着美味的食物。但是每个人都又饿又失望：原来他们手里的勺子太长了，没法把食物送到自己的嘴里，虽然食物很可口，可是他们吃不到，所以一直很痛苦。上帝说："我们再去天堂看看吧。"于是他们来到天堂，也是到了一个房间，他们看见的景象是这样的：虽然他们手里的勺子也很长，可是，这里的人都显出快乐又满足的样子。这个人很奇怪，因为这里和地狱没什么两样。"感到奇怪吗？"上帝笑着说，"你看下去就知道了。"晚饭时间到了，只见这里的人围坐在锅边，用勺子把食物送到别人的嘴里。原来，天堂和地狱的分别，只是人们用勺子的方法有所不同。其实区别何尝只是用勺子的方法呢，更重要的是相互依存、相互帮助的心态。

初九，履错然，敬之，无咎。

《象》曰："履错之敬"，以辟咎也。

【译】初九，践行事务郑重不苟，保持恭敬谨慎，结果没有灾祸。

◎《象》解释道：践行事务郑重不苟，保持恭敬谨慎，说明"初九"这样才能避免灾祸。

【智慧解读】

"初九"是阳爻得正位，象征刚健正直，在最下，前进的心情迫切。它在巽卦之下，巽为进为退，进退不定。因为缺乏阅历，把事情看得简单，脚步易生错乱，而且易受"九四"之害。此爻大意是，步入光明前途，不可急于求成，对邪恶敬而远之才能免除灾祸。这启示我们：依附于人时，不要躁动冒进，而应保持恭敬谨慎的心态，不要乱了章法，以取得对方的信任。

【要诀】谨慎行事，不可冒进。

【例解】

某小镇有两条路，一条较为狭窄，另一条宽敞平坦。狭窄的道路上拥挤不堪，有占据着人行道的违章建筑物和沿街卖菜的小贩，还有胡同和交叉路口，常有车辆或行人突然从胡同内出来。而宽敞的公路上，交通路况良好，视野开阔、道路畅通，还有交警维持秩序。但令人奇怪的是，多年来狭窄的道路上从未出过交通事故，而宽敞的大路上却经常出现交通意外。后来，一位老交警道出了其中奥秘：在狭窄的路上，司机们会小心谨慎，减速慢行；而到了大路上时，司机往往因为路况良好而放松了警惕，随意地加速行驶，结果常常造成交通事故。

六二，黄离，元吉。

《象》曰："黄离元吉"，得中道也。

【译】六二，保持中正的黄色附丽于物，至为吉祥。

◎《象》解释道：保持中正的黄色附丽于物，至为吉祥，说明"六二"有得于适中不偏之道。

【智慧解读】

"六二"居中正之位，有中正柔顺之德，在离卦的明丽之中。黄色是五色中的正色，是黄土、黄地的正色，代表中正，是黄帝。上有兑卦、离卦，象征处在喜悦、明丽之时，前途非常吉祥。此爻大意是，"六二"德行中正，前途美好。这启示我们：在依附于人时，应明智与正直兼而有之，保持自己的独立人格，要防止陷入误区。

【要诀】 依附于人，也要适中不偏。

【例解】

在《三国演义》中，陈宫原是一个小小的县令，当时被通缉的曹操正好在这里被捕，但陈宫发现曹操是个人物，于是陈宫私自放了曹操，并愿意跟随曹操。但是后来，曹操因为自己的疑心，把无辜的吕伯奢一家全部杀死。陈宫责问他："你这样杀人，岂不怕天下人咒骂你？"曹操却说："宁可我负天下人，不教天下人负我。"陈宫听了，顿时认清了曹操奸诈、狠毒的本质，于是离开了他。陈宫的离开，正是因为在依附于人时，保持自己的本性和尊严，不愿与恶毒的人为伍。

九三，日昃之离，不鼓缶而歌，则大耋之嗟，凶。

《象》曰："日昃之离"，何可久也？

【译】 九三，太阳将落，垂垂附丽在西天，此时要是不敲起瓦器高歌自乐，必将导致老暮穷衰的嗟叹，有凶险。

◎《象》解释道：太阳将落，垂垂附丽在西天，这种状况怎能保持长久呢？

【智慧解读】

"九三"是阳爻居下卦上位。下卦象征日，上位象征已经走到日偏西的时候。"九三"无阴爻相应，与"六二"成比，动则下卦变兑，兑为西方卦。兑卦又为口，能歌唱。艮为手，能击缶。此爻大意是，生老病死是自然规律，要正确对待。这启示我们：功成身退，颐养天年，尽享人生之乐，不应有垂老之叹。

【要诀】 怡然自得，安享晚年。

【例解】

刘邦说："论出必赢，战必克，我不及韩信；论供给粮草，保证后需，我不及萧何；论运筹于帷幄之中，决胜于千里之外，我不及子房。"张良堪当此评价，若非张良的大力辅佐，汉王何以至此？如今天下已定，四海归心，是该享受这荣华

张良吹箫破楚兵 年画

富贵的时候了,但是刘邦准备赐予他五万户时,张良记起了范增"退隐"的劝告,于是,他断然拒绝,放弃功名利禄请求做一个小小的留侯。功成身退,是张良的选择,尽管身后投来的是惊异的目光。但后来的事实证明,他是对的。不久后,韩信被斩,彭越被杀……而张良的保全,赖于他的放弃。放弃了功名,得以安享晚年。

九四,突如其来如,焚如,死如,弃如。

《象》曰:"突如其来如",无所容也。

【译】九四,突然间发出万道光芒,像烈焰在焚烧,但顷刻间又烟消云散,被弃除净尽。

◎《象》解释道:突然间发出万道光芒,说明"九四"的虚势必将无处附丽容纳。

【智慧解读】

"九四"属上卦离,是阳爻居阴位,位不正,象征手段毒辣阴险的恶人。其动则上卦变巽,巽为风,四爻变阴,中间空虚。离为火,为甲兵,为日。"九四"玩火自焚,受到惩罚。此爻大意是,奸臣作乱,天下不容。这告诫我们:依附时应采取柔顺任劳的原则,韬晦自抑,等待时机,保存了自己,壮大实力。

【要诀】玩火者必自焚。

【例解】

春秋时期,卫国的公子州吁杀死了他的哥哥卫桓公,成了卫国的国君。州吁是个暴君,他压迫百姓,到处侵略别的国家。他想利用战争来分散百姓的注意力,减少百姓对他的不满,巩固他的专政。鲁国的君王知道州吁篡夺了君位,还想吞并其他国家,就问他手下的一名官员:"你认为州吁的目的能达到吗?"那位官员说道:"州吁到处打仗,给百姓带来了灾难。百姓不会支持他。他这个人又反复无常,身边没有什么亲信,他不可能实现自己的野心。而且,战争就像火,无休止地打仗,最后,火会烧到自己身上。"果然,不到一年,卫国人就在陈国的帮助下推翻了州吁的统治,并处死了他。后来,人们用玩火自焚来比喻干害人的勾当,最后受害的还是自己的人。

六五,出涕沱若,戚嗟若,吉。

《象》曰:六五之吉,离王公也。

【译】六五,眼泪像泉水一样不断地涌出,忧戚嗟伤悲切,居安思危到了这种程度,必将获得吉祥。

◎《象》解释道:"六五"的吉祥,是由于它附着在君主旁,受到了君主的庇佑。

【智慧解读】

"六五"是上卦离中,是明丽之时的君主。它虽居尊位,但惩治恶人的实力不足,所以极为悲伤。离为火、为目。它在兑卦上位,兑为水,是"九四"纵火逼宫,使"六五"受害。此爻大意是,在明君治国的时代,奸臣叛乱,只能使君主不安。这启示我们:内柔弱而外躁动是有危险的,居危而知惧,才能避凶得吉。

【要诀】 居安思危,避害全身。

【例解】

一只狼在森林里磨牙,狐狸看到了很奇怪,问道:"大家都在休息娱乐,你为何不停下来一起玩呢?"狼没有理它,继续磨牙,把牙齿磨得又尖又利。狐狸更加奇怪:"森林如此静,猎人和猎狗已经回家了,老虎也不在附近,肯定是没有任何危险,你何苦那么用劲磨牙呢?"狼这才回答说:"如果有一天,我被猎人或老虎追逐,到那时,我即使想磨牙也来不及了。但如果我平时就把牙磨好,到那时,就可以很好地保护自己了。"做事应该未雨绸缪,居安思危,这样在危险突然降临时,才不至于手忙脚乱。

上九,王用出征,有嘉折首,获匪其丑,无咎。

《象》曰:"王用出征",以正邦也。

【译】上九,君王出师征伐,建树丰功,斩折敌方首级,俘获不愿亲附的异己,这样做没有灾祸。

◎《象》解释道：君王出师征伐，说明"上九"是为了端正邦国，治理天下。

【智慧解读】

"上九"是位居"六五"之上的阳爻，象征王爷，阳居阴位，象征刚而能柔，又与尊位的"六五"成比，感情亲近。离为明丽，"六五"为君，"上九"为王爷，离为甲兵。"上九"勤王则在兑卦中位。其动则上卦变艮，艮为手。此爻大意是，为国锄奸，刚柔相济，辅王正国，有功无过。这启示我们：在自身处于有利的地位时，要敢于向对手发动进攻，只要策略得当，能够相机行事，就一定能取得预期的效果。

【要诀】见机行事，主动出击。

【例解】

有一家大电器公司，其产品质量上乘，在国内外享有盛誉，急需扩大生产规模，但公司当时拿不出那么多的资金扩建项目，比较可行的办法是兼并其他的小企业，利用改造小企业原有的设备。如何兼并对方？如果对方一点儿好处都得不到，怎么会俯首称臣呢？电器公司给了小企业三大好处：一是抽一部分技术人员对小企业的职工进行培训；二是拿出一部分资金对小企业原有的设备进行改造；三是在产品质量合格的前提下，小企业可使用公司的品牌。这样，公司轻而易举地吞并了这些小企业，结果使这家大电器公司，少花70%的资金，扩大了生产规模，增加了盈利。这家电器公司依靠自己强大的经济实力，主动对小企业发动攻势，策略合理，手段和平，因而使得自己的企业规模得到了巩固和发展。

离卦给我们的启示

1.每一个成员都应任劳任怨，辛勤工作，为所在的单位做出贡献。这是因为，单位依靠我们发展、繁荣、昌盛，而我们自己也获得了更多的机会和利益。在这种良性的互动中，双方都是胜利者。

2.我们要正确地认识自己的能力，既不能自卑，也不能高估。如果有实力就应积极进取，奋发有为。但不可超越自己的极限，不能上演"知其不可而为之"的悲剧。否则，只能凶多吉少，得不偿失。

3.人生有时须要以退为进。俗话说"忍一时风平浪静，退一步海阔天空"，这正是智者的过人之处。有时条件不成熟，勉强进取很难成功。但这正是积蓄实力的大好时机，可为今后更大的发展打下坚实的基础。

咸卦第三十一

——情感交流的重要性

（艮下 兑上）

咸：亨。利贞。取女吉。

《彖》曰：咸，感也。柔上而刚下，二气感应以相与。止而说，男下女，是以"亨利贞，取女吉"也。天地感而万物化生，圣人感人心而天下和平。观其所感，而天地万物之情可见矣。

《象》曰：山上有泽，咸。君子以虚受人。

【译】 咸卦象征交感，亨通，利于守持正固，娶妻可获吉祥。

◎《彖》解释道：咸，意思是交感。譬如阴柔往上而阳刚来下，二气交感呼应、两相亲和。交感之时稳重自制而又能欢快欣悦，就像男子下求女子，所以亨通，利于守持正固，娶妻可获吉祥。天地交感带来万物化育生长，圣人感化人心带来天下和平昌顺。观察"交感"，天地万物的性情就可以明白了！

◎《象》解释道：山上有大泽，（山泽相通）象征"交感"；君子因此虚怀若谷，广泛容纳感化众人。

【智慧解读】

该卦是下经之首。上经从创始宇宙万物的天开始，下经从人伦的发端男女之情开始。这就是说，开天辟地有人类男女之后，才有家庭、社会、道德和秩序。从卦形结构看，下卦艮为少男、为止，上卦兑为少女、为悦。男感女应，男止女悦，爱情专一，是阐明婚姻、恋爱、道德之卦。从卦象上看，下卦艮为山，上卦兑为泽。山上有泽，象征在上君子要领会这个道理，虚心接纳人民。"六二""九五"得正位，是女与男以中正之德而相应。"六二"上应"九五"，为"九五"所娶，顺理成章。此卦大意是，男女以端正之德互相交际，嫁娶才吉祥。这启示我们：人类之间的感情沟通非常重要，无论一国之君，还是一家之主都应虚心容纳不同意见的人，达到交流感情，协调一致的目的。

【要诀】 虚怀若谷，海纳百川。

【例解】

我们在相信自己时，也要善于听取别人的意见。明太祖朱元璋接受了谋臣"高筑墙，广积粮，缓称王"的建议，暗中发展，结果取得了成功。相反，顽固的马谡置王平忠言于不顾，自以为"熟读兵书"，结果痛失街亭，丢掉性命。当然别人的意见有时是好的，有时则不是。我们既不能全盘否定，也不能全盘肯定，应取其精华，弃其糟粕，才是明智之举。

初六，咸其拇。

《象》曰："咸其拇"，志在外也。

【译】 初六，交感相应在脚拇指。

◎《象》解释道：交感相应在脚拇指，说明"初六"的感应志向是往外发展。

【智慧解读】

"初六"是咸卦的开始，感应力极小，虽与"九四"相应，有心求爱，因为年幼，并没有动心的感情，只是脚下有些难安。其居艮卦下位，艮为指，此爻是拇指之象。此爻大意是，略有所感，不可贸然行动。由此可知，虽然双方有所感应，但这只是刚刚开始，应该谨慎小心，避凶趋吉。

【要诀】 略有所感，不可急躁。

【例解】

为了摆脱困境，国内某企业老总决定大力开拓国际市场，于是便和接触不久的国际合作伙伴进行谈判。国外的那家公司本来也想拉拢这个大客户，因此建立了初步的合作关系，但在谈判中，国内企业急于求成，急躁心理显现无遗，被细心的谈判对手察觉到。他们认为，国内企业肯定出现了经营上的问题，急于缓解库存压力，因此一反常态，大幅压价，最后使得国内企业遭受了巨大的经济损失。国内企业的失误，就是在双方关系还未成熟的时候，就急于求成，结果被对方抓住了弱点。

六二，咸其腓，凶。居吉。

《象》曰：虽"凶居吉"，顺不害也。

【译】 六二，交感相应在小腿肚，有凶险；安居可获吉祥。

◎《象》解释道："六二"尽管有凶险，但安居守静可获吉祥，说明顺从"交感"正道可以免于灾祸。

【智慧解读】

"六二"在下卦艮得中正之位，有柔顺中正的美德，所以感应比"初六"进了一步。

因为"六二"与"九五"成正应，有追求"九五"之心，如果行动就违背了男感女的原则。它与"九三"成比，动而应上，则下卦变坎，坎为凶卦。此爻大意是，婚嫁之事，不可凭自我感觉轻举妄动，应保持端正之德，必然吉祥。这启示我们：如果感应的双方两心相应，在下者应该安居不动，以逸待劳，以守为攻。

【要诀】 抱朴守拙，不妄动。

【例解】

"板凳要坐十年冷，文章不写一句空"，这是著名历史学家范文澜先生的自勉联，他用此联督促自己要认真读书，甘于寂寞，写出有价值的学术文字。范先生用辛勤的汗水实践了自己的诺言，用丰硕的成果实现了自己的诺言。这副读书联，早已成为众多学者和数不清的读书人共勉践行的座右铭。他就是凭着这种抱朴守拙、不妄动的精神，取得了丰富的学术成果。

九三，咸其股，执其随，往吝。

《象》曰："咸其股"，亦不处也。志在随人，所执下也。

【译】 九三，交感相应在大腿，执意盲从于别人，如此前往必然导致灾祸。

◎《象》解释道：交感相应在大腿，说明"九三"不能安静退处；心志在于盲从泛随于人，说明所执意追求的过于低下卑劣。

【智慧解读】

"九三"是阳爻处艮卦上位，德行阳刚端正，居至极之位，对咸卦宜静不宜动有深刻的理解，虽然感应到大腿上，也不敢行动，前去与"上六"相应。它又居巽卦中位，巽为股，是在感应之时。在艮上，艮为手，又在巽中，巽为绳。此爻大意是丧失原则，受人驱使，自讨没趣。这启示我们：如果不是真心实意，而是盲从别人，仅用言语敷衍，那就不会得到回报。

【要诀】 随人盲动，自取其辱。

【例解】

"邯郸学步"是一个古老的寓言故事，说的是一个燕国寿陵的年轻人，听说邯郸人走路的样子特别好看，受到外地人的称赞，所以他不远千里来到邯郸学习走路。由于他只知道一味地模仿，学了一段时间后，他不但没有学会邯郸人走路的样子，反而连自己以前是怎么走路的也忘了，最后只好爬着回家。这个故事说明一味地盲从别人，就会失去自己的特点，最后只能是自取其辱。

九四，贞吉，悔亡。憧憧往来，朋从尔思。

《象》曰："贞吉悔亡"，未感害也。"憧憧往来"，未光大也。

【译】 九四，守持正固，吉祥，悔恨必将消亡。心意不定地频频往来，友朋终究会报答你的情意。

◎《象》解释道：守持正固，吉祥，悔恨必将消亡，说明"九四"未曾因"交感"为正而遭害；心意不定地频频往来，说明此时"交感"之道尚未光大。

【智慧解读】

"九四"是阳爻居上卦下位，不中不正。在咸卦三个阳爻的中间，以身体相比，是身体的中间部分。它是咸卦卦主，代表咸卦宜静不宜动的卦德。其在巽卦上位，巽为进退不定的卦象。此爻大意是，身居要位，影响很大，坚守正道，吉祥无悔，立场动摇，必定影响他人。

【要诀】 以情感人，以心动人。

【例解】

在苏州的老城中有一条"六尺巷"。相传清代时，有两个富户为了建房都想占有同一块地方，结果两家闹得不可开交。其中一户，有亲戚在朝中做大学士，便想让大学士出面占下这块地。结果，这位大学士却在信中写道："何苦争地伤和气，让他三尺也无妨。"于是这家人便主动向后退了三尺，另一家深受感动，也向后退了三尺，从此两家世代友好。大学士身居要位，他的意见对双方起到了很大的影响，试想如果他不坚守正道，偏袒一方，肯定不会有这个好结果。

九五，咸其脢，无悔。

《象》曰："咸其脢"，志末也。

【译】 九五，交感相应在背脊的肉上，不致悔恨。

◎《象》解释道：交感相应在背脊肉上，说明"九五"的交感志向过于浅薄了。

【智慧解读】

"九五"是阳爻居尊位，德行中正，是咸卦宜静不宜动的卦德的模范执行者。它与"六二"成正应，又与"上六"成比。如果有感应而动，必不吉祥。其在兑卦中位，兑卦上爻为口，中爻是口以下的位置。此爻大意是，麻木不仁，固守成规，无悔无吉。由此可知，交流感情应该出于真心实意，如果反应迟钝，漠然置之，就不会有好结果。

【要诀】 热心待人，以心换心。

【例解】

GE公司（General Electric Company，通用电器公司）有这样一句话：韦尔奇无处不在。意思就是说，人性化的形象魅力让每一个员工感到了韦尔奇无处不在的力量。GE动力系统的商务经理王泉这样表达他对韦尔奇的印象："我一点儿也不会感到与韦尔奇有距离，这是你与CEO（Chief Executive Officer，首席执行官）之间没有任何阻隔的交流，每个GE员工都曾为收到有韦尔奇签名的e-mail而惊喜，但后来会感到很自然，因为他会经常把他对公司的看法直接告诉你。"在GE（中国）的企业，从普通员工到高层，盛行的正是这样一种开放性的管理。而个人被公司的文化赋予了极大的自由与发展的空间，员工可以充分发挥自己的能力，描画出富有抱负，也许可以被称为有点儿野心的远景。这种融洽的上下级关系，以心换心的管理，正是GE公司长盛不衰的秘诀。

上六，咸其辅颊舌。

《象》曰："咸其辅颊舌"，滕口说也。

【译】上六，交感相应在牙床、脸颊、舌头上。

◎《象》解释道：交感相应在牙床、脸颊、舌头上，说明"上六"不过腾扬空言而已。

【智慧解读】

"上六"是咸卦最高的一爻，受的感应也最靠上。"上六"已经无位，阴爻空虚无实，只是花言巧语地诱惑"九三"。它在兑卦上位，兑为口、为舌、为颊。此爻大意是，老而无力，无真心实意，玩弄口舌骗人，无吉可言。这启示我们：要防备口蜜腹剑的小人，应识破花言巧语者的企图。

【要诀】玩弄口舌，不可长久。

【例解】

唐玄宗时，宰相李林甫是个有名的奸臣，民间称李林甫"口有蜜，腹有剑"，形容他嘴甜心毒，奸诈阴险。中书侍郎严挺之性格耿直，对李林甫十分鄙薄，李林甫便在皇上面前说严挺之的坏话。唐玄宗信以为真，当即把严挺之贬斥到洛阳。过了许久，唐玄宗又向李林甫提起严挺之。李林甫看出玄宗想提拔严挺之，于是，他托人转告严挺之，说皇上问起他的病。严挺之便上书皇上请求上京治病，玄宗得知严挺之有病，从此打消了重用他的念头。李林甫口蜜腹剑，树敌太多，老百姓也对他恨之入骨。后来，在史书中，他留下千古骂名。这说明，玩弄口舌，成得了一时，成不了一世。

咸卦给我们的启示

1. 我们要非常重视感情沟通的问题，因为这可能关系到我们事业的成败。家庭内部，父母子女要交流感情，公司内部，员工和领导要交流意见，国家内部，领袖与民众要交流看法。只有感情沟通了，社会上各阶层人士才能增进理解，建立和谐的人际关系。

2. 如果随波逐流，人云亦云，我们就会迷失自己，在茫茫人海中无处容身。所以我们必须对自己负责，做一个有主见的人。用眼观察，用心思考，借鉴别人的经验和教训，看清形势，抓住时机，大胆出击，这样才能有所作为。

恒卦第三十二
——人贵有恒心

（巽下 震上）

恒：亨，无咎，利贞，利有攸往。

《彖》曰：恒，久也。刚上而柔下。雷风相与，巽而动，刚柔皆应，恒。"恒亨无咎利贞"，久于其道也。天地之道恒久而不已也。"利有攸往"，终则有始也。日月得天而能久照，四时变化而能久成。圣人久于其道而天下化成。观其所恒，而天地万物之情可见矣。

《象》曰：雷风，恒。君子以立不易方。

【译】恒卦象征恒久，亨通，必无灾祸，利于守持正固；利于有所前往。

◎《彖》解释道：恒，意思是恒久。譬如阳刚居上阴柔处下，雷震风行常相交助，先要逊顺然后可动，阳刚阴柔均相互应合，这些都是恒久可行的。恒久，亨通，必无灾祸，利于守持正固，说明要永久保持美好的道德。天地的运行，恒久不停止。利于有所前往，说明事物的发展周而复始。日月顺行天道而能永久照耀天下，四季往来变化而能永久生成万物，圣人永久保持美好的道德，天下遵从教化形成美俗。观察恒久现象，天地万物的性情就可以明白了。

◎《象》解释道：雷发风行（常相交助），象征恒久；君子树立自身的形象，坚守长久不变的正道。

【智慧解读】

恒卦与咸卦互为综卦，卦象符号互为倒转，意思互综互反。咸卦是感应，是少男少女婚前相爱，恒卦是长久，是大男大女结成夫妻的长久之道。它的卦象结构是震上巽下。上为大男，下为大女；上为刚，下为柔；上为雷，下为风。男女和谐，刚柔相济。该卦上下二体六爻分别相应，而且初与四成相应，合乎常理。内卦巽为顺，外卦震为动。内顺外动，必然亨通，亨通必然无祸。初应四，卦变为泰。上下六爻相应而动，卦变为益。此卦大意是，得长久之道，前途亨通，坚持正道，有利于前进。这启示我们：世事虽然多变，但为人立身则要持之以恒；人生一世要树立远大的目标，只有从小事做起，才能有所成就。

【要诀】 持之以恒，长久之道。

【例解】

　　有一个人经常出差，经常买不到对号入座的车票。可是无论长途短途，无论车上多挤，他总能找到座位。他的办法其实很简单，就是耐心地一节车厢一节车厢找过去。这个办法听上去似乎并不高明，但却很管用。每次，他都做好了从第一节车厢走到最后一节车厢的准备，可是每次他都用不着走到最后就会发现空位。他说，这是因为像他这样锲而不舍找座位的乘客实在不多。经常是在他落座的车厢里尚余座位，而在其他车厢的过道和车厢接头处，居然人满为患。他说，大多数乘客轻易就被一两节车厢拥挤的表象迷惑了，不大细想在数十次停靠之中，从火车十几个车门上上下下的流动中蕴藏着不少提供座位的机遇；即使想到了，他们也没有那一份寻找的耐心。所以说要持之以恒，不能中途放弃。

初六，浚恒，贞凶，无攸利。

　　《象》曰："浚恒"之"凶"，始求深也。

　　【译】 初六，深求恒久之道，守持正固以防凶险，否则无所利益。

　　◎《象》解释道：深求恒久之道的凶险，说明"初六"刚开始就求之过深。

【智慧解读】

　　"初六"是此卦最幼小的一爻，不应有求偶的行为。它是阴居阳位，而且与"九四"相应，位不正，必然急于上应"九四"。"初六"深入上卦求偶，"九四"居上不能下来帮助"初六"。虽然居巽下主深入，行动也正确，但是必然凶险。此爻大意是，时机不成熟，思想有误，即使方法正确也很凶险。由此可知，追求恒久之道是一个逐渐积累的漫长过程，不可能一蹴而就。

【要诀】 道贵恒久，日积月累。

【例解】

　　宋国有一个农夫，他辛勤劳作，但看到庄稼长得太慢，非常着急。有一天，他耕了很久的地，累了坐在田埂上休息。他突然想到：禾苗长得太慢，还不如拔高一些，这样它们不就长高了吗？于是他说干就干，一直忙到太阳落山。回家后，他兴奋地将这件事告诉了家人，他的儿子听后大吃一惊，跑到田里一看，庄稼全都枯死了。农夫急于求成，一心只想让庄稼按自己的意愿快长高，而不顾及庄稼的生长规律，结果落了一个悲惨的下场。

九二，悔亡。

　　《象》曰：九二"悔亡"，能久中也。

【译】九二，悔恨消亡。

◎《象》解释道："九二"悔恨消亡，说明能恒久守中不偏。

【智慧解读】

"九二"是阳爻居阴位，位不正，本来应有使自己后悔的错误行动。但位居中位，刚而能中，能不做过头的事。其居巽卦中位，巽为顺，能顺应卦德。它动则在艮卦中位，艮为止，象征能够主动停止前进，避免了使自己后悔的事情发生。此爻大意是，心不偏，行不过，无不吉。这启示我们：阳刚者应采取阴柔之道，阴柔者应采取阳刚之道，用中和之道对自己的行为加以节制。

【要诀】 持中守正。

【例解】

有若问孔子："您认为子张与子夏这两个人哪个更好一些呢？"孔子说："子张非常聪明，但他喜欢显示自己，总是过分了一点儿；子夏很老实，也能吃苦，但他显得狭隘了一点儿，常常做得不够。"有若说："照这么说来，夫子的意思是说子张要比子夏好是吗？"孔子回答说："过与不及都是一样的。他们都没有达到不偏不倚、持守公平的中。虽然说中庸是最高的道德，但是长久以来人们已经很少实行中庸之道了。因为只有君子做事才能始终如一地做到不偏不倚。君子能做到不偏不倚，是因为君子做事时时适中。而现在中庸的道理更是不能实行了，因为聪明的有道德有才能的人往往会做过了头，而蠢笨的没有才能的人却往往达不到。更何况还有那么多小人，因为小人与君子相反，他们反对不偏不倚。小人反对不偏不倚，是因为小人是无所顾忌，任意妄为的人啊。"

孔子像

九三，不恒其德，或承之羞，贞吝。

《象》曰："不恒其德"，无所容也。

【译】九三，不能恒久保持美德，时或有人施加羞辱，要守持正固以防憾惜。

◎《象》解释道：不能恒久保持美德，说明"九三"所往将无处容身。

【智慧解读】

"九三"是阳爻居下卦巽的上位，象征德行刚正而不中，又有巽顺于我的弱点。它与"上六"相应，有强烈的上应要求。"九三"爻辞得正，又是兑卦的下位，兑为口舌，为取悦，为折毁。它得正位，德行刚正而能顺于人。此爻大意是，坚定立场，明辨是非，不受与大原则相违背的鼓动，才能免于羞辱。这启示我们：如果为人处世两面三刀、出尔反尔，必然被朋友、同事所不齿。

【要诀】 守正固本，坚定立场。

【例解】

明英宗宠信大太监王振，于是一些投机之徒也蝇聚在其周围，为虎作伥。工部郎中王佑天生不长胡须，有一次王振当面问他是何缘故，王佑竟厚颜无耻地说："您老无须，儿子岂敢有须？"就此一言，王佑不久即升为工部侍郎。事情传出后，许多趋炎附势之人纷纷把胡须剃去，以献媚王振。这些趋炎附势，立场不坚定的小人虽然一时得势，但不久就遭到了报应。英宗后来被瓦剌军俘获，王振被愤怒的兵卒们打死，代宗即位后，将王振的党羽一网打尽，这些人没有一个有好下场。

九四，田无禽。

《象》曰：久非其位，安得禽也？

【译】 九四，田猎没有获得禽兽。

◎《象》解释道："九四"久居不当之位，田猎哪能获得禽兽呢？

【智慧解读】

"九四"是阳爻居阴位，位不正，动则在坤卦下位，坤为田。居上卦，又位不正，虽与"初六"成正应，但因为有"九二""九三"相隔，不能下就，"初六"受阻也不能上行。它在巽卦之上，巽为鸡。此爻大意是，长久不当其位，不谋其政，必然一无所获。由此可知，我们应积极地完成自己分内的事，作为建功立业的基础。

【要诀】 立足分内，坚守岗位。

六五，恒其德，贞，妇人吉，夫子凶。

《象》曰：妇人贞吉，从一而终也。夫子制义，从妇凶也。

【译】 六五，恒久保持柔美品德，应当守持正固。妇人可获吉祥，男子必有凶险。

◎《象》解释道：妇人守持正固可获吉祥，说明要顺从一个丈夫终身不改；男子则必须裁制事宜，若像妇人那样柔顺必有凶险。

【智慧解读】

"六五"在上卦居尊位，是阴爻，象征妇人，有至尊的柔而得中、内柔外刚的特点，与"九二"相应。它刚中，内刚而外柔，与"六五"刚柔相济，得中位而能守固。"九二"上应"六五"，下变艮，上卦变兑，兑为止。此爻大意是，女以柔中之道得吉，男以刚中之道上应柔中为逆，前进凶险。

【要诀】坚贞守恒。

【例解】

汉武帝时，中郎将苏武奉命出使匈奴，被匈奴贵族囚禁冰窟逼降，他饮雪吞毡，坚决不从。后来又把他遣送到北海边上牧放公羊，说要等公羊生子之后才能放他回朝。他在荒无人烟的地方忍受着孤单和困苦。在匈奴期间，苏武没有选择荣华富贵，投靠敌国，而是效忠自己的国家，即使吃尽苦头也心甘情愿。他不怕任何艰苦折磨，坚持19年而不屈服。苏武终于在汉昭帝始元六年（公元前81年）回汉。他这种坚贞的情操和爱国的精神，深受人们的崇敬。

苏武牧羊图　清　任颐

上六，振恒，凶。

《象》曰：振恒在上，大无功也。

【译】上六，振动不安于恒久之道，有凶险。

◎《象》解释道：振动不安于恒久之道而又高居在上，说明"上六"处事必然大为无功。

【智慧解读】

"上六"是阴爻居震卦上位，震为动，是在应保持长久时，无力使自己保持常态。柔弱之体，不能抗震，成动极之象，长期不能稳定。它在兑卦之上，兑为折毁。此爻大意是，振动不止，失去常态，大祸来临。这启示我们：必须正确地对待客观规律，不能用静止的观点，不能认为道常动不居。

【要诀】躁动不安，一事无成。

【例解】

明代历史学家谈迁，29岁开始著作《国榷》，因为家里穷，买不起书，只好四处求人，借书来抄。一次，他为了看一点儿材料，带着干粮，冒着雨走了一百多里路。他广征博采，六易其稿，终于写成了《国榷》这部500万字的重要史书。这时，他已经53岁了。不幸的是，一天夜里，这部书稿却被一个小偷偷走了。谈迁伤心地抱头大哭了起来，不少人认为，他从此将一蹶不振。谁知，第二天他又挽起袖子，重新写作。冬去春来，周而复始，又花了整整4年光阴，终于再次把书写成了。他这时已白发苍苍，老态龙钟。他高兴地对人说："虽死而瞑目矣。"谈迁的故事说明，在灾难来临之际，与其躁动不安，不如冷静对待，积极行动。

恒卦给我们的启示

1. 我们要认识到，真理是相对的，而不是绝对的。伟人说过，真理与谬误仅仅一步之遥，超过真理一步，就会变成谬误。所以真理也是有适用条件的，从来没有包治百病的良药。古代寓言"刻舟求剑"就是讽刺那种看不到条件变化的人。

2. 人贵有恒，何必三更眠五更起。人生一世，要有远大目标，但千里之行，始于足下，只有从小事做起，持之以恒，才能有所成就。所以《荀子·劝学》说："锲而舍之，朽木不折；锲而不舍，金石可镂。"这句话值得我们体味。

3. 守恒之道，并不是顽固不化，抱残守缺。我们不能用静止的观点来看待恒，而应用动态的观点看待它。在原则上、大方向上是恒，但具体的实现途径是灵活的、多样的，而不是一成不变的。我们必须纠正在这个问题上的错误认识。

遁卦第三十三

——及时退却安身心

（艮下 乾上）

遁：亨。小利贞。

《彖》曰："遁亨"，遁而亨也。刚当位而应，与时行也。"小利贞"，浸而长也。遁之时义大矣哉！

《象》曰：天下有山，遁。君子以远小人，不恶而严。

【译】遁卦象征退避，亨通，柔小者利于守持正固。

◎《彖》解释道：退避亨通，是因为当退则退，当然亨通。"九五"阳刚居上卦中位，又与下卦的"六二"阴阳相应，还能根据不同的时机而采取不同的行动。柔小者利于守持正固，是因为阴气浸透渐长。遁卦所讲的关于时机的道理是很深刻的。

◎《象》解释道：遁卦的上卦是乾卦，代表天；下卦是艮卦，代表山。"天下有山"，就是遁卦。君子要远离小人，虽不显露厌恶之情，但始终能矜严自守，不与其苟同。

【智慧解读】

遁卦由乾卦和艮卦组成。其上卦是"乾"，为天为健；其下卦是"艮"，为山为止。山在天下，两者相距甚远。天高莫测代表君子的高尚节操，山高有限代表小人无法做到。此卦是说，君子应该坚持自己的正直品德，对自己高标准严要求；他们对小人的敬而远之并不是说他们讨厌小人，更不是说他们害怕小人的侵袭，他们的退避是在选择恰当的时机，为了对小人有所教益，因为小人是达不到君子的品行层次的。而小人如果在君子的教化之下能够坚持走正道，随着时间的推移，也会有好的前途。这一卦启示我们，为人处世要善于观察和思考，要不断培养自己发现时机、把握时机的能力；而一旦时机成熟，就应该果断采取行动，不能有过多的顾虑；随着时间的推移，事物都会发生变化的，没有一成不变的事物。

【要诀】相时而动，当机立断。

初六，遁尾，厉，勿用有攸往。

《象》曰："遁尾"之"厉"，不往何灾也？

【译】初六，退避得太慢而成为末尾，是危险的，这时不可以轻举妄动。

◎《象》解释道：退避在后面是危险的，不妄自行动又有什么危险呢？

【智慧解读】

这是遁卦的第一爻，阴爻阳位，位于全卦的最下方，因此说是"尾"。这一爻"初六"位置最内，又是阴居阳位，因此该跑不跑是危险的，但正是这不动对其又是安全的。这一爻启示我们：当事情的发展态势对自己十分不利时，果断地退却是正确的，不可蛮干、硬撑，也可能是由于自身的位置不好而极容易成为办事失败的替罪羊，所以在退的过程中最好不要有其他的行动。

【要诀】全身而退，不可蛮干。

【例解】

IBM公司是靠生产电脑发家的，它旗下的IBM电脑拥有众多的型号，性能可靠，在消费者中口碑极好。但随着电脑市场竞争的加剧，个人电脑行业的利润日益微薄，而竞争却日趋惨烈，因此IBM电脑的利润逐渐萎缩，甚至出现了持续的亏损。这对IBM公司是一个极大的考验，是继续生产个人电脑，维护品牌，还是全身而退呢？最终，IBM公司选择了后者，将IBM电脑业务卖给了新崛起的联想集团，并将主要精力集中到高利润的领域。IBM公司的决策，正是全身而退的典范。

六二，执之用黄牛之革，莫之胜说。

《象》曰："执用黄牛"，固志也。

【译】六二，用黄牛皮做的绳子捆绑住他，没人能解得开。

◎《象》解释道：用黄牛皮做的绳子捆绑，是为了坚定他退避的意愿。

【智慧解读】

这是遁卦的第二爻，阴爻阴位得正，位于下卦的中央，又与"九五"阴阳相应，性静而不动，再加上其属于臣子之位，所以是坚决不会逃跑的。本爻的意义在于，通过采取强制措施让其退逃的办法，承接上爻，极力劝说那些思想僵化而又不明智的人当退则退，蒙昧地坚持不会有好结果，同时又一次强调了选择时机的重要性。

【要诀】找准时机，当退则退。

【例解】

会滑雪的人都有这样的体会：在初学的时候凭着一股热情不想停下来，而到真正要停下来的时候却不知道怎样退出滑雪道。通常是，踏上了滑雪板，"咻溜"一下就从山顶到了山下，也许是滚到山下，摔了很多个跟头。等到练得熟练了，就掌握了其中的要领，明白了应该在下滑的过程中找准机会，及时地采取行动，才能在斜坡上停下来，才能退出滑雪道。只有很好地停下来，才能在下次顺利地开始又一次滑雪。在山坡上高速冲下来的时候，能适时地停下和退出，就不会撞上树、撞上人……滑雪高手知道在合适的时机停止，这样才能在以后继续高速前进，这和为人处世是一个道理。

九三，系遁，有疾厉；畜臣妾吉。

《象》曰："系遁"之"厉"，有疾惫也。"畜臣妾吉"，不可大事也。

【译】九三，受到羁绊而无法逃脱，就如同患上了疾病，在家中多畜养奴仆就会呈现吉祥了。

◎《象》解释道：受到羁绊而无法逃脱，如同患上了重病而羸困不堪；畜养奴仆而呈现吉祥，是因为这样就做不成大事了。

【智慧解读】

这是遁卦的第三爻，阳爻阳位。性喜动，刚健而猛烈，有逞强好胜的一面。当其不退反进的时候，阻止其前进就是使之"遁"。这一爻是说，家里多几个家奴和小妾，这个人就会丧失了进取心，这也是一种"退"。由此我们能够懂得，退逃或使人退逃都是有策略的，有的时候消磨一个人的意志，打消一个人的积极性，就足可以使这个人消沉和退步了。

【要诀】不进即退，玩物丧志。

【例解】

刘备的儿子刘禅胸无大志，宠信宦官，耽于声色，使得蜀国国力日衰，最后被西晋攻灭，他自己也被俘虏。后来他被押送到西晋，司马昭款待了他，于是他忘记了亡国之痛。有一次在宴会上，一群美女翩翩起舞，刘禅看得发呆。于是，司马昭问："你思念蜀国吗？"刘禅答道："此间乐，不思蜀。"

司马昭宴请刘禅

九四，好遁，君子吉，小人否。

《象》曰：君子好遁，小人否也。

【译】九四，可以从容隐退避让而无所系累，君子能做到这一点，是吉祥的，而小人是做不到这一点的。

◎《象》解释道：君子可以从容隐退避让而无所系累，小人是做不到这一点的。

【智慧解读】

这是遁卦的第四爻，阴爻阴位，属于动居静位，因此有着从里边出来的迹象，这就是"好遁"。这一爻告诫我们：要有敏锐的观察力，在形势尚未完全恶化的时候，能够有所察觉而主动退出，这会为自己以后的发展保存实力；同时，采用和缓的态度又可以化解双方的敌对情绪，又为自己以后的重新崛起留下了空间。

【要诀】见机行事，"闻风而逃"。

【例解】

太平天国初期，太平军在军事上取得了巨大的成功，攻陷了南京城，改名为天京。但与此同时，太平军的领导人也日益腐化堕落，为了争夺权力，各王之间，以及他们同天王洪秀全之间矛盾重重。最后，北王韦昌辉杀死了东王杨秀清，并将其家人、部属全部处死。翼王石达开回到天京，他谴责北王杀人太多，使得北王很不高兴。石达开一看时机不对，北王有自立的想法，感觉形势很危急，遂连夜逃出城去，结果避免了杀身之祸。石达开能避免灾祸，正是在于见机行事，"闻风而逃"。

九五，嘉遁，贞吉。

《象》曰："嘉遁贞吉"，以正志也。

【译】九五，能够急流勇退，这样做吉祥。

◎《象》解释道：能够急流勇退而吉祥，是因为有着远大正直的志向。

【智慧解读】

这是遁卦的第五爻，阳爻阳位，位于上卦的至尊中位，自然吉祥。"九五"处于本卦发展的鼎盛时期，因此它的退逃对我们就具有很大的启发。功成名就时，就应该急流勇退，这样能给自己保留一个好的名节，可以避免在后来其他事业的发展上遇到坎坷和挫折。只有这样才能在人生的历程中，不断地进步。

【要诀】急流勇退，再图发展。

【例解】

在联合国第七届世界青年企业家高峰会议上，来自中国的年轻女孩成卓与来自北美、南美、非洲的3位年轻人共同荣获"2000年世界峰会青年企业家奖"。成卓出身名门，自幼就比较爱好新闻工作，大学毕业后，她曾就职于中央电视台，成功参与过一系列节目的采访和制作。近10年的新闻工作已经给予她很多成就感，但是，她并没有满足，而是认为自己不能故步自封，应该寻找更加适合自己的职业。于是她从新闻界急流勇退，开始投身投资行业，很快创建了"时代联线控股集团",随后又建立"时代联线风险投资网",策划组织了一系列促进中国风险投资业发展的活动,又一次获得了极大的成功。

上九,肥遁,无不利。

《象》曰:"肥遁无不利",无所疑也。

【译】上九,既无牵累,又已远离,就不会有不利的事情发生。

◎《象》解释道:既无牵累,又已远离,这样不会不利,是因为没有什么可疑虑的。

【智慧解读】

这是遁卦的第六爻,阳爻阴位,位于全卦的最上方,无牵无挂、非常自由,因此"无不利"而且"无所疑"。这一爻告诫人们:得到了利益就应该见好就收,不要贪得无厌地总想着更大的利益。人应当戒除自己的贪婪的欲念,做到适可而止;如果贪婪成性,虽然一时会获得很多的财物和利益,但终究会带来更大的烦恼。

【要诀】适可而止,戒除贪念。

【例解】

俄罗斯文学巨匠列夫·托尔斯泰写过这样一个故事:一位天使可怜农夫的境遇,就对农夫说,只要他能跑一圈不停下,他跑过的地方就全部归其所有。于是,农夫兴奋地朝前跑去。跑累的时候,他总是想得到更多,就又拼命地往前跑。有人告诉他,你到该往回跑的时候了,不然,会累死的。农夫根本听不进去,他只想得到更多的土地、更多的金钱、更多的享受。最后,他终因心力衰竭,倒地而亡。故事发人深省,正如《伊索寓言》里告诉我们的,"贪婪往往是祸患的根源"。农夫的欲望发展至贪婪成性,结果在贪念中沉沦,迷失了方向,从而走向了绝境。

遁卦给我们的启示

1. 不断培养和提高自己发现时机和把握时机的能力,学会根据不同的时机采取不同的行动。应该明白世界上的一切事物都是变化不止的,在事物不断发展变化的过程中,有许多矛盾冲突的关节点,这就是时机。而我们一旦找到了时机,就必须迅速果断地采取行动,千万不可犹豫不决,因为时机稍纵即逝,错过了就永远不会再来。

2. 保持远大的志向和高尚的节操。在功成名就之时,应该明智地选择急流勇退,不宜将事态的发展推向极致,那样反而于己不利,所谓"过犹不及";同时在个人事业处在发展的鼎盛时期,不能骄傲自满,不能麻痹大意,要时刻保持清醒的头脑、提高警惕。因为事情都要分两方面看,最成功的时候往往也是最容易出问题的时候。

3. 君子爱财,取之有度。除了我们获得财物、获得利益的方法要是正当的以外,我们对财物和利益的获取也应当有度。这些东西本来就是身外之物,多得了不但没用,还会成为一个人思想和行动上的包袱。在短短的一生中,值得追求的东西有很多,不要浅视地集中在这一点上。

大壮卦第三十四

——积蓄力量待奋发

（乾下 震上）

大壮：利贞。

《彖》曰：大壮，大者壮也。刚以动，故壮。"大壮利贞"，大者正也。正大而天地之情可见矣。

《象》曰：雷在天上，大壮。君子以非礼弗履。

【译】大壮卦象征十分强盛，坚守正道，这样会非常有利。

◎《彖》解释道：大壮卦说的是阳刚强壮。纯阳刚健，再加上奋动，所以强壮。大壮有利于纯正，大就是正的意思。从正直刚大中我们可以懂得天地的性情。

◎《象》解释道：上卦的震是雷，下卦的乾是天，这就是大壮卦。君子不能只是求强，不合乎礼仪的事情不去做。

【智慧解读】

大壮卦是由震卦和乾卦组成的。其上卦"震"是雷，下卦"乾"是天，雷天相应，动健结合，当然就强壮有力。它的前一卦是遁卦，两卦相反，互为综卦。大壮卦的二阴在上，被阳势所迫，但"六五"有权，"上六"有名，所谓名正言顺。只是其前提和要义是要等待更为合适和更为成熟的时机来采取行动。这一卦启示人们在生活和事业上应坚持刚强的品格，有所为有所不为，同时要积蓄力量，等待恰当的时机爆发。这一卦还对从政的人提出忠告，即在政治上要制造广泛的舆论声势，在没有积蓄足够的力量之前万不能贸然地采取行动。若一味以自己的刚强驳斥或凌越上级，就是"非礼"。

【要诀】伺机而动，厚积薄发。

【例解】

1994年，小王买了自己的第一台电脑，但时间不长就出了点儿小问题。小王到电脑城里的一家耗材店买回一枚螺丝钉，却发现这种螺丝钉与螺丝孔不匹配，之后去退换时又因为说不清螺丝的型号，所以卖主小伙子热情地上门服务。小伙子上完螺丝钉，小王付了两元钱，准备送他走。这时，小伙子请求小王把原来那枚螺丝钉给他，并说："这枚螺丝钉可能对您没用了，但对我来说还十分有用。"得到同意后，小伙子把螺丝钉放进包里，然后递给小王两元钱。小王从这两元钱里建立了对这个小伙子的信任，并预言这个小伙子的生意会做大。果然，10年之后，小伙子在电脑城里已经拥有了自己的两家电脑公司。小伙子积极奋进，还能做到步步积累，所以最后取得了成功。

初九，壮于趾，征凶，有孚。

《象》曰："壮于趾"，其孚穷也。

【译】初九，脚力上强壮，这时如果有所行动，必然会招来灾祸，应以诚信自守。

◎《象》解释道：脚力上的强壮，无疑是穷乏无力的。

【智慧解读】

这是此卦的第一爻，阳爻阳位，位于全卦的最下方，因此属于刚刚开始强壮，远没有达到理想状态。当政者应当明白，此时力量有限，应该把精力放在如何继续发展上，不应轻举妄动，动辄以刚劲的个人英雄主义贸然出征，则十分凶险。把这一道理推而广之，在生活和事业上，往往在发展的初期，人们很容易不假思索、急躁地采取行动，这是万万不可取的。

【要诀】积蓄力量，三思而后行。

【例解】

明太祖朱元璋起兵的时候，他的谋士朱升提出的"高筑墙、广积粮、缓称王"策略，被朱元璋采纳。他为什么要这样做呢？因为元末天下大乱，各路兵马互相混战，朱元璋的力量还很弱小，西有陈友谅虎视眈眈，东有张士诚这个劲敌，在这个时候，只有默默发展，才是上策。"高筑墙"，就是要做好防御，防备敌人的进攻，巩固自己的地盘；"广积粮"，就是要多方积累粮食，战争年代，有了粮食，才能招兵买马，同时也能为将来的发展打好基础；"缓称王"，就是不出风头，免得遭人忌恨。朱元璋靠这个策略，最后赢得了江山。

制诰之宝　明
这是皇帝颁布诏书所用之印。

九二，贞吉。

《象》曰：九二"贞吉"，以中也。

【译】九二，坚守正道而获得吉祥。

◎《象》解释道："九二"坚守正道而获吉祥，是因为其位在中央。

【智慧解读】

这是大壮卦的第二爻，阳爻阴位，虽然位置不正，但处在下卦的中央，所以纯正吉祥。此时应继续积蓄力量，为下一步的行动做充分的准备，但不可声张，应该积极地在家中、在内部有所作为。当我们处在不利于自己的境地、自己的力量还不够强大时，不要虚张声势，应踏踏实实地做事。

【要诀】 矢志不渝，默默工作。

九三，小人用壮，君子用罔，贞厉。羝羊触藩，羸其角。

《象》曰："小人用壮"，君子罔也。

【译】九三，小人才会恃强凌人，君子虽强但不会这样做。单纯仰仗刚强的话，即使纯正也是危险的。就像公羊拿自己强壮的角去顶撞篱笆，真正瘦弱而被困在那里的恰恰是进攻方——公羊的角。

◎《象》解释道：只有小人才会恃强凌弱，君子不会这样做。

【智慧解读】

这是此卦的第三爻，阳爻阳位，位于下卦的最上方，因此极为强壮。但如何对待这样的强壮就因人而异了。小人只会仰仗它来强攻，而君子会按兵不动，继续壮大自己的力量。由此我们得到启示：在生活和事业上，即使取得了一定的成绩，有了一定的力量，也不应轻举妄动。在军事上也是如此，不能一味强攻，能攻善守才能赢得最后的胜利。

【要诀】 沉着镇定，攻守兼备。

【例解】

饥饿的狮子和熊同时抓到一只小羊羔。谁都想得到这只羊羔，但谁也不想让对方忽视自己的强壮，就凶狠地打了起来。结果经过一番苦斗，双方都受了重伤，有气无力地躺在地上。躲在远处的狐狸一见它们两败俱伤，便跑过去，把羊羔抢走了，美滋滋地吃了起来。伤势严重的狮子和熊看在眼里，却毫无办法。熊唉声叹气地说："我们真不应该呀！我俩斗得你死我活，让狐狸捡了便宜。"狮子说："早知这样还不如我们各分一半呢。"就像动物世界一样，市场上会有许多的竞争对手，所以经营者要学会气定神凝，强攻不是唯一的有效的办法。

九四，贞吉，悔亡。藩决不羸，壮于大舆之輹。

《象》曰："藩决不羸"，尚往也。

【译】九四，守持正固可获吉祥，悔恨会消失的。篱笆已被撞破，羊角也不再羸弱。此时壮得就像是车下面钩住车轴的䡈。

◎《象》解释道：冲破了篱笆摆脱了困境，便不再羸弱，可以出发了。

【智慧解读】

这是大壮卦的第四爻，阳爻阴位，位于上卦的最下方。这是本卦的第四个阳爻，因而已从前面的困境中解脱出来，没有了悔恨。所谓"壮而不动空为壮"。这一爻使我们懂得，有了冲出困境、战胜敌人的足够力量后，就要果断、及时地采取行动。随着条件的变化，人应该学会变通，将积蓄的力量凝聚起来，一并爆发，就会取得成功。

【要诀】 变通思想，积极行动。

【例解】

某广告公司以非常优厚的薪水招聘设计主管，有10个人进入到了最后一轮的考试。总经理指着办公室内两个并排放置的高大铁柜，为应聘者出了考题：请回去设计一个最佳方案，不搬动外边的铁柜，不借助外援，如何把里面那个铁柜搬出办公室。3天后，9位应聘者交上了自己绞尽脑汁想出的设计方案，有的利用了杠杆原理，有的利用了滑轮技术，还有的提出了分割设想……但总经理对这些方案根本不在意。这时，第10位应聘者两手空空地进来了，只见她径直走到里面那个铁柜跟前，轻轻一拽柜门上的把手，那个铁柜竟被拉了出来。原来里面的那个柜子是用超轻化工材料做的，其重量不过几十千克，她很轻松地就将其搬出了办公室，最后得到了聘用。关于成功，谁都可以拥有美妙的设想，但最终抵达顶峰的，却是那些更善于行动的人。

六五，丧羊于易，无悔。

《象》曰："丧羊于易"，位不当也。

【译】 六五，羊在牧场丢失，财产有所损失，不会悔恨。

◎《象》解释道：羊在牧场丢失，财产有所损失，这是由于本爻是阴爻阳位，其位不正。

【智慧解读】

这是此卦的第五爻，阴爻阳位。其位于上卦的尊位，所以没有悔恨。但是阴爻阳位位不正，并不强壮，容易受到外侵。从政者和商人如遇到外来进攻，损失不可避免，但其力壮，气势也很盛，所以切身利益不会受到损害，无碍大局。在日常生活中也是如此，不应过多地计较损失，只要把自己的身心修炼强壮，大局就会向好的方向发展。

【要诀】 不计小失，调整心态。

上六，羝羊触藩，不能退，不能遂；无攸利，艰则吉。

《象》曰：不能退，不能遂，不详也；艰则吉，咎不长也。

【译】上六，公羊的角撞上篱笆，被卡在其中，不能进，也不能冲破篱笆前进，莽进或退到其他地方都没有好处，在艰难困苦中要忍耐、坚守自己做人的原则，才会吉祥。

◎《象》解释道：不能后退，不能前进，这不吉祥；在艰难困苦中要坚守自己做人的原则，就会吉祥，灾难也就不会长久。

【智慧解读】

这是大壮卦的第六爻，阴爻阴位，位于全卦的最上方，壮到了极点则不壮。事业有成、有权有势的时候，不应该得意忘形，要明白物极必反的道理。这就好比一个人到了中老年的时候，阅历虽丰，然而已是有心无力了。对年轻人来说，无论身处多么艰难的环境之中，都不能改变自己的初衷，要耐得住寂寞、耐得住困苦，光明就在不远的前方。

【要诀】不怕失败，学会忍耐。

【例解】

英国劳埃德保险公司曾从拍卖市场买下一艘船，这艘船于1894年下水，在大西洋上曾138次遭遇冰山，116次触礁，13次起火，207次被风暴扭断桅杆，然而它从没有沉没过。劳埃德保险公司基于它不可思议的"经历"及在保费方面所带来的可观收益，最后决定把它从荷兰买回来捐给国家。现在这艘船就停泊在英国萨伦港的国家船舶博物馆里。不过，使这艘船名扬天下的却是一名来此观光的律师。当时，他刚打输了一场官司，委托人也于不久前自杀了。尽管这不是他的第一次失败辩护，也不是他遇到的第一例自杀事件，然而，每当遇到这样的事情，他总有一种负罪感。他不知该怎样安慰这些在生意场上遭受了不幸的人。当他在萨伦船舶博物馆看到这艘船时，忽然有一种想法：为什么不让他们来参观参观这艘船呢？于是，他就把这艘船的历史抄下来，和这艘船的照片一起挂在他的律师事务所里，每当商界的委托人请他辩护，无论输赢，他都建议他们去看看这艘船：在大海上航行的船没有不带伤的。这启示我们，即使屡遭挫折，也应坚强地挺住。只有不怕失败，学会忍耐，才能取得更大的成功。

大壮卦给我们的启示

1. 人要有所为有所不为，保持刚强的性格；尤其在事业发展初期，自身的力量较弱，应该以继续发展和修炼为主。而且这种修炼应当是默默的、耐得住外界干扰的。即使在生活和事业上取得了一些成绩，也应继续谦逊勤勉，继续壮大自己的力量。尤其是年轻人在略微有所发展之后，很容易不假思索地贸然采取行动，这种盲目乐观不会带来任何益处。

2. 人的思想和行动应当随着时间和条件的变化而变化。当自身的力量发展到足够强大时,应果断地采取下一步行动,千万不可贻误时机。只有保持变通和果敢,才能取得不断的更大的成功。

3. 在发展和成长过程中,自身的利益受到损害是不可避免的,但是只要自己有强盛的气势,这损失就不会妨害到成功的大局。同时在困境中,应该坚守自己的原则,不改初衷。有了这种精神,艰难困苦很快就会过去。

晋卦第三十五

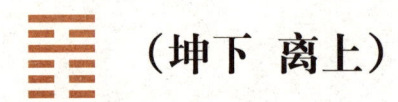

——德勤诚欲求上进

（坤下 离上）

晋：康侯用锡马蕃庶，昼日三接。

《彖》曰：晋，进也，明出地上。顺而丽乎大明，柔进而上行，是以"康侯用锡马蕃庶，昼日三接"也。

《象》曰：明出地上，《晋》。君子以自昭明德。

【译】晋卦象征长进，有才干的诸侯得到很多赏赐的车、马，一天三次被天子接待。

◎《彖》解释道：晋，是进的意思。光明出于土地之上，康顺又附丽于伟大的光明之上，这康顺柔和徐缓地上升。所以有才干的诸侯得到很多赏赐的车、马，一天三次被天子接待。

◎《象》解释道：光明在大地之上，这是晋卦；君子就应当像太阳那样，发扬自己的美好品德，去照亮别人。

【智慧解读】

晋卦由离卦和坤卦组成。它的上卦是"离"，为火为光，代表光明，它的下卦是"坤"，为地为顺，代表土地。土地之上有光明，即为顺。将自己国家治理得安康的诸侯得到了许多名贵马，成了富有的贵族。指出君子应该像太阳一样，将自己的美德发扬光大，去照亮别人黑暗的心灵世界。从政者靠依附权势取得升迁的做法，商人指望从他人身上谋求自己的发展的做法都是不可取的。在日常生活中道理也是如此的，要将学习和工作的进步建立在发展自己的能力、锤炼自己的品格上，万万不可一味地把自己的前途托付在与朋友的关系上。

【要诀】以我为本，修炼自身。

【例解】

弗朗克军士毕业于西点军校，在一次军事演习中，手榴弹散片炸入了他的左小腿，不得已接受了截肢手术的他在后来的军营球赛中只能用棒击球，而由别人替他跑垒。他想用自己的勇气改变这一缺陷，终于有一天，他一瘸一拐地跑了起来,并用身体滑行的方式让自己的脑袋触到了第三垒。当听到裁判员喊出了"安全"的口令的时候,弗朗克露出了胜利的微笑。几年之后,他向上级请战,带领一个中队到一个地形复杂的地方演习,并圆满地完成了任务。后来,弗朗克晋升为四星上将,而且还可以跑步。弗朗克不依靠别人,从自身实际出发,锤炼自己坚强的心理和强壮的体魄,所以才能做出不曾想到的业绩,从而超越了自己。

初六,晋如摧如,贞吉。罔孚,裕无咎。

《象》曰:"晋如摧如",独行正也;"裕无咎",未受命也。

【译】初六,一味地求进,会受到摧折,自身纯正就会吉祥。不丧失诚信,保持宽松自得的心态,就不会有灾祸。

◎《象》解释道:一味地求进会受到摧折,独行前进走自己的路,正大光明;能够保持宽松自得的心态而没有灾祸,是因为没有得到任命。

【智慧解读】

这是晋卦的第一爻,阴爻阳位,位于全卦的最下方,阴柔无力,故而求进会遇到很大的困难。我们可以设想将自己国家治理得安康的诸侯还没有得贵时的情况,他们一定和当时的下层平民一样,从内心里渴望成为有钱财、有权势的人,盼望过上幸福美满的生活。但愿望的实现是有条件的,不能一旦碰上晋升的机会,就不计一切后果地急着去做,那到最后只能变得丧心病狂,改变自己纯正的本性。

【要诀】求进要走正道。

【例解】

宋国的曹商是个口舌之徒,他受宋王的派遣,出使秦国。由于他善于溜须拍马,秦王非常赏识他,便赏赐给他一百辆马车,这在当时可是一笔巨大的财富。曹商高高兴兴地回国,到庄子的面前炫耀。庄子不动声色地说:"听说秦王得了痔疮,医生说只要有人舔就能好,于是秦王下令,愿意替他舔一处痔疮,可以得到五辆马车,所舔的地方越靠下,所得到的马车越多,您替他舔了多少处,为什么得这么多马车呢?"曹商被狠狠地羞辱了一番。曹商为了求得上进,不惜折腰事权贵,丧失了自己的本性。

六二,晋如愁如,贞吉。受兹介福,于其王母。

《象》曰:"受兹介福",以中正也。

【译】六二,一味求进,会有愁苦,保持纯正才会吉祥。能享受到这样大的幸福,全是得自于王母。

◎《象》解释道：能够受到这样大的福气，原因是其位既中又正。

【智慧解读】

这是此卦的第二爻，阴爻阴位，位于下卦的中位，位置又中又正。其本应该进而无难，但因为全阴无力，且与"六五"爻无法对应，所以求进会有忧愁。将得富贵的诸侯本是王太后的外戚一族，本身无能的他们通过王母而得到君王的赏赐，这是无功受禄，一点儿也不值得自豪。这一爻启示我们：必须通过自身的努力来谋求发展，那种不劳而获的企图最终不仅不能实现，还会给自己带来愁苦。

【要诀】 自力更生，勤奋务实。

六三，众允，悔亡。

《象》曰："众允"之志，上行也。

【译】 六三，得到大家的赞扬和崇信，悔恨就会消失。

◎《象》解释道：得到大家的夸赞和崇信，是因为其志向是向上、向着好的方向前进的。

【智慧解读】

这是晋卦的第三爻，阴爻阳位，位于下卦的最上方，其能得到下位两个阴爻的支持和称颂，自然就没有悔恨了。将自己国家治理得安康的诸侯的富贵一时受到下层百姓的崇信，但不应陶醉于暂时的荣华和富贵，只有自己的德行最终赢得了民心，才是真正的成功，悔恨和懊恼才会真正消失。

【要诀】 以德服众。

【例解】

全球最大的网上书店——亚马逊公司的总裁杰夫·贝索斯小的时候，经常在暑假随祖父母一起开车外出旅游。在他10岁那年的一次旅游途中，他看到一条反对吸烟的广告上说，吸烟者每吸一口烟，寿命便缩短2分钟。因为贝索斯的祖母吸烟，而且有着30年的烟龄，所以他便自作聪明地开始计算起祖母吸烟的次数。得出的结果是：祖母的寿命将因吸烟而缩短16年。当他得意地把这个结果告诉祖母时，祖母伤心地大哭起来。祖父把贝索斯叫下车，然后拍着他的肩膀说："孩子，总有一天你会明白，仁爱比聪明更难做到。"这句话令贝索斯终生难忘。从那以后，他一直都按照祖父的教诲做人，并靠着仁爱的美德赢得了员工的支持，赢得了顾客的信任，取得了事业上的成功。

九四，晋如鼫鼠，贞厉。

《象》曰："鼫鼠贞厉"，位不当也。

【译】九四，求进或者在成功之后，贪婪得像肥大的老鼠，这是非常凶险的。

◎《象》解释道：之所以说像肥大的老鼠有危险，是因为其位不中不正。

【智慧解读】

这是此卦的第四爻，阳爻阴位，位于上卦的最下方。由于其位不中不正，求进便容易成贪，贪得无厌就极为凶险了。没有功劳而受到很多的赏赐，并进而贪得无厌，这就更加危险了。从这一爻中我们应该懂得，贪心一点儿也要不得，否则无论一个人在生活和事业上多么有能力、多么能干，也终归是什么也做不好，自毁前程的。

【要诀】固本不贪，无欲则刚。

【例解】

芸芸自从买了一次彩票中了个小奖后，她的头脑中只剩下了"彩票""中奖"这样的字眼。渐渐地，她觉得日子越过越没意思，对工作和生活上的任何事情都提不起精神来，而只有买彩票才能让她产生兴趣。她总是梦想着自己能够再中一次更大的奖，发一笔大财，好让自己无忧无虑、快快乐乐地生活下去。甚至在每天吃饭的时候，她也总是想着怎么对数字进行排列组合；在睡觉的时候，梦里也是一堆数字。终于有一天，精神恍惚的她在工作时出了差错，单位将她开除了。钱财本是身外之物，芸芸的故事让我们明白应对其保持一颗平常心。

六五，悔亡，失得勿恤；往吉，无不利。

《象》曰："失得勿恤"，往有庆也。

【译】六五，安居其位而不妄动，悔恨就会消失，无论是失去还是得到都不要在心中忧虑。做到这一点再前进，就会吉祥，没有什么不吉利的事情了。

◎《象》解释道：无论是得还是失，都不放在心上，在此基础上前进，便会有大的喜庆。

【智慧解读】

这是晋卦的第五爻，阴爻阳位，位不正。但其位又是在上卦的尊位，所以悔恨能消失，并且前进吉祥。想要成就一番事业的人从这一爻中可以明白，首先应该安心于自己的本职工作，其次还应该做到胜不骄、败不馁，不能因一时一地的得失而妨碍了自己前进的征程。

【要诀】胜不骄，败不馁。

【例解】

关颖珊在2000年世界花样滑冰锦标赛的最后一场比赛之前，总积分还只排在第三位。她没有将前几场比赛的小失误和不完美的发挥放在心上，而是将全部的精力都放在了最后这一场上。并且由于最后是自选曲目的比赛，所以她选择了突破，在4分钟的长曲中，她接连跳了两次最高难度的三周跳。最后她成功了，但是在赛后接受记者采访时，她对记者表示，自己还有好多东西要学，现在的成绩不值得炫耀。关颖珊全心投入比赛，能够做到胜不骄，败不馁，所以才取得了成功。

上九，晋其角，维用伐邑，厉吉，无咎，贞吝。

《象》曰："维用伐邑"，道未光也。

【译】上九，头上带着角前进，宜带着精锐的部队去攻打城池，虽然很危险，但是吉利，没有灾祸，只不过有辱于纯正。

◎《象》解释道：以这样的方式去攻打城池，从道德上讲，不是光明正大的进长之道。

【智慧解读】

这是此卦的第六爻，阳爻阴位，位于全卦的最上方。"上九"阳刚，所以位于顶点仍能前进，故而爻辞用"角"来做比喻。将自己国家治理得安康的诸侯主动请缨，君王于是派他去讨伐边邑。他们想借此举改变别人对他们的看法，这本身并没错。但他们不懂得兵法，只会一味强攻，这会受到敌人的羞辱。这一爻告诫从政者不能只是壮大自己的力量，更应该以德谋进。我们在日常的生活中也应该注重加强自身的道德修养，这样才能更好地为人处世。

【要诀】以德为本，以德谋进。

【例解】

1919年，著名的希尔顿酒店的创始人康德拉·希尔顿（1887～1979）只身到得克萨斯州买下了他的第一家旅馆。凭借着强烈的事业进取心、精准的眼光和良好的管理，他很快就将仅有的5000美元扩增到5100万美元。面对沾沾自喜的希尔顿，母亲意味深长地说："你要想长期发展，除了对顾客诚实之外，还要想一种简单、容易、不花本钱而行之可久的办法去吸引顾客，这样你的旅馆才有前途！"母亲的话让希尔顿猛然醒悟，于是，他每天都到商店和旅店里去观察和学习，以一个顾客的身份来亲自感受一切，来比较各家的优劣。时间长了以后，他终于得到了一个答案，这就是微笑服务。于是，希尔顿靠着诚实待客，靠着微笑服务赢得了许多新老顾客的信任，赢得了大量的商机。到1976年，希尔顿旅馆已经从起初的一家扩展到了70家，成为全球最大规模的旅馆之一。希尔顿正是以美好的德操取得了成功。

晋卦给我们的启示

1. 发展和前进应当以我为本、以德为本,加强自己力量的积蓄和品格的锤炼,不能把自己的前途单纯地寄托在别人身上,也不能一味地使蛮劲,否则最后吃亏的只能是自己。

2. 应该心态平和地安心于自己本职的工作,碰到前进和发展的机会,要三思而后行;应当以宽松的心情面对一切,不要过多地纠缠在一时一地的小得小失上,目光应该尽量放得长远,高瞻远瞩。

3. 千万不可得寸进尺、贪得无厌。即使是一个十分全面、能力出众的人,如果他有了贪心,也无异于是自蛀根基,自毁前程。一个人最重要的就是自己在品德上的修炼,只有具有高尚品格的人才能以德服众,谋求发展。

明夷卦第三十六

——百折不挠守纯正

（离下 坤上）

明夷：利艰贞。

《彖》曰：明入地中，"明夷"。内文明而外柔顺，以蒙大难，文王以之。"利艰贞"，晦其明也，内难而能正其志，箕子以之。

《象》曰：明入地中，"明夷"。君子以莅众，用晦而明。

【译】明夷卦象征光明受阻，只有在艰难困苦中百折不挠地坚持纯正，才会有利。

◎《彖》解释道：光明沉入地中，称为明夷。它的下卦也就是内卦为"离"，代表文明；它的上卦也就是外卦为"坤"，代表顺从。以这样的性格行事，来蒙受大的苦难，周文王就是这样做的。这就说明在艰难困苦时坚持纯正才会有利。把锋芒隐藏起来，不论多么艰难也能坚定自己的志向，箕子就是这样的。

◎《象》解释道：光明沉入地中，是明夷卦；君子在接近民众的时候，要将锋芒隐藏起来，使自己的明德进一步彰显。

【智慧解读】

明夷卦由坤卦和离卦组成，其上卦是"坤"，代表大地，下卦是"离"，代表太阳。太阳沉到地下，就是光明消失。面对君王残暴不仁的统治，只有百折不挠地坚持自己光明磊落的志向，坚持纯正的品格，才能不使光明消失；同时君子应该下临于百姓之中，反过来用自己的光明照亮他们。这样做既保全了自己，又维护了君王的权威。今天的从政者应该懂得，上级犯下过错或者上级压制自己时，首先不要丢掉自己做人的气节，要依旧光明正大地为人处世，还应该及时引退，不能正面与之发生冲突。在日常生活中，当我们面对艰难困苦时，不应放弃拼搏向上的精神，在任何时候都要坚持自己做人的原则，同时要开动脑筋，避开困难的正面的锋芒，从侧面解决它。

【要诀】百折不挠，避开锋芒。

【例解】

商纣王暴虐无道，他娶了三公之一的九侯的女儿，但认为她不能随他心愿，怒而杀之，又加害了九侯。周文王姬昌听说后，私下里感叹了一番，但被奸人告发。纣王很生气，将他囚禁起来，一关就是七年。但周文王并没有意志消沉，他首先是不再和纣王争论，收敛锋芒。暗地里，却探究天下兴衰，万物运行的道理，终于写出了《周易》这一巨著。后来，他被释放后，起兵讨伐纣王，最后由他的儿子灭了商王朝。是故司马迁评价道："昔西伯拘羑里，演《周易》；孔子厄陈蔡，作《春秋》；屈原放逐，著《离骚》……"在逆境中，要有百折不挠的决心，努力拼搏，定会取得巨大的成功。

初九，明夷于飞，垂其翼。君子于行，三日不食。有攸往，主人有言。

《象》曰："君子于行"，义不食也。

【译】 初九，光明的沉没，就如同一只飞行的鸟被射中而垂下了翅膀。君子若要退避隐藏，就是丢掉职位、没有饭吃也不在乎。但君子若此时行动，必然受到当政者的责备。

◎《象》解释道：君子逃亡在行进的路上，不会吃不义之食。

【智慧解读】

这是明夷卦的第一爻，阳爻阳位，位于全卦的最下方，从卦形上看，就像一只展翅飞翔的鸟。古人常将太阳黑子的现象视为日中出现乌鸟，并以此作为君王昏庸无道、天下大乱的标志。在这样的境况下，君子的主人也毫无清廉和磊落可言。这一爻告诫人们：一旦统治者变得昏庸无能之后，对其下级毫不留情的、残酷的压制就不可避免。我们在日常生活中遇到的困难通常很难对付，这需要我们认真地分析才可能把其克服。

【要诀】 主上昏庸，注意自保。

【例解】

春秋时期，楚平王昏庸无道，娶了太子的未婚妻，招致太子的不满。楚平王听信谗言，杀了太子的重要党羽伍奢。他害怕伍奢的两个儿子来报仇，就诱引他们前来，结果伍奢的大儿子中计，被诱杀了。在这个时候，伍奢的二儿子伍子胥的处境非常危险，但他并没有上楚平王的当，而是悄悄逃跑，躲过了追杀，保全了自己。后来，他来到吴国，帮助吴王建立了一支强大的军队，成功地攻破了楚国，报了杀父之仇。此故事说明了在主上无道时，一定要注意自保，这样他日才

伍子胥画像镜

能成就大业。

六二，明夷，夷于左股，用拯马壮，吉。

《象》曰：六二之吉，顺以则也。

【译】六二，光明下沉，自己受到迫害而伤到了左腿，这个时候用强壮的马来帮助自己，是吉祥的。

◎《象》解释道："六二"之所以吉祥，是因为本爻柔顺而且处正位。

【智慧解读】

这是明夷卦的第二爻，阴爻阴位，位于下卦的中央，既中又正。所以说即使有了危险，最终也会吉祥。君王无道，想要迫害自己的大臣，大臣只得乘坐健马离开。这一爻承接上一爻的意思，启示我们面对较为艰难困苦的处境时，不应以硬碰硬，那样会落个两败俱伤。有意地引退不失为一个好办法，所谓以退为进，这样做有利于最后的成功。

【要诀】保全第一，避免绝境。

【例解】

一个猎人在森林里打猎，他发现了一只狼，并且打中了它一枪。然而狼仍旧拼命地逃，它明白这时只有逃走才是唯一的保全性命的办法。不料狼在逃跑的过程中，又被猎人设置的猎夹夹住了一条腿。只见狼迅速地、果断地咬断了被夹住的部分，一瘸一拐地继续向前逃去。因为它明白，想做四肢健全的狼已经没有可能，再等下去就没命了，瘸着腿活着总比全身而死要好。在狼智勇并用的方法下，终于逃脱了猎人的追赶。狼最后虽然丢掉了一条腿，但它毕竟保全了自己，使自己没有陷入绝境。

九三，明夷于南狩，得其大首，不可疾贞。

《象》曰："南狩"之志，乃大得也。

【译】九三，光明下沉，带军向南征伐，能俘获他们的首领，但不要操之过急，要能坚持正道，持之以恒。

◎《象》解释道：向南征伐的志向，是要有更大的收获。

【智慧解读】

这是明夷卦的第三爻，阳爻阳位，位于下卦的最上方。阳爻阳位又得中位，所以刚烈，显出强烈的征伐迹象。但征伐只取来对方的首领，显然不够，更重要的是让当地的百姓臣服，安抚他们。这就提醒我们，从政者要赢得下属由衷的尊敬，经商者要赢得顾客的口碑，在日常生活中要赢得朋友的友爱，这个道理是相通的。

【要诀】攻心为上，以德服人。

【例解】

明嘉靖四十三年（1564年），广东沿海闹匪患。匪首吴平手下有海匪近万人，非常厉害，嘉靖皇帝命傅应嘉前去进剿。傅应嘉领兵出发，对海匪发动了强大攻势，海匪们纷纷投降，最后连吴平也被擒获。傅应嘉调查后得知，这些海盗大部分是广东沿海的渔民，被吴平裹胁才为匪的，因此他决定采取攻心为上的策略。经过耐心的教育，傅应嘉将主动投降和战场俘获的海匪一律释放，让他们回家去，安分守己，务渔务农，从根本上堵住了匪患。从此，广东沿海的匪患平息，海路畅通，广东百姓安居乐业，称傅应嘉为"傅恩公"。傅应嘉平定匪患的成功，正是攻心为上、以德服人的成功。

六四，入于左腹，获明夷之心，于出门庭。

《象》曰："入于左腹"，获心意也。

【译】六四，进入肚腹的左边，拿到那颗敢于指出光明沉落的心，然后走出门庭，让天下人都来评判这颗心的对错。

◎《象》解释道：进入肚腹的左边，是为了获得那颗心——敢于指出光明沉落的意志。

【智慧解读】

这是明夷卦的第四爻，阴爻阴位，全阴位又不在中间，因此有凄惨的迹象。比干因直谏而被纣王剖腹挖心，爻辞说明纣王应该把比干的心拿给天下人评判，也让天下人都来评判他的残暴统治。从这一爻我们应该懂得，要继承先贤的遗志，敢于揭露别人的过错，哪怕丢掉了性命也在所不惜。这正是光明磊落、百折不挠精神的内在要求。

【要诀】敢说敢言，开诚布公。

【例解】

春秋时期，楚庄王新即位，基础还不牢固，于是晋国趁这个机会，将楚国的盟国拉拢了过去。楚国的大臣们很不服气，纷纷要求楚庄王出兵争霸。但是楚庄王却丝毫不听，仍旧是白

楚故都纪南城遗址鸟瞰

天打猎，晚上喝酒，全不把国家大事放在心上。他知道大臣们对他的作为很不满，于是就下了一道命令：谁要是敢劝谏，就判谁死罪。有个名叫伍举的大臣，冒死去见楚庄王，要求他振作起来，维护国家的尊严。过了一段时间，另一个大臣苏从也不顾生命危险，前去劝说楚庄王。从这以后，楚庄王终于决心改革政治，把一批奉承拍马的人撤了职，重用了敢于进谏的伍举、苏从，最后建立了霸业。伍举和苏从敢说敢言，开诚布公，是后人的榜样。

六五，箕子之明夷，利贞。

《象》曰：箕子之贞，明不可息也。

【译】 六五，箕子对待光明沉落的方法很正确，这样做是有利于守正的。

◎《象》解释道：箕子的保持纯正，说明光明是不会消失的。

【智慧解读】

这是此卦的第五爻，阴爻阳位，位于上卦至尊的中位。虽显阴柔，但终归吉利。箕子也不与暴君同流合污，他因正道规劝而被贬为奴，只好装疯卖傻来保护自己的性命。这一爻将箕子和比干的结局进行对比，意在告诫人们：遇事应多动脑筋，可以从多方面入手，采取各种不同的办法，最后可以达到同样的成功，心态尽量地活泛变通，迂回曲折也能实现既定的目标。

【要诀】 避开锋芒，曲径通幽。

【例解】

德国有个叫亨利·谢里曼的商人，幼年时期深深迷恋《荷马史诗》，并暗下决心，一旦他有了足够的收入，就投身考古研究。但是他也很清楚，进行考古发掘和研究是需要很多钱的，而自己家境十分贫寒，在现实与理想之间，他决定避开走直线的困难而改走曲线。于是，从12岁起，谢里曼就自己挣钱谋生，他先后做过学徒、售货员、见习水手、银行信差，后来还在俄罗斯开了一家商务办事处。同时他利用业余时间自修了古代希腊语和其他多门外语。多年以后，谢里曼终于在经营俄国的石油业中积攒了一大笔钱。当人们以为他会大大享受一番时，他却放弃了有利可图的商业，把全部时间和钱财都花在了考古上。从1870年开始的几年内，他就发掘出了9座城市，并最终挖到了两座爱琴海古城：迈锡尼和梯林斯。谢里曼之所以能成为发现爱琴海文明的第一人，就是因为他采用了避开直面的困难而迂回出击的办法。

上六，不明晦，初登于天，后入于地。

《象》曰："初登于天"，照四国也；"后入于地"，失则也。

【译】上六，不光明正大地行事，天下就一片黑暗；起初强行登上了天，后来终会坠入地下。

◎《象》解释道：起初升登到天上，光芒照耀各国；后来终究坠入地下，是失去了做人的原则和办事的准则。

【智慧解读】

这是明夷卦的第六爻，阴爻阴位，位于全卦的最上方。阴爻阴位得正，结果就格外阴柔，十分不利。君王不能秉公执政，就像10个太阳在天上为非作歹一样，终究要被后羿射下。这一爻阐述了：从政者行暴政、不廉洁，经商者施诡计、坑顾客，在日常生活中存偏心、干坏事，都不会有好的结果，虽然一时能获得利益，但最终会身败名裂的。

【要诀】作茧自缚，恶有恶报。

【例解】

荷兰东部一个名叫德布尔的珠宝商，为庆祝10周年的店庆，也为了赢得更多顾客的关注，就向4000名顾客寄出了邮件。其中只有极少数的信封里装有真钻石，其余的大部分则装着看起来像钻石，但价格要便宜得多的劣质锆石。邮件寄出后，他就开始等待他期待中的人们的赞美和谢意。可是每次邮递员来，带给他的都是失望。在他终于沉不住气，而拿起电话向一些客户询问此事时，他才知道了答案。原来人们早已对邮箱中的带有欺骗性的广告邮件不厌其烦了，他们只要看见了就会把它们扔到垃圾桶里去。

明夷卦给我们的启示

1. 面对别人的过错，面对艰难困苦的境况，首先不要丢了自己做人的气节，要保持住光明磊落的德行，要明白气盛言宜的道理。在这个基础之上，应敢于直言进谏，敢于揭露问题，不怕自己的利益受到损害，这也是坚持做人原则的题中之意。

2. 在同不良的思想和行为做斗争时，应灵活变通、讲究策略。有的时候，单纯从正面入手，不仅毫无用处，还会付出无谓的牺牲；避开对方的锋芒，把自己的过人之处也暂时隐藏，及时地以退为进，一样可以将事情办好。

3. 要注意自己思想品德的修养，关系到这一卦的主要是服众的问题。所谓得民心者得天下，从政、经商、教学……不论从事的是什么职业，赢得他人的尊敬和爱戴，赢得他人的信任和友爱，对你的成功无疑是有很大帮助的。

家人卦第三十七
——团结守规日太平

（离下 巽上）

家人：利女贞。

《彖》曰：家人，女正位乎内，男正位乎外；男女正，天地之大义也。家人有严君焉，父母之谓也。父父，子子，兄兄，弟弟，夫夫，妇妇，而家道正；正家而天下定矣。

《象》曰：风自火出，家人。君子以言有物而行有恒。

【译】家人卦象征家庭，有利于女子纯正。

◎《彖》解释道：家人卦，下卦即内卦"六二"阴爻阴位得中，是女子在内得正，上卦及外卦"九五"阳爻阳位得中，是男子在外得正，男主外，女主内，是他们各自的正位，是天地间的大义。家庭中有严厉的君长，父母就是。父母子女兄弟夫妇，各有各的位置，就是家道正；各家都有规矩，天下也就安定了。

◎《象》解释道：火蒸热气而成风，是风自火出，这就是家人卦；父母、君子说话要有威信、实在，不可空洞，行善事要有始有终，不可半途而废。

【智慧解读】

家人卦由巽卦和离卦组成。其上卦为"巽"，是风；下卦为"离"，是火。火将热气蒸腾起来而成为风。家人，指整个家庭。要求家中之人各安其位，有一定的规矩，这样的家庭才会"有物"，才会过上富足的生活。而家庭富足以后，应该乐善好施，多救济生活困难的人，并且要持久地行善。家庭是社会的最小单元，治国与治家是同一个道理，各家都治理好了，都有了规矩，国家就会安定太平，就会越来越富足。我们在日常生活中，应该与家庭成员搞好关系，尊敬长辈、友爱同辈，互谅互让，互相给予理解和支持，按照一定的原则办事，这样的家庭才会和睦。始终保持着一份济危扶困的豪情和互相帮助的传统美德，这样的日子才算真正的美满。推广到国家和社会，我们现在建设的有中国特色的社会主义社会，是共同富裕的社会，这更要求国人们团结友爱，互施援手，也只有这样，我们的国家才能发展得更加富强。

【要诀】 团结友爱，乐善好施。

【例解】

在西方许多家庭的餐桌上，都习惯性地同时摆放着美国"水晶杯"公司和"细瓷"公司生产的水晶玻璃高脚杯和细瓷餐具。它们都是高档的名牌餐具。在过去，这两家公司曾经是竞争对手，关系一直不好，恶性竞争让两家公司两败俱伤。后来，他们认识到了游戏规则的重要性，并经过协商签署了合作协议，决定联合推销。"水晶杯"公司利用细瓷餐具在日本市场的信誉，将其产品也打入日本；而"细瓷"公司则利用"水晶杯"半数的产品销在美国的优势，使自己的餐具占领了美国家庭与饭店的餐桌。结果，双方相得益彰，两家的销售额也得到了大幅的提高。两家公司遵循市场规律，互相帮助、优势互补，所以收到了双赢。

初九，闲有家，悔亡。

《象》曰："闲有家"，志未变也。

【译】 初九，无事的时候，也要注意严格家教，这样的家庭才是一个好家庭，令人悔恨的事情会消失的。

◎《象》解释道：无事的时候也严格家教，目的是防止发生变故。

【智慧解读】

这是家人卦的第一爻，阳爻阳位，位于全卦的最下方，喜动，因此须要严格管教。在一个家庭中，老少之间、男女之间、主仆之间，都要有严格的尊卑界限，这才称得上一个良好的家庭，这是爻辞适应当时封建社会而做出的解释。对于今天而言，应该强调国有国法、家有家规，国家的法律不能违背，在家庭生活中诸如尊老爱幼、互敬互爱、团结互助的传统美德也应该得到大力的提倡和发扬，这有利于促进社会的和谐发展。

孝经图卷（局部） 南宋 佚名 绢本
孔子认为做一个能侍奉父母的孝子最基本要做到五个方面：居致敬，养致乐，病致忧，丧致哀，祭致严。这是从家庭的角度、从个人修养的角度来要求的。孔子英明地从社会这个角度对其提出了更高的要求："居上不骄，为下不乱，在丑不争。"此即为"初九"中家庭成员应互敬互爱、团结互助的思想所在。

【要诀】 家教严格，申明纪律。

【例解】

　　钱锺书后来成为著名的大学者，这与他的父亲钱基博的严格管教有关。钱基博老先生是著名的学者和文豪，教子极严，不允许女儿用舶来品化妆，不许儿子穿西装，还不让他们读闲书。他常用体罚来管教子女。有一年他到清华大学任教，寒假没有回家。钱锺书寒假回家后，没有严父管束，便借了《小说世界》《红玫瑰》《紫罗兰》等通俗刊物恣意阅读。后来，暑假钱基博归途阻塞，到天津改乘轮船，辗转回家，假期已过了一半。钱基博回家的第一件事是命锺书、锺韩各做一篇文章。锺韩的一篇颇受夸赞，锺书的一篇不文不白，用字庸俗，钱基博气得把钱锺书痛打了一顿。钱基博在读书上的严格管教，使得钱锺书的学问日益长进，最后成为了大学者。

六二，无攸遂，在中馈，贞吉。

　　《象》曰：六二之吉，顺以巽也。

　　【译】 六二，不要自作主张，追求功名，在家中就能烹饪和吃到可口的饭食，这是纯正而吉祥的。

　　◎《象》解释道："六二"的吉祥，是顺从了巽卦的"九五"的原因。

【智慧解读】

　　这是家人卦的第二爻，阴爻阴位，位于下卦的中位。其位中且正，象征家中的主妇，因此说在家中吃到饭食就是吉祥。本爻从静，也就是说，主妇应该善于持家，保证充足的膳食供应，不要使家人流寓在外。它对当今时代的启示是，女子应尽量将自己的聪明才智和性别优势发挥出来，不论女子从事的是何种职业，都应当有一片自己施展的天地，能为家庭、社会和国家的和谐发展做出贡献。

【要诀】 努力奋斗，大展宏图。

【例解】

　　雅芳公司总裁钟彬娴女士的母亲是一位非常优秀的女性，她早年曾就读于加拿大多伦多大学，当时，她是班上唯一的一名就读化学专业的女生。母亲希望女儿也能像她一样，自强自立。因此，她经常教导钟彬娴说："男孩子能做的事，女孩子也绝对都能做。只要努力，女人无论在哪个领域都能到达顶峰。"钟彬娴记住了母亲的这句话。在事业发展的道路上，钟彬娴也曾遇到过许多困难与阻力，如因为她的年轻和性别而受到轻视，等等。但母亲的这句话给了她始终坚定的信心，支撑着她勇往直前。后来钟彬娴的事业一步步地获得成功，她也最终成为《财富》500强企业中的6位女总裁之一。

九三，家人嗃嗃，悔厉吉；妇子嘻嘻，终吝。

《象》曰："家人嗃嗃"，未失也；"妇子嘻嘻"，失家节也。

【译】九三，家人太过严厉的训诫，可能会产生一些让人悔恨的事，但终归是吉祥；然而如果不严厉，任由家中的妇人和孩子随心所欲，最终的发展结果不会好。

◎《象》解释道：训诫太过严厉，不能说是失去了家道；但妇人子女随心所欲，就是家中失去了节制。

【智慧解读】

这是家人卦的第三爻，阳爻阳位，位于下卦的最上方。阳爻阳位得正，代表一家之主，其在家庭中的态度十分重要。这一爻承接上一爻的意思，说明严厉本身并没有错，只是须要掌握好分寸。在我们日常的生活中，大到一个国家，小到一个家庭、一个企业、一个组织，都须要在树立规矩的基础上很好地施行，而在施行过程中把握好说话、办事的尺度，才能推动事物向好的方向发展。

【要诀】从严治理，把握分寸。

【例解】

沃尔特·克朗凯特是美国著名的新闻节目主持人，从孩提时代起，他就对新闻很感兴趣，并在14岁的时候，成为校报的小记者。休斯顿的新闻编辑弗雷德·伯尼先生，每周都会指导校报的编辑工作。有一次，克朗凯特要参加同学聚会，便敷衍了事地写了一篇稿子交给了弗雷德。第二天，弗雷德把克朗凯特叫到办公室，严厉地批评道："克朗凯特，这篇文章很糟糕，太敷衍了事了。"接着，他又温和地说："你要记住，要做一件事情，就得把它做好。"在此后70多年的新闻职业生涯中，克朗凯特始终牢记着弗雷德先生的训诫和教导，对新闻事业忠贞不渝，并成为了美国著名的新闻节目主持人。弗雷德先生的严格训诫和有分寸的教导，对克朗凯特的成功有着重要的意义。

六四，富家，大吉。

《象》曰："富家大吉"，顺在位也。

【译】六四，能够使家庭财富增加，一定会非常吉祥。

◎《象》解释道：家庭富足了是大吉祥，是因为本爻位处中央而且是巽卦顺的开始。

【智慧解读】

这是家人卦的第四爻，阴爻阴位得正，所以家庭富足，呈现出吉祥。这是从结果的层面说明前面几爻的好处。家庭成员遵循一定的家规，施行起来又张弛有度，再加上互帮互助，齐心协力，家境就会富足了。推广到我们的国家发展，只要大家心往一处想，劲往一处使，遵纪守法，一心一意谋发展，就一定能够实现人民的共同富裕和社会的和谐发展。

【要诀】齐心协力，共创大业。

【例解】

1957年，当时还默默无名的约翰·列侬在一次小型演出中认识了15岁的保罗·麦卡特尼。在当天的演出结束之后，保罗批评约翰唱得不对，吉他也弹得不好。约翰很不服气，但音乐人有他们自己的办事原则，约翰要求保罗露一手。于是保罗用左手弹了一段漂亮的吉他，还唱出了所有的歌词，向约翰展示了他的才华。约翰大为惊讶，他想，与其让这小子成为自己将来的敌人，还不如现在就邀他入团。就在这天，20世纪最成功的音乐搭档诞生了，约翰和保罗携手合作，组建了"披头士"乐队。这支乐队在后来风靡全球，成为历史上影响最为深远的乐队。约翰和保罗按原则行事，既交流了艺术观点，又促成了他们的团结合作。

九五，王假有家，勿恤，吉。

《象》曰："王假有家"，交相爱也。

【译】九五，君王如果用美德感格众人，以此来管好自己的家，就会没有忧虑，是吉祥的。

◎《象》解释道：君王以美德感格众人以此来治理自己的家，就会相亲相爱。

【智慧解读】

这是家人卦的第五爻，阳爻阳位得正，又处在上卦的至尊中位，代表君王，又因为其与"六二"阴阳相应，所以也表示夫妻和睦，自然没有忧愁，呈现吉祥。这一爻紧承上爻，提示治家者、从政者和经商者，要善于学习和汲取优秀的管理经验，发扬"拿来主义"的精神，将有利于自己发展的因素尽量充分地消化和吸收，真正做到为我所用。

【要诀】虚心学习，博采众长。

【例解】

有一位年轻人到一家工厂求职，当问他想干什么工作时，他说什么都想干。他解释说，自己的目标是学会厂里的每一种工作，当自己和别人干得一样好时，再去另一个部门，重新开始。人事部门看好他的虚心和好学，就同意了他的请求。八年后，这个年轻人已经在工厂的所有部门中都工作过了。每到一个部门，他就向同事们认真虚心地求教。大伙儿也喜欢这个勤学好问的小伙子，把他们积累的、别人不曾问过的好经验传授给他。而今，年轻人已经开始从事开发设计工作了，并且拿着令人难以置信的高薪。在走向成功的路上，要留心结交那些比你懂得多、比你有能力的人，以他们为榜样，向他们学习，这就是打下了一个成功的基础。

上九，有孚威如，终吉。

《象》曰：威如之吉，反身之谓也。

【译】上九，治家的根本在于严格要求自己，如果能够诚实有信，树立起威信，终究是吉祥的。

◎《象》解释道：威严治家而能够吉祥，是因为对自己的要求很严格。

【智慧解读】

这是家人卦的第六爻，阳爻阴位，位于全卦的最上方。虽位不正，但喜动，能有所作为，最终大吉。长子对自己严格要求，又能灵活地施行家规，必定会继承家业，有所作为。这既是对全卦的总结，又是对以后事态发展的提示，这正是《周易》的特点。这一爻还提醒我们，要把严格要求、善于学习和团结友爱的传统代代相传、发扬光大，也只有这样，才能使家境美满富足，使事业蒸蒸日上，使国家发展得更加繁荣富强。

【要诀】一脉相承，富而思进。

【例解】

大多数的美国人在生活富裕之后，仍旧讲究精打细算。美国感恩节和圣诞节后的第二天通常是商家铁定的打折时间，这时多数商店门前都会排有"之"字形的长队，而且有些人在半夜12点就来排队了。不少人还把两三岁的孩子也带来充数，这是为了能买到更多的商品，因为商场规定每人限购一件物品。在商店开门后的很短的时间里，商店内就会人声鼎沸，你来我往。商家为避免发生意外，只好把顾客堵在门外，一拨拨地放人进去。

家人卦给我们的启示

1. 治家和治国的道理相通，要有明确的法律法规。而且在具体执行的过程中，首先应该严格要求，从严治理，所谓没有规矩就不成方圆。如果没有一定的规矩，家庭、组织和国家就会变得混乱而无序，不利于发展。其次还应该把握好分寸，严格和宽松都是相对的，要学会随着时间和条件的变化而变通。

2. 家庭成员之间、组织成员之间、国家的民众之间，要学会团结友爱，都向着同一个目标前进。倘若有一个人稍有了私心杂念，就会影响整个事态的发展。与此同时，还应该做到因人而异，各人要发挥各人不同的优点，集中起来，就可战无不胜。

3. 要善于向他人学习，所谓取人之长、补己之短。优秀的经验都是他人在实践过程中总结出来的，并且被证明了是正确的、切实有用的。如果能把这些经验拿来加以研究和揣摩，将其中的精华与自己的发展实践很好地结合起来，就会收到事半功倍的效果，家庭、事业和国家的发展建设就会上升到一个新的层面。

睽卦第三十八
——全面灵活定成功

（兑下 离上）

睽：小事吉。

《彖》曰：睽，火动而上，泽动而下，二女同居，其志不同行。说而丽乎明，柔进而上行，得中而应乎刚，是以小事吉。天地睽而其事同也。男女睽而其志通也。万物睽而其事类也，睽之时用大矣哉！

《象》曰：上火下泽，睽。君子以同而异。

【译】睽卦象征对立，小心谨慎地去做事，就能获得吉祥。

◎《彖》解释道：睽卦的上卦是离卦，代表火，下卦是兑卦，代表泽，火动向上而泽动向下。离卦是中女，兑卦是少女，二女同住，想法却不能统一。同时下卦"兑"又是悦，代表喜悦，上卦"离"又是光明，悦依附于光明；而阴柔升登到"六五"尊位，得正并与"九二"的阳刚相应。这就是小事吉祥。天地相反，却有着共同的作用；男女相反，却能沟通思想；万物不同，但是有类似之处。相反又相同，这道理真大啊！

◎《象》解释道：上卦的"离"是火，下卦的"兑"是泽，这就是睽卦。君子能够从同中见异，从异中见同。

【智慧解读】

睽卦由离卦和泽卦组成。其上卦是"离"，代表火，下卦是"兑"，代表泽、水，水火不相容，二者相背。睽卦与家人卦的卦形相反，两者互为综卦。小事指琐碎的家庭日常事务。本卦讲的是世界观的问题，也就是看事情的角度和方法问题。没有正确的世界观、总是以一成不变的眼光看待所有的事物，就不会得出正确的结论，这样的人会沉湎于家庭的日常事务中，本身也没有大害。但若想在外面广阔的世界闯出一片天地，就应该像君子那样有着正确的世界观。也就是说，要学会站在不同的角度，用不同的观点看待哪怕是同一类的事物，这固然会得出不同的结论，但正是这不同的结论才可以活跃我们的思维，开阔我们的思路。唯有如此，我们才能从复杂的事物中分辨出真假对错，继而做出正确的决定。

【要诀】 辩证思维，多点透视。

【例解】

有一个青年从外地来到绿洲，碰到了一位老人，就问："老人家，这里怎么样？"老人反问："你的家乡怎么样？"青年回答："我的家乡糟透了！我很讨厌那儿。"老人接着说："那你快走吧，这里同你的家乡一样糟。"后来又来了一个青年，他也问了老人同样的问题，老人也同样反问，这个青年回答说："我的家乡很好，我很想念家乡的人、花、小溪……"老人说道："这里跟你的家乡同样的好，你会在这里过上幸福的生活。"旁听者都觉得很诧异，就问老人为何前后的说法不一致，老人说："关键在于你从什么角度、以什么心态看问题。当你以欣赏的态度去看一件事，你便会看到许多优点；而以批评的态度去看一件事，你便会看到无数缺点。"

初九，悔亡。丧马，勿逐自复。见恶人，无咎。

《象》曰："见恶人"，以辟咎也。

【译】 初九，一切悔恨的事情消失了。马丢了，不必去追寻，它自己会回来；和颜对待与自己对立的恶人，也不会有危险。

◎《象》解释道：和颜对待与自己对立的恶人，是为了避免矛盾激化的祸患。

【智慧解读】

这是睽卦的第一爻，阳爻阳位得正，所以说即使碰上了不好的事情也不会有危险。马丢了，可能一去不复返，但也可能是它自己回来了，还可能带着其他的马一起回来，不是有"塞翁失马"的故事吗？这一爻是说任何事情都不会只有一种可能，我们看问题也千万不可绝对化。应该对事物进行全面的分析，这样结果的好坏则是可以变化的。

【要诀】 全面分析，相对而言。

【例解】

陈勇是一位时装设计师，毕业于某大学服装设计专业。他在一家服装公司工作时，自认为十分成功的设计式样总是被老板所拒绝。在那段时间里，他总觉得老板与同事都在讥笑他，自己的自信心也一落千丈，因此在设计方面变得一筹莫展。终于，他辞职了，到了另一家公司仍旧按照自己的思路设计。在2001年的广交会上，他的设计被多家外商看中，他因此而成了最富有想象力的青年服装设计师之一。陈勇后来谈到这段经历时，说自己的设计只是不合前一个老板的口味，而在后一个老板看来，则是精品。陈勇的故事生动地体现了全面分析的道理。

九二，遇主于巷，无咎。

《象》曰："遇主于巷"，未失道也。

【译】 九二，在小胡同里遇见了居于高位者，虽然不合常规，但没有灾祸。

◎《象》解释道：在小胡同里遇见居于高位者，并没有失掉道义和准则。

【智慧解读】

这是睽卦的第二爻，阳爻阴位。虽位不正，但位于下卦的中位，所以遇事无灾。这一爻是讲，家中的奴仆在家里必须向主人行礼，但在巷子里就不必了，这本来也没有什么过错。这一爻启示我们，条件不同、环境不同，就应该采取不同的方法对待同一类或不同的事物。如果不考虑外界条件的变化，死板教条，就不会收到预期的办事效果。

【要诀】 因时而变，因地制宜。

【例解】

一只公鸡、一只绵羊和一头乳牛被关在同一个畜栏里。有一次，牧人站在畜栏外面，准备捉出这只公鸡。公鸡于是大声地号叫，努力地反抗。绵羊和乳牛在一边若无其事地说："他常常把我们捉出去，我们并不大呼小叫。"公鸡听了生气地说："捉你们和捉我完全是两回事，我们的自身条件是不同的。他捉你们，只是要你们身上的毛和乳汁；但是他捉住我，却是直接要我的命啊！"这说明了条件不同、所处环境不同，就应该有不同的思想观念和对策。

六三，见舆曳，其牛掣，其人天且劓，无初有终。

《象》曰："见舆曳"，位不当也；"无初有终"，遇刚也。

【译】 六三，看到一辆牛拉的车，那头牛被牵制住，制牛的人额上刺着字并且受了削鼻之刑，这是他当初有罪而现在改好了。

◎《象》解释道：看到牛被牵扯，是因为位不正；先有罪后而改过，是因为有"上九"阳刚相应。

【智慧解读】

这是睽卦的第三爻，阴爻阳位位不正，所以会受到牵制；但其又与"上九"阴阳相应，所以显刚，有好的结果。受了酷刑，一般来说会消沉下去，但他能改好，这一结果启示我们，事物在一定的条件下是可以相互转化的，有的时候，好与坏、对与错没有分明的界限。我们应该积极创造条件，促进事物向好的方向转化。

【要诀】 相反相成，促进转化。

【例解】

日本有一个叫佃光雄的商人，他曾把一种黑皮肤的叫"抱娃"的玩具拿到百货公司推销，并登广告做宣传，但是，玩具几乎无人问津。佃光雄只得从百货公司把这种"抱娃"取回来，堆放在仓库里。佃光雄的养子是一个爱动脑筋的青年，他注意到百货公司里的身穿游泳衣的女模特模型有一双雪白的手臂。他想：如果把这种黑色的"抱娃"放在女模特雪白的手腕上，那真是黑白分明，格外醒目。做了一番说服工作之后，百货公司终于同意让女模特模型手持"抱娃"。这一招真灵！凡是走过女模特模型前的姑娘都会情不自禁地打听："这个'抱娃'真好看，哪儿有卖的？""抱娃"一时成为抢手货。后来，这个青年又请了几位白皮肤的女青年，身着夏装，手中各拿一个"抱娃"，在东京繁华热闹的街道上"招摇过市"。这样一来，不仅吸引了大量的过往行人，连新闻记者也纷纷前来采访。第二天，报纸上竞相刊登出照片和报道，东京因此掀起了一股"抱娃"热。

九四，睽孤，遇元夫，交孚，厉无咎。

《象》曰："交孚无咎"，志行也。

【译】 九四，一个孤独的人，遇到一个成年男子，便诚信相交，成为朋友，这样做虽有危险，但终究没有灾祸。

◎《象》解释道：诚信相交而结为朋友，是因为双方的志向相同。

【智慧解读】

这是睽卦的第四爻，阳爻阴位位不正，与"初九"无法相应，又被"六三""六五"两阴爻所围，所以孤。这是说君子摆脱自己处境孤寂、眼光狭隘的办法。由此我们应该懂得，做人不能在思想和行为上把自己孤立起来，应该走出去，多见世面、广交朋友，这样才会开阔眼界，增长知识面，学会更多看问题的方法，得到更大的发展机会。虽然广交朋友有一定的危险，但从整体上看，还是利大于弊。

【要诀】 打破封闭，广交挚友。

【例解】

美国前第一夫人希拉里·克林顿在4岁的时候，随父母从外地搬到芝加哥郊区的帕克里奇居住。来到一个新环境后，活泼好动的希拉里急于交上新朋友，但很快她就发现这并非易事。每当她到外面去玩耍时，邻居的孩子们不是嘲笑她就是欺负她，有时还将她推来推去或将她打倒在地。于是她哭着把自己关在家里，发誓再也不出家门了。希拉里的母亲静静地观察了几周后，终于在一天大声地对她说："回去勇敢地面对他们，我们家里容不得胆小鬼。"十分渴望交上朋友的希拉里又一次走出了家门，这让那些欺负她的孩子大吃一惊。最后，希拉里终于以自己的真诚和勇气赢得了新朋友。在以后的岁月里，希拉里总是以真心对待朋友，从而结下了广泛的人脉。希拉里后来的成功，很大程度上得益于自己的以诚交友。

六五，悔亡。厥宗噬肤，往何咎？

《象》曰："厥宗噬肤"，往有庆也。

【译】六五，令人悔恨的事消失了，同宗族的人就像一起咬住肉那样团结，同心前进，会有什么灾祸呢？

◎《象》解释道：同宗族的人团结一致，在此基础上前进，就会有喜庆。

【智慧解读】

这是睽卦的第五爻，阴爻阳位。虽位不正，但位于上卦的至尊中位，并且与"九二"阴阳相应，因此，位不正的悔恨便消失了。这一爻紧承上爻，说明同族本家的人们只要团结起来，齐动脑筋、共同行事，就会收到好的结果。这一爻提示我们，人多力量大，大家聚在一起，互通有无，取长补短，会得到很多有意义的办事方法，也会收到事半功倍的效果。

【要诀】团结一致，事半功倍。

【例解】

从前，有四兄弟经常吵架。一天，父亲把他们叫到跟前，分给他们每人一根筷子，叫他们折断，兄弟四人都很容易地将筷子折断了。接着，父亲拿出一把筷子，说："你们谁能把这把筷子折断？"四兄弟都试过了，谁也折不断这把筷子。父亲说："你们看，一把筷子多结实，折也折不断。一根筷子很容易就能折断。"从此，四兄弟再也不吵架了，团结了起来。

上九，睽孤，见豕负涂，载鬼一车，先张之弧，后说之弧；匪寇，婚媾；往遇雨则吉。

《象》曰："遇雨之吉"，群疑亡也。

【译】上九，一个孤独的人，看到满身是泥的猪，又看到大车上坐着一些鬼，于是他先张开弓，又放下弓；原来这不是敌人匪徒，而是遇到了迎亲的队伍。这样的人遇到雨，让雨淋一下而头脑变清醒了就会吉祥。

◎《象》解释道：遇到雨之所以吉祥，是因为各种怀疑消失了。

【智慧解读】

　　这是睽卦的第六爻，阳爻阴位。虽位于全卦的最上方，与"六三"阴阳相应，但其位不正，再加上"六三"柔弱，又被"九二""九四"两阳爻所围，所以显污秽和阴怪。但爻辞也给出了解决的办法，即淋雨而清醒。由此我们应该懂得，眼界狭窄、看问题孤立的人，很容易被事物的表象所蒙蔽。这样的人更应该广泛接触外界，在朋友的帮助下活跃思维、拓宽视野，培养透过表面看本质的思考习惯。

【要诀】 全面分析，透视本质。

【例解】

　　一次，甲方和乙方服装商人谈判。休息时，乙方故意透露说自己要买 20 万件以上的衣服。随后，乙方主动向甲方谈判人员递出 5 万件衣服的稳盘，价格比原方案高出了 5%，甲方谈判人员窃喜。两天后，有客户向甲方反应，有人按低于甲方的价格，在市场抛售衣服。此刻，甲方谈判人员才恍然大悟。原来乙方有意递出价高 5% 的稳盘，稳住甲方。因为甲方给的价高，其他商人便难以问津了。同时，在甲方衣服高牌价下，乙方则在市场上按原价大量抛售其几十万件的存货，以微小代价先于甲方出售，这样就把自己的积压货倾销出去了。甲方商人的失误，就在与看问题过于片面，只想着乙方要大量进货，而价格又高出别家，于是轻信了他们。

睽卦给我们的启示

　　1. 观察事物、看问题，要学会站在不同的角度、运用全面的眼光，不能单纯地用统一的模式去思考所有的问题，那样不仅解决不了问题，还会带来更多的麻烦。

　　2. 事物的高与低、多与少、美与丑等都不是绝对的，它们在一定的条件下可以向相反的方向转化。我们应该积极创造条件，促进事物向着理想的方向、向着我们既定的目标发展。

　　3. 为人处世，不应该将自我封闭起来，那样思维会变得僵化，不利于成功。正确的态度应当是，走出自我的小天地，融入到广阔的世界中去，广交朋友，这样才能够取得成功。

蹇卦第三十九

——休养生息解困境

（艮下 坎上）

蹇：利西南，不利东北；利见大人，贞吉。

《彖》曰：蹇，难也，险在前也。见险而能止，知矣哉！蹇，"利西南"，往得中也；"不利东北"，其道穷也；"利见大人"，往有功也；当位"贞吉"，以正邦也；蹇之时用大矣哉！

《象》曰：山上有水，蹇。君子以反身修德。

【译】蹇卦象征陷入困境，往西南有利，往东北不利；见到刚健、有德行的君子有利，纯正吉祥。

◎《彖》解释道：蹇，困难的意思，因为其上卦是坎卦，表示前面有艰险。其下卦是艮卦，表示停止，见到有艰险而能够停下来，是明智的。往西南有利，是因为前进就能达到中正的位置；往东北不利，是因为遇到艰险的阻碍就没有道路了；刚健有德行的君子出现了有利，是前进就会有功。位置正又能坚持纯正吉祥，就可以用来治理国家。困难的变化因时不同，明白这个道理用处很大。

◎《象》解释道：上卦"坎"为水，下卦"艮"为山，山上有水，这就是蹇卦。君子应该经常反省和加强自身的道德修养。

【智慧解读】

蹇卦由坎卦和艮卦组成。从卦象上看，其上卦是"坎"，为水为险，其下卦是"艮"，为山为止，水遇到山而受阻，发生困难，所以称为蹇卦。西南、东北说的是八卦的方位，艮卦在东北，而位于西南的是坤卦，坤卦为地，水在地上流，自然有利。如果按当时的历史来讲，西南指周，东北指商，这涉及到周商两国的政治斗争。到周国做事有利，到商国则不利。本卦认为，到商不利于行事的原因，除了统治者的昏庸无道外，还有自身的品德修养的问题。于是，怎样协调和处理好小我与大我、小家与大家的关系，怎样能使得自己避开昏乱的政治环境而选择到一个正人君子，就是很重要的问题了。这个道理在当今时代同样适用，社会上各种情况复杂多变，我们应该一方面锤炼自身的品格，另一方面明智地、及时地避开不必要的麻烦，敏锐地找到一个有利于自己发展的环境。只有这样，才能在自我发展的基础上，为社会、为国家做出贡献。

【要诀】巧避锋芒，坚持不懈。

初六，往蹇，来誉。

《象》曰："往蹇来誉"，宜待也。

【译】初六，前行必定会遇到困难，回到自己的位置会有荣誉。

◎《象》解释道：去有困难回来则荣利，是因为需要等待。

【智慧解读】

这是蹇卦的第一爻，阴爻阳位。因其位不正，又无法与"六四"相应，因此前进必然有困难。这个时候只有回到自己的位置，等待时机，才会得到荣誉。这一爻告诫我们：困难重重的时候，时机不成熟的时候，不能贸然地、莽撞地采取行动，那样只会撞上南墙，吃大苦头；应该安分地、镇定地观察和分析事态的发展趋势，等候好的时机。

【要诀】静观其变，伺机而动。

【例解】

一位技艺高超的走钢丝的演员准备给观众带来一场没有保险带保护的表演。他站在16米的高空中，钢丝微微抖着，但他的身体像磁石一样粘在钢丝上，1米、2米……抬脚、转身、倒走……一切动作都如行云流水。突然，他停止了所有的动作。助手马上意识到他可能遇到了麻烦，因为他的额头渗出了细密的冷汗。经验丰富的助手知道此刻不能向他问话，否则会让他分心，可能导致难以想象的后果。时间一秒一秒地过去，突然，他开始向钢丝的另一头走了一步，然后动作恢复了正常。助手终于松了一口气。回到地面以后，他一把抱住了助手说："兄弟，谢谢你。"助手说："天哪，我不知道你在空中发生了什么事？"他说："亲爱的兄弟，这是魔鬼的恶作剧，一阵微风吹下了屋顶的灰尘，掉入了我的眼睛，我在高空中一下子就什么都看不见了。我的第一个念头就是今天命该如此，但我又不甘心，我对自己说，应该坚持。我在心中一秒一秒地数着，就在刹那间，我感到泪水来了，它很快把灰尘冲了出来。但是，如果你那时唤我一声，我肯定会分心或者依赖你的救助，但这样做会有致命的危险。"这个故事说明：生活中不管发生了何种变故，我们都不应该急躁，应该给自己留点儿时间思考。

六二，王臣蹇蹇，匪躬之故。

《象》曰："王臣蹇蹇"，终无尤也。

【译】六二，王的臣做事就非常困难，处处涉险，这不是为了自身。

◎《象》解释道：王的臣愿意冒险前行，终究也不会有怨尤的。

【智慧解读】

这是蹇卦的第二爻，阴爻阴位，位于下卦的中位，得正，与"九五"阴阳相应。"九五"为君，"六二"为臣，"九五"在坎卦中央又代表陷于艰险，"六二"为臣者则不顾自己去救。在封建社会，臣救君就是救国，没有过错。在现代社会，则应当强调以大局为重，为了大家和大我的利益不惜牺牲自己的、小我的利益，这虽然会影响到自己一时的发展，但从长远来看，还是对自己有利的。

【要诀】 因公忘私，顾全大局。

【例解】

阿强和其他许多人去应聘一家公司的部门经理。考官身后的墙壁上贴着一张纸，上面写着："为了节约面试时间，您务必在进来5分钟后自觉退出室外，请您合理支配时间！"大多数应聘者于是就抓住有限的时间，一刻不停地向考官介绍自己的经历和经验，即使考官的办公电话响起，也不中断。往往是考官拿起电话的时候，他们才不情愿地中止。轮到阿强了，谈话进行没几句，考官办公桌上的电话便响起来了。阿强心想：面试的紧要程度与人家公司的业务相比，总还是次要的。于是，他在铃声响过两遍后拿起电话递给了考官。就在这时，考官对他说："恭喜你，你被录取了！"原来这个电话是故意安排的现场测试，阿强能够主动中止面试而不影响考官接电话，说明他是一个因公忘私、顾全大局的人，所以才能被录取。

九三，往蹇，来反。

《象》曰："往蹇来反"，内喜之也。

【译】 九三，向前遇到险阻，便返回来。

◎《象》解释道：向前遇险便返回，回到内卦（下卦"艮"）是喜庆的。

【智慧解读】

这是蹇卦的第三爻，阳爻阳位，位于下卦的最上方，再往上就是坎卦，就凶险了，因此说"往蹇"。这一爻既是承接着"初六"而言，也可以从另一方面理解。我们可以从经商者或从政者的角度将其理解为招贤纳士，一个人要想有所成就，就必须心胸开阔，并靠自己的德行吸引来更多的有能力的助手。有了左膀右臂的辅佐，才能闯出一片天地，否则只能是一个人走向失败。

【要诀】 虚怀若谷，广纳贤才。

【例解】

某公司招聘，经过三轮淘汰，有11个应聘者坐到了"总裁"的面前。但是"总裁"说只通知了10个人。这时一个男子站起来说，自己在第一轮就被淘汰了，但还是想经历一下面试。站在门口闲看的一个老头儿饶有兴趣地问道："你第一关都过不了，来这儿有什么意义呢？"男子说："我有11年工作经验，曾在18家公司任过职。并不是我跳槽，而是那18家公司先后倒闭了。"在场的人都笑了。这时，站在门口的老头走进来给总裁倒茶，并认真地看着这个男子。男子继续说："我更有经验避免错误与失败，别人的成功经历很难成为我们的财富，但别人的失败过程却更加宝贵"男子就要出门了，忽然又回过头说："这丰富的经历，培养、锻炼了我对人、对事、对未来的敏锐洞察力。举个小例子吧，真正的考官不是您，而是这位倒茶的老人。"这时那老头儿笑了。他当时就被录取了。

六四，往蹇，来连。

《象》曰："往蹇来连"，当位实也。

【译】六四，前进有危险，后退也有困难。

◎《象》解释道：进退两难，好在"六四"是阴爻阴位得正，没有什么灾祸。

【智慧解读】

这是蹇卦的第四爻，阴爻阴位。其位于上卦的最下方，已经入险，但双阴得正，所以虽然进退两难，但终究没有灾祸。这一爻还是顺着"初六"爻的意思说，进一步提醒人们，没有好的时机要静观其变，就算是面对进退两难的境地也不必惊慌失措。倘若贸然地、强行地前进，会适得其反，而退却更不足取。此时就应该内外兼修，积蓄力量。

【要诀】处变不惊，默默积蓄。

【例解】

骆驼一生都在缺少水和绿色植物的沙漠里生活，在跋涉中吃各种植物。面对这样的困境，骆驼总是不紧不慢地行进。在长途跋涉中，骆驼可以一个月不喝水，而一旦找到了水，它可以在10分钟内喝下135升，使其身体迅速滋润起来，又恢复到精神抖擞的状态，从而为接下来的继续前行积蓄了力量。这提示我们：在严峻的环境中，一定要保持心态平和，不慌不忙，正如骆驼在沙漠中慢慢地行走而不是快跑，同时要默默积蓄，这样才能渡过难关。

九五，大蹇，朋来。

《象》曰："大蹇朋来"，以中节也。

【译】九五，极其困难的时候，朋友前来帮助了。

◎《象》解释道：极其困难的时候朋友来助，是因为位处中正而且节操高尚。

【智慧解读】

这是蹇卦的第五爻，阳爻阳位得正，又位于上卦至尊的中位，所以虽然陷在险中，但会有朋友或下属前来相救。这一爻与"六二"相呼应，讲到了朋友的重要性，这个道理不言而喻。在我们的日常生活中，没有朋友的帮助简直寸步难行。而这些在我们真正困难的时候还伸来援手的朋友才真正是交心的，所谓患难见真情。我们应该珍惜友情。

【要诀】有人相助，遇难呈祥。

【例解】

刘倩在面试的那天，提早来到了面试地点。不一会儿，其他的应聘者陆续赶到了。从他们互相的介绍和交流中，刘倩得知他们有的是硕士毕业，有的有丰富的工作经验，而自己刚刚从一所专科学校毕业。于是她开始担心自己会落选，并因此而紧张得手足无措。快到面试的时间了，这也是员工上班的高峰。进电梯时，急着上班的人们和这些应聘者都挤进狭小的电梯里。刘倩一直在后边等着，当她正要挤进剩下的最后一个空间时，发现后面还站着一位老先生。刘倩便把空位让了出来，说："您请，上班要紧。"在面试的时候，刘倩才知道那位老先生就是这家公司人力资源部的经理。最后的结果是刘倩击败了那些高学历或有经验的应聘者，顺利地被录取了。刘倩的成功，是因为她以自己的真诚，获得了考官的信任，弥补了在学历和经验上的不足。

上六，往蹇，来硕，吉，利见大人。

《象》曰："往蹇来硕"，志在内也；"利见大人"，以从贵也。

【译】上六，前进有艰险，回来则吉利；与德才兼备的君子协作才会有利。

◎《象》解释道：前行有难，回来则显大吉，是因为内心有伟大的志向；与君子协作有利，是因为要追随其高尚可贵的节操。

【智慧解读】

这是蹇卦的第六爻，阴爻阴位得正，又位于全卦的最上方，再前进已经无路可走，所以说"往蹇"；回来与"九五"协作，便会吉利，"九五"爻的"朋"正是本爻中的"大人"。这一爻既是对上一爻的呼应，也是对全卦的总结。它指出我们在面对困难甚至身处绝境之时，仍然要坚定自己的志向，不要气馁，同时还应该真诚地接受交心朋友的帮助，两者结合，就一定能够渡过难关。

【要诀】意志坚定，诚心受助。

【例解】

小刘大学毕业踏入工作岗位后，开始时以名牌大学毕业生自居，瞧不起同事，结果工作一塌糊涂，差点儿被辞退。后来他认真反思，认为应该有一种"空杯心态"，不管肚子里有多少墨水，先倒掉，把自己当成一只空的杯子，这样才可以装更多的东西，这样自己的既定目标才能更好地实现。因此他抱着很大的热情，从一点一滴的小事做起，把自己当成了一个空杯。复印、传真、打电话、接电话……这些很琐碎的事情，小刘都是抱着认真的态度去做。有一些办公设备不会操作，他就真诚地向同事们请教，同事们被他坚定的求知欲望打动，都纷纷帮忙，不但教给了他操作方法，还给他讲了许多待人接物的经验。两年以后，小刘凭着自己的努力和同事的帮助，被提拔为组长。小刘有着永不气馁的精神，还能虚心向别人请教，诚心接受别人的帮助，所以才会得到提拔。

蹇卦给我们的启示

1. 在日常生活中，不管遇到多大的困难，哪怕是身处绝境也不能心慌意乱。应平心静气地修炼身心，静观其变。等到我们看准了事物的发展态势，积蓄足够的实力，再采取下一步行动也不迟，最忌讳的就是沉不下心又静不下性，贸然强进或颓然放弃，这是没有一点儿益处的。

2. 在处理个人与集体、小家与大国的关系上，应该适当地以大局为重、以集体利益为重、以国家荣誉为重。这是因为个人是集体的一部分，每个人都是国家中的一员，只有集体的、国家的情况发展好了，才能给每个人的成长营造出一个更好的环境，让每个人在物质生活和精神生活上得到更大的进步。

3. 要广交朋友。俗话说，多个朋友多条路。朋友在关键时刻的援助对我们克服困难和发展进步能起到重要的作用。我们在交朋友时，应该拿出真心和诚意，这样才能交到真正的患难挚友，而且在自己身处困境而朋友伸来援手之际，不要有所顾虑，应真诚地接受。因为此时，只有这只手能把你拉出困顿的泥潭。

解卦第四十

——伺机而动化矛盾

（坎下 震上）

解：利西南；无所往，其来复吉；有攸往，夙吉。

《彖》曰：解，险以动，动而免乎险，解。"解，利西南"，往得众也。"其来复吉"，乃得中也。"有攸往夙吉"，往有功也。天地解而雷雨作，雷雨作而百果草木皆甲坼。解之时大矣哉！

《象》曰：雷雨作，解。君子以赦过宥罪。

【译】解卦象征灾祸危难的疏解，往西南有利。没有危难就无须前往疏解，返回安居其所是吉祥的。去解决困难的话，迅速果断早解决才是吉祥的。

◎《彖》解释道：解卦，其下卦是坎卦，为艰险；其上卦是震卦，为动；行动而能解除危险，所以称为解卦。往西南去解除困难有利，是因为可以得到民众的支持。没有危难就无须前往疏解，返回安居其所有利，是因为可以得到中位。迅速前行会有吉利，因为这样做会有功绩。在春天，天地解冻，雷雨出现，各种花草树木都破土发芽。"解"在时间上太重要了！

◎《象》解释道：雷雨交加，是解卦。君子要赦免那些有过错的人，并宽恕有罪的人。

【智慧解读】

解卦由震卦和坎卦组成。其上卦是"震"，为雷为动，其下卦是"坎"，为水为险。行动离险，表示从困难中解脱，所以称之为解卦。解卦与蹇卦卦形相反，互为综卦。人这一生会遇到许多困难，尤其是处于弱势的时期，各种复杂难解的矛盾会蜂拥而至，这需要我们具有丰富的经验和解决困难、摆脱困难的能力。同时西南指周国，即内部，"利西南"说明"解"的办法只适用于处理内部矛盾，而不能用在敌对的两国之间。由此我们可以懂得，在生活中碰到困难并不是坏事，所谓艰难困苦玉汝于成，只有在苦难中百般磨炼，才会增长知识。只有在克服困难的过程中，才会积累经验。同时，要分析清楚困难和矛盾的性质，对不同的矛盾应该采取不同的解决方法。而一旦要决定去解决困难的话，行动越迅速越好，早行动就是早打基础，做事情有了提前的准备才会有条不紊。

【要诀】 积极应对，克服困难。

【例解】

司马光小时候是个贪玩贪睡的孩子，为此他没少受先生的责罚和同伴的嘲笑。在先生的谆谆教诲下，他决心改掉贪睡的坏毛病。为了早早起床，他睡觉前喝了满满一肚子水，结果早上没有被憋醒，却尿了床。于是，聪明的司马光用圆木头做了一个警枕，早上一翻身，头滑落在床板上，自然惊醒。从此他每天早早地起床读书，坚持不懈，务实进取，终于成为了一个学识渊博的大文豪。司马光面对困难，积极应对，终于改掉了自己的坏毛病。所以说只要努力，困难都是可以克服的，行动应该及时。

司马光像

初六，无咎。

《象》曰：刚柔之际，义无咎也。

【译】 初六，（险难初解）没有过错和灾难。

◎《象》解释道："初六"与"九四"刚柔相应，本意是没有灾祸的。

【智慧解读】

这是解卦的第一爻，阴爻阳位位不正，又位于全卦的最下方，性静而不动，无所作为，没有大吉。同时其又与"九四"阴阳相应，也没有什么过错和灾难。此爻原意是说古代社会的下层民众无所作为并没有错，如今，应当从反面理解。人不能整天无所事事，要生存就必须面临很多困难和矛盾。不工作、不办事恐怕生存下去都成问题，还谈什么发展和进步？所以我们要积极行动起来，不要怕面对困难。

【要诀】 积极进取，克服困难。

【例解】

有一位中国人刚到美国不久，他在报纸上看到有位教授想招聘一名助教，于是便报了名。经过初选，他和另外4名中国留学生和5名当地学生进入了面试。就在他认真地为面试做准备时，另外4名入围的中国留学生却选择了退出。因为他们听说这位教授曾在朝鲜战场上被俘，怕他对中国人有偏见。他也感到很失望，但又逐渐冷静了下来。面试那天，他镇定自若地回答了教授的提问，最后被录取了。在他正感到意外的时候，教授说："其实你在他们中并不是最好的，但你不像其他入围的中国学生，连试一下的勇气都没有。我聘你是为了我的工作，只要你能胜任我就会聘用。"

九二，田获三狐，得黄矢，贞吉。

《象》曰：九二贞吉，得中道也。

【译】九二，狩猎时捕获了三只狐狸，还得到了别人遗落的铜箭头，纯正吉祥。

◎《象》解释道："九二"纯正吉祥，是因为其位置在中。

【智慧解读】

这是解卦的第二爻，阳爻阴位，位于下卦的中位，自然呈现吉祥。狩猎肯定是在自己内部的境地进行，得到了别人的箭头表示有外来者入侵。这一爻启示我们，当自己的切身利益受到侵害时，应该动起于静，主动出击，这不论在气势上，还是在道义上，都是压过对方的，定能取胜。并且这是化解这类矛盾的最好办法，得到狐狸和铜箭头就是很好的例证。

【要诀】主动出击，以正胜邪。

【例解】

1582年，法国国王亨利三世的侍从在巴黎开了一家专卖鸭子的"银塔餐厅"。400多年过去了，这家餐厅的鸭子仍然名重欧洲。"你吃的是第几只鸭？"成了红极一时的广告语。这话还得从1880年的鸭店老板弗雷德里克·杰列尔身上说起。当时店里的鸭子名头已经很响，因而市场上也出现了假冒的"银塔餐厅"牌子的鸭子。为了打假，杰列尔灵机一动，就决定对"银塔餐厅"出售的每一只鸭子都进行编号；再发展到后来，还把食客的名字一同记到名录里。就是这一个小小的举措，却改写了"银塔餐厅"的历史。不仅假冒的鸭子卖不动了，而且"银塔餐厅"的名声也持续看涨。到今天，冲着一只美味鸭，更为冲着一个吉祥号，食客们络绎不绝。餐厅老板面对假冒主动出击，最终杜绝了那些人的违法行为，还换来了生意上更大的成功。

六三，负且乘，致寇至，贞吝。

《象》曰："负且乘"，亦可丑也；自我致戎，又谁咎也？

【译】六三，背着财物坐在车上，结果使强盗来犯，守持正固防止危难。

◎《象》解释道：背着财物坐在车上，这是不合身份、不合时宜的，自己招来强盗，又是谁的过错呢？

【智慧解读】

这是解卦的第三爻，阴爻阳位位不正，位于下卦的最上方，因此用小人乘车来进行比喻。小人才会去背负财物，而乘车是贵人的权利，小人贪财是永远也不会成为贵人的。这一爻告诫我们：千万不能贪财成性，那样会在精神性情上变得肆无忌惮，而疏于防范可能出现的变故，结果不但没有解决问题，反而会招致新的矛盾和危机。

【要诀】 戒贪节欲，缜密防范。

【例解】

汉密尔顿是美国著名的花样滑冰运动员，他的母亲原来只是一名普通的中学教师，但她十分珍惜时间，无时无刻不在拒绝着外界的诱惑，以避免自己的工作出现问题，后来终于成为鲍灵格林大学婚姻家庭系的副教授。她经常对汉密尔顿说："上天给你的生命不过是许多分钟，而且是有限的。因此，你必须好好利用每一分钟。"在母亲的教诲下，汉密尔顿每天都认真地处理着每一分钟。他没有把它消磨在咖啡屋和酒吧里，而是将它花在了训练场上。每一分钟，汉密尔顿都在反思和总结着前一个动作有什么问题、可以怎样改进。就这样，辛勤的汗水终于换来了丰厚的回报，他从1981年到1984年连续4次获得了世界冠军。汉密尔顿自觉抵制欲念的诱惑，时时处处进行着反思和防范，所以才取得了值得自豪的成绩。

九四，解而拇，朋至斯孚。

《象》曰："解而拇"，未当位也。

【译】 九四，解开了脚趾的束缚，出色地化解了矛盾，朋友也会诚挚地来与你交往。

◎《象》解释道：之所以要解开脚趾的束缚，是因为本爻所处位置不正。

【智慧解读】

这是解卦的第四爻，阳爻阴位位不正，又位于上卦，属动爻居于静位，因此因为善于解决矛盾而声名在外。这一爻是向我们展示"解"的好处。由此我们应该懂得，自己积极行动，屡次与困难斗争而积累起来的丰富经验是非常宝贵的。它不仅能帮助我们自己解决在以后的生活中遇到的更多困难，还可以拿出来帮助亲朋好友，替别人排忧解难，从而体会到助人为乐的喜悦。

【要诀】 克服困难，助人为乐。

【例解】

瓦尔坦·格雷戈里安的童年十分不幸，他6岁丧母，是他的祖母在伊朗的山区将他带大的，因此他非常孤僻。祖母为了让格雷戈里安从失去亲人的阴影和孤僻的性格中走出来，健康快乐地成长，经常教导他说："孩子，有两件事一定要记牢。第一是命运，那是你无法控制的；第二是你的性格和行动，那可是在你掌握之中的。你可以失去你的美丽和财富，但是你决不能失去你的性格。无论遇到什么困难，都要保持一种乐观向上的意志；只有你自己克服困难，你才能对朋友有所帮助。"祖母的这句话在格雷戈里安的成长道路上，起到了十分关键的作用，他以直面困难的勇气，结交到了朋友，从而改变了原本孤僻的性格。后来他又反过来帮助需要帮助的人，最终，他成为了美国布朗大学的校长和卡内基基金会的主席。

六五，君子维有解，吉，有孚于小人。

《象》曰：君子有解，小人退也。

【译】六五，君子唯有与小人脱离了关系，针对一些主要矛盾去解决问题，才会吉祥；对小人也要有诚信的态度。

◎《象》解释道：君子能从困难中解脱，小人的纠缠便会消退。

【智慧解读】

这是解卦的第五爻，阴爻阳位位不正，位于上卦的至尊中位。解卦共有四个阴爻，一般代表小人，"六五"爻居尊位，是君子，君子自然不与小人来往了。这一爻把解决困难和远离小人联系起来，旨在告诫我们：化解矛盾应该尽量排除不良因素的影响，一方面，在恶劣环境中、在小人的纠缠下，是很难成功地解决问题的。另一方面，对待这些坏人坏事也适宜采用"解"的方式，不必因过于苛刻而结怨。

【要诀】解决困难，摆脱小人。

【例解】

明熹宗朱由校在位7年后病重，决定让自己的弟弟朱由检继承皇位。这时候魏忠贤试图从中作梗，到处煽风点火，使得朱由检很被动。明熹宗朱由校虽然糊涂，但唯一的优点是重夫妇兄弟之情，在这个问题上，他没有听魏忠贤的。崇祯皇帝（朱由检）即位后，感到魏忠贤势力实在太大，如果急于处理，肯定会激起变故。因此他并不立即处理魏忠贤，而是不露声色，先站稳脚跟。在一切就绪后，大臣们揣摩到他的用意，便群起上奏，要求惩治阉党。这样几次三番，崇祯顺应"民意"，下诏将魏忠贤调往南京。魏忠贤离京后，又追加处罚，下旨将他逮捕入狱。魏忠贤在惊惧之下，上吊自杀。崇祯在解决困难、摆脱小人的时候，步步为营，不急于求成，很是英明。

上六，公用射隼于高墉之上，获之，无不利。

《象》曰："公用射隼"，以解悖也。

【译】上六，王公在高墙上用弓箭射鸟，射中了，这没有什么不利的。

◎《象》解释道：王公射落飞鸟，是从悖逆的困境中解脱出来。

【智慧解读】

这是解卦的第六爻，阴爻阴位，位于全卦的最上方，所以用站在高墙上射鸟来比喻。王公的领地一般来说较为狭小，所以都筑有高大稳固的城墙。敌人围城而攻不进来，王公射落飞鸟，一来显示自己的能力，二来鼓舞军队的士气，这也是一种高明的化解矛盾的办法。此爻启示我们：当自己身处一种无法完全摆脱的困境时，可以灵活、机智地从事态发展链条的其他地方打开缺口，这样做也能实现最终化解矛盾的目的。

【要诀】坚定信念，不畏艰险。

【例解】

一场突然而至的沙尘暴，让一位独自穿行大漠者迷失了方向，更可怕的是连装干粮和水的背包都不见了。翻遍所有的衣袋，他只找到了一个泛青的苹果。"哦，我还有一个苹果。"他惊喜地喊道。他攥着那个苹果，深一脚浅一脚地在大漠里寻找着出路。整整一个昼夜过去了，他仍未走出空阔的大漠。饥饿、干渴、疲惫，一齐涌上来。望着茫茫无际的沙海，有好几次他都觉得自己快要支撑不住了，可是看一眼手里的苹果，他舐舐干裂的嘴唇，突然又添了些许力量。顶着炎炎烈日，他又继续艰难地跋涉。三天以后，他终于走出了大漠。那个他始终未曾咬过的青苹果，已干巴得不成样子，他还宝贝似的擎在手中，久久地凝视着。在人生的旅途中，我们常常会遭遇各种挫折和失败，会身陷某些意想不到的困境。这时，不要轻易地说自己什么都没了，其实只要心灵不熄灭信念的圣火，努力地去寻找，总会找到能渡过难关的那"一个苹果"。

解卦给我们的启示

1. 在日常的工作和学习中，要有吃苦耐劳的精神，要勇于面对困难、敢于接受挑战。在与矛盾做斗争的过程中，可以历练出丰富的经验，这便是进一步化解困难的基础。同时，针对不同性质的矛盾，应该采取不同的解决方法，还应该分清主次，优先对付主要矛盾和主要问题。

2. 发展和成长的外界环境对一个人来说十分重要，应当重视。所谓"蓬生麻中，不扶而直；白沙在涅，与之俱黑"。人如果不考虑外界环境的因素，只是从一己的、主观的愿望出发，那么最终不仅不会达到既定的目标，还会事倍功半，得不偿失。

3. 遇到困难、解决问题的时候，思路要开阔，头脑要灵活，不能拘泥于事物的一个点、一个面、一个层次上，那样就会钻入死胡同，得不出正确的答案，费力不讨好。应当开动脑筋，进行多层次的思考。"条条大路通罗马"，说的就是我们采取不同的策略，选择各异的行进道路，是可以抵达同一个目的地的。

损卦第四十一

——有舍有得赢人心

（兑下 艮上）

损：有孚，元吉，无咎，可贞，利有攸往。曷之用？二簋可用享。

《彖》曰：损，损下益上，其道上行。损而有孚，元吉，无咎，可贞，利有攸往。曷之用？二簋可用享。二簋应有时，损刚益柔有时；损益盈虚，与时偕行。

《象》曰：山下有泽，损。君子以惩忿窒欲。

【译】损卦象征减损，有诚信，呈现吉祥，没有灾祸，纯正而有利于行动。祭祀的时候用什么？两竹盒祭品就行了。

◎《彖》解释道：损卦，减少下卦的一个阳爻，增加上卦的一个阳爻（指此卦由泰卦演变而来），其运行方向是自上而下的。损时要有诚信，自然就纯正吉祥，没有灾祸了，纯正并且有利行动。损时用什么祭祀呢？两竹盒祭品就够了，而这两竹盒祭品应该随时间的变化而变化。减损刚的方面和增加柔的方面也有客观条件，减少和增加、盈余和亏损都随时间的变化而不同。

◎《象》解释道：损卦的上卦是艮卦，代表山；下卦是兑卦，代表泽，山下有泽，就是损卦。君子应该克制自己心中的愤怒，压制自己非分的欲念。

【智慧解读】

损卦由艮卦和兑卦组成。其上卦是"艮"，是山，其下卦是"兑"，为泽。山就是土多水少，泽就是土少水多，下面减少而上面增多，这就是损失。此卦告诫当时的统治者和身处上位的人，不应该一味地损害人民的利益，要想打下坚实的统治基础，得到百姓的信任和支持是最重要的一条原则。而艰苦朴素、与人民共患难又是取信于民、夯实基础的根本。这个道理在当今的时代是同样适用的。从政者时时处处想着怎样为民服务、为民出力，这样才能得到人民的爱戴。对于经商者来说，如果总想着去榨取、盘剥顾客的利益，到头来自己不但得不到利益，还免不了要吃亏，从而影响事业的发展。

【要诀】同甘苦、共患难，取信于人。

【例解】

有一家年轻人办的送餐公司，成立不久，就占领了所在地区多栋写字楼的午餐市场。每天中午，这家公司的餐车就在市内穿梭，顾客们都称赞这家的盒饭价廉物美。后来顾客们惊奇地发现，这家公司所有的资产不过就是几部送餐车，居然没有任何餐具、厨师，更不用说人们想象的那种超级厨房了！原来组建这家公司的年轻人在投资前分头做了市场调查，发现午餐盒饭的需求量很大，而又有不少拥有精良餐具和优秀厨师的酒店生意不太饱和。所以他们经过艰难的谈判，终于与那些酒店签订了供餐协议。他们每天都在电话里征求新老顾客的意见和建议；他们每天都克服着路途的遥远和交通的拥挤，先是到各家酒店去取饭菜，然后再送到有需求的写字楼。几个年轻人能吃苦，还能处处为顾客着想，所以才赢得了不错的口碑，占领了市场。

初九，已事遄往，无咎。酌损之。

《象》曰："已事遄往"，尚合志也。

【译】 初九，停下自己的事情速去增援，这种损己利人的行动不会有灾祸，但要斟酌自己的力量，减损适度。

◎《象》解释道：停下自己的事情速去支援，是因为本爻与"六四"爻阴阳相应，志趣相投。

【智慧解读】

这是损卦的第一爻，阳爻阳位得正，位于全卦的最下方。"六四"阴柔不足，在本爻中，停下自己的事去增援，又因为是"损"的开始，所以应该着力而行。这一爻能使我们懂得舍生取义、舍己为人的道理，也能使我们明白量力而行的原则。当我们碰到正义的事情，或者志同道合的朋友陷于困境的时候，就应该当机立断，抛下自身的利益，无私地去参与、去救助。当然，这肯定是以自身的力量、自身的能力为基础和前提的。

【要诀】 助人为乐，量力而行。

【例解】

雷锋是助人为乐的典范。他的事迹被广为宣传后，在社会上产生了强烈的反响。为此，他经常应邀去外地做报告，他出差机会多了，为人民服务的机会就多了，人们流传着这样一句话："雷锋出差一千里，好事做了一火车。"一次雷锋外出在沈阳站换车的时候，一出检票口，发现一群人围看一个背着小孩的中年妇女。原来这位妇女从山东去吉林看丈夫，车票和钱丢了。雷锋用自己的津贴费买了一张去吉林的火车票塞到大嫂手里，大嫂含着眼泪说："大兄弟，你叫什么名字，是哪个单位的？"雷锋说："我叫解放军，就住在中国。"雷锋就是以这种助人为乐、无私奉献的精神,影响了一代又一代中国人,直到今天,人们仍然深深地怀念他。

九二,利贞,征凶,弗损益之。

《象》曰:九二利贞,中以为志也。

【译】九二,守住纯正就有利,出征前进就有凶险;不用自我减损就可施益于上。

◎《象》解释道:"九二"利于守持正固,说明应当以坚守中道作为自己的志向。

【智慧解读】

这是损卦的第二爻,阳爻阴位位不正,但位于下卦的中央,所以守住中位就有利,出去征讨就凶险了。也就是说,有的时候,应该按兵不动、坚守自己的位置,不损己才能益人。由这一爻,我们应当明白,在为人处世中也不是一味地损己为人就万事大吉了。当条件不允许、环境发生变化时,坚持自己的品行,首先保证自己利益的完好无损,对他人来说也可能是好事,也可以对他人他事有所帮助。

【要诀】明辨事理,助人有度。

【例解】

一位商人在10年前与另外4位朋友合伙开了一家公司,由他担任董事长。他一直把经商与一般的人际关系等同起来,总觉得对朋友不能由自己发号施令。所以当其他朋友请示他业务时,他总是说:"你自己决定吧,我信得过你。"这种情况维持了约两年,他发现这些人不再与他商量什么就做出决定,甚至还有人因为财务上的问题而被逮捕。他后来终于明白,一味地把决定权交给别人,这是舍弃了自己做领导的尊严和利益;正是自己放弃了不该放弃的领导权,才导致了下属擅做主张的行为。于是他开始参加业务的决策了,员工们也在他的带领下勤奋工作,他们的公司复苏了过来。

六三,三人行,则损一人,一人行,则得其友。

《象》曰:一人行,三则疑也。

【译】六三,三个人一起行路,就会有一个人离去;而一个人独行,就会有朋友前来相伴。

◎《象》解释道:一个人独行则可以专心求合,三人同行将使对方疑惑无主。

【智慧解读】

这是损卦的第三爻,阴爻阳位位不正,位于下卦的最上方,这正是泰卦的"九三"阳爻减去的那一爻。原本是三个阳爻而减去了一个，上面的一个阴爻降下来得到了朋友。这其实是给我们呈现出了人际交往和办事过程中的一个常见现象。大多数情况下，强强联手并不等于更强，强强碰撞也没有什么好结果。力量的平衡才能推动事物的和谐、健康发展。

【要诀】优势互补，均衡发展。

【例解】

大家都很熟悉的微软和苹果两大公司自20世纪80年代起就一直处于竞争状态，比尔·盖茨和乔布斯为争夺个人计算机这一新兴市场的控制权展开了激烈的竞争。到了20世纪90年代中期，虽然微软公司明显占据了领先优势，占领了大部分的市场份额，使得苹果公司举步维艰，但是双方仍旧保留有核心技术和优秀经验，互不交流。这样既影响了微软的进一步发展，又限制了苹果的复苏。1997年，双方展开合作。微软向苹果公司投资1.5亿美元，把苹果公司从倒闭的边缘拉了回来；而苹果公司的一些不错的管理和生产经验也被微软吸收利用。此后，微软与苹果真正实现了"双赢"。微软与苹果两家公司在合作问题上的前后对比，深刻反映出了优势互补的益处。

六四，损其疾，使遄有喜，无咎。

《象》曰："损其疾"，亦可喜也。

【译】六四，减少自己的疾病，使之很快就有好转，这样没有灾祸。

◎《象》解释道：减少自己的疾病，说明"六四"接纳阳刚有好转。

【智慧解读】

这是损卦的第四爻，阴爻阴位得正，又与"初九"阴阳相应，得到"初九"的支援，所以能减少疾病，很快治愈。这一爻告诫我们：一方面，在日常的生活中，有了疾病，就要积极行动起来，增强体质，配合医药的治疗和亲人朋友的关心，肯定能够康健而喜悦；另一方面，人无完人，每个人都有缺点，都会犯错误，只要勇于承认过错和不足，并加以改正，在成长中就不会为此而烦恼了。

【要诀】知错能改，善莫大焉。

【例解】

汉武帝是一个雄才大略的皇帝，他即位后，就着手解决匈奴问题，任命卫青、霍去病率军击败了匈奴，将他们赶到了漠北。汉

汉武帝刘彻像

武帝还是不放手，又派兵穿过大沙漠直捣匈奴老巢，这一次虽然获胜，可是汉朝付出了沉重的代价，出兵时用了14万匹战马，回归时仅剩3万匹。常年的战争，使得民不聊生，怨声载道。他还指使酷吏清查"巫蛊"，导致数万人冤死的空前大狱，这就是西汉史上著名的"巫蛊之祸"。到了晚年，汉武帝认识到了自己穷兵黩武的错误，下了罪己诏，强调"当今务在禁苛暴，止擅赋，力本农"——停止朝廷苛暴的政策，不准再随便征税，全力从事农业生产。汉武帝知错能改，不失为一个杰出的皇帝。

六五，或益之十朋之龟，弗克违，元吉。

《象》曰：六五元吉，自上祐也。

【译】六五，有人进献价值"十朋"的大宝龟，无法辞谢，这样就是大吉祥。

◎《象》解释道："六五"至为吉祥，这是从上天施予祐助。

【智慧解读】

这是损卦的第五爻，阴爻阳位位不正，但位于上卦的至尊中位，因此大吉。"朋"是古代的货币。这一爻是说，那些损己利人、提供帮助的人，他们的意愿是刚强而不可违背的。他们所做的是正义之举，因而他们心中充满了喜悦。可以说，此爻面对当今的社会现实，旨在唤醒人们的良知和正义，从而将无私助人的优良美德发扬光大。

【要诀】无私助人，义薄云天。

【例解】

李小峰是一名小学教师，在他的学校里，他要身兼数职，因为整个学校只有他一名教师。他身兼四职：校长、主任、教师、后勤，是西部山区典型的"一人一校"。从1992年至2005年，他已整整工作了13年，他教出的学生有134名，其中4名考上了大学。其实他可以选择离开，但他一走，全村的学生都要失学了。因此，为了孩子们，他一直待在学校，过着一贫如洗的生活。李小峰无私助人，正可谓是义薄云天。

上九，弗损益之，无咎，贞吉，利有攸往，得臣无家。

《象》曰："弗损益之"，大得志也。

【译】上九，不用自我减损，亦可施益于人，不会有什么灾祸；保持纯正就会吉祥，有利于行动，可以使人臣服。

◎《象》解释道：不用自我减损，亦可施益于人，说明"上九"大得施惠天下的心志。

【智慧解读】

　　这是损卦的第六爻，阳爻阴位位不正，象征以不正当的手段巧取豪夺，敛尽钱财。因此这一爻是从反面告诫从政者：不要再损人利己了，只有还富于民，才能赢得民心，赢得下属的支持。生活在当今时代的我们应该懂得，损人利己不但从良心和道义上会受到谴责，而且在现实物质层面上终究也不会得到什么好处。只有走正义之路，才能换来同伴的信任和支持，走向成功。

【要诀】 损人利己，自取灭亡。

【例解】

　　美国有对兄弟合伙开了一家服装店，他们为了挣到更多的钱，就想出了一个办法。每当顾客询问衣服的价格时，做弟弟的总要故意抬高声音说："您讲什么？请大声点儿，我耳朵有点儿问题。"当顾客再一次大声询问时，弟弟就说："请您等等，我问一下老板。"做哥哥的在里面也是大声地回答道："72美元。"这声音顾客肯定能听到。然而弟弟出来却说："老板说这件衣服卖42美元。"顾客以为占了大便宜，立即交钱拿货走人。但时间一长，顾客就看出问题来了，最后没有一个人来这里买衣服了，兄弟俩最终关闭了这家店铺。他们两人不以真诚对待顾客，最终失掉了顾客的信任。

损卦给我们的启示

　　1. 在日常生活中，应当坚持诚信的为人处世原则。不论是工作还是与人交往，都要有诚实守信的态度，都要取信于人。若在交往的过程中，只是一味地自私自利，总算计着怎样让自己多占一分利而少吃一点儿亏，是不可能交上真心的朋友的；也不可能让自己的事业顺利发展，失败的结局是不可避免的。

　　2. 在生活中要保持一种健康向上、积极乐观的心态。这既包括在自己陷于困境时的咬牙坚守、在亲人朋友受难时的乐于助人，也包括能与自己的亲人朋友或者合作伙伴同甘共苦。只要自己保持高尚的节操，在朋友困难时无私地伸出援手，并且与需要帮助的人心贴心地站在一起，就没有越不过的障碍。

　　3. 对事物的观察和分析应该认真和全面。应该懂得作为普通的人，为人处世总会有对有错，只要我们以正确态度面对自己的错误，积极改正，就能够健康地成长；而事物的发展也讲究一个均衡的原则，内部关系不平衡的事物，其发展道路就不会一帆风顺。各方面的均衡才有和谐的发展。

益卦第四十二

——不计小利成大事

（震下 巽上）

益：利有攸往。利涉大川。

《彖》曰："益"，损上益下，民说无疆；自上下下，其道大光；"利有攸往"，中正有庆；"利涉大川"，木道乃行；益动而巽，日进无疆；天施地生，其益无方。凡益之道，与时偕行。

《象》曰：风雷，益。君子以见善则迁，有过则改。

【译】益卦象征增益，有利于前往，有利于涉过大河险阻。

◎《彖》解释道：益卦是减损上方，增益下方，这样能使人民感到无比的快乐。由上而下使人民受益，他的道义就能大放光明。利于有所前往，是因为尊者居中得正，天下必有喜庆；利于涉越大河，是因为木船在水上漂浮，发挥了功用。顺着道理而行动，必然每天都能有所增益，以至无穷。天地生育万物，它所能增益的没有限量。凡是使他人增益的道理，一定要注意时间的因素，见机行事。

◎《象》解释道：风与雷相互助长，气势便能有所增益。君子也应当效仿这一精神，见到他人比自己优秀善良之处，就毫不迟疑地向他学习，自己有了过错，要及时地改正。

秋窗读易图　南宋　刘松年

《周易》一书自从问世以来，便成为士大夫的必读书，观卦象、玩卦辞，将人生哲理结合本身生活经历一一加以发挥，以便更好地修身养性，陶冶性情。

【智慧解读】

益卦是由巽卦和震卦组成的。上卦"巽"为风，下卦"震"为雷，雷风二物，相益为用，此风雷所以为益。它的前一卦是损卦，从卦义上看，两卦完全相反，损卦是损下体之阳爻增益上体；益卦是损上体之阳爻增益下体。其要义是通过适当地损上益下，益下而固本，本固则枝荣，所以实际上是对上下都有益。这一卦启示有志于建功立业的人们，为了远大的目标应不计较眼前的小损失。有失才能有得，与人方便才能自己方便，只有使大家的利益都有所增益，才能受到拥戴，获得大的成功。与此同时，要注意自身修养，有过则改，赢得众人尊重。这样才能相得益彰，成就一番事业。

【要诀】 虚怀若谷，让利于人。

【例解】

战国时，齐国的孟尝君有一次张贴文告，询问众门客道："谁熟悉会计，能为我到薛地去收债？"这时，有个叫冯谖的门客站出来，签下名字说："我能。"于是，他就套马备车，整理行装，载着债券契约准备出发。告辞时，冯谖问孟尝君："债收完，买些什么东西回来呢？"孟尝君说："看我家缺少的东西吧。"冯谖赶车到了薛地，派官吏召集该还债的乡民都来核对债券。债券全部核对完毕，冯谖站起来，假托孟尝君的命令把欠的债全部赏赐给众乡民，借此烧了他们的债券，乡民都高呼万岁。冯谖回来后告知了孟尝君。孟尝君听说此事以后，很不高兴。后来，孟尝君被贬官，回到自己的封地薛地，离薛地还有百里，乡民们扶老携幼，在半路上迎接孟尝君。孟尝君回头对冯谖说："先生为我买的义，今天终于看到了。"正因为冯谖能够清楚地看到小利和大利之间的差别，才为孟尝君赢得了人心。

初九，利用为大作，元吉，无咎。

《象》曰："元吉无咎"，下不厚事也。

【译】 初九，利于大有作为，非常吉祥，没有灾祸。

◎《象》解释道：大吉大利，没有灾祸，下民本来不能胜任上级过重的负担（但此时获益可大有作为）。

【智慧解读】

"初九"为全卦的主爻，在最下位，本来不能有所作为。但是，由于在上的统治者能够不厚取于民，不与民争利，而且能够把优惠带给下民，这就大大提高了下民的积极性，利用上面的优惠政策兴办大事，从而实现整体社会财富的增加，这也更加有利于统治者的利益，从而实现社会发展的良性循环。做广义的理解，就是在事业开创的初期，如果要想能够很快地有所成就，巩固事业的基础，就必须处处为下属着想，在不损害事业发展的前提下，减轻下属的负担，为下属谋求尽可能多的利益，这样才能充分调动他们的工作热情，最大限度地发挥他们的才能为整体利益服务。

【要诀】 为民着想，不与民争利。

六二，或益之十朋之龟，弗克违，永贞吉。王用享于帝，吉。

《象》曰："或益之"，自外来也。

【译】六二，在增益的时候，有人赠送价值十朋的宝龟，不能推辞。这是很好的征兆，须永远守正，才能得吉祥；王在此增益之时，也可以用来祭祀先帝，这是吉利的。

◎《象》解释道：有人来增益，这是从外得来的。

【智慧解读】

"六二"以柔处中得位，柔顺、虚心、中正，与"九五"相应，因而，任何人都会施以助益。不过，"六二"柔爻柔位，过于柔弱，又特别强调，必须永远坚守正道，才会吉祥。这就是说，在事业进展顺利、逐渐稳定的时候，要善于抓住机遇，利用有利的外部条件，实现事业的进一步飞跃。反过来说，如果故步自封，安于现状，事业就有垮掉的危险。同时须要注意的是，由于机遇也意味着挑战，因而在利用机遇时不能私心太重，只有坚守正道，才易于成功。

【要诀】 抓住机遇，积极进取。

【例解】

华裔电脑名人王安博士，声称影响他一生的最大教训，发生在他6岁之时。有一天，他外出玩耍，路经一棵大树的时候，突然有东西掉在他的头上。伸手一抓，原来是个麻雀巢，里面还有一只小麻雀。于是他将麻雀连同鸟巢一起带回了家。王安回到家，走到门口，忽然想起妈妈不允许他在家里养小动物。所以，他轻轻地把小麻雀放在门后，急忙走进屋内，请求妈妈的允许。在他的苦苦请求下，妈妈破例答应了儿子的请求。王安兴奋地跑到门后，不料小麻雀已经不见了，一只黑猫正在那里意犹未尽地舔着嘴巴。王安为此伤心了好久。通过这件事，王安得到了一个很大的教训：只要是自己认为对的事情，绝对不可优柔寡断。必须马上付诸行动。不能做决定的人，固然没有做错事的机会，但也失去了成功的机遇。

六三，益之用凶事，无咎。有孚中行，告公用圭。

《象》曰："益用凶事"，固有之也。

【译】六三，用增益的东西拯救凶事，没有灾祸；有诚信，行中道，时时像用圭璧告急于王公一样虔心恭敬。

◎《象》解释道：用增益之物来拯救凶事是本来应有的事。

【智慧解读】

"六三"在下卦的最上位，与上卦邻接，下卦"震"是动，所以"六三"主动前往，向"六四"请求援助。对于君子来说，乞求别人是很不光彩的，但当发生凶险之事时，则是理所应当的。但行为必须符合两个条件：第一，有诚信，行中道；第二，时时拥有像用圭璧告急于王公时一样虔诚恭敬的心，王公即"六四"。这就是说，在事业遇到挫折或人生遭遇困境时，不能气馁消沉下去，应该积极寻求帮助。在寻求帮助时，要自尊自重，诚信待人，不露狼狈窘迫之态，并且能够使资助者有所受益，这样才能赢得资助者的尊重，易于获得资助。

【要诀】 诚信为本，不卑不亢。

【例解】

山本武信是日本20世纪初的大企业家，在创业早期，他曾因经营不善而破产，在此情形下，山本表现出了他高贵的人格。大多数人在宣布破产以后，尽可能地隐瞒自己的财产，但山本武信却不一样，他不仅把自己的财物全部交出，还把妻子的戒指等首饰交给了银行。银行方面被他的诚意所感动，决定退回戒指等首饰。山本对银行的好意表示感谢，但执意不肯拿回，最后还是银行派人送了回去。鉴于山本武信的信用，银行最后反而决定无私地给予援助，使他顺利地渡过难关。山本武信在人生处于低谷，急需别人帮助时，却不卑不亢，最终靠自己的诚信打动了援助者。

六四，中行，告公从，利用为依迁国。

《象》曰："告公从"，以益志也。

【译】 六四，行中庸之道，告诉王公应当迁徙国都，能获得他的遵从，利于依附君上迁都益民。

◎《象》解释道：报告王公而被依从，能增益他安国的心志。

【智慧解读】

这一爻辞，与前面"六三"的爻辞，意义连贯，"公"指"六四"，前来求告的是"六三"。从"六三"爻辞我们得知当地百姓遭受灾荒，所以才有"六四"爻辞所说的迁徙国都，避害就利之举。君子求告王公迁都，表面上是为了老百姓能摆脱灾荒，王公则要受累。但是，如果百姓能够摆脱灾荒，王公的统治便能得到巩固，实则是两全其美的事情。这一爻的关键之处在于行中庸之道，无所偏袒，才能使自己的计划得到批准，予以实施。这就要求决策者能够兼顾各方的利益，从而使自己的计划得到支持和实行。

【要诀】 大公无私，统筹兼顾。

【例解】

战国时，赵国的赵太后刚执政，秦国便派兵攻打赵国。赵国求救于齐国，齐国要赵太后的幼子长安君为人质方肯出兵助赵解秦兵之围。赵太后爱子心切，不肯以长安君为质。大臣们极力劝说，引得赵太后大发雷霆，并说谁要再来劝，她就会当面羞辱来劝说的人。左师触詟却以委婉的言辞，指出了真正的利害关系，劝服了赵太后。触詟认为，真正地爱子并非给他以尊贵的地位，分封他肥沃的土地，多给他宝贵的财宝，而是应该使他为国建功立业，才能自立。这使赵太后心悦诚服，于是派长安君到齐国做了人质。此故事说明了统治者必须加强与人民的联系，为国家建立功业才能树立良好的形象，以取得人民的信任和支持，才能治国平天下。

九五，有孚惠心，勿问元吉。有孚惠我德。

《象》曰："有孚惠心"，勿问之矣；"惠我德"，大得志也。

【译】九五，怀有真诚信实地施惠天下的心愿，毫无疑问是非常吉祥的；天下万民也必将真诚信实地回报我的恩德。

◎《象》解释道：怀有真诚信实地施惠天下的心愿，说明非常吉祥，是不用问的；天下万民回报我的恩德，说明"九五"大得损上益下的心志。

【智慧解读】

"九五"在中央君位，阳爻阳位，因而刚毅中正。在下卦，又有同样中正的"六二"相应。所以，有力量，也有诚意，对人民布施恩惠，用不着问卜，就知道这是非常吉祥的。这样，人民也必然诚意回报，使自己也有收获。这一爻的意义比较清晰，从广义上讲，讲的是人才管理的道理。身为领导者，如果能够真诚信实地为下属谋求利益，必然能够得到下属的拥戴，这是毫无疑问的。这个道理虽然很简单，但是实际操作起来，则有很大难度。在很多时候，上级与下级的利益都会产生冲突，在这个时候，并不是每一个当上司的都能够舍小利顾大局的。

【要诀】施惠于民，眼光长远。

【例解】

德国的某家公司决定裁员后，大家一点儿也不惊慌，没人私下盘算，也没人走关系，因为大家心里都清楚要裁的是谁。德国公司对裁员有着明确的规定，即先裁培训期的员工，再裁单身员工，然后裁结了婚没孩子的员工，接下来裁结了婚有一个孩子的员工，最后裁结了婚有两个及两个以上孩子的员工。裁员是非常敏感的问题，关系到员工的切身利益，也很可能引发一系列的冲突。然而德国人的"一刀切"，却收到了非常好的效果，因为它充分考虑到了员工的利益，真正做到了为员工着想。因此，员工对这一章法的普遍认同，有效地避免了一些相关问题的发生。

上九，莫益之，或击之；立心勿恒，凶。

《象》曰："莫益之"，偏辞也；"或击之"，自外来也。

【译】上九，没有人来增益它，反而有人来打击，立心没有恒常，有凶险。

◎《象》解释道：没有人来增益它，说的是普遍情况；有人来打击它，这是从外部不招自来的凶险。

【智慧解读】

"上九"是本卦的最后一爻，以阳刚处阴位，已经到达益卦的极点。故有无人助益他，甚至有人攻击他的征兆。因为把行为只放在利益上，必然会招致许多怨恨。在这个时候，如果立心没有恒常，就会遭遇到凶事。这告诫人们：不可贪得无厌，人的欲望是没有止境的，无休止地追求利益必然会对别人的利益造成侵害，失去人心；同时还可能招致别人的忌妒，受到意想不到的攻击。

【要诀】忌贪得无厌，保持平常心。

【例解】

徽商是明代中叶至清道光年间中国最具实力、最有影响的一支商帮，曾创造了雄踞华夏商界300年之久的辉煌。徽商本源自穷乡僻壤，"流寓四方"，并没有什么特别之处，但却能立于不败之地，靠的就是"取予有义"。明代有一位徽商在江苏溧水经商，低息借贷便民，从不居中盘剥。明嘉靖二十二年（1543年）谷贱伤民，他平价囤积，次年灾荒，谷价踊贵，他售谷仍然按照往年的价格，因此深得百姓信佩。无独有偶，休宁商人刘淮在嘉湖一带购囤粮谷，一年大灾，有人劝他乘时获利，他却说，能让百姓渡过灾荒，才是大利。于是，他将囤聚之粮减价售出，还设粥棚施舍给饥民，赢得了一方百姓的赞誉和信任，生意自然也日渐兴隆。

益卦给我们的启示

1. 有志于建功立业的人们，在创业的时候，要有长远的眼光，以人才为重，人心为重，不计较小利，尽量为下属谋求更好的待遇。只有这样，才能留住人才，并且提高他们的工作积极性，从而增加整个集体的凝聚力，实现集体的良性发展。

2. 要努力塑造自己良好的公众形象，能够虚心听取别人的意见，有过则改，关心爱护下属，这样才能更好地树立威信，赢得人心。在遭遇困境时，不可气馁消沉，而要积极寻求帮助，抓住契机以图东山再起。

夬卦第四十三

——刚柔相济得太平

（乾下 兑上）

夬：扬于王庭，孚号有厉，告自邑，不利即戎，利有攸往。

《彖》曰："夬"，决也，刚决柔也。健而说，决而和；"扬于王庭"，柔乘五刚也；"孚号有厉"，其危乃光也；"告自邑，不利即戎"，所尚乃穷也；"利有攸往"，刚长乃终也。

《象》曰：泽上于天，夬。君子以施禄及下，居德则忌。

【译】 夬卦象征决断，宣扬法令于朝廷之上，并以诚信为号召。有危险自边疆来告，不要立即出兵，而应先去了解情况。

◎《彖》解释道：夬，决的意思，阳刚决断阴柔。下卦为乾是健，上卦为兑是悦，决断不可严厉仍应平和。宣扬法令于王廷，是一阴在五阳爻之上。不以诚信为号召有危险，那危险就会暴露明显。边疆有危来告立即出兵不利，是因为崇尚武力只是一条死路；有利于行动，是因为阳刚生长最终会成为乾卦。

◎《象》解释道：大泽到了天上，就是夬卦。君子从中得到启示，要把利禄布施给下面，不可以居功自傲。

【智慧解读】

夬卦上卦为兑卦是悦，下卦为乾卦是健。以卦形来说，是阳刚将阴柔决断的形象。君子虽然可以刚健地勇往迈进，但在做法上，仍应当使人心悦诚服。一个阴爻的小人，高坐在许多阳爻的君子头上，已经是罪恶，必然不能长久。但如果君子只依靠武力，过于鲁莽，反而容易被小人有机可乘，甚至遭受大的损失。这告诫我们：做事应当刚柔相济，提高警觉，不可冒进。行动要审慎，最理想的方式是用柔，以感化使其改过从善。这样，就既能很好地达到目的，又不会招致灾祸。

【要诀】 刚柔相济，辅以感化。

【例解】

贞观年间，唐太宗殿试射箭比赛。大臣们劝太宗以安全为重，不要在大殿前举行比赛，以免被暗箭所伤。唐太宗答道："王者视四海为一家，封域之内，皆朕赤子，朕一一推心置其腹中，奈何宿卫之士亦加猜忌乎！"对边疆少数民族，他也重视感化，将心比心，南诏为彝族和白族的祖先，曾接受唐朝云南王的封号；吐蕃为藏族的祖先，与唐几次通婚，保持"和同为一家"。后来，唐太宗在总结定中夏、服夷狄的经验时再次强调："自古皆贵中华，贱夷狄，朕独爱之如一，故其种落皆依朕如父母。"可见，不能一味地使用武力，应刚柔相济、辅以感化，这样才能取得好的效果。

初九，壮于前趾，往不胜为咎。

《象》曰：不胜而往，咎也。

【译】 初九，前面的脚趾强壮，若贸然行动，不能取胜必有灾祸。

◎《象》解释道：不能取胜而去行动，会有灾祸。

【智慧解读】

"初九"是第一爻，阳爻阳位得正。但位于全卦最下方，虽刚健却不足。就好像一个人只是前面的脚趾强壮，就鲁莽地行动，必然招致灾祸。这告诫我们：在做任何事情之前，都不要过分高估自己的实力，这样很容易产生轻敌的心理。草草行事，妄想一步到位，是很难实现的。有时候甚至会被对手乘机反咬一口，蒙受损失。正确的做法就是在现有实力的基础上，再有万全的策划与准备，那么所做的事情就易于成功了。

【要诀】 行事谨慎，不可冒进。

【例解】

在1998年的中国足球甲级联赛中，升班马武汉红金龙开局以后，一直高歌猛进，前三轮排名第二。面对这一胜利，红金龙上下一片乐观，甚至认为自己很可能成为中国的凯泽斯劳滕，创造当年升级、当年就夺冠的佳绩。因此，当时他们根本不把上届冠军大连万达放在眼里。恰好大连万达前几轮表现不如意，上上下下都憋了一肚子火。红金龙仍然不知道形势的紧迫性，开场就和攻击力极强的大连万达打起了对攻，这正中万达的下怀。开场不到1分钟，万达就进球了，红金龙一溃千里，被连灌七球，自己一球未进，受尽了羞辱。此战过后，两支球队的命运迥然不同，红金龙士气大挫，连战连败，差点儿未能保级成功；而大连万达则一路高歌猛进，取得了十一连胜的佳绩，最后早早地就获得了联赛冠军。红金龙的失误，就在于高估了自己的实力，鲁莽进攻，反而被对方抓住了弱点。

九二，惕号，莫夜有戎，勿恤。

《象》曰："有戎勿恤"，得中道也。

【译】 九二，时刻警惕呼号，即使黑夜敌人来犯，也不用担心。

◎《象》解释道：有敌进攻而无忧，是因为能够很好地把握中庸之道。

【智慧解读】

正当要将小人决断的时候，刚爻柔位，这正象征着刚柔相济，不会冲动冒进，而"九二"又恰在内卦的中央，能够把握中庸的道理。这一卦是说决断小人，应提高警惕，防范反击。它给我们的启示是：要时刻保持警惕，越是事情进展的关键时候，就越要小心。就像行军打仗，只要我们时刻保持对敌人的压力，同时有稳妥的防守，就必然立于不败之地。只有先保存好自己的实力，才能发展壮大，好的防守是进攻的基石。

【要诀】 以守代攻，伺机而动。

【例解】

322年，晋元帝病死，晋明帝（司马绍）即位，拜温峤为侍中。明帝对温峤格外信赖，朝廷的机密大事都让他参与，诏命文件都让他预告得知，不久又任命他为中书令。当时的权贵王敦势力庞大，并有谋反之心。温峤觉得自己这种境遇甚为王敦所忌，就请求明帝让自己出任了司马，且装成恭敬王敦的样子，经常接近他，同他谈论府事，甚至参与王敦的密谋，附和王敦的篡位欲望。王敦放松了对他的警惕，将他引为心腹。温峤还都后，向明帝奏明了王敦的逆谋，请求早做防备。明帝加温峤中垒将军，叫他都督东安北部诸军事。由于对王敦的实力及动向都了如指掌，温峤最终消灭了王敦的叛乱。这正是温峤能够以守代攻，伺机而动的结果。

九三，壮于頄，有凶。君子夬夬独行，遇雨若濡，有愠无咎。

《象》曰："君子夬夬"，终无咎也。

【译】 九三，颧骨强壮怒形于色，有凶险。君子应刚毅果断，独自前往，遇雨被淋湿甚至受人嫌疑被人愠怒，但不会遭遇灾祸。

◎《象》解释道：君子刚毅果断，最终没有灾祸。

【智慧解读】

"九三"是刚爻，而且在一连三个刚爻的上方，超过了中位，刚强过度，因而决断的心情在脸上显露了出来，以致招致小人的畏惧和憎恨，甚至有被报复的凶险。这告诫我们：在做决断时，尤其是决断可能会损伤某些人的利益时，切不要过于张扬，以免成为众矢之的。应隐忍不动声色，相信自己一定是能够成功的。

【要诀】 谦和低调，不可强为。

【例解】

《三国演义》中，许攸本是袁绍的部下，他足智多谋。许攸因家人犯法袁绍不准其讲情且因此产生猜忌所以投奔曹操。曹操听说他来，没顾得上穿鞋，光着脚便出门迎接。后来，在击败袁绍、占据冀州的战争中，许攸立了大功。他便自恃有功，在曹操面前开始不检点起来。有一次，他当着众人直呼曹操的小名，说道："阿瞒，要是没有我，你是得不到冀州的。"曹操不好发作，只能勉强言笑。后来，许攸更加放肆。许攸被曹操手下大将许褚所杀。

九四，臀无肤，其行次且；牵羊悔亡，闻言不信。

《象》曰："其行次且"，位不当也；"闻言不信"，聪不明也。

【译】九四，臀部没有皮肤，行走很艰难；牵羊让它自由地行走，就不会发生后悔的结果。听到话固执地不去相信。

◎《象》解释道：之所以行走艰难，是因为没摆正位置；听不进忠告，是因为愚蠢地将听到的话当作耳边风。

【智慧解读】

"九四"处于阳爻阴位，又不在中位，象征心中迟疑，坐立不安，就像臀部无皮，以致进退艰难。这一爻是告诉人们应当如何做决策。我们在决断的时候，不能犹豫不决，一定要果断。同时，要保持头脑清醒，对事情的发展趋势有很好的认识，用心分析和采纳各方面的意见。只有这样，才能做出正确的判断，不然，果断就变成了一意孤行，很可能出现偏差。

【要诀】兼听则明，偏听则暗。

【例解】

明英宗时期，瓦剌军大举入侵，明英宗受太监王振的蛊惑，认为由自己出马，定能大胜。他没有与朝臣商量，便轻率地做出了决定，下旨诏示群臣。文武朝臣听到御驾亲征的诏令，万分吃惊。兵部尚书邝野、侍郎于谦及吏部尚书王直苦劝英宗不要亲自率兵出征，其言发自肺腑，入情入理，陈述道："天气炎热，旱气未回，粮草供应不足，水泉犹塞，人畜所需，确有困难。况车驾远行，四方急奏，不能既达。其他不测之祸，难保必无。"大臣们请求英宗选派干将援救大同。可是，英宗谁的话都听不进去，当即下令："如有再进谏者，杀无赦！"结果他所率领的50万大军全军覆没，自己也被俘获。明英宗的失误，就在于一意孤行、不听忠告。

九五，苋陆夬夬中行，无咎。

《象》曰："中行无咎"，中未光也。

【译】九五，像铲除苋陆草一样果断地清除小人，行于中道没有灾祸。

◎《象》解释道：行于中道没有灾祸，是居中位还未光大。

【智慧解读】

"九五"在这一卦五个阳爻的最上方，是这一卦的主爻，也是决断小人的主角。它处在上卦中央的君位，刚毅中正，有将小人决断的决心，又不失中庸之道，不会冲动偏激，所以不会有灾难。这一爻的关键是决断小人必须把握中庸原则，这一原则对我们做人行事同样重要。即在态度上要坚决，而在方法上要考虑周到，这样便能做到无懈可击，也不会引发不必要的麻烦。

【要诀】不动声色，一举歼灭。

【例解】

鲁庄公十年，春天，齐国军队攻打鲁国。鲁庄公准备迎战，曹刿请求拜见。庄公同他共坐一辆战车出战。两国的军队在长勺作战。庄公打算击鼓命令进军，曹刿说："不行。"齐国军队一连敲了三次鼓，军心已有些懈怠，以为鲁国势微，不敢进攻。这时曹刿说："可以进攻了。"结果，齐国的军队溃败，庄公准备率军追击，曹刿说："不行。"他登上车辕，察看敌情，认定敌人是真的大败了，才建议大举追击。他这样做是为了防止齐国有诈。最终，鲁国的军队战胜了齐国军队。正因为曹刿在关键时刻果敢决断，考虑周全，才能取得最后的胜利。

上六，无号，终有凶。

《象》曰："无号之凶"，终不可长也。

【译】上六，号叫也没有用处，最终必会有凶险。

◎《象》解释道：号叫也凶险难逃，小人高居在君子的头上，最终必然是不能长久的。

【智慧解读】

"上六"阴爻，是要被决断的小人，就是大声呼号，也不会有人理会，最终难逃凶险。这一爻，说明小人迟早会被决断。这给我们两个方面的启示：一是正义的力量一定能战胜邪恶，只要我们所做的事情是对的，即使阻碍重重，也要充满信心；二是在任何时候都不要存在侥幸心理，如果妄图将自己的私欲建立在损害大众的基础上，必然会招致大众的反抗，最终落得惨败的下场。

【要诀】坚守正道，克制私欲。

【例解】

隋炀帝接掌大宝的当年即大业元年（605年），便立即修建"西苑"，仅发掘的人工湖就有十余里长。为了皇家气派，隋炀帝凡游"西苑"，仅跟班服侍的侍女就要上千人。下江南进运河时，隋炀帝乘坐的那艘名叫"龙舟"的御船，长 200 尺、高 45 尺，仅第二层就有大小房间 120 间，而且所有的房间都是用金子和玉石装饰。除了这艘"龙舟"外，作陪的如"朱鸟""白虎"一样大小的船还有千余只，随从人员近 1 万人，而拉纤划船的军士则有 8 万人之多！正因为隋炀帝处处以自己的私欲为重，使得民不聊生，所以最终迅速亡国。

隋炀帝龙舟出行图　清　佚名

夬卦给我们的启示

1. 我们在制订计划的时候，一定要考虑周全，既要端正自己的心态，对自己的能力有一个正确的评估，同时又要对事情的发展趋势和可能碰到的困难有一个大概的认识。在执行计划时要谨慎行事，切不可轻举妄动。

2. 在处理人际关系，包括对待下属以及对待竞争对手时，要努力保持一种威严的身份，同时不能咄咄逼人，以免招致报复。尽量做到刚柔相济，恩威相施。对于和自己有利益冲突关系的人要保持警觉，对可能出现的突发情况要有心理准备。

3. 在面对实力强劲的竞争对手时，如果想要在竞争中获胜一定要做到以下两点：一是学会隐忍，低调行事，让对手放松对你的警惕；二是学会把握时机，在关键的时候不可迟疑不决，应出手果断，给对手以毁灭性打击，以免被反击。

姤卦第四十四
——防微杜渐免祸害

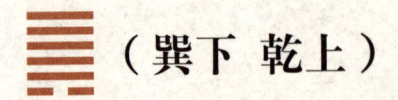

（巽下 乾上）

姤：女壮，勿用取女。

《彖》曰：姤，遇也，柔遇刚也。"勿用取女"，不可与长也。天地相遇，品物咸章也。刚遇中正，天下大行也。姤之时义大矣哉！

《象》曰：天下有风，姤。后以施命诰四方。

【译】姤卦象征相遇，女子过分强盛（遇男人过多），则不宜娶作妻子。

◎《彖》解释道：姤，意思是遇合，阴柔遇到阳刚就与之结合。这样的女子不宜娶作妻子，是因为不可与行为不正的女子长久相处。天地万物相互遇合，各类事物的发展都显明昭彰；刚者若能遇合居中守正的柔者，人伦教化就能大为通畅。遇合合乎时宜，其意义是多么重大啊！

◎《象》解释道：天下吹拂着和风（无物不遇），象征着遇合；君王因此施发政令，传告四方。

【智慧解读】

姤卦是"消息卦"的五月卦。这时天地相遇，万物翻新，构成多彩的实际，所以姤卦的意义是伟大的，天地之间万物的遇合都有着必然的规律。然而，并不是所有的遇合都会有好的结果。从卦形上看，一个阴爻相遇，而且是阴向上升，主动侵犯阳，象征一个品行不正的女子与五个男子相遇，所以不能娶这样的女子做妻子。然而万物的遇合又有必然的规律，因而，遇合是否符合时宜，就显得尤为重要了。这就启示我们：有些事情是必然要面对的，但是要学会在适当的时机做适当的事。

【要诀】在适当的时候做适当的事。

【例解】

一位富翁家的狗在散步时跑丢了，于是富翁就在当地报纸上发了一则启事：有狗丢失，归还者，付酬金1万元。启事刊出后，送狗者络绎不绝，但都不是富翁家的。富翁的太太说，肯定是真正捡狗的人嫌给的钱少，那可是一只纯正的爱尔兰名犬。于是富翁把酬金改为2万元。一位沿街流浪的乞丐在报摊看到了这则启事，他立即跑回他住的窑洞，因为前天他在公园的躺椅上打盹时捡到了一只狗，现在这只狗就在他住的那个窑洞里拴着。果然是富翁家的狗。乞丐第二天一大早就抱着狗出了门，准备去领2万元酬金。当他经过一个报摊的时候，无意中又看到了那则启事，赏金已变成3万元。乞丐又折回他的窑洞，把狗重新拴在那儿。第四天，悬赏额果然又涨了。在接下来的几天时间里，乞丐天天浏览当地报纸的广告栏。当酬金涨到使全城的市民都感到惊讶时，乞丐返回他的窑洞，可是那只狗已经死了。因为这只狗在富翁家吃的都是鲜牛奶和烧牛肉，对于这位乞丐从垃圾桶里捡来的东西根本消受不了。

初六，系于金柅，贞吉。有攸往，见凶，羸豕孚蹢躅。

《象》曰："系于金柅"，柔道牵也。

【译】将"初六"牢牢地系在金属制动器上，阻止其前进的步伐才能万事大吉。如果让其自由地发展，很容易发生凶险。虽然此时它很弱小，像一只羸弱的小猪，但它不停地徘徊，寻找前进的机会。

◎《象》解释道：将"初六"牢牢地系在金属制动器上，因为阴柔必须受到阳刚的牵制。

【智慧解读】

"初六"虽然柔处阴位，但是有不断向上的趋势，蠢蠢欲动。好比一个品行不端的人，虽然刚开始的时候其势力很柔弱，但如果不及时加以规劝和制止，其邪心就可能愈加膨胀，最终不可制止。这一爻是说君子应当在小人刚露出行为不轨的苗头时，就及时制止住，否则必生大乱。

【要诀】防微杜渐，处事果断。

【例解】

有位客人到朋友家里做客，看见主人家的灶上烟囱是直的，旁边又有很多木材。客人告诉主人说，烟囱要改曲，木材须移去，否则将来可能会有火灾，主人听了没有做任何表示。不久，主人家里果然失火，四周的邻居跑来救火，最后火被扑灭了，于是主人烹羊宰牛，宴请四邻，以酬谢他们救火的功劳，但是并没有请当初建议他将木材移走，烟囱改曲的人。有人对主人说："如果当初听了那位先生的话，今天就不用准备宴席，而且也不会有火灾的损失。现在论功行赏，曾给你建议的人没有被感恩，而救火的人却是座上客，真是很奇怪的事！"主人顿时醒悟，赶紧去邀请当初给予建议的那个客人来。

九二，"包有鱼"，无咎，不利宾。

《象》曰：包有鱼，义不及宾也。

【译】九二，把鱼用茅草包起来，就不会遭到灾祸，以鱼宴请宾客则不利。

◎《象》解释道：把鱼用茅草包起来，从道义上说，是不能用来宴请宾客的。

【智慧解读】

"九二"以阳爻居巽卦中位，有谦逊而阳刚之德。在遇合之时，与小人"初六"相遇成比，对小人能够采取包容节制的作用，这样就不会有灾祸。但如果让小人与外界接触，他就可能蠢蠢欲动，对宾主都会造成不利。这就是说，对于小人，要能够包容，在此前提下才能有效地将其节制住，并且不要让他有为恶的机会。

【要诀】大度能容，有效防止。

【例解】

陶行知先生在担任一所小学的校长时，看到王友用泥块砸班上的同学，当即制止了他，并要他放学后到校长室去。放学后，王友已经准备在校长室挨训了，陶行知却掏出一块糖果送给他，并说："这是奖给你的，因为你按时来到这里，而我却迟到了。"王友惊异地接过糖果。随后，陶行知又掏出一块糖果放到他的手里，说："这块糖也是奖给你的，因为当我不让你再打人时，你立即就住手了，这说明你很尊重我。"王友更惊异了，眼睛睁得大大的。陶行知掏出第三块糖果塞到王友手里，说："我调查过了，你用泥块砸那些男生，是因为他们不守游戏规则，欺负女生。你砸他们，说明你很正直善良，有跟坏人做斗争的勇气！"王友流着泪后悔地说道："陶……陶校长，你打我两下吧！我错了，我砸的不是坏人，而是自己的同学。"陶行知满意地笑了，说："你能认识错误，我再奖给你一块糖果，可惜我只有这一块糖果了，我的糖没了，我看我们的谈话也该完了吧！"

九三，臀无肤，其行次且，厉，无大咎。

《象》曰："其行次且"，行未牵也。

【译】九三，臀部没有皮肤，行动起来很困难，情况虽然比较严重，但不会有太大的灾祸。

◎《象》解释道：行动起来很困难，说明"九三"无法真正牵制住"初六"。

【智慧解读】

"九三"以阳爻居巽卦上位，过刚而不中，上无应，下无遇，本应当安分守己，却强行要与"初六"遇合，想对它施加影响，行动起来自然很困难，虽然不会有大的损害，但终究不会成功。这一爻劝勉人们，不要鲁莽地对无法解决的难题或暂时无法控制的恶势力勉强加以干涉，这样不但达不到效果，可能还会给自己带来麻烦。

【要诀】 量力而行，不可勉强。

【例解】

《三国演义》中，董卓专权，满朝文武无可奈何。但曹操却抚掌大笑，表示愿亲自前往谋刺董卓。计定之后，曹操佩着司徒王允借给他的七星宝刀来到相府，进入董卓所住小阁，见吕布侍立于旁，不敢下手。董卓叫吕布去挑马赐予曹操，吕布走后，董卓因胖大不耐久坐，于是倒身转向内卧于床上。曹操见机会已到，急忙抽出宝刀，准备要行刺，不料董卓从衣镜中看见曹操在背后拔刀，迅速转过身子问道："孟德干什么？"吕布此时也牵马来到阁外。曹操灵机一动，忙持刀跪下说："我有宝刀一口，献与恩相。"董卓拿过宝刀，递与吕布收了。曹操马上解下刀鞘交与吕布，道："我去试试恩相赐的马。"曹操急牵马出相府，往东南逃去。当董卓、吕布醒悟过来要抓曹操时，已经晚了。曹操的聪明之处在于随时随地能够明白自己的处境，当时机已经不适合自己的行动时，不勉强为之，故而能够化险为夷。

九四，包无鱼，起凶。

《象》曰："无鱼之凶"，远民也。

【译】 九四，用茅草包不住鱼，兴起争执，就会有凶险。

◎《象》解释道：包不住鱼而产生凶险，说明远离下民，失去民心。

【智慧解读】

"九四"是阳爻居上卦乾的下位，乾为天，本应高高在上，此时阳居阴位，不中不正。它虽然与"初六"成比相应，但"初六"已被"九二"所包，"九四"与之离得又太远，无法影响它，只能任其发展，可能导致危险。这告诫我们：对于小人，不能一味地明哲保身、远身避害，这样只能让其越来越猖狂，铸成大害。

【要诀】 忍让有度。

【例解】

春秋时期，齐国大臣公孙接、田开疆、古冶子三人，结帮拉派，号称齐国"三杰"。他们对上不把齐景公放在眼里，对下看不起其他大臣。时常找借口，征收粮款，损公肥私。齐景公觉得他们有勇敢拼，能与龙虎搏斗，又有救命之恩，所以采取了姑息养奸的态度，结果是这"三杰"不断危害国家，遗祸于人民，最终到了无法收拾的地步。

九五，以杞包瓜，含章，有陨自天。

《象》曰：九五含章，中正也；有陨自天，志不舍命也。

【译】九五，用杞树枝叶覆盖住树下的瓜，内心含有彰显的美德，必然会有美好的遇合从天而降。

◎《象》解释道："九五"内心含有彰显的美德，是由于它居中守正；必然会有美好的遇合从天而降，说明其心志符合天命。

【智慧解读】

"九五"是阳爻至尊，阳刚中正，在相遇之时，无论君子小人，都能妥善处理。从爻位上看，虽然它与"初六"相距很远，但是并非不闻不问，而是积极利用自身的权势对其施加影响，将其控制在自己的势力范围内，等待时机，将其改造。这一爻奉劝为领导者要注意下层的动向，对于突然出现的变故能够用柔和而果断的方式予以及时控制，避免一些小的矛盾被激化。

【要诀】手段灵活，大事化小。

【例解】

宋太祖即位后不出半年，就有两个节度使起兵反对宋朝。宋太祖亲自出征，费了很大劲儿，才把他们平定。有了这件事，宋太祖心里总不踏实，担心从此之后他的部下也效仿，便想解除手下一些大将的兵权。于是961年，宋太祖安排了酒宴，召集禁军将领石守信、王审琦等饮酒，叫他们多积金帛田宅以遗子孙，歌儿舞女以终天年，从此解除了他们的兵权。969年，宋太祖又召集节度使王彦超等宴饮，解除了他们的藩镇兵权。宋太祖收回地方将领的兵权以后，建立了新的军事制度，从地方军队挑选出精兵，编成禁军，由皇帝直接控制；各地行政长官也由朝廷委派。通过这些措施，新建立的北宋王朝开始稳定下来。通过"杯酒释兵权"这个手段，宋太祖消除了"大将"的隐患。

宋太祖赵匡胤像

上九，姤其角，吝，无咎。

《象》曰："姤其角"，上穷吝也。

【译】上九，处于"姤"的极点，不遇阴也不制阴，没有灾祸。

◎《象》解释道：处于"姤"的极点，不遇阴也不制阴，是因为它处于姤卦穷极的缘故。

【智慧解读】

"上九"刚而居最上，像一个角长在头上，故曰"姤其角"，它与"初六"离得太远了，制阴已不是它分内的事，虽然不免有些道义上的遗憾，但是不会有什么灾祸。这启示那些身居高位者，或者不在其位者，要怀有一颗淡然之心，不要事事都想插一手，要不然会招致无妄之灾。

【要诀】 不居其位，不谋其政。

【例解】

有个人从小本生意做起，逐渐积累资本，最终创办了一家公司。然而，正当他满怀激情，准备大干一番事业时，公司的主要骨干却相继提出离职申请，企业运作一度陷入困境。慌忙之中他找专家做了仔细调查，最终发现问题出在越权上。从开始经营时，其管理体系就只有一个上下关系，而没有中间环节，是典型的简单管理。创办企业后，人员增多，工作量增大，企业内部设立了几个部门，分别负责不同工作，各部门负责人由原有职员中能力比较强的人员担任。而这位企业家仍然采用他认为行之有效的老方法对企业进行管理：许多关系很好的员工直接向他汇报工作，有些工作他也直接安排了。结果造成了他与企业中层管理人员之间、企业中层管理人员与职员之间的相互不信任，最终导致了主要骨干提出辞职。这正是不居其位，却干涉其政的后果。

姤卦给我们的启示

1. 要学会在适当的时机做适当的事，碰到任何困难都要坦然面对。对于突然出现的变故要能够用柔和而果断的方式予以及时控制，将危害降低到最小程度，避免矛盾的激化。

2. 要学会包容别人的缺点，以温和的态度和手段加以对待，这样才不会招致激烈的反抗和报复。在此前提下，创造有利的条件，对其加以感化和教育。即使无法对其施加具体的影响，也要将其控制在自己的视野范围内，等待时机，将其改造。

3. 要有自知之明，有些难题或恶势力是我们无力控制和改变的。这时候如果强行与之做斗争，不但会打草惊蛇，毫无效果，还会造成不必要的牺牲。

萃卦第四十五

——德行兼备聚人心

（坤下 兑上）

萃：亨，王假有庙，利见大人，亨利贞。用大牲吉，利有攸往。

《彖》曰："萃"，聚也。顺以说，刚中而应，故聚也；"王假有庙"，致孝享也；"利见大人亨"，聚以正也；"用大牲吉，利有攸往"，顺天命也；观其所聚，而天地万物之情可见矣。

《象》曰：泽上于地，萃。君子以除戎器，戒不虞。

【译】萃卦象征会聚，亨通。君王用美德感动神灵以保佑宗庙祭祀。利于见有德望的人，前景亨通而利于守持正固。用大牲畜祭祀可获吉祥，利于有所前往。

◎《彖》解释道：萃，意思是会聚。在下者顺从而在上者和悦，阳刚者守持中道并应和于阴柔者，所以能会聚众人。君王用美德感动神灵以保佑宗庙祭祀，要表现出对祖先的忠孝与祭祀的至诚之心。利于见有德望的人，前景亨通，说明会聚之时要有德高望重的人的领导以遵循正道。用大牲畜祭祀可获吉祥，利于有所前往，因为这样做是顺乎自然规律的。观察这种"会聚"现象，天地万物的性情就可以明白了。

◎《象》解释道：水泽居于地上，象征着会聚；君子因此修制兵器，戒备群聚所生的不测之乱。

【智慧解读】

从卦象上看，上卦兑为泽，下卦坤为地。水在地上积聚成泽，象征着国家财力充足，正是将民众聚合成一个统一的整体的时候，这时候呼唤着伟大领导者的出现。同时，君子应当在这时候聚集武装力量，防止上下安乐相聚的局面被破坏。这一卦是说，在事业发展成熟，上下关系融合的时候，领导者要充分利用这一时机，不骄不躁，给员工以更多的福利，使得这个集体更具凝聚力。否则的话，很容易盛极而衰，出现问题。

【要诀】领导群英，施惠于下。

【例解】

耐克公司是全球知名的运动产品生产商，它在中国也大量地投资建厂。经过一段时间的发展，中国市场逐渐打开，耐克的盈利也越来越多，在这个时候，耐克公司适时地对员工进行了福利上的照顾。耐克公司规定，在耐克鞋厂工作的员工，干的时间长又没有犯过错误，到退休时就可以拿到一笔可观的退休金。这种让利于员工的做法，使得员工们干劲十足。特别重要的是，这使得他们干活儿更加认真，不偷盗、不偷懒，增加了对公司的认同，也增强了归属感。因此，耐克在中国的发展一直比较稳定。

初六，有孚不终，乃乱乃萃，若号，一握为笑，勿恤，往无咎。

《象》曰："乃乱乃萃"，其志乱也。

【译】 初六，有诚信之心但不能自始至终，导致行动疑乱，急于会聚而分不清对象。如果专情向上呼告，就能与真正的朋友一握手间重见欢笑，不要有所顾虑，一往无前，不会遭到灾祸。

◎《象》解释道：行动疑乱，急于会聚而分不清对象，是因为其心志已乱。

【智慧解读】

"初六"与"九四"相应，所以不肯在初位始终受孤单，急于会聚。但是上位既有"九四"又有"九五"，一时分不清谁是正确的对象，但只要坚定信心，一往无前，一定能与"九四"顺利相遇。这就是说与人相交时，一定要心志专一，怀着诚信之心，只有这样，才能得到别人的认可。

【要诀】 心志专一，诚信待人。

【例解】

明代大学问家宋濂小时候很喜欢读书，但是家里很穷没钱买书，他只好向别人借。每次借书，他都说好期限，按时还书，从不违约，人们都乐意把书借给他。一次，他借到一本书，越读越爱不释手，便决定把它抄下来。可是还书的期限快到了。他只好连夜抄书。时值隆冬腊月，滴水成冰。他母亲说："孩子，都半夜了，这么冷，天亮再抄吧。人家又不是等这书看。"宋濂说："不管人家等不等这书看，到期限就要还，这是信用问题，也是尊重别人的表现。如果说话做事不讲信用，失信于人，怎么可能得到别人的尊重。"诚信待人，使得宋濂得到了别人的信任，他后来成为了一个大学问家。

六二，引吉，无咎，孚乃利用禴。

《象》曰："引吉无咎"，中未变也。

【译】六二，受人招引而相聚可获吉祥，没有灾祸。只要心怀诚信，即使是简薄的禴祭也利于献享神灵。

◎《象》解释道：受人招引而相聚可获吉祥，没有灾祸，说明"六二"居中守正的心志没有改变。

【智慧解读】

"六二"在下卦坤得中位，是坤卦的卦主，柔顺中正。但毕竟是阴爻，无事见君有谄媚求宠之嫌，而等待"九五"的招引，才称得上居中守正。这一爻告诫我们：之所以会聚，是为了团结，而非到处拉帮结派，朋比为奸。这才是做人的本分，只有为了正义的事业而会聚在一起，才不会有灾祸。

【要诀】有为而聚，持中守正。

【例解】

北宋时期，范仲淹实行变法时，受到了顽固派及部分小人的指责，他们群起而诬蔑范仲淹结党，这使得他压力很大。在这个时候，欧阳修撰写了著名的《朋党论》，系统论述了他对朋党的看法。欧阳修说，君子结党，那是志趣相投，为了共同的事业，而不是一己私利。相反，小人无党，他们只不过是为了利益而在一起，利益尽了，也就散了，为了利益，他们甚至还可能反目成仇。欧阳修的观点，正是本爻精神的体现。

六三，萃如嗟如，无攸利。往无咎，小吝。

《象》曰："往无咎"，上巽也。

【译】六三，欲求相聚而得不到响应，不由得嗟叹自己命运不好，无所利益；往前并无灾祸，但小有遗憾。

◎《象》解释道：往前并无灾祸，说明"六三"能够向上顺从于阳刚。

【智慧解读】

"六三"居下卦上位，以阴居阳，不中不正，当聚之时，无爻相应，所以叹气。"上六"得正位，有柔顺端正之德，最乐于与人会聚。"六三"虽不相应，前往聚会，也没有灾祸。只是以阴会阴，未免有些遗憾。这一爻启示我们：有些时候只能独自前行，这个时候不能悲观叹气，而要奋发努力。

【要诀】不要悲观，奋发努力。

【例解】

寺田千代乃是日本阿托搬家公司的创始人。她原来跑个体运输，后来石油危机爆发后，她的生意变得举步维艰，尽管她费尽全力，仍然破产了。但是她并不气馁，而是努力寻找新的出路。有一天，她在报纸上看到一些地区的家庭每年都要为搬家而支出大量费用，于是决定尝试一下，结果大获成功。在此基础之上，她不断创新，不断变换出新的服务项目，营业额年年增长，现在年营业额已达几百亿日元，发展成全国近40个城市拥有分公司的大公司。寺田千代乃的成功，是因为她面对困境，没有气馁，而是积极应对，寻找到了走出困境的方法。

九四，大吉，无咎。

《象》曰："大吉无咎"，位不当也。

【译】九四，必须大为吉祥，才能没有灾祸。

◎《象》解释道：必须大为吉祥，才能没有灾祸，是因为其居位不当。

【智慧解读】

"九四"是阳爻居阴位，位不正。虽位不正，却有"初六"之应，又有"六三"之比，在下之民为其所得，故有专权越分、欺君夺民之嫌，很容易遭到君主忌讳。只有兢兢业业，率领群民归顺于"九五"，才可免祸。这一爻告诫我们：做事不能越权，如果很受大家拥护，一定要表明对上司的忠心，以免遭忌。

【要诀】不可功高震主。

【例解】

历史上不乏居功自傲或不甘寂寞一味地想求高官、享厚禄，结果却招来杀身之祸的名将、名臣。刘邦麾下的名将韩信，为刘邦打下了江山，感到了自己地位的动摇，却不知进退，进一步挟兵自恃，要求封假王。刘邦内心很愤怒，表面上却说："大丈夫要封就封真王！"于是果真给韩信封了王。然而，韩信功高震主，他的好日子自然不会长久，而后刘邦伪称游云梦骗韩信迎接，随后捕而杀之。韩信功高震主而为自己招来了无端的杀身之祸。

斩韩信

九五，萃有位，无咎，匪孚。元永贞，悔亡。

《象》曰："萃有位"，志未光也。

【译】九五，会聚之时得其正位，没有灾祸。但其德行还未能广泛取信于众，应当

永久守持正固，则不会有悔恨。

◎《象》解释道：会聚之时得其正位，但会聚天下的志向未能完全光大、实现。

【智慧解读】

"九五"是阳爻居至尊之位，以阳刚中正主宰一切，可以光明正大地召集众人会聚，但必须注意自己德行的修养。"九四"忌在失位，"九五"则忌在失德。这一爻的关键在于，作为领导者如果不能正己修身，那么整个集体就会失去凝聚力，不能团结广大员工。这样一来，这个集体也就失去了希望。

【要诀】 正己修身，凝聚众人。

【例解】

某公司新上任了一个部门主任，他的业务能力很强，口才很好，对市场有自己的一套独特见解，因此公司对他的期望值很高。但在一段时间后，他手下的员工们渐渐发现，这个人喜欢吹嘘，有些不切实际。更为严重的是，他经常喜欢把自己的责任推给员工，害怕承担责任。员工们如果对他稍有议论，他便牢记在心，找机会报私仇。在他的领导下，员工纷纷要求辞职，公司的业务受到了很大的影响，老总最后痛定思痛，将他解雇。由此我们可以看出，作为领导者，一定要正己修身，凝聚众人，这样才会有利于事业的成功。

上六，赍咨涕洟，无咎。

《象》曰："赍咨涕洟"，未安上也。

【译】 上六，难过叹息，伤心流泪，但是没有灾祸。

◎《象》解释道：难过叹息，伤心流泪，说明"上六"未能安居于极上之地。

【智慧解读】

"上六"是阴爻居萃卦的最高位，阴柔而无位，感受到不能会聚、孤苦无助的困窘，所以难过叹息，伤心流泪。不过它能认识到所处环境的孤立无援，也就自然会小心谨慎，不会遭到伤害。这一爻的寓意较为隐晦，当有职无权，被人架空时，处境是很危险的，这时候不能鲁莽行事。而要时刻小心，谦虚谨慎，保全自身，以图再起。

【要诀】 孤立无援，需要小心。

【例解】

三国时期，司马懿发动了政变，杀死曹爽，从此司马氏掌握了魏国的实权，其子司马师废曹芳，另立曹髦为帝。司马师之弟司马昭专横跋扈，自为相国，独擅朝政，恣意妄为，尽屠曹氏中人，逼曹髦封之为晋公，加九锡，甚至准备废掉曹髦自立。这时候的曹髦，已经完全被架空了，没有丝毫的反抗力，但他不知道明哲保身、隐忍而发的道理，而是不胜其忿，召近臣共商对策。他说："司马昭之心，路人所知也。吾不能坐受废辱，今日当与卿自出讨之。"他亲率亲信士兵前去攻打司马昭，这无疑是以卵击石，最后他反而被司马昭所杀。

萃卦给我们的启示

1. 在事业发展成熟、上下关系融洽的时候，领导者要充分利用这一时机，不骄不躁，给员工以更多的福利，使得这个集体更具凝聚力。否则，很容易盛极而衰，出现问题。

2. 身为中层的领导者，既要团结好下属，将工作搞好，同时不能居功自傲，要能体察上司的心思。如果只是一味地拉拢下属，搞小团体主义，很容易遭到上司的忌惮，甚至被罢弃。

3. 领导者要注意自身德行的修养，在下属面前要树立良好的形象，这样才能赢得下属的信任和依赖，使集体更加团结，增进集体的凝聚力。

升卦第四十六

——顺势而升成大器

（巽下 坤上）

升：元亨，用见大人，勿恤，南征吉。

《彖》曰：柔以时升，巽而顺，刚中而应，是以大亨。"用见大人勿恤"，有庆也。"南征吉"，志行也。

《象》曰：地中生木，升。君子以顺德，积小以高大。

【译】升卦象征上升，非常亨通，利于见德高望重的人，无须忧虑，向光明的南方进发必有吉祥。

◎《彖》解释道：以柔顺之道适时而升，顺乎情理，阳刚居中而又能向上应和于尊者，所以大为吉祥。利于见德高望重的人，无须忧虑，必将有喜庆。向光明的南方进发必有吉祥，说明上升的心志得以畅行。

◎《象》解释道：地中生长出树木，象征上升；君子顺行其美德，积累小善以成就崇高伟大的事业。

【智慧解读】

升卦和萃卦互为综卦，意思相反相成，萃卦是略带消极性的积蓄力量，升卦则是积极上进。从卦象上看，上卦坤为地，下卦巽为木，木在地内生长，象征上升。这一卦的关键是"顺德""积小以高大"，君子应当学习这种精神，从小处慢慢积累，逐渐发展壮大，最终才能成就一番事业。

【要诀】积小成大，聚少成多。

【例解】

德国著名哲学家黑格尔读书时，养成了一种独特的习惯，就是凡读过的东西，他都要在活页纸上认真地做摘录。然后把摘录加以分类，放进贴有各种标签的文件夹里。这样，不管需要用到哪一条摘录，都可以马上找到。长年累月地广泛读书、细水长流地做读书笔记使黑格尔的知识越来越丰富。从一位普普通通的人，到成为一位著名的大哲学家，黑格尔走过了一段艰辛的道路，黑格尔之所以能达到如此的程度，不外乎"恒心"两字。我们学习、干事业，贵就贵在要有这种恒心。有了恒心，才能聚少成多，不断进步，并能经受时间的考验。

初六，允升，大吉。

《象》曰："允升大吉"，上合志也。

【译】初六，宜于上升，大获吉祥。

◎《象》解释道：宜于上升，大获吉祥，说明"初六"上承二阳的心志而与之俱升。

【智慧解读】

"初六"阴爻柔顺，在最下位，是下卦巽的主爻。由于柔弱，靠自己的力量很难上升，但上承二阳，就能跟着上升，并且大获吉祥。这一爻启示我们：在刚走上一个新岗位时，要虚心向工作经验丰富、有能力的人学习，这样就能加快自己进步的速度，迅速成长起来，切忌自视清高。

【要诀】虚心学习，尽快成长。

【例解】

高瑞娟是一家咨询公司的优秀员工，以专业知识扎实、工作能力过人而著称，这一切都是她不懈努力的结果。高瑞娟2001年来到公司后，被安排学习土工试验。自知技术水平和实际经验不足的她抓住这一机会对自己进行"恶补"，不懂的问题就向经验丰富的老员工请教，有时候为了弄明白一个问题，她会钻研到深夜。半年以后，她便基本掌握了击实、无侧限抗压强度、液塑限、沥青三大指标、水泥五项指标、砼配合比等试验技术知识和一些现场监理知识。被派到工地后她将理论与实践相结合，并虚心向老员工学习，从各方面丰富自己。春去冬来，不懈的努力换来了丰硕的成果，如今的高瑞娟已经成长为一名优秀的试验检测人员，得到了公司新老员工的称赞和信赖。

九二，孚乃利用禴，无咎。

《象》曰：九二之孚，有喜也。

【译】九二，只要心怀诚信，即使是简薄的禴祭也利于献祭神灵，没有灾祸。

◎《象》解释道："九二"的诚信美德，必将带来喜庆。

【智慧解读】

"九二"是阳爻在下卦巽的中位，有刚中诚信之德和谦逊的态度，且与柔中的"六五"

相应，受到上面的欢迎，即使是简薄的祭祀，也能获得保佑。这一爻的关键在于"孚"。即使上升很容易，也必须心怀诚信，才能万无一失。这一爻告诫我们：在工作中处事要得体，即使能力很强，也应该保持谦逊和诚恳的态度，这样必然前途亨通。

【要诀】 心怀诚信，处事得体。

【例解】

声宝公司是全国知名的大企业，如今拥有员工5000人，年营业额高达88亿元。但在创业之初，董事长陈茂榜仅仅拥有100元，它能够如此迅猛地发展，靠的正是诚信。当时陈茂榜只有100元，他只得以50元为一单位，分别交给两家电器中转商作为保证金。中转商对他比较信任，给他发货的金额，远远超出了保证金。陈茂榜很是感动，他以实际行动给予了他们回报，每一次他都把该付的钱弄得清清楚楚，极讲信用。就这样，他们之间的生意交往越做越顺，中转商也非常信赖他，只要他提出提货要求，都会毫不犹豫地答应。就这样，陈茂榜的生意越做越大，一步步走向了成功。

九三，升虚邑。

《象》曰："升虚邑"，无所疑也。

【译】 九三，升进到无人的村落。

◎《象》解释道：升进到无人的村落，是不用有任何疑虑的。

【智慧解读】

"九三"刚居刚位，有果断行事的素质，又应于"上六"，有果敢前进的条件，所以前进是不用犹豫的。但是由于刚居刚位，容易勇猛过度，所以前途吉凶如何，无法料定。这一爻寓意是在春风得意的时候，要积极利用有利的条件向上爬升，这是应该的。同时要有遭受挫折的心理准备，因为上升总有一个尽头。

【要诀】 抓住机遇，积极进取。

【例解】

1848年，普鲁士政府开通了从柏林到亚琛之间的电报线。这样，利用柏林与亚琛之间的电报线从事服务，也就十分有利可图。路透得知这个消息后，立即行动起来，准备抓住这个机会干一番事业。他开始时曾想在柏林开一个通讯社，但竞争对手实力强劲，以路透的实力，根本就无力挑战。但这时亚琛的生意则极少人问津，路透抓住这一千载难逢的机遇，在亚琛开办了一家电报办事处。他广泛搜集各种行情快讯，经处理后，以《路透行情快讯报》的名义发出，然后把报纸提供给分散的订户。由于服务周到、快捷，路透的经营市场很快打开，一段时间过后，竟然出现了一股争相订购路透快讯稿件的局面。路透抓住机遇，从而使自己的事业有了更大的发展。

六四，王用亨于岐山，吉，无咎。

《象》曰："王用亨于岐山"，顺事也。

【译】六四，君王让其在岐山祭祀神灵，吉祥，没有灾祸。

◎《象》解释道：君王让其在岐山祭祀神灵，说明"九四"能顺从君上，建功立业。

【智慧解读】

"六四"柔顺得正，可以顺利地升进。但是"六四"的难处在于再上升就是"九五"至尊之君位，有犯上之嫌，这是非常凶险的。但其上升之势又不甘就此停止，所以要以赤诚之心赢得君主的信任，如果君主连祭祀这等大事都放心地让"九四"做，就表明"九四"没有危险。这一爻告诫接近单位最高领导者的人，要妥善处理好与领导者的关系，尽力维持领导对自己的信任。

【要诀】赤胆忠心，赢得信任。

【例解】

《三国演义》中，诸葛亮出山后，刘备非常信任他。诸葛亮一心辅佐刘备，建立了三分天下的伟业。刘备死前，将刘禅托付给诸葛亮，刘禅称他为"相父"。诸葛亮大权在握，但毫无二心。有一次，押运粮草的官员李严耽误了日期，要受到处罚，李严很害怕，就散布谣言说诸葛亮要谋反。刘禅发生了动摇，就将诸葛亮召回。诸葛亮回师后，向刘禅说明了自己的忠心，使刘禅认识到了自己的错误，从此更加相信诸葛亮，对他言听计从。诸葛亮以"鞠躬尽瘁、死而后已"的精神，获得了刘备、刘禅父子的信任。

行书《前出师表》帖　南宋　岳飞
诸葛亮出师一表，天下闻名，千古传颂，评为表中杰作。历朝历代忠臣烈士、迁客骚人书之不倦，或寄托性情，或激励明志。岳飞此帖，传为行军至南阳，秋夜深深，秋雨绵绵，遥想徽钦二帝远囚北国，一时忠心触动，挥泪如雨，写就诸葛武侯出师表，墨气淋漓，豪情毕现。

六五，贞吉，升阶。

《象》曰："贞吉升阶"，大得志也。

【译】六五，守持正固可获吉

祥，登上台阶以获尊位。

◎《象》解释道：守持正固可获吉祥，登上台阶以获尊位，说明"六五"大遂上升的心志。

【智慧解读】

"六五"阴爻阳位，本来并不适当，但与下方的"九二"相应，得到刚毅有力的人的辅助，因而得获尊位。不过"六五"本身柔弱，必须坚守正道，才能吉祥。这一爻的关键在于"贞"，即坚守正道，只有如此，方可得贤人辅佐，以柔弱之姿成就大业。这一爻启示领导者，必须怀着诚信之心，信任和倚赖有能力的下属，借人之力成就大业。

【要诀】 坚守正道，善于用人。

【例解】

成吉思汗不仅以赫赫战功彪炳史册，更以善于用人流芳千古。他的手下没有叛将，正是他用人艺术的表现。成吉思汗敢于用贤、恪守诚信、爱惜人才的用人政策，是将士忠诚于他的关键，他不仅以诚信责人，更以诚信律己，忠诚、信义的选才标准，吸引着千千万万崇尚忠诚、信义的人。他用才不看地位，不分部落、民族，不计较个人恩怨，唯才是举。哲别曾射伤了他的脖子，他照样重用，使其成为一代名将。这使得他的周围"猛将如云""谋臣如雨"，为他的成功奠定了坚实的基础。

成吉思汗统一漠北图

上六，冥升，利于不息之贞。

《象》曰：冥升在上，消不富也。

【译】 上六，昏昧至极却依旧上升，必须不停地坚守正道，才会有利。

◎《象》解释道：昏昧至极却依旧上升，说明"上六"的发展趋势必将削弱不能富盛。

【智慧解读】

"上六"阴爻，柔弱无力，上升到极点以致无力承受。必须对自我加以节制，守持正道，收住脚步，及时巩固已得的权益，方可有利。这一爻告诫我们：做事要符合客观事物的发展规律，量力而行。追求利益要懂得节制，当发现自己无力再前进时，要学会停下来休息，否则只能是永远活在忙碌中，以致心身俱疲。

【要诀】 适可而止，不可贪得无厌。

【例解】

拿破仑是一个军事天才。法国大革命后期，国内形势不稳，人民对政府失去了信心。这个时候，拿破仑毅然回国，发动了"雾月政变"，夺取了政权。面对欧洲各国的联合进攻，他没有畏惧，而是充分运用了自己的军事天分，率军攻破强敌。在1814年，拿破仑控制了西到西班牙、东到波兰、南到意大利的广阔地域，整个欧洲大陆，都直接或间接地受到他的影响。虽然他在初期取得了胜利，但战线拉得过长，后勤补给出现了问题，因此最后惨败。本来臣服的欧洲各国又起兵反对他，攻破了巴黎，拿破仑也成了阶下囚。

升卦给我们的启示

1. 我们在刚走上一个新岗位时，要虚心向工作经验丰富、有能力的人学习，这样才能加快自己进步的速度，迅速成长起来。在日常工作中处事要得体，即使觉得自己个人能力很强，也应该保持谦逊和诚恳的态度，这样才能受到同事的欢迎和领导的器重。

2. 当自己处在单位的中上层时，要妥善处理好与上级的关系。在上级面前态度一定要严肃真诚，应尽力维持领导对自己的信任。

3. 要能够信任和依赖有能力的下属，一个人的力量毕竟是有限的，要取人之长，补己之短。位子坐得越高，越要谦虚谨慎，如果发现自己已经无力应付自己的职务，要懂得节制，必要的时候甚至可以选择急流勇退，否则可能会遭受意想不到的损失。

困卦第四十七
——身陷困境不屈服

（坎下 兑上）

困：亨。贞大人吉，无咎。有言不信。

《彖》曰："困"，刚掩也。险以说，困而不失其所亨，其唯君子乎！"贞大人吉"，以刚中也；"有言不信"，尚口乃穷也。

《象》曰：泽无水，困。君子以致命遂志。

【译】困卦象征穷困，但努力自救必能获得亨通。因为君子能够坚守正道，所以可获吉祥，不会招来灾祸。不过此时纵然有所言语，也很难见信于人。

◎《彖》解释道：穷困，表明阳刚被掩蔽无法伸展。面临艰险而心中保持愉悦，这样虽处逆境也不失亨通的前景，大概也只有君子能做到吧？君子最终能获得吉祥，是因为君子具备刚直中和之道的缘故；有所言语而不会被人相信，是因为一味地崇尚言辞，不但无益，反而会在困境中越陷越深。

◎《象》解释道：泽中无水，象征穷困。君子当穷困之时，宁可舍弃自己的生命，也要坚持实现自己的崇高志向。

【智慧解读】

困卦在升卦之后。从卦序上看，不会总是升而不停。升到顶点，必然导致穷困，所以升卦之后是困卦。从卦象看，兑上坎下，上兑为泽，下坎为水。水在泽下，是泽中之水漏于地上，泽中无水而困窘。这一卦，好比伟大人物处于事业的低谷，势微力衰，其正确的言论得不到关注，也很难赢得大众的信赖。这个时候，只有坚守自己的信念，少说话多做事，才能顺利渡过难关。

【要诀】坚守信念，少说多做。

【例解】

清雍正皇帝即位之前，处境非常不利。康熙皇帝子孙极多，其中皇太子具

有先天优势，党羽也很多；皇八子被称为八贤王，在大臣中口碑甚好，诸皇子也都信服于他；皇十四子年少，英气勃发，很受康熙喜爱。相对而言，雍正却不怎么得到大家的关注，在此不利环境之下，雍正低调处事，不暴露想争帝位的野心，暗中却结交掌握实权的年羹尧和隆科多。他对康熙也尽显孝子本色，深得康熙欢心。康熙疑心很重，太子、皇八子都先后被他放弃，皇十四子又年纪太轻，最终康熙选择了雍正。雍正的成功，就在于在处于低谷时，能够隐忍，少说多做，暗中积蓄。

雍正帝观书像

初六，臀困于株木，入于幽谷，三岁不觌。

《象》曰："入于幽谷"，幽不明也。

【译】初六，臀部被困于秃树干之下，不能安处。只得退居幽暗的山谷之中，三年见不到光明。

◎《象》解释道：退居幽暗的山谷之中，是由于外部环境昏暗不明造成的。

【智慧解读】

"初六"是阴爻在困卦的开始，坎卦的最下位。其势本身就柔弱卑下，缺乏阳刚气质，而又身陷困境之中，可谓"雪上加霜"。这个时候象征着人生的最低谷，甚至到了山穷水尽的地步。唯一的办法就是远身避害，不露自己的行藏。应处于暗中，静观时变，等待机遇，成就一番大业。

【要诀】远身避害，静观时变。

【例解】

司马懿是魏国的名将，他成功地阻击了诸葛亮，确保了魏国的安全。但他的功劳，受到了曹姓贵族的妒忌，当时掌握实权的曹爽剥夺了他的兵权，并监视他的日常起居。这使得司马懿非常被动，在这种形势下，如果他有异常举动，肯定会招致杀身之祸。司马懿没有这样做，他闭门谢客，装作重病而且像是老糊涂了的样子，使曹爽放松了警惕。后来，他终于抓住了机会，乘曹爽出城射猎，城内防守松懈的机会，果断地发动了政变，消灭了曹爽集团。司马懿的成功，就是在形势不利时，能够远身避害，不动声色，暗中谋划。

九二，困于酒食，朱绂方来，利用享祀。征凶，无咎。

《象》曰："困于酒食"，中有庆也。

【译】九二，酒食贫困穷乏的时候，有人给送来祭服，有利于祭祀。如果前进就可能有凶险，安于贫困才不会遭受灾祸。

◎《象》解释道：酒食贫困穷乏的时候，只要坚守中正之道，必会有吉祥的事情降临。

【智慧解读】

"九二"是阳爻，在处于困境时，虽有刚正之德，但时运不好，只能饱食终日，很难有所作为。这几句话是说，"九二"处于中位，上有"九五之尊"，会在穷困之时得到帮助。但是，被困的局面很难在短期内发生改变，不能因为得到帮助就试图翻身，这样仍然是很危险的。还得耐心地等待，以积蓄力量，恢复元气。

【要诀】耐心等待，暗中积蓄。

【例解】

刘备在起兵之初，屡战屡败，先后败于吕布和曹操，自己的人马也折损殆尽，可以说形势相当不利。这个时候，他没有放弃，也没有鲁莽行事，而是怀抱理想，默默地积蓄。在投奔刘表后，

刘备墓的神道

得到了刘表的帮助，但他深知自己的力量过于弱小，因此却并不急着用兵，而是暗中收揽人才，将诸葛亮这样的人才收罗到帐下，并着手训练兵马，以图东山再起。结果时机终于来到，刘表死后，曹操率军来攻，大获全胜，但却在赤壁之战中兵败，刘备乘乱占据了荆州，接着又率军入蜀，建立了三分天下的功业。刘备在时机不利时，能够耐心等待，暗中积蓄，最终才获得了巨大的成功。

六三，困于石，据于蒺藜，入于其宫，不见其妻，凶。

《象》曰："据于蒺藜"，乘刚也。"入于其宫，不见其妻"，不祥也。

【译】六三，被困在巨石之下，脚下又遍布荆棘，无奈回到自己的家中，

却又不得妻偶，形势非常凶险。

◎《象》解释道：被蒺藜所缠绕，说明"六三"凭阴柔之质乘临阳刚之上。退回到自己家中，却又不得妻偶，这是非常不祥的征兆。

【智慧解读】

"六三"是阴爻居坎卦上位，不中不正，无爻相应。在被困之时，上有巨石相阻，下有荆棘遍地，而且身处坎上离中，象征宫空无妻。可谓内无援手，外有追兵，形势自然十分凶险。这一爻的寓意是一个身处困境的人，忍不住强行出手，结果使得形势变得更加恶劣。此爻告诫我们：遇事要冷静分析，不能强行出手，否则会一败涂地。

【要诀】形势危急，不可强出手。

九四，来徐徐，困于金车，吝，有终。

《象》曰："来徐徐"，志在下也。虽不当位，有与也。

【译】九四，缓缓迟疑而来，却被一辆金车所困阻，不免有很多麻烦，但最终会有结果的。

◎《象》解释道："九四"缓缓迟疑而来，说明其心志在于迎合下面的"初六"。尽管所处位置不妥当，但只要谨慎行事，必定能够称心如愿。

【智慧解读】

"九四"是阳爻，在被困之时，居上卦兑的下位，虽然位不正，但是有"初六"相应。但因身处险境，所以行动迟缓，并且会遭遇挫折。不过只要行动谨慎，就能如愿。这一爻是说在困境中等待救援者，要对当前的形势有心理准备，既要相信一定能够被救出困境，也要明白这个过程中会碰到很多的麻烦。

【要诀】困守逆境，意志坚定。

【例解】

刘禅在位的第41年时，曹魏大将邓艾率军兵临成都。刘禅非常慌张：是坚守待援，还是投降称臣呢？他一时拿不定主意。这时候，大臣谯周力主投降，刘禅听从了他的意见，打开城门，献上了降表。当时，邓艾的兵马并不多，而且非常疲惫，刘禅尚有兵5万，都城又很坚固，完全可以坚守待援。大将军姜维在剑阁，和钟会率领的曹魏主力东路军对峙。钟会遭到牵制，粮运有不济之虞，正有意退兵，当时的形势对蜀国来说，并非不可挽回。刘禅的投降，正是因为意志不坚，在困境中没有必胜的信心和忍耐的精神。

九五，劓刖，困于赤绂，乃徐有说，利用祭祀。

《象》曰："劓刖"，志未得也；"乃徐有说"，以中直也；"利用祭祀"，受福也。

【译】九五，施用削鼻截足的刑罚治理众人，以至困穷在尊位之中，正是不得志的时候。逐渐摆脱困境，利于举行祭祀。

◎《象》解释道："九五"施用削鼻截足的刑罚治理众人，以至处于被困之中，正是不得志的时候。可以慢慢地摆脱困境，这是由于"九五"居中得正的缘故。利于举行祭祀，是因为这样做可以承受施降的恩泽。

【智慧解读】

"九五"临近"上六"，被"上六"阴爻所蔽，虽然身处尊位，仍然被束缚住了手脚，抑郁不得志。不过物极必反，困境总有得到解脱的那一天。"九五"毕竟刚中居正，有中和之德，慢慢就会得以摆脱，扭转形势，走出困境。

【要诀】树立信心，勇于自救。

【例解】

伊利集团是全国著名的牛奶生产商，销售额遥遥领先。但在2004年，伊利却陷入了困境，全集团上下人心惶惶，社会上也普遍关注伊利能否渡过难关。同时，它的同城对手蒙牛却发展迅猛，大有超越伊利之势。在这危急时刻，"少帅"潘刚勇于自救，在2008年奥运会赞助商的争夺战中，伊利打败了对手蒙牛，成为中国乳品业唯一的奥运赞助商。接着又以比蒙牛多1000万的代价，赢得了历来被认为央视最为黄金的时段——新闻联播与天气预报一年的广告播出时间。潘刚的这两大举措，稳定了集团的内部，也增强了民众对伊利的信心，伊利终于转危为安，渡过了危机。

上六，困于葛藟；于臲卼。曰动悔有悔，征吉。

《象》曰："困于葛藟"，未当也；"动悔有悔"，吉行也。

【译】上六，被葛蔓所缠绕，处于动荡不安的境地中。这时如果意志动摇，必然会造成后悔。如果能够及时悔悟，锐意进取，便能获得吉祥。

◎《象》解释道：被葛蔓所缠绕，是因为所处位置还不甚妥当；虽然意志有动摇但能及时悔悟，行动必获吉祥。

【智慧解读】

"上六"居困卦最上，空乏无力无位，是困极之象，所处位置自然动荡不安，又身陷困境日久，处于这一阶段的人很容易意志动摇。但是，这时候又正是摆脱困境的最好时机，如果不及时把握，很可能会就此沉沦下去。这告诫我们：在处于最危险的困境时，不可动摇，只要熬过黎明前最后的黑暗，就能迎来新生的一天。

【要诀】 遇难冷静，渡过险关。

【例解】

　　一天，农夫的一头驴不小心掉进了一口枯井里，农夫想尽办法，也未能救出驴。最后，农夫决定放弃，他想这头驴年纪大了，不值得大费周章去把它救出来，不过无论如何，这口井还是得填起来。于是农夫便请来左邻右舍帮忙一起将井中的驴埋了，以免除它的痛苦。邻居们人手一把铲子，开始将泥土铲进枯井中。当这头驴了解到自己的处境时，刚开始号叫得很凄惨。片刻之后这头驴就安静下来了。农夫好奇地探头往井底一看，出现在眼前的景象令他大吃一惊：当铲进井里的泥土落在驴的背部时，驴的反应令人称奇——它将泥土抖落在一旁，然后站到铲进的泥土堆上面。就这样，驴将大家铲倒在它身上的泥土全数抖落在井底，然后再站上去。很快地，这只驴便上升到了井口，最后在众人惊讶的表情中快步地跑开了。

困卦给我们的启示

　　1. 当处于事业的低谷时，势微力衰，很难赢得大众的信赖，其正确的言论也得不到关注。只是大声呼告而无实际行动，甚至会遭人鄙弃。这个时候，只有坚守自己的信念，少说话多做事，用自己的行动来证明自己，才能顺利渡过难关。

　　2. 当四面受敌，而又孤立无援的时候，想要有所作为是很困难的。如果硬拼，只有死路一条。唯一的办法就是远身避害，忍受一时的屈辱，处于暗中，静观时变。

　　3. 要有敏锐的眼光，当时机来临时，要毫不犹豫地锐意进取，不怕艰难险阻。即使有再强大的外援，如果自己不好好利用，也只能是一场空。

井卦第四十八
——提高自我修养

（巽下 坎上）

井：改邑不改井，无丧无得。往来井井。汔至，亦未繘井，羸其瓶，凶。

《彖》曰：巽乎水而上水，井。井养而不穷也。"改邑不改井"，乃以刚中也；"汔至，亦未繘井"，未有功也；"羸其瓶"，是以凶也。

《象》曰：木上有水，井。君子以劳民劝相。

【译】井卦象征水井，居住的地方可以迁移，井不能迁移。井水汲出不见少，泉流注入也不见多，来来往往的人都不断使用水井。汲水时快要到井口时，却把汲水的瓦罐打破了，有凶险。

◎《彖》解释道：顺延水的渗性而往地下开孔引水向上，就是水井，水井养人是没有穷尽的。居住地可以迁移而水井不能迁移，乃是因为阳刚君子能居中守恒的缘故。汲水就要汲出井口而尚未出井口，说明此时水井并未完成施惠于人的功用。而汲水用的瓶子却摔坏了，这是很凶险的。

◎《象》解释道：树木上端有水渗出，象征"水井"；君子根据水井上行养人的特性，以己之德惠养人民，并劝勉大家互助互养。

【智慧解读】

井卦来自泰卦，泰卦的"初九"上升与"六五"交换位置，一往一来变为井卦，因而有井。卦辞的前两句讲的是井的特性，"往来井井"讲的是其使用的普遍性。最后两句讲汲取井水，将要成功却未能成功，甚至连汲水的工具都打破了，这不是很凶险的事情吗？这一卦通过展示水井养人的种种美德，来劝告人应当培养良好的人格修养，乐于施惠于人，并且要能持之以恒，善始善终。如果起初能够做得很好，后来却狂妄自大，不但以前的功绩将不复存在，甚至会落得很惨的下场。

【要诀】多修己身，持之以恒。

【例解】

唐太宗善纳雅言，并且时时自省。晚年时，他曾问魏徵："近来，朝中大臣很少有像原来那样直言不讳地进谏之人，不知是何原因？"魏徵忙答："陛下不知，直言者是知道陛下开明，敢于冒天威而直言不讳；那些沉默者则是各有原因。依微臣看来，有的是生性怯懦，心中有话却又不敢当面直说；有的对陛下接触不深，不知陛下的开明，唯恐多言有失，也不敢言；有的则眷恋现有荣华，担心一语不慎丢了富贵。凡此种种，各怀他念，故而很少有人直谏。"唐太宗听了之后，认为是自己忽略了自身修养，以致大臣们有所忌讳，便立即颁布了诏书，于是进谏的人多了起来。唐太宗能够毫不放松自身修养，堪称难得的好皇帝。

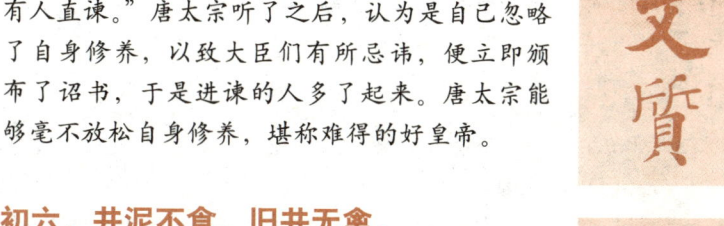

初六，井泥不食，旧井无禽。

《象》曰："井泥不食"，下也；"旧井无禽"，时舍也。

【译】初六，井底满是污泥沉滞，人无法食用。年久失修以致成为废弃之井，连鸟雀都不会来光顾了。

魏徵古帖

◎《象》解释道：井底满是污泥沉滞，人无法食用。原因在于"初六"处柔暗卑下之位。年久失修以致成为废弃之井，连鸟雀都不会来光顾了。说明水井已经完全被弃置了。

【智慧解读】

井卦以阳爻为泉。阳爻不断，则象征水流不断。"初六"是阴爻，在井最下，中间断开，以致断流而只见淤泥。在这样的情况下，井已经无法使用，自然被弃置。其寓意在于如果人不注重道德修养，以致走入歧途，并且不及时悔改，越陷越深的话，最终会被所有人舍弃。

【要诀】无德之人，人皆弃之。

【例解】

吕布勇猛无比，是一员不可多得的虎将，但他的人品却很差。他曾经认丁原为义父，后来却为了自身利益杀了丁原；认董卓为义父，后来他又杀了董卓。后为曹操所败，便依附于刘备。但他却恩将仇报，乘刘备攻打袁术的时机，抢占了刘备的地盘，吕布的种种行为就连他的下属都很反感。曹操派大军进攻吕布，部下陈登暗通曹操，使得吕布大败被俘，最后被曹操处死。正因为吕布卑鄙无耻，最后才众叛亲离，落得个悲惨的下场。

九二，井谷射鲋，瓮敝漏。

《象》曰："井谷射鲋"，无与也。

【译】九二，井底有容水的凹穴，但只能用来养活小鱼。即使有汲水的瓦罐，也是又漏又破，根本无法把水汲出。

◎《象》解释道：井底有水，但却只能用来养活小鱼，无法汲取出来，说明"九二"此时没有有利的支援。

【智慧解读】

"九二"是阳爻，在下卦中位，象征泉水。但是上无阴爻相应，所以不能成形，在下而不能上出。这一爻的关键之处在于居位不当，并且得不到外援，所以无法成功。它告诫我们：不但要自力更生，通过加强自身的修养来改变自身的处境，而且要努力争取外力的援助，借别人的力量提升自己。

【要诀】发掘潜力，借助外力。

【例解】

日本汽车是举世闻名的，其以低廉的价格和良好的性能赢得了全世界消费者的认可，曾在美国的汽车市场上有很大的占有量。美国为了阻止这种势头的发展，扩大本国汽车的市场占有量，只好潜心提高产品质量。无奈时机稍晚，发动机的质量总比日本发动机的质量稍差一点儿，拆看其产品也不得要领。最终，美方只能拿出最后一招：以参观学习为名去日本汽车厂里一探究竟。日本人也做好了周密的准备工作，秘密消息全部封锁，只剩一些无关紧要的东西。美国人到了他们的发动机车间里，没有获得什么有价值的信息。但是谁也不会想到，仅隔半年之后，美国汽车发动机的质量却发生了突飞猛进的提升，极大地提高了国产汽车的市场占有量，并扩大了海外业务。其实，奥妙就在美国代表们所穿的鞋子上。原来他们的鞋子都装了特殊的吸附装置，在发动机车间带回了不少碎屑。美国人正是利用这些碎屑仔细研究其成分和其在运行情况下的变化，从而使美国发动机的质量发生了质的飞跃。

九三，井渫不食，为我心恻。可用汲，王明并受其福。

《象》曰："井渫不食"，行恻也；求"王明"，受福也。

【译】九三，水井经过治理变得洁净却没有人饮用，使人心中感到惋惜；这是可以汲来饮用的清水，如果王道圣明，加以好好使用，大家就能一起承受福泽。

◎《象》解释道：水井经过治理变得洁净却没有人饮用，这是使人心中感到惋惜的事情。希望王道圣明，能够任用"九三"，使君臣百姓都能承受恩泽。

【智慧解读】

"九三"是阳爻居下卦上位，德行刚正，其本来有的缺陷和污点都已去除，已经具备为大众谋福利的能力，此时委以重任，正是众望所归的事情。上卦有"九五"得中，是英明的卦主，提拔"九三"，既可以使"九三"的才能得到施展的机会，又可以使自己的事业得到很大的助益，这是两全其美的事情。

【要诀】慧眼识人，为己所用。

【例解】

清康熙年间，台湾郑氏的水师时时对沿海地区进行骚扰，使得清军疲于应付。由于郑氏受到沿海人民的拥护，再加上他们在水师上的优势，清廷毫无办法。在这个时候，康熙慧眼识英才，发现了姚启圣这个人才，把他从流放地东北召到京城，详细向他咨询平定台海的策略，并委以重任。康熙对姚启圣的提拔和信任，使他铭记在心。他上任后，立即着手将沿海人民内迁，使郑氏孤立无援；另外，还着手建立一支强大的水师，并积极进行训练。在清军水师的强大压力之下，郑氏最后只得投降。康熙的成功，正在于慧眼识人，委以重任，而又给予足够的信任。

六四，井甃，无咎。

《象》曰："井甃无咎"，修井也。

【译】六四，将水井予以修制好，就没有灾祸。

◎《象》解释道：将水井予以修制以保证没有灾祸，说明此时"六四"应该耐心修井而不要急着去施惠于人。

【智慧解读】

"六四"以阴爻居阴位，可谓居位得正，不会遭到灾祸。但毕竟柔弱空虚，而且下面没有相应的爻位予以援助，其势依然很微弱。这就好比一个优秀的人才刚刚来到一个陌生的环境中开展事业，虽然是众望所归的事情，但是毕竟还没有打下坚实的基础，如果急于进取，想要在很短的时间内成就大业，是不现实的。还是应该先耐心地树立自己的威信，等羽翼丰满再动手不迟。

【要诀】树立威信，以图大业。

【例解】

春秋时期，伍子胥向吴王推荐了孙武，但吴王对他的能力心存疑虑，便要求孙武将宫女训练成战士。孙武心想正好可以利用这一机会，树立自己的威信，于是便欣然答应了。他把180名宫女分为左右两队，指定吴王最为宠爱的两位美姬为左右队长，让她们带领宫女进行操练。孙武击鼓发令，但是宫女们不听号令，嬉笑玩乐。孙武三令五申仍不能约束宫女们，便命令斩杀两位队长。吴王见孙武要杀自己心爱的美姬，连忙求情，但是孙武坚决按照军规将两位美姬斩首，然后任命两队的排头充当队长，继续练兵。当孙武再次击鼓发令时，众宫女进退回旋，阵形规整。吴王见识了孙武的手段，怒气渐消散了，便拜孙武为将军。孙武初到吴国，但善于抓住机会，树立了威信，最终实现了自我价值。

清版《孙子兵法》书影

九五，井冽，寒泉食。

《象》曰："寒泉之食"，中正也。

【译】九五，清凉的水井，井水洁净可食。

◎《象》解释道：清洁的泉水可供食用，是因为"九五"具有阳刚中正的美德。

【智慧解读】

"九五"是阳刚中正的至尊，井卦的主卦。既有阳刚之才，又有中正之德，德才兼备，可谓完美无缺。就井水来说，是一口清净之甘泉；就人才来说，此时正是羽翼丰满，可以大展宏图，发挥作用的时候。同时它也隐含着警戒之意：如果无才无德的话，就不配居于领导的位置。

【要诀】兼备才德，大展宏图。

【例解】

唐太宗李世民在位23年，使唐朝经济发展，社会安定，政治清明，人民富裕安康，出现了空前的繁荣，所以人们把这一段时期称为"贞观之治"。太宗汲取隋朝灭亡的原因，非常重视老百姓的生活。他强调以民为本，即位之初，下令轻徭薄赋，让老百姓休养生息。唐太宗爱惜民力，从不轻易征发徭役。他患有气疾，不适合居住在潮湿的旧宫殿，但他在隋朝的旧宫殿里住了很久。贞观之初，在唐太宗的带领下，全国上下一心，经济很快得到了好转。到了贞观八九年，牛马遍野，百姓丰衣足食，夜不闭户，道不拾遗，出现了一片欣欣向荣的升平景象。

上六，井收勿幕，有孚元吉。

《象》曰："元吉"在上，大成也。

【译】上六，井水汲取上来以后，不用覆盖井口。此时怀着诚信之心，最为吉祥。

◎《象》解释道：高居在上，最为吉祥，说明此时井德已经大功告成。

【智慧解读】

"上六"在井卦最上，是井卦的完结。一般来说，《周易》六十四卦大多数是到卦终的时候都向相反的方向转化，否则就将走向绝境。然而井卦相当特别，"上六"已居于井卦之巅，却并没有向相反方向转化的迹象，反而是越往上越好。这就好比一个君子，其德行越深厚，则惠人越多，而这种精神，越是发扬光大，就越能造福于人，所以无须限制。

【要诀】济世为怀，惠及于人。

井卦给我们的启示

1. 人应当培养良好的人格修养，乐于施惠于人，具有"井德"。并且要能持之以恒，善始善终。如果起初做得很好，后来却狂妄自大，以致走入歧途，并且不及时悔改，越陷越深的话，不但以前的功绩将不复存在，甚至最终会被所有人舍弃。

2. 要能够慧眼识人，提拔那些有才能的人予以重用。既可以使其才能得到施展的机会，又可以使自己的事业得到很大的助益，这是两全其美、水到渠成的事情。

3. 刚刚来到一个陌生的环境中开展事业，虽然自己具备这样的能力，但是毕竟还没有打下坚实的群众基础，如果急于进取，想要在很短的时间内成就大业，是不现实的。还是应该先耐心地树立自己的威信，等群众基础良好后再大力发展事业。

革卦第四十九

——审时度势除旧弊

（离下 兑上）

革：已日乃孚，元亨，利贞，悔亡。

《彖》曰：革，水火相息，二女同居，其志不相得曰革。"已日乃孚"，革而信之。文明以说，大亨以正。革而当，其悔乃亡。天地革而四时成，汤武革命，顺乎天而应乎人。革之时大矣哉！

《象》曰：泽中有火，革。君子以治历明时。

【译】革卦象征变革，在"己日"这一盛极而衰、交相转变之日推行变革，可以得到人们的理解和信服，前景一片光明，利于守持正道，不会有后悔的事情发生。

◎《彖》解释道：变革，水火相息相灭而不能相容。如同两个女子同居一室，但是她们志趣不合，终将产生变故，这就叫变革。在"己日"这一交相转变之日推行变革，并且能取信于民就会得到天下的理解和信任。有文明的美德就能顺应人心，能守持正道就能使前途变得光明，变革稳妥得当，就不会出现后悔的事情。天地的变革，导致四季的形成。汤武发起的变革，顺从天的规律而又符合人民的愿望。对于变革时机的选择，其意义是十分重大的。

◎《象》解释道：水泽之中有火，象征变革。君子通过修治历法来弄清春夏秋冬四时的交替变更。

【智慧解读】

这一卦，上卦"兑"是泽，下卦"离"是火。水浇到火上，一旦熄灭，又会重新燃起，是变革的形象。换一种说法，上卦"兑"是少女，下卦"离"是中女，二者纠缠在一起，彼此不能相让，必然发生家庭变革，这就预示着变革是势在必行的。当变革的时机成熟时，应以下卦"离"的文明德行，使群众悦服，改革的方式必须正当，这样变革就能成功。这一卦启示那些有志于做大事的人，应审时度势，当变革的时机成熟时，就利用大好形势，果断行动。

【要诀】审时度势，大胆改革。

【例解】

　　生产尼桑汽车的日产公司，其销售量到1999年已经是连续26年下滑，并背负着巨额债务，濒临破产。于是，日产公司与法国雷诺公司达成合作协议，雷诺公司以54亿日元收购日产公司36.8%的股权。1999年3月，卡洛斯·戈恩到东京上任日产公司总裁。刚到东京，戈恩马上对日产公司的海外分部进行了巡访，紧接着又对日本国内各分部进行检查，他深入到生产车间、职工食堂、代销商办公室，认真听取每一位员工关于日产公司复兴的建议。1999年10月，在戈恩上任后的第七个月，他公布了日产公司的复兴计划，其内容的严酷性震惊了全日本。复兴计划准备在3年内裁员2万多人，关闭5家工厂，将13000多家零部件、原材料供应商压缩为600家，卖掉非汽车制造部门，将占尼桑汽车成本60%的采购成本降低20%，但同时，戈恩承诺，若2001年不能转亏为盈，他与领导班子将集体辞职。经过戈恩的大胆改革，日产公司神奇般地复活了，卡洛斯·戈恩也因此被美国《时代》周刊评为2001年度全球最卓越的商界领袖。

初九，巩用黄牛之革。

　　《象》曰："巩用黄牛"，不可以有为也。

【译】初九，用黄牛坚韧的皮革捆绑牢固。

◎《象》解释道：用黄牛坚韧的皮革捆绑牢固，说明"初九"不应该有所作为。

【智慧解读】

　　"初九"在本卦的最上位，与上方的"九四"又不相应，因而不能有所作为。但可以巩固和加强自己，不断地积聚实力，这样才能为即将到来的变革打下良好的基础。这一爻告诫我们：做事不可以冒进，当事业处于刚刚开展的阶段时，不要轻举妄动。在变革之前一定要特别慎重，只要注意保存好自己的实力就可以了。

【要诀】巩固基础，不可妄动。

【例解】

　　战国时期，秦国地处边陲，土地贫瘠，经济落后，国力较弱。鉴于此，秦孝公决意变法，他任用了商鞅来施行变法。商鞅作为一个"外国人"，却掌握着秦国的大权，因此很多贵族都不服气，就连老百姓也不相信他。在这种情况下，他并没有盲目推行改革，而是先着手表明变法的决心，树立变法的基础：言出必行，有法必依。在变法令颁布前，他在国都南门竖了一根三丈长的木头，并发布告说，谁要是把木头扛到北门，赏金五十两。众人围观时，一人挺身而出，将木头扛到了北门，商鞅立即下令赏金五十两，表明言出必行。商鞅的这一举措，使得大家都认识到他决心变法，言出必行，因此变法能够顺利地开展。商鞅在条件还不具备时，没有盲目行动，而是首先巩固变法的基础，增强民众对变法的信心，因此他的变法才得以实施。

六二，己日乃革之，征吉，无咎。

《象》曰："己日革之"，行有嘉也。

【译】六二，在"己日"这一交相转变之日推行变革，行动起来必有吉祥，不会遭遇灾祸。

◎《象》解释道：在"己日"这一交相转变之日，果断推行变革，定可获得很好的功绩。

【智慧解读】

"六二"柔顺中正，是下卦的主爻。下卦"离"是明，所以"六二"具备文明的德行，具备成为改革的主体条件，可以发动改革。只要行动及时，就不会有灾难发生。这一卦的关键就在于在"己日"推行变革，即把握好行动的时机。太早了，时机不成熟，容易出现变故，太迟了，贻误时机，变革就很难彻底。因而，对于时机的把握是非常重要的。

【要诀】抓住时机，革故除弊。

九三，征凶，贞厉。革言三就，有孚。

《象》曰："革言三就"，又何之矣。

【译】九三，鲁莽行动必然会遭受凶险，一定要坚守正道以防后患。变革既已初见成效，更须多番俯就人心安定大局，处事要心存诚信。

◎《象》解释道：变革既已初见成效，更须多番俯就人心安定大局，说明"九三"此时不必急于前行。

【智慧解读】

刚爻刚位，过于刚强，又离开中位，到达下卦的最上位，表示操之过急，这时前进，即使行动正当，也会有危险发生。然而，由于正处于关键的位置，又必须有所行动，以免贻误时机，最好的办法是三思而后行，意见一致时再采取行动，这样更能保证行动成功。这一爻的含义比较明晰，在时机成熟时，行动是势在必行的，但要想成大事，又必然面临很多凶险。但只要准备充分，统一认识，变革还是能够成功的。

【要诀】三思而行，不可鲁莽。

九四，悔亡，有孚改命，吉。

《象》曰："改命之吉"，信志也。

【译】九四，行动了就不要后悔，心存诚信进行革命，必获吉祥。

◎《象》解释道：革命一定能够成功，是因为对自己的变革之志有坚定的信心。

【智慧解读】

这一爻阳爻阴位，位不正，预示着会有后悔的事情发生。但在时间上，变革已经超过一半，其势不可阻挡。只有坚定信心，毫不畏惧，积极进取，才是打消顾虑的最好办法。然而仍然需要群众的信赖与支持，行动才会顺利。这一爻的关键在于，改革者必须具备优秀的品质，不能患得患失，畏首畏尾。唯其如此，才能赢得追随者的信赖，获得成功。

【要诀】强力推进，不可畏首畏尾。

【例解】

宋神宗即位后，想有一番作为，改变宋朝积弱积贫的状况。他任用王安石进行改革，并且设立了一个专门制定新法的机构，施行了青苗法、农田水利法、募役法、方田均税法、保甲法等一系列改革。王安石的改革取得了一定的成功，但也存在一些弊端，这招致了朝内反对派的攻击，连神宗的祖母和母亲也反对变法。后来，河北闹了一次大旱灾，一连10个月没下雨，农民到处逃荒。宋神宗正为这事发愁，有一个官员趁机画了一幅《流民图》献给宋神宗，说旱灾是王安石变法造成的，要求神宗把王安石撤职。宋神宗看了这幅《流民图》，对变法开始犹豫起来。正在这个时候，神宗的祖母和母亲也在神宗面前诉说变法之弊病，逼神宗停止新法。神宗又一次犹豫了，他罢免了王安石，使得变法夭折，宋朝失去了一次振兴的机会。

九五，大人虎变，未占有孚。

《象》曰："大人虎变"，其文炳也。

【译】九五，革命变革之际君子像老虎般威猛，不必占筮可知有诚。

◎《象》解释道：革命变革之际君子像老虎般威猛，昭然若揭，其势猛烈。

【智慧解读】

阳刚中正，在君位，是革卦的主体，相当于伟大的人物。领导革命的伟大人物，必须以身作则，时刻站在变革的最前沿，行动坚决彻底。这一爻启示那些领导者，身居变革的中心，一举一动都要显示出模范力量。一旦有所行动，就必须坚持不懈，起到带头作用，自然会得到大众的拥护。

【要诀】以身作则，德行天下。

上六，君子豹变，小人革面，征凶，居贞吉。

《象》曰："君子豹变"，其文蔚也；"小人革面"，顺以从君也。

【译】上六，发生变革时，君子像豹子般迅疾，小人则只是在表面上赞成革命，内心未必认同；这时候行动稍不留神就会有凶险，只有冷静地坚守正道才能获得吉祥。

◎《象》解释道：君子像豹子般迅疾地扩大革命的成果，他们光彩闪耀；小人表面上赞同革命，只是为了自身的利益而顺从大趋势而已。

【智慧解读】

"上六"是革卦的极点，表示改革已经完成。然而在这个时候，千万不能满足现状，而应该随着时代前进，巩固改革的成果。因为在追随改革的一般群众里面，有很大一部分人只是慑于改革的威力，表面上顺从，但内心未必认同，一旦出现任何变故，他们很可能成为改革的阻力。这一爻告诫我们：在改革取得初步成功的基础上，只有再接再厉，打消那些投机者心中的疑虑，使他们真正接受改革的成果，这样改革才算是善始善终。

【要诀】提防投机者。

【例解】

甲午一战，清政府一败涂地，最后只得割地赔款，签订了丧权辱国的《马关条约》。《马关条约》的签订，一石激起千层浪，以康有为为代表的知识分子，有感于国家将亡的现实，奋起呼吁变革，在京师成立了强学会，吸引了大批官员的加入，一时非常兴盛。在康有为的推动下，光绪帝宣布实行变法，出台了一系列的政策，改革的第一步终于迈了出去。但维新派并没有实权，他们的变法政策在中央和地方都遇到了阻力，大多数官僚也并非真心拥护变法，只是在做政治投机。维新派没有认识到这一点，他们过于乐观，结果慈禧发动政变，告密的就是维新派非常信任的袁世凯。维新派盲目乐观，因此其失败的命运就可想而知了。

康有为旧照

革卦给我们的启示

1.有志于变革旧事物者，一定要善于审时度势，把握好行动的时机。当时机尚未成熟时，不要轻举妄动，以免打草惊蛇。首先要保存好自己的实力，同时暗中积极营造舆论，借用公众的力量，促成变革时机的到来。

  2．当时机成熟时，一定要果断行动，不可畏首畏尾，在追随者面前树立起良好的领导者形象，这样在指挥行动时才能如臂使指，易于取得成效。每次行动都要三思而后行，保证行动方针的正确性，争取得到大众的理解和信任。

  3．在变革取得初步成果时，不要放松警惕。任何行动的追随者中都不乏投机分子，这一类人是变革行动中的不稳定因素，他们追随变革往往是为了自己的私利，一旦出现困难或者无利可图，他们反而会成为行动的阻碍。因而只有及时巩固胜利成果，逐渐使实力强大起来，才能使投机分子老老实实地为行动出力，最大限度地发挥他们有益的一面。

鼎卦第五十

——鼎力更新隆运昌

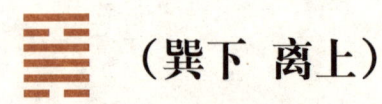

（巽下 离上）

鼎：元吉，亨。

《彖》曰：鼎，象也。以木巽火，亨饪也。圣人亨以享上帝，而大亨以养圣贤。巽而耳目聪明，柔进而上行，得中而应乎刚，是以元亨。

《象》曰：木上有火，鼎。君子以正位凝命。

【译】鼎卦象征革故鼎新，最为吉祥，通达无阻。

◎《彖》解释道：鼎器是烹饪养人的食物之象。架木升起火焰，用以烹饪食物。圣人烹饪食物来祭祀上苍和祖先，而用极丰盛的食物来奉养圣贤良才。烹煮食物奉养圣贤，使他们能够顺逊以辅佐君主。君主则因之而耳聪目明，凭借他那柔顺的美德前进上行，位居中正而又能和阳刚贤者相呼应，因而能够达到最为亨通之境。

◎《象》解释道：木柴之上有火焰，这就是用鼎烹饪食物的象征。君子们效法这样体正实凝的鼎象，因此而端正居位，固待使命，不负前人。

【智慧解读】

鼎卦是由单卦巽卦和离卦组成的。巽在下，为木；离在上，为火，即火在木上，正是架起木柴生火以烹饪食物之象，亦即用鼎烹调新食物的象征。它的前一卦是革卦，两卦互为对应，革是改革，改变旧事物，鼎是创新，建设新事物，是谓革故鼎新。鼎卦的重点强调要正位"凝命"，"凝命"就是固持使命，秉承前人革故之功，在巩固既有成功的前提下再立新功。而要实现"凝命"，其关键就在于任用贤能。鼎卦启示处于变革之后的人们，在旧事已破的前提下，需要再立新功，而建立新功的关键就是广纳贤士，使得自己耳聪目明，稳居正位。

【要诀】招贤纳士，善用贤能。

【例解】

东汉末年，政局动荡，汉天子无力申令天下，以至于群雄四起，诸侯割据。

旧的政治格局已经完全打破，各路军阀割据，曹操经过东征西讨，终于取得"挟天子以令诸侯"的有利位置。但战乱之后，百废待兴，如何正位凝命，使天下苍生得以休养生息，这是常常萦绕在他心中的问题。他认识了人才的重要性，多次发布命令，要求征选人才，例如《求贤令》《求逸才令》，求贤若渴之意，溢于言表。而其《短歌行》中的"青青子衿，悠悠我心""周公吐哺，天下归心"等名句更是千古传颂。正因为他能选贤与能，以为己用，因此才得以开曹魏一片基业。

初六，鼎颠趾，利出否。得妾以其子，无咎。

《象》曰："鼎颠趾"，未悖也。"利出否"，以从贵也。

【译】初六，把鼎足颠倒过来，这样做有利于倒出鼎内残渣，就像娶得妾生下儿子扶作正室一样，是没有错误的。

◎《象》解释道：把鼎足颠倒过来，并不悖理逆常；它有利于倒出鼎内残渣，向上顺从新贵，以纳新物。

【智慧解读】

"初六"为阴爻而居阳位，居位不正。它又处鼎卦之下，是鼎之趾，它上应"九四"，有颠趾之象，所以看起来有些不正常，不雅观，其实这就像我们平时做饭之前要先清洗器具一样，鼎脚朝天，是要将鼎内聚积的废物倾倒出来，以利于鼎器纳入新的食物。此爻喻示我们：从事新的事业之前，先要调整思想，摒弃旧的观念，做好革新的准备工作。

【要诀】摧枯拉朽，清除积弊。

【例解】

汉代经过汉景帝的"无为而治"，许多农民为逃避赋税而脱离户籍，政府对部分农民失去控制。与此同时，一些皇室贵族和豪强地主的势力也威胁到中央集权，匈奴肆意寇边抢掠，直接关系西汉政权的生死存亡。面对种种挑战与问题，汉武帝刘彻认为儒家思想是解决问题的有力武器，他登基后立刻开始实施"新政"：罢免丞相卫绾，任命窦太后的侄子窦婴为丞相，又任儒生赵绾为御史大夫。尽管遭到太皇太后的反对，改革一度受挫，但窦太后死后，武帝很快又走上董仲舒的"罢黜百家，独尊儒术"的道路，毫不留情地将一切不利于中央集权的因素统统消灭，为自己后来的军事斗争、政治改革打下了一个坚实的基础。汉武帝之所以成功，就是因为他雷厉风行，能够果断清除积弊。

九二，鼎有实，我仇有疾，不我能即，吉。

《象》曰："鼎有实"，慎所之也。"我仇有疾"，终无尤也。

【译】九二，鼎中有充实的食物，我的仇人有病，他不能接近我，这是吉利的。

◎《象》解释道：鼎中有充实的食物，不能随便移动。我的仇人有病，我就没有隐忧。

【智慧解读】

此爻是阳爻，有阳刚充实之象，但它以阳居阴，其位不正，好在它与"六五"相应，因而不会受什么伤害。体现在爻象上就像鼎中已装满了食物，不能轻易移动，持鼎者也不能轻举妄动，妨害别人，恰如仇人身负伤病，自然不能来加害我，这时可宜静观其变，不必惊慌失措。此爻提示我们：身处不利环境，不应该只看到当前的失意情况，更不能处处担心为人所害，而应该认真分析形势，以乐观平和的心态处世，情况就会慢慢好转。

【要诀】 乐观平和，笑对风云。

九三，鼎耳革，其行塞，雉膏不食，方雨，亏悔，终吉。

《象》曰："鼎耳革"，失其义也。

【译】 九三，鼎的耳孔变了，原来抬鼎的铜铉便插不进去了，美味的野鸡肉也不能煮食。但下了雨后，鼎耳有碍的部分受潮锈蚀，经过磨合，最终还是可以用的，所以仍然是吉利的。

◎《象》解释道：鼎耳形制发生变化，就不宜持握或移举了。

【智慧解读】

"九三"为阳爻，居阳位，所以显得过于阳刚亢厉，结果导致鼎耳发生变异，鼎中虽有美食也无法享用。缺少阳刚固然不好，阳刚过度也会使自己偏离自己的本分，无益于社会和自己的前途。但如果"九三"能够耐心等待，"六五"最终会来邀请"九三"。"六五"为阴，"九三"为阳，阴阳调和成雨，经历了风雨磨洗，阳刚的"九三"最终仍会回到一个正确的位置上，学会做人、做事。此爻提示我们：阳刚太过有害无益，社会的磨砺对于棱角突出者则会有帮助，聪明的人应该学会适应社会，放弃过激的心理。

【要诀】 中庸守道，勇于悔过。

【例解】

晋代的周处曾经是一个作恶乡里、狂放不羁的少年，人们把他和南山猛虎、水中蛟龙合称"三害"。后来周处入南山射死猛虎，下长桥刀劈蛟龙，除了"二害"。此后他又找陆机、陆云两兄弟指点迷津，陆云开导他说："一个人如果能在早晨明白了真理，那么即使是在晚上死去，也是可贵的……怕只怕没有好的志向。有了好的志向，又何必担心美名不能够传播开去呢？"周处听了陆云这番话后，从此洗心革面、改过自新。后来终于成了驰骋疆场、名扬四方的忠臣孝子。可见，要成就事业，阳刚之气不可过盛，而且要正确引导。正因为周处勇于悔过，并将自己的武勇和忠直用在了报效国家之上，所以最终能够拜将封侯、千古留名。

九四，鼎折足，覆公𫗧，其形渥，凶。

《象》曰：覆公𫗧，信如何也。

【译】九四，鼎器不堪重负，足折断了，倾倒了鼎中王公的粥饭，淌了出来，沾在鼎器的身上，弄得污秽狼藉，一定有凶险。

◎《象》解释道：倾倒了鼎中王公的粥饭，怎么值得信任呢？

【智慧解读】

"九四"身为阳刚之才，居上体之下，上承"六五"，所承负的责任重大，已不堪重负，它又和"初六"相应想施德于下，这也是它力所不能及的。何况，"初六"早已发生颠趾，"九四"怎能不折足覆𫗧呢？喻于人事，就是说一个人自不量力，妄图承担担不起的责任，经办没有能力办的事，当然凶险非常。此爻告诫我们：做人做事最重要的是有自知之明，不要承揽太多个人能力之外的事。

【要诀】安于本分，量力而为。

【例解】

战国时，赵国名将赵奢的儿子赵括小时爱学兵法，谈起用兵的道理来，头头是道，自以为天下无敌。后来秦兵压境，赵王听信了左右的建议，让赵括去领兵退秦，赵括满口答应，蔺相如对赵王说："赵括只懂得读父亲的兵书，不会临阵应变，不能派他做大将。"可是赵王对蔺相如的劝告听不进去，赵括的母亲也劝赵王别派她儿子去，赵王没有听从他们的劝告。结果赵括一到军中就废除了廉颇定下的制度，后来又中了白起的埋伏，结果被乱箭射死。赵括的失败之处在于不知道自己的能力不足，不知道打仗需要大量经验，承接了不可能完成的任务。就像一个不够稳重的鼎，它是不能做大器使用的。

六五，鼎黄耳金铉，利贞。

《象》曰："鼎黄耳"，中以为实也。

【译】六五，鼎器配上黄色的鼎耳又穿入坚实的金铉，有利于坚守正道。

◎《象》解释道：鼎器配上黄色的鼎耳，即使"六五"居中也可获刚实之德。

【智慧解读】

"六五"本是阴柔之质，阴居阳位，想获得刚实之德，它吸收了"初六"颠倒鼎趾，"九二"充实鼎腹，"九三"改革鼎耳，"九四"碰折鼎足等各方面的经验和教训，又配上好的鼎耳和横杠，终于获得刚实之德。此爻说明一个有缺陷的人，经过学习可以加强、完善自己，完成自己的使命和目标。

【要诀】谦虚好学，自我完善。

【例解】

东汉末年江东的吕蒙本来是行伍出身的"大老粗"，孙权开导他说："你如今身居要职，掌管国事，应当多读书，使自己不断进步。"吕蒙以工作忙推托。孙权又耐心劝道："我不是要你去钻研经书做学者。只不过叫你多浏览些书，了解历史，增加见识罢了。"吕蒙从此开始学习，专心勤奋。鲁肃有一次路过吕蒙驻地，吕蒙摆酒款待他。鲁肃仍然认为吕蒙有勇无谋，但在酒宴上谈论天下事时，吕蒙时时显露他的真知灼见，使鲁肃颇为震惊。酒宴过后，鲁肃感叹道："老弟确非当日吴下阿蒙了。"吕蒙道："士别三日，即更刮目相看。"他还为鲁肃筹划了三个方案，鲁肃欣然接受了。吕蒙及时进行自我完善，由一介武夫变成了"儒将"。

上九，鼎玉铉，大吉，无不利。

《象》曰：玉铉在上，刚柔节也。

【译】上九，鼎盖横杠用玉制成，大吉大利，没有什么不利。

◎《象》解释道：玉制的鼎杠架在鼎上，因而能够刚柔相济。

【智慧解读】

"上九"以阳刚之躯居于阴位，处鼎卦之终，正需要刚柔相济的特性。鼎杠一物时常要接触人手，又要利于持举，所以非温润之物不能用，玉是刚坚而不失温润之物，恰好是鼎杠的最佳材料，故而爻辞说它"大吉大利"。此爻提示我们：做基础性工作，肩负重任，只有具备极强的协调、沟通的能力，以及外柔内刚的气质的人才能胜任。

【要诀】外柔内刚，刚柔相济。

鼎卦给我们的启示

1. 要善于发现、提拔和使用人才，要确立和巩固变革后的崭新局面，有许许多多的事要做，而方方面面的领军人物和智谋之士是完成各项任务的核心人物。所以，各级领导者要善于使用人才，同时还要千方百计地去发现人才，培养人才，大胆地提拔各种人才。

2. 担负主要领导责任的领导人，除了要具备领导才能外，更重要的是要注意修身养性，端正自己的行为，严以律己而宽以待人，要虚心听取下属的意见，广泛征求他人的建议，不骄不躁。同时还要不断学习，以适应不断变化的新形势、新情况。

震卦第五十一

——雷震压惊贵内省

（震下 震上）

震：亨。震来虩虩，笑言哑哑，震惊百里，不丧匕鬯。

《彖》曰：震，亨。"震来虩虩"，恐致福也；"笑言哑哑"，后有则也；"震惊百里"，惊远而惧迩也；"不丧匕鬯"出可以守宗庙社稷，以为祭主也。

《象》曰：洊雷，震。君子以恐惧修省。

【译】震卦象征震动的雷声，亨通。雷打来时万民惶恐畏惧，而本来戒惧慎惕的人却能够临震自若，言笑自如；君主的教令像震雷响动惊闻百里，宗庙祭祀于是绵延不绝。

◎《彖》解释道：震动，可以致亨通。惊雷打来时万民惶恐畏惧，说明这种恐惧戒慎定能导致福泽。临震而能镇定自若，谈笑和适，说明恐惧戒慎之后行为能够循法则而不失常态；君主的教令像雷震响动惊闻万里，这说明无论远近都因之而震惊恐惧。此时即便君主出门在外，作为人君的继承人——长子也能够留守宗庙社稷，成为宗庙社稷的主持人。

◎《象》解释道：两雷接近轰响，象征震动；君子因而惶恐惊惧，修己省过。

【智慧解读】

震卦是由单卦的两个震卦上下组成的，卦形都是一阳爻生于两阴爻之下，阳欲动而上进，与阴相激，故有震动之象。大自然中经常有响彻百里的雷震，很多人闻雷而惊，害怕异常，而有些人镇定自若。像大自然一样，人类社会也经常发生或大或小的震荡，不少人在大动荡大变革时惊恐不定，手足无措，而那些心存大志为国为民的人则往往临震不乱，处变不惊。对于企业来说，在出现危机时，能审时度势、制定相应措施、进行明智决断的人，才能使企业摆脱困境，立于不败之地。

【要诀】处变不惊，从容镇定。

【例解】

美国硅谷专业公司曾是一个只有几百人的小公司，面对竞争能力强大的半导体器材公司，显然不能在经营项目上一争高低。为此，硅谷专业公司的经理决定避开竞争对手的强项，抓住当时美国"能源供应危机"中节油的这一信息，很快设计出"燃料控制"专用芯片，供汽车制造业使用。在短短5年里，该公司的年销售额就由200万美元增加到2000万美元，成本由每件25美元降低到4美元。由此可见，尽管人人都期待着以最快的速度获得最大的成功，然而在激烈的竞争中每前进一步都会遇到困难，很少有人能直线发展，因此迂回发展是大多数成功者走过的制胜之道。

初九，震来虩虩，后笑言哑哑，吉。

《象》曰：震来"虩虩"，恐致福也；"笑言哑哑"，后有则也。

【译】初九，震雷打来时，万民惊惧，然后能谨言慎行、谈笑自若，吉利。

◎《象》解释道：震雷打来时，万民恐惧，说明"初九"因恐惧而谨慎能够使人获致福泽。临震而能镇定自若，说明"初九"在恐惧之后行为能遵循法度而不失常态。

【智慧解读】

"初九"是阳爻居阳位，性刚而好动。它是震卦爻主。虽然在雷震刚来时，有些猝不及防的恐惧心理，但是由于它能及时调整心态，戒惧自己，修身自省，化恐惧为安详，所以，它一定能和"六二"联手，为稳定震局打下基础，而后可达到"笑言哑哑"，获吉呈祥。此爻告诫我们：人生无常，应该在平日安宁之时就做到谨慎小心，不断修炼自己，从而达到笑对人生的状态。

【要诀】谨慎戒惧，内修涵养。

【例解】

从前有一个叫艾底巴的小庄园主，他每次受人欺辱要起争斗时，就会以很快的速度跑回家去，绕着自己的房子和土地跑三圈，然后坐在田地边喘气。后来艾底巴越来越有钱，但不管房地有多大，只要与人争斗，他还是会绕着房子和土地绕三圈。人们都以为艾底巴胆小怕事，其实他每次边跑边想：我的房子这么小，土地这么小，我哪有资格去跟人家斗？一想到这里，他的气就消了，就能把所有精力用来努力工作。到他发财之后，再生气时一绕圈看到自己有这么多田地，往往很快就高兴起来。艾底巴就是谨慎戒惧的典型，他知道在没有实力的情况下与人争斗是危险的，因而一方面调整心态，另一方面努力做事，从而获得了大量财富，实现了"笑言哑哑"的成功人生境界。

六二，震来厉，亿丧贝，跻于九陵，勿逐，七日得。

《象》曰："震来厉"，乘刚也。

【译】六二，震雷袭来，有危险，大失金钱，应当飘然远去，登到高高的九陵之上，不要追寻，过七天后定能失而复得。

◎《象》解释道：震雷袭来，有危险，说明"六二"凌乘于阳刚之上。

【智慧解读】

"六二"以阴爻居阴位，居中得正，但是"初九"是阳刚卦主，"六二"却凌驾其上，前途是非常危险的。这就好像是雷震袭来，惊惧中必然会损失财物，但是只要爬上高坡，过一段时间则财物又能捡回来。此爻告诫我们：在遇到危险时要远离危险，等待时日，不要企图立即挽回损失。留得青山在，不怕没柴烧，只要保证自己的生存，加强自身能力，静待时机，一定会否极泰来，失去的东西最终会失而复得。

【要诀】以退为进，静待时机。

六三，震苏苏，震行无眚。

《象》曰："震苏苏"，位不当也。

【译】雷震之时惶惶不安，此时如果能因雷动而警惧前行，将不会有什么过失。

◎《象》解释道：雷震之时惶惶不安，说明此时"六三"居位不当。

【智慧解读】

"六三"是阴爻，而居于阳刚之位，不中不正，犹如一个人或是年轻、资历浅，或是没有做出大的功绩，却处于相对比较高的位置上，所以必须时时有忧惧之感。此爻告诫我们：做事要小心谨慎，终日修身省己，不可僭越，这样才能避免灾祸。

【要诀】谨慎前行，避灾免祸。

【例解】

2003年年末，当"丰田令中国石狮敬礼鞠躬"的"霸道"广告出现在几家电视台的黄金时段后不久，就在社会上引起了强烈的反响，一时间舆论哗然，丰田汽车公司备受抨击。但是丰田公司反应迅速——在意识到事件的严重性之后，就和发布广告的媒体，以及创作该广告的盛世长城一致对外"表示诚恳的歉意"，而公众在不断接触到责任方所释放的"歉意"之后，也体察到事件确属丰田的"无心之恶"，危机因此而逐步化解。因此，每一次宣传失误都是十分危险的，只有时时谨慎小心，才能把生意做好。

九四，震遂泥。

《象》曰："震遂泥"，未光也。

【译】九四，雷动之时因惊慌失措而陷入泥沼之中。

◎《象》解释道：雷动之时因惊慌失措而陷入泥沼之中，说明"九四"的阳刚之德没有施展出来。

【智慧解读】

"九四"本来是阳刚之躯，却居于阴柔之位，同时又被上下四个阴爻所包围，所以虽阳刚却无所发挥，并且向前进不安，向后退也难通。这就告诫我们：纵有高超的智慧和能力，如果选择的职位和周围的环境不好，小人环伺，仍然会陷入泥潭而不能施展才华。

【要诀】看准环境，选准位置。

【例解】

三国时，孙权能够成为"三分天下有其一"的东吴之主，哥哥孙策当年正确的创业选择是最重要的因素之一。孙权的父亲孙坚在参加各路诸侯讨伐董卓的联盟时有赫赫战功，但是因为偶得传国玉玺，加上袁绍和袁术的猜忌和压制，不得不独自出走，差点落了个窃国的骂名。后来他不吸取教训，仍然为袁术效力，结果在攻打刘表的时候战死。孙坚死后，孙策依附了袁术一段时间，一看时机成熟，就借机脱身，到江南铲平地方武装，建立了自己的基业。可以想象，孙策若不脱离袁术这样的小人，不但不可能占据东吴，只怕连命也难以保住。所以说一个人要想成功，就必须选择好成就事业的平台和环境。

六五，震往来，厉，亿无丧，有事。

《象》曰："震往来，厉"，危行也；其事在中，大无丧也。

【译】六五，震动之时无论往来上下，都会有危险。只要能够慎守中道自然就可以万无一失，可以长久地保持祭祀宗庙社稷的权力。

◎《象》解释道：震动之时无论往来上下，都会有危险，说明"六五"应当心存恐惧，谨慎前行。行动上处理任何事情都能够慎守中道，成熟应对，这样就可以做到万无一失。

【智慧解读】

"六五"以阴爻居阳位，是位不正，而且在震动之时，处在震动的中心，下得不到"六二"爻的呼应，上则遇"上六"阴爻之敌，是故上上下下、来来往往都有危险。爻辞告诉我们：在危机重重中，要保持良好的心态，谨慎前行。此爻提示我们：在危难之时必须小心谨慎，同时也不能消极无为，适当的时候还要不忘前行。

【要诀】小心谨慎，积极进取。

【例解】

2004年，由于中国WAPI（无线局域网鉴别和保密基础结构）标准强制执行期限的临近，英特尔"迅驰"技术与"国标"之争曾一度成为媒体、消费者乃至整个社会关注的焦点。当时英特尔的公关部门一直表示"正在了解新标准的技术细节"，保持着谨慎的缄默。另一方面，它却仍然执着地把迅驰笔记本向市场主流位置推送，并继续做好周边支持工作。到相关部门发下"最后通牒"时，英特尔的国内合作厂商竟然扩展到了WAPI国标所圈定的受益企业，而已经围绕"迅驰"技术进行了前期商业部署的运营商以及数以百万计的用户更是直接成为了国产标准的"受害者"。最终，这场危机随着"中国政府无限期延期执行WAPI标准"而结束。英特尔的成功，就在于它面临危机时能够做到胆大心细、谨慎而积极进取。

上六，震索索，视矍矍，征凶。震不于其躬，于其邻，无咎。婚媾有言。

《象》曰："震索索"，中未得也；虽凶无咎，畏邻戒也。

【译】上六，震动之时，由于恐惧太甚而双足畏缩难行，观望彷徨难以前进，此时行动有凶险。震动时如果尚未危及自身而仅及于邻居时，就预先予以戒备，也就不会有什么灾祸。谋求阴阳婚配也将会导致议论纷纷。

◎《象》解释道：震动之时，因恐惧太甚而难以前行，说明"上六"未能获得中和之道。虽然凶险，却又能不招致灾祸，这说明"上六"能见邻居所遭灾祸而有所畏惧戒备。

【智慧解读】

"上六"本身是阴柔之质，它却居震卦之极，所以势必会凶险环生，寸步难移，不适宜有任何举动。"婚媾有言"中的"婚媾"说的是阴阳相合，处在震卦之极，这种阴阳相合的行动肯定不适宜，故导致言语争执而议论纷纷。"婚媾有言"就是"征凶"的表现，告诫不宜妄动。"上六"处于震动之极，不能得中庸之道，这是它的问题所在。但是若它能够根据邻居的灾祸而有所畏惧警戒，则有惊无险。此爻提示我们：要提前做好准备，谨防灾祸。

【要诀】有备无患，防患未然。

【例解】

一天，一只耳号鸟把一颗核桃带上了钟楼。这只鸟用爪子踩着核桃，三番五次地啄着，想要打开它的硬壳去啄食里面香嫩的果肉。这核桃突然逃掉了，然后拼命地滚进墙缝里，不见了。可是，鸟儿还是守在那里，等待墙壁把坚硬的核桃抛出来。核桃看见自己的命运还不确定，便可怜巴巴地说："好墙壁，你被建造得这么结实和高大，厚厚的，真是上帝派来救我的。你救救我吧！可怜可怜我吧！"耳号鸟"呱呱"地警告墙壁："你可要当心点儿啊，核桃可是个危险的东西。"墙轻蔑地说:"危险吗? 我看它不堪一击呢! 我们不用和这个小东西过不去吧!"说了话,它决定发善心把核桃留下来。耳号鸟失望地飞走了。过了些日子,核桃裂开了嘴,长出根来,根须四处延伸,枝叶也从墙缝中伸展出去。核桃长得那么迅速,不久就长到钟楼上。它粗壮有力的根毁坏了墙壁,墙壁意识到核桃的祸害时,为时已晚。核桃树还在长,它毫不动摇,长得结实有力,而墙壁却逐渐倾斜最终倒塌了。小祸患会发展成大危机,正是因为墙壁对自己的实力过于自信,对一个外来因素——核桃过于忽视。它保全了核桃,但是最终被核桃弄得四分五裂。

震卦给我们的启示

1. 本卦的重点在于告诫人们"知戒惧、避灾祸"。以地震为例,有的人对地震的危险性十分了解,对它有恐惧和戒备的心理,因此平时就注意学习和掌握防震避震的知识和技能,因而一旦地震发生,他反而十分镇静,轻松地避过了灾难,这就是震卦里的"初六"。还有一种人平时不大关注地震的危害,可是在经历过一次不大的地震后他知道地震的厉害了,知道戒惧了,就积极地做好各种准备工作,因而也避过了后来发生的一次较大的地震,这就是震卦里的"六三"。

2. 身负重任的领导者要具备良好的心理素质和道德修养,当发生较大的社会动荡或经济动荡时,要能够临危不惧,镇定自若,并且能够卓有成效地组织、指挥、领导下属共赴危艰,共渡难关。

3. 知"戒惧"要有个度,如果在危险和困难发生时,惶恐不安,惊慌失措,畏缩不前,甚至一点点小的困难就大惊小怪,这样的人克服不了困难,也避免不了灾祸。

艮卦第五十二

——审时度势定进退

(艮下 艮上)

艮：艮其背，不获其身；行其庭，不见其人，无咎。

《彖》曰：艮，止也。时止则止，时行则行，动静不失其时，其道光明。艮其止，止其所也。上下敌应，不相与也。是以"不获其身，行其庭，不见其人，无咎"也。

《象》曰：兼山，艮。君子以思不出其位。

【译】艮卦象征抑止，抑止于（人的邪欲）背后，这样人尚未察觉到是邪欲时，就不知不觉地制止住，行走在庭院中两两相背，更看不见对方所抑止之邪恶，没有灾祸。

◎《彖》解释道：艮，抑止之意。该止的时候就止，该行的时候就行。不论是行还是止，都要适当而不丧失时机，如此则抑止的道理自然就会光辉灿烂。"艮其（止）背"，止于他的处所；相应的上下爻刚柔相敌对，不是一刚一柔的相助，所以"不获其身"，好比行走在庭院中两两相背，看不见对方所抑止之邪恶，这样无灾祸。

◎《象》解释道：两山并立，象征"止"；君子因此所思所虑也抑止在适当的场合，不超越本位。

【智慧解读】

动极生静，震极艮止。艮卦由震卦转来，它反应的是事物经过大震荡之后又处于一种相对静止的状态。艮卦是由单卦的两个艮卦组成，它是一阳爻居于两阴爻之上，阳爻主动，阴爻主静。二阴在下不动，一阳在上想动也动不了。所以，从爻象上看，艮卦反应的是静止的意思。艮又为山，两山相叠，其象也是止而不动。所以，从卦形上看，艮卦反应的也是静止的意思。但是，从卦辞分析，这种"止"也不是单纯的止，而是止于止是止，止于行也是止。这就是说，不论是行还是止，都要掌握适当而不失时机。它告诫人们：某种思想或行为是错误的，一经发现，就要立即停止，某种思想或行为认为是正确的就要坚持——"止"于这种思想或行为上。

【要诀】当行则行，当止则止。

【例解】

有两个年轻人一起爬山,其中有经验的那位看起来很瘦弱,但是他总是能大气不喘、轻快安闲地走在前面,而那位看起来强壮的新手,则老是喘着气跟在后面。新手问老手:"为什么你体力不如我,却能那么轻松地爬山呢?"老手说:"因为我是根据自己的感觉来,该走的时候走,该停的时候停,匀速前进,也不过量地休息;而你总是看着周围环境,遇到阴凉的地方就休息很长时间,如果没有阴凉的地方又连着走很久,有时还加速赶超路人,这些都是登山的大忌。当行则行,当止则止,你才会走得更快更远。"的确,人生不也是同样的道理吗?

初六,艮其趾,无咎,利永贞。

《象》曰:"艮其趾",未失正也。

【译】 初六,开始就抑止其脚,这样就不会受害,而且将有利于长久坚守正道。

◎《象》解释道:开始就抑止其脚,未违正道。

【智慧解读】

"初六"以阴柔而居阳位,本不得位,且居于艮卦之下,有大山压顶之象。但是正如爻辞所说,"初六"知道不可为,就稳住脚趾,只要脚趾不动,就迈不出步伐。所以,它仍不失其正,并且有了一个良好的开端。它告诉我们:在知道事情不可为的最初阶段,就要"止"而不能行,把不当的行为抑止于萌芽阶段,否则,一旦行为产生,再去抑止纠正,那就会事倍功半,以致无法挽回。

【要诀】 知不可为,始即不为。

【例解】

殷商末年有三个智者:比干、微子、箕子,他们都是商朝的皇族。比干看不惯纣王无道,便直言而谏,最终被纣王以查看九曲玲珑心为由挖去了心脏。箕子与微子因看到纣王无道已达极致,殷商必亡无疑,因而辞官归隐,微子"虽降志而不枉己",箕子"虽辱身而不求合",这属于"知不可为而不为"的贤人作风。因此,对"为"与"不为"应做辩证的理解。"为"而不偏执;"不为"绝不是贪生怕死。高明之士可以审时度势,在为与不为之间做一抉择。

六二,艮其腓,不拯其随,其心不快。

《象》曰:"不拯其随",未退听也。

【译】 六二,抑制小腿肚的运动(使之不能自主),无法举步上承本应随从的人，自然心中不会快乐。

◎《象》解释道："六二"无法举步上承本应随从的人，又无法退而听从抑制之命。

【智慧解读】

"六二"处于艮卦之下体，与上体"六五"不成对应的关系。同时又受到"九三"的制约，虽然它柔中得正，但是山阻水隔，没有一点儿主动权。就像人的小腿被抑制一样，当行不能行，当止不能止。此爻提示我们：在客观环境限制我们有所作为的时候，不能过分强求。

【要诀】随机应变，不过分强求。

【例解】

东野稷十分擅长于驾马车。他凭着自己一身驾车的本领去求见鲁庄公。鲁庄公接见了他，并叫他驾车表演。只见东野稷驾着马车，前后左右，进退自如，十分熟练。他驾车时，无论是进还是退，车轮的痕迹都像木匠画的墨线那样直；无论是向左还是向右旋转打圈，车辙都像木匠用圆规画的圈那么圆。鲁庄公大开眼界，他满意地称赞说："你驾车的技巧的确高超。看来，没有谁比得上你了。"说罢，鲁庄公兴致未了地叫东野稷兜100个圈子再返回原地。一个叫颜阖的人看到东野稷这样不顾一切地驾车用马，于是对鲁庄公说："我看，东野稷的马车很快就会翻的。"鲁庄公听了很不高兴。他没有理睬站在一旁的颜阖，心里想着东野稷会创造驾车兜圈的纪录。但没过一会儿，东野稷的马果然累垮了，它一失前蹄，弄了个人仰马翻，东野稷因此扫兴而归，见了庄公很是难堪。鲁庄公不解地问颜阖说："你是怎么知道东野稷的马要累垮的呢？"颜阖回答说："马再好，它的力气也总有个限度。我看东野稷驾的那匹马力气已经耗尽，可是他还要让马拼命地跑。像这样蛮干，马不累垮才怪呢。"听了颜阖的话，鲁庄公也无话可说。

九三，艮其限，列其夤，厉薰心。

《象》曰："艮其限"，危薰心也。

【译】九三，抑止在腰胯之处，致使联结上下人体的结合部断裂开来，十分危险，如同烈火烧灼他的心一样。

◎《象》解释道：抑止在腰胯之处，说明"九三"此时的危险像烈火烧灼他的心一样。

【智慧解读】

"九三"是艮卦下体的主爻，它的上下爻都是阴爻，又处于水险"坎"中，因此不得动弹。而"九三"以阳爻得阳位，是为阳刚得位，该动不该止，因此处境危艰。正如爻辞所说，被抑止在腰胯之处，人的上下体结合部断裂，必然是十分危险，一定有钻心之痛！此爻提示我们：在事情发展到关键的时刻，一定要讲究进退，该进取则一定不能停滞不前。

【要诀】 审时度势，进退得时。

【例解】

从前，有一个既胆小又贪心的富人发现了一只金狮子。他自言自语地说："我不知道这事到底该怎么办，我心里很乱，无法打定主意。我一方面想要它，一方面又害怕别人发现。捉住狮子吧，又害怕我可能会因此招来强盗，把我原来的财富都失去了。我心中的欲望催促我去拿，我胆小的性格却劝我退后。唉！好运来了，可我不敢接受。这宝物并没有使我快乐。这是怎么回事？我要怎么办，要采用什么方法呢？我得回去把家人带来，凭借他们许多人的力量来捉住它，我自己可以站得远远地观望！"这个人看着金狮子，不停地絮叨。旁边一只青蛙呱呱地说："你这个笨蛋，不知道要考虑到什么时候？好东西总是先下手为强，后下手遭殃。你这样前怕狼后怕虎的，看来是和这个宝贝无缘，我就等着看金狮子被人抢走好了。"

六四，艮其身，无咎。

《象》曰："艮其身"，止诸躬也。

【译】 六四，抑止自己上身不使妄动，没有灾祸。

◎《象》解释道：抑止自己上身不使妄动，说明"六四"能自己抑止自己，司守本位。

【智慧解读】

"六四"阴爻居阴位，位得其正。虽然没有中和之德，却能心静身安。它处于艮卦的上体，所以在抑止的时候，不再是止于一点，而是止于全身。正如爻辞所说，止于全身而不使妄动是没有灾祸的。此爻提示我们：只要善于控制自己，反躬修身，就能够平安无事。

【要诀】 控制自我，司守本位。

【例解】

18世纪，美国最具影响力的海军准将是托马斯·吐鲁克斯顿。他治军最大的特色就是强调所有人都要司守本位，不得以任何理由擅离职守。1799年2月，他率"星宿"号在尼维斯岛附近巡逻时，与法军偶遇交火。因为帆船在风力的作用下倾侧得很厉害，吐鲁克斯顿大胆选择下风位置以便不断使用其发射重炮弹的主炮群。"星宿"号驶到"起义军"号舰尾下风侧时，一阵舷侧齐射打进了"起义军"号的舰体。结果，法国水兵伤亡过半，美军伤3人、死1人。死的这名士兵不是死于敌人的炮火，而是因为擅离炮位，被依法处决的。有人认为这名士兵死得有些冤枉，其实若非如此严厉的管治，吐鲁克斯顿的超越常规的战术也不可能快速实施。

六五，艮其辅，言有序，悔亡。

《象》曰："艮其辅"，以中正也。

【译】六五，抑止自己之口不使妄说，说话很有条理，悔恨自当消亡。

◎《象》解释道：抑止自己之口不使妄说，说明"六五"能有中和之德。

【智慧解读】

"六五"以阴爻居阳位，居位不当，但"六五"得中，又有它上面的阳爻相和，是有中和之德。同时它居于震之上，艮之中，已远离震源又快到山顶，所以爻辞说，只要抑止自己之口而不使它妄说，悔恨就会自行消除，很快就会获得吉祥的。此爻提示我们：在生活中，说话必定要有根据，不可妄言。

【要诀】言不轻发，发必有序。

【例解】

改革开放初，张先生在武汉做钢材生意，他为人豪爽，喜欢吹牛，常喜欢随口应事，很多事答应了也不能办。后来老张的生意有些困难，资金慢慢地周转不开，就四处求人帮忙。有个结交不久的朋友答应给他一笔货，但是要求他快点儿回款。可是到他借了高利贷准备付定金时，却得知这个朋友把货给别人了。因为这个人听说老张说话常常不算数，所以有些害怕，不和他合作了，老张只好吃了这个哑巴亏。

上九，敦艮，吉。

《象》曰："敦艮之吉"，以厚终也。

【译】上九，以敦厚笃实的品质抑止邪欲，吉祥。

◎《象》解释道：以敦厚笃实的品质抑止邪欲而获得吉祥，这说明"上九"能够具有敦厚笃实的品质从而将抑止保持到最后。

【智慧解读】

"上九"以阳刚处艮卦之极，高山之巅，本有物极必反之象，即由艮止而放纵。但是"上九"具有敦厚笃实的品质，能够知足知止，它将抑止保持到最后，从而获得大吉大利。从"初六"止于趾，"六四"止于身，"六五"慎止于口，到"上九"止于顶，说明行事做人要有始有终，不可半途而废，尤其是到最后关头。

【要诀】行事做人，不可半途而废。

【例解】

东汉时，有个名叫乐羊子的人，在妻子的鼓励下，出远门拜师求学。一年后，他就回来了。妻子问他为什么回来，他说自己想家，就回来看看。妻子听了很生气，拿起一把刀，要把织布机上的绢帛割断。她对丈夫说："读书如果半途而废，跟我割断织的绢帛有什么两样？"乐羊子听了，非常惭愧，马上回去重新学习，一连七年没有回家。待学业有成后才回到妻子身边。

艮卦给我们的启示

1．"不在其位，不谋其政"，每个人都应做好自己的本职工作。"君子以思不出其位"，是艮卦阐释的一条哲理，就是说每个人要想他自己所在的职位所要想的事，要做自己所在职位所要做的事。每个人在社会在单位有不同的分工，做好了本身职责范围的事，单位和社会的事情也就做好了。如果人人都不分时空、地位，不顾自身职责，去做别人的事，则不但无所成反而会帮倒忙。

2．要谨言慎行，对单位、部门及社会的事情不要乱发言，要经过周密思考，才能发表自己的意见。谋定而动，千万不可盲目冲动，误撞乱闯。

3．坚持真理，修正错误。艮卦所阐述的"止"不光是止于"止"，而且还要止于"行"，对于正确的东西，必须坚持不懈地努力去做，不能半途而废。而对于错误的思想和行为，则一经发现立即制止，这也就是说要及时修正错误的思想和行为。

渐卦第五十三

——循序渐进终成事

（艮下　巽上）

渐：女归吉，利贞。

《彖》曰：渐之进也，女归吉也。进得位，往有功也。进以正，可以正邦也，其位刚得中也。止而巽，动不穷也。

《象》曰：山上有木，渐。君子以居贤德善俗。

【译】渐卦象征循序渐进，女子出嫁按照礼仪逐步进行，可以获得吉祥。

◎《彖》解释道：渐渐地向前行进，就如同女子出嫁按照礼仪循序进行，可以获得吉祥。渐进获得正位，说明前往可以建立功业；渐进中又能守持正道，这可以稳定国家。渐行而居于尊位，这是由于具有阳刚中和的美德。只要守静而和顺，行动起来就不会走入困穷。

◎《象》解释道：山上有树木，象征渐进；君子因此逐渐积累贤良的品德，并改善社会的风俗。

【智慧解读】

渐卦紧跟艮卦之后，是说事物经过止之后，要逐渐起步而开始新的进程。渐卦的卦象是由下体艮卦、上体巽卦两单卦组成的。艮为山，巽为木，象征山上有木，人们远望高山上的大树，总觉得它生长十分缓慢。渐卦说的就是事物的生长发育是一个渐进的过程。此卦告诉我们：任何事物的发展都要按照一定的程序渐进渐行，要想一蹴而就是成不了才，也成不了大事的。

【要诀】徐变渐化，循序渐进。

【例解】

南宋哲学家、教育家朱熹在《读书之要》中说："或问读书之法，其用力也奈何，曰：'循序渐进。'"何谓"循序渐进"？朱熹做了详尽的解释：以两本书而言，

"通一书而后及一书"，以一本书而言，则"篇章文句首尾次第，亦各有序而不可乱也"。他又说："没有弄通前面的不能弄通后面，没有弄通此处，便不要想弄通彼处……人们都想得到高深的学问，却不知道不从底层的基础打起，是无法获得高深学问的。"朱熹之所以成为一代大家，就是因为他读书是选定一个目标由浅入深，从最简单的书读起，读通一本然后再读另一本。可见一个人要想获得非凡的学问、成就大事，就必须做到"循序而渐进"地学习，一步一步地积累。

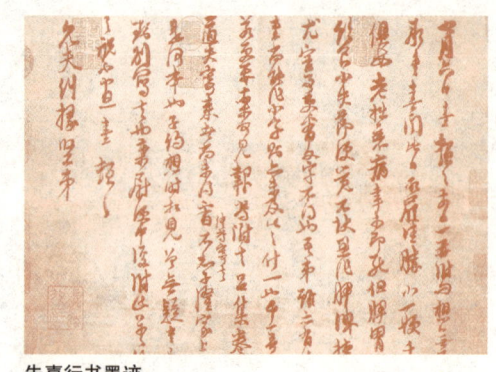

朱熹行书墨迹

初六，鸿渐于干。小子厉，有言，无咎。

《象》曰："小子之厉"，义无咎也。

【译】初六，大雁渐渐飞到水边，就像童稚之人遭遇危险，虽然有言语中伤，却没有灾祸。

◎《象》解释道：童稚之人遭遇危险，但从"初六"渐进不躁的意义看来，是不会招致灾祸的。

【智慧解读】

"初六"以阴柔之质，处在渐卦的最下，所以它要起而前行，但是它不能大动，更不能急躁。爻辞说大雁渐渐地飞到水边，虽然有人埋怨它飞得太慢，但是它不为所动，终于没有灾祸。此爻提示我们：事物在刚刚起步的阶段，千万不可躁动，一定要渐行渐进。

【要诀】渐行渐进，欲速不达。

【例解】

英特尔公司是全球个人电脑芯片业的超级大鳄，随着PC市场增速的放缓，英特尔意识到一条路走到黑的风险。所以它现在急于在PC之外的领域扩张，并且仍然渴望再创PC的辉煌。5年来，英特尔投入110亿美元巨资，一下子收购了37家无线通信领域的公司，结果到了2004年，英特尔的手机和PDA（掌上电脑）芯片亏损额高达3.41亿美元左右，英特尔只得主动承认在移动通信芯片领域里的投资失利。由于进入太多的新市场，严重分散了企业的资源和员工的精力，结果给对手AMD（超威半导体跨国公司）创造了良好的机会。所谓欲速则不达，这都是因为英特尔急躁冒进的结果。

六二，鸿渐于磐，饮食衎衎，吉。

《象》曰："饮食衎衎"，不素饱也。

【译】六二，大雁渐渐飞到磐石之上，稳固安全，并且有吃有喝，和乐欢畅，可获吉祥。

◎《象》解释道：有吃有喝，欢乐和畅，说明"六二"并不是白吃饭不做事。

【智慧解读】

从"初六"到"六二"，鸿雁从最初的水边飞到了磐石之上，本身就体现了一种渐进的过渡过程。同时"六二"性柔位正，且又远应"九五"，就像一个贤能的臣子能够克尽臣道，尽心尽力，辅佐阳刚的君主一样，把国家治理得如磐石一样坚固，它自己也就应论功受赏，像爻辞说的大雁渐进于水边的磐石上，获得了安稳的住所，有吃有喝，和乐欢畅。此爻提示我们，人生行事如能稳扎稳打，就能够有所成就，安享吉祥。

【要诀】稳扎稳打，必有成就。

【例解】

著名的华人船王包玉刚，其事业成功的秘诀就是稳扎稳打。1956年，埃以战争期间，苏伊士运河被封，导致货物积压严重，海船紧俏，船主们纷纷借机发财。但包玉刚仍按一般租金为东南亚的老雇主运货，不与强大的西方船主直接竞争。十几年后，埃以休战，西方大批商船无事可干，还要花钱维修、管理。而包玉刚的船仍然稳扎稳打地立足于东南亚，事业蒸蒸日上。20世纪60年代初期，包玉刚想把他的租船业务扩展到英美石油公司，虽然这些大公司把价格压得很低，但时间长。就这样，包玉刚稳中求胜，在海运这个高风险的行业中逐渐做大。闻名世界的希腊船王奥纳西斯就曾叹服地对包玉刚说："搞船队虽然我比你早，但与你相比，我只是一粒花生米。"

九三，鸿渐于陆。夫征不复，妇孕不育，凶。利御寇。

《象》曰："夫征不复"，离群丑也；"妇孕不育"，失其道也；"利用御寇"，顺相保也。

【译】九三，大雁渐渐飞到平地上，此时丈夫外出一去不复返，妻子失贞怀孕生育无颜，有凶险。不过却有利于防御强盗。

◎《象》解释道：丈夫外出一去不复返，说明"九三"叛离了自己的同类。妻子失贞怀孕生育无颜，说明"九三"的行为失去了夫妇相亲之道。有利于防御强盗，说明"九三"应当自守以正，从而使之和顺相保。

【智慧解读】

"九三"本阳刚之质，又居于阳位，刚阳太过，又不能和"上九"相应，本该循序渐进，它却刚亢躁进，就像大雁本是群居的水鸟却远飞到高高的平地上一样，远离了水源，远离了伴侣，失去了夫妇相亲之道，以至于妻子失贞孕而不育。危险就在眼前。此爻提示我们：日常做事不能太过冒进，不然就有脱离群众基础的危险，导致失败。

【要诀】戒急戒躁，防止冒进。

【例解】

汉尼拔是北非城邦迦太基名将，多次横扫罗马本土，令罗马军队闻风丧胆，但最终还是败于罗马独裁官费边之手。汉尼拔指挥的迦太基军队远离本土、孤军深入，虽然一时令罗马元老院惊恐不已，但终究后援困难，不能持久作战，费边针对对方的这些弱点，采用拖延战术，避免正面决战，而在山区与汉尼拔周旋，消耗和疲惫迦太基军，使其无所施展。费边于公元前215年率军攻击被汉尼拔占领和叛离罗马的城市，并实行坚壁清野，断绝迦太基军队的补给。同时派兵赴西班牙、西西里等地作战，以断汉尼拔的后援。公元前209年率军攻克塔林敦，致使汉尼拔军在意大利半岛的处境更加困难，最终败亡。

六四，鸿渐于木，或得其桷，无咎。

《象》曰："或得其桷"，顺以巽也。

【译】六四，大雁渐渐飞到高高的树木上，或许能够获得一根平展的树枝，没有灾祸。

◎《象》解释道：大雁有可能得到一根平展的树枝，这是温顺平和的结果。

【智慧解读】

"六四"以阴柔之躯凌乘于"九三"阳刚之上，居于不可居之地，身处危境。就如爻辞所比喻的，大雁已经飞到高高的树上了，这本是事业达到一定高度的象征，但由于它的脚趾相连而不能握住树枝，一定站立不住而有摔下来的危险。然而"六四"以阴居阴，又上承"九五"之阳，有柔顺之德且能渐进不躁，谦卑待人，它又在上体巽卦之中，有顺巽之德，处事灵活，所以，它在高高的大树上找到了一根宽平的树枝，居其上而转危为安了。此爻喻示我们：越是事业发达的时候，越要记得待人谦逊平和，这样就是遇到困难或危险也会有办法解决的。

【要诀】高调做事，低调做人。

【例解】

美的集团是我国著名的白电企业，其空调业务名列第二，其他一些业务也在业内名列前茅，但其总裁何享健却甚少在媒体上露面。空调界人士提及何氏的管理风格，皆由衷叹服。2005年，国内的其他几个大型空调企业麻烦不断，而美的始终呈现稳定、健康、良性的发展态势，关键就在于其领导者有"高调做事，低调做人"的风格。

九五，鸿渐于陵，妇三岁不孕，终莫之胜，吉。

《象》曰："终莫之胜吉"，得所愿也。

【译】九五，大雁飞到山冈上，妻子长期未怀身孕，外物侵阻最终不能取胜，夫妇达到了结合目的，获得吉祥。

◎《象》解释道：外物侵阻最终不能取胜，愿望得以实现，吉祥。

【智慧解读】

"九五"高居渐卦之巅，有如大雁飞到高高的山冈上，它与"六二"遥遥相望，远隔重山复水，长期不能相合。但是"九五"以阳刚居阳位，居中得正，有中正之德，经过它长期的斗争，克服重重阻力，越过"九三"和"六四"，"九五"终于和"六二"结合，达致吉利。此爻喻示我们：只要走的路对，坚持下去便能够达到自己的目标。对于面对分裂的团队而言，只要坚持正道，长期奋斗，必然可以弥合分歧，完成共同的事业。

【要诀】坚持就是胜利。

【例解】

亚伯拉罕·林肯是美国历史上最著名的总统之一，他领导美国人民结束了南北战争，维护了美国的统一。他能够做出这么大的成就，就是因为他能够坚持不懈、永不放弃。他出生于肯塔基州哈丁县一个伐木工人的家庭，从小艰苦劳作，迫于生计，他先后做过店员、村邮务员、测量员和劈栅栏木条等多种工作。他在21岁时做生意失败；22岁时，角逐州议员落选；24岁时，做生意再度失败；26岁时，爱妻去世；27岁时，一度精神崩溃；34岁时，角逐联邦众议员落选；45岁时，角逐联邦参议员再度落选；47岁时，提名副总统落选；52岁时，当选美国第16任总统。一系列的失败没有磨灭他的雄心，因为他坚信只要坚定信念，不断超越自我，一定能创造辉煌。

上九，鸿渐于陆，其羽可用为仪，吉。

《象》曰："其羽可用为仪，吉"，不可乱也。

【译】上九，大雁渐渐飞到高高的平地上，它的羽毛可被用作外表的仪饰，最终获得吉祥。

◎《象》解释道：大雁的羽毛可被用作外表的仪饰，获得吉祥，这说明"上九"心志高洁，不可扰乱。

【智慧解读】

"上九"高居巽卦之顶,为人谦卑,而且它以阳居阴,离其正位,不愿高高在上。如同大雁以自己的羽毛装饰他人的仪饰,舍弃自己让他人获得荣耀,而大雁也因之显得更加高贵,不可亵渎。此爻赞美智者拥有居高不傲的高洁美德和超然物外的美好情操,同时也提醒我们不可过于计较小利,被凡俗的欲念所累,人只有超越自己,勇于奉献,才能够成就大事。

【要诀】 超脱私欲,志怀高远。

渐卦给我们的启示

1. 世界上的任何事物都有一个发生发展的过程,这种发生发展的过程是一个由量变到质变的渐进过程,渐卦告诉我们的就是这个道理。所以我们做任何一件事,都要有计划地分步骤地完成,不能急躁冒进,随意逾越中间任何一个步骤,否则就会事与愿违。

2. 不断学习积累知识和经验,我们处在改革开放的新时期,新生事物层出不穷。这要求我们每个人都要不断地适应新的情况,掌握现代化的知识和技能,而知识和能力也是一个累进的过程,不是天生就有的,也不是一学就会的。所以我们要不断地积累知识和经验,全面提升自我。

归妹卦第五十四

——依礼行事终无忧

（兑下 震上）

归妹：征凶，无攸利。

《彖》曰：归妹，无地之大义也。天地不交而万物不兴。归妹，人之终始也。说以动，所归妹也。"征凶"，位不当也。"无攸利"，柔乘刚也。

《象》曰：泽上有雷，归妹。君子以永终知敝。

【译】归妹卦象征婚嫁，只要行为不当前进就会有凶险，不会有什么有利之事。

◎《彖》解释道：嫁出少女，这是天地的大义。天地阴阳如不相交，宇宙万物就不能繁衍兴旺。嫁出少女，人类就能终而复始、生生不息。欣悦而动，说明正可以嫁出少女。有所行动必有凶险，说明居位不当；不会有什么有利之事，说明阴柔凌乘阳刚之上。

◎《象》解释道：大泽之上响动着震雷，象征嫁出少女。君子因此要永远保持夫妇之道而不使破坏。

【智慧解读】

归妹卦紧随渐卦，从卦序看有一种内在联系，是说渐进后要有所归宿，它的卦象上震下兑，兑为悦，震为雷，下悦而上动，是男女交合之象，所以本卦说的是男女婚嫁的事情。但是兑是少女，震是成年男子，所以是老夫配少妻之象，对于这样的婚姻来说，男女之情胜过夫妇之义，按照古人的观点，这种婚姻不合正道，有失礼仪，必然凶险。从卦的各爻来看，"九二""六三""九四""六五"都失其位，"初九""上六"虽正，但阳爻始终居阴爻之下，所以象征着不利和凶险。所以本卦借男女婚姻中种种反常之道，告诫我们：在生活中必须时刻注意礼仪，如果行为不正，必然会给自己带来凶险。

【要诀】从坏处设防，争取好的结果。

【例解】

1998年，全球唯一供应手机芯片的菲利普的欧洲芯片厂突发大火，这几乎使整个手机业面临生死存亡的考验。作为主要手机生产商的诺基亚公司立即采取了行动：CEO亲自飞抵该制造厂，将仅有的库存拿了下来，并且获得了其恢复生产后对诺基亚公司优先供货的保证；而同样面临此次危机的手机业巨头爱立信公司则几乎退出了手机制造业。实际上，诺基亚能够成功渡过难关并不能仅仅归功于CEO的果断，更重要的是它有一个快速而强大的供货体系，而这个供货体系恰恰是按照其内部风险管理的严格要求搭建的。也就是说，诺基亚之所以能够渡过难关，就是因为它时刻在最坏处设防，从而争取到了好的结果。

初九，归妹以娣。跛能履，征吉。

《象》曰："归妹以娣"，以恒也；"跛能履吉"，相承也。

【译】 初九，嫁出少女为人做偏房，犹如腿有毛病但还能行走，有所作为可获吉祥。

◎《象》解释道：嫁出少女为人做偏房，说明"初九"并未失婚嫁之常道。腿有毛病但还能行走，获得吉祥，说明"初九"要以偏助正，相与承顺。

【智慧解读】

"初九"是归妹卦之最下一爻，她以妹妹的身份陪同姐姐嫁出为偏房侧室，但是她为人谦逊，卑以自导，独善其身而不争风吃醋，所以像跛了足的人仍然能够行走一样。她还是能够得到幸福的。此爻告诉我们：人生充满着种种不如意的情况，被命运捉弄之时，只要顺应正道，安分守己，做好自己要做的事，一样可以获得成功，拥有幸福。

【要诀】 以危机为契机。

九二，眇能视，利幽人之贞。

《象》曰："利幽人之贞"，未变常也。

【译】 九二，只有一只眼睛，勉强能看东西，利于幽静安恬的人守持正固。

◎《象》解释道：利于幽静安恬的人守持正固，是因为行事之常道未曾改变。

【智慧解读】

"九二"以阳爻居兑卦之中，阳刚得中，居德贤良，但是它上应"六五"，而"六五"阴居阳位，位不正。恰如少女以侧室的身份嫁给了一个阴柔不正的丈夫，像两只眼睛坏了一只一样只能勉强看东西，起不到内助的作用。但是她性格坚强，幽静安恬并能坚持己志，培养与丈夫的感情，因而最终生活还是吉利的。此爻说明，不良的环境和人际关系有时能够考验、锻炼人们，使之以更好的方式为人处世，进而促进其获得成就。

【要诀】 坚韧不拔，克服困难。

【例解】

因为2005年央视春晚中的《千手观音》，人们认识了邰丽华。作为《千手观音》的领舞，她和她的同伴让世界都为这个舞蹈而动容，更为残疾人的特有精神而赞叹。邰丽华两岁时因一次高烧失去了听力，其后不久又失去了说话能力。从那以后，她陷入了无声世界。但是，出于对舞蹈的热爱，经过多年的苦练，终于有一天，她的美丽舞姿打动了世界。她以自己的行为告诉所有的人，不要因为自己的缺陷而绝望，应努力克服困难，成就自己的未来。

六三，归妹以须，反归以娣。

《象》曰："归妹以须"，未当也。

【译】 六三，把本族的女孩嫁过去当小妾，对方嫁过来的人自然也只能做侧室了。

◎《象》解释道：把（只能做）小妾的女孩嫁过去，行为本身就不妥当。

【智慧解读】

"六三"以阴爻居阳位，已失其位，又以阴柔凌乘于"九三"阳刚之上，说明"六三"不守本分。如爻辞中所说，把只能做小妾的女孩嫁给对方，你还能期待对方能给你什么好的姑娘呢？本爻告诫我们：只有真正考虑到对方的需要，才能指望对方也会如此对待自己。

【要诀】 己所不欲，勿施于人。

【例解】

鬼子母是老鬼神王般阇迦的妻子。她有一万个儿子，个个都身强体壮，力大无比，最小的儿子名叫嫔伽罗，聪明活泼，鬼子母最喜爱他。但是，这个鬼子母性情凶残，脾气狠暴，最喜欢的食物就是小孩子，所以她常到人间抓小孩子，活生生地当食物吃。四面八方的人们实在受不了这种痛苦，纷纷向佛求救。佛听人们说完这种情况后，就把嫔伽罗抓来，扣在要饭用的钵下。鬼子母发现心爱的小儿子不见了，非常着急。她上天入地，到处寻找，整整找了七天。在这七天当中，她饭不吃、茶不思、觉不睡，成天哭哭啼啼，发了疯似的四处乱窜，却连孩子的影子也没发现。后来，听人说："佛是世界上最聪明的，无所不知，无所不晓。"便来到佛居住的地方，向佛打听自己的小儿子到底在什么地方。佛对焦急万分的鬼子母说："你有一万个儿子，才丢了一个，你就这样伤心难过，四处寻找，那人间百姓有的有两三个儿子，有的只有独子，却被你吃了。你想想他们的心情，是不是比你更痛苦十倍？"鬼子母惭愧地说："我错了！只要这次老天爷让我找到嫔伽罗，我再也不吃别人的孩子了。"佛拿起钵，把嫔伽罗还给了鬼子母。鬼子母经过这番事情，果然改邪归正，再也不伤害儿童了，人民也因此过上了安居乐业的生活。

九四，归妹愆期，迟归有时。

《象》曰："愆期"之志，有待而行也。

【译】九四，出嫁少女推延佳期，迟迟未嫁而等待时机。

◎《象》解释道：推延出嫁佳期，完全出于自己志愿，是在等待时机。

【智慧解读】

从爻位来看，"九四"以阳刚之质居于阴柔之位，又正无应，所以不能轻举妄动。"九四"迟迟不嫁，推延嫁期，是因为她有所等待，好的夫婿尚未在视野中出现。所以"九四""迟归"是主动的，不是无人愿娶，到该嫁的时候自然就会嫁出，不会无限制地推迟佳期的。这告诫我们：行事不能急于求成，要静心待时，时机一到，好事即成。

【要诀】待时而动，待价而沽。

【例解】

2003年夏天，娃哈哈公司推出高钙果C，并迅速占领了国内果汁饮料的很大份额，其成功之处就在于准确把握时机。其实早在半年前，娃哈哈就已经研发出这一新产品，之所以拖到这一时间推出，就是等待恰当的时机，其原因有三：首先，2003年上半年的"非典"，使得健康成为消费者选择食品饮料的第一考虑要素，果汁也可补钙是从饮料产品到健康产品的一大突破；最后，娃哈哈此刻推出高钙果C，对其他竞争对手来说几乎是致命的一击；最后，高浓度果汁的概念逐渐得到市场的认可，其他厂商如屈臣氏和养生堂之前对高浓度果汁的推广为娃哈哈高钙果C的成功做了铺垫。

六五，帝乙归妹，其君之袂不如其娣之袂良。月几望，吉。

《象》曰："帝乙归妹，不如其娣之袂良"也，其位在中，以贵行也。

【译】六五，商王帝乙嫁女，作为所嫁之人的正妻的衣着，还不如偏房的衣着好，犹如月亮快要圆满，而不过盈，可获得吉祥。

◎《象》解释道：商王帝乙嫁女，作为正妻的衣着还不如偏房的衣着好，说明"六五"居位尊贵而又守中不偏，虽高贵却能施行谦俭之道。

【智慧解读】

"六五"阴柔居中，尊贵显赫，爻辞借喻她是商纣王之父帝乙的女儿。"六五"下应"九二"阳刚，要嫁给阳刚之士为正妻。可是帝乙之女出嫁时的衣饰还不及侧室的华美。她的地位如此之尊贵说明她具有谦逊中和之德，就像月亮快要满圆，而不过盈，一定可以获得幸福吉祥。此爻告诫我们：地位越是显赫的人越要谦逊平和。

【要诀】 位尊而不骄。

【例解】

2005年在胡润中国富豪排行榜上排名第二位的严介和以"善发怪论"著称，他常称自己为太平洋集团的"奴仆"。对外，他是一个人人尊敬的集团总裁；对内，他却是一个为集团员工鞠躬尽瘁的"奴仆"。他总是说，当这样的"奴仆"很好，因为人人都是这个家庭的主人，为主人服务，无上光荣。正因为秉持这种理念，太平洋集团才有了人才济济、管理高效的局面，严介和自己也取得了常人无法想象的财富。所以人要想获得高位，就必须学会谦卑；而一个人要维持高位，仍然要坚持谦卑。

上六，女承筐，无实；士刲羊，无血。无攸利。

《象》曰：上六无实，承虚筐也。

【译】 上六，女子手里拿着竹筐，但却无物可盛，男子杀羊，却未见羊血，无任何有利之事。

◎《象》解释道："上六"空虚无实，好比手里拿着竹筐，但却无物可盛。

【智慧解读】

"上六"阴爻居阴位，又无外应，始终无阳之实。有如在婚礼中祭祀宗庙的时候，女子手持的竹筐中什么也没有，男子杀羊没有羊血，因而祭礼无法进行。此爻暗喻不修妇德的坏女人就像手提筐子却没有果实，杀的羊是一只没有血的病羊一样，最后不是嫁不了人就是嫁了人也生不了孩子。这就是说一个阴险而不正直的人无论怎么做都是得不到好结果的。

【要诀】 行事不可阴险。

归妹卦给我们的启示

1. 人生的时间有限，很多人妄图由自己主导做成事业，会浪费太多时间，所以真正的成功人士，不应该囿于"主角思维"，而应该学会当好配角。

2. 人不但要学会做配角，还要学会放弃和等待。有时目标看起来很美好，其实以客观条件来说是实现不了的，有些事情需要机会，机会不到，强行动手，不但浪费时间，还会破坏形成机会的条件。

丰卦第五十五

——丰盛不蔽光明行

（离下 震上）

丰：亨，王假之。勿忧，宜日中。

《彖》曰：丰，大也。明以动，故丰；"王假之"，尚大也；"勿忧宜日中"，宜照天下也；日中则昃，月盈则食；天地盈虚，与时消息，而况于人乎？况于鬼神乎？

《象》曰：雷电皆至，丰。君子以折狱致刑。

【译】丰卦象征盛大，亨通，君王可以达到这种盛大亨通的境界。无须担忧，宜于保持如日中天之势而不使超过极限。

◎《彖》解释道：丰，就是盛大。火在下震动而上行，象征太阳升至高空，故可得丰。君王可以达到这种盛大亨通的境界，说明君王崇尚宏大的美德。无须担心，宜于保持如日中天之势，说明此时适宜让盛大之光普照天下。太阳到了中天接下来就会偏斜，月亮满盈即将亏蚀；天地大自然有盈有亏，都是随着时间变化而消亡生息的，更何况人呢？何况鬼神呢？

◎《象》解释道：震雷闪电一起到来，象征盛大。君子们因此也效法雷震惊电，审理案件，动用刑罚。

【智慧解读】

事物得到了理想的归宿之后，就必然会强盛壮大起来，所以归妹卦之后就是丰卦。丰卦是由离和震两个单卦上下组成的。离为火为电，震为雷为动，离下震上，喻义雷电交加、大雨丰沛、万物繁茂的丰盛景象，象征事物到了如日中天的境况。当此之时，有作为的领导者就要谨慎行事，始终保持清醒的头脑，采取措施保持如日中天之势，切不可被胜利冲昏了头脑而采取不当的行动，否则，物极必反。诚所谓："日中则昃，月盈则亏。"

【要诀】慎重决策，才能长盛不衰。

【例解】

西安海星是一家由计算机产品分销起家的企业集团。1994年，海星因代理康柏产品获得 3200 万美元，海星的创建人荣海决定用这笔钱为企业开出多元化发展的路子。当时，海南房地产的狂潮仍在持续，荣海决定进军房地产，但是，房产泡沫很快破裂。荣海进去的时候是 2000 万，最后连本带利算进去，总共亏了差不多 4000 万，而在海南的房子每个月的租金还不够支付 15% 的利息。房地产失败后荣海有过深刻的自省和自责，以后他每做出一项决策都很慎重。海星之所以能够逐步成为西北地区高科技企业的龙头老大，其原因就是荣海能够吸取教训，坚持三思而行的原则。

初九，遇其配主，虽旬无咎，往有尚。

《象》曰："虽旬无咎"，过旬灾也。

【译】初九，遇到了与自己相配的主人，尽管两者均为阳刚，但不会招致灾祸，前往必然会得到推崇和赞美。

◎《象》解释道：尽管两者均为阳刚，但不会招致灾祸。但"初九"要是超过"九四"，破坏了均势，就会有灾祸。

【智慧解读】

"初九"居于丰卦之下，也是单卦离卦之下，阳刚得位，它和上体的震卦之下的"九四"相敌应。"九四"也是阳刚之质，两者可谓强强相对，但是"初九"却有君子之风，它没有因为自己的强大而想去超过"九四"，而是把"九四"看作自己的"配主"主动去联络"九四"，以期得到"九四"的合作，从而达到共同"盛大"的目的。此爻提示我们：为人处世不可傲世，即使自己能力很强，也要明白强中自有强中手，有时候量力而行才是最好的抉择。

【要诀】认清自我，量力而为。

【例解】

唐末杜光庭的《虬髯客传》讲述了一个英雄避英雄的故事。虬髯客志比鸿鹄，豪气干云。若说红拂女慧眼识英雄识了李靖，李靖慧眼真主识了李世民，虬髯客便是慧眼识穷途。他为中原起事蓄积已久，但看到李世民要资历有资历，要能力有能力，又不忍让天下生灵涂炭，终于认识到"此世界非公世界。他方可也"，于是将万贯家产全数赠予李靖，嘱其襄助李世民并善待红拂，率妻飘然远离。多年

人物故事图屏　清　任颐
风尘三侠指红拂女、李靖、虬髯客，三人为唐代传奇小说《虬髯客传》中的主要人物。红拂女为隋朝越公杨素府中执红拂的侍妾，因爱慕李靖人品，星夜出逃，与李靖一同闯荡江湖，后遇虬髯客，三人一见如故，结为知己。后来虬髯客给予李靖和红拂女许多帮助，使他们能辅佐李世民平定天下，而虬髯客却远走海外，另辟他业。

以后他领海船千艘，甲兵10万，入扶余国，杀其主自立。由此可见，是真英雄，终会有用武之地，不必拘泥于一地一事，认清自我，找到适合自己的天地，这才是大英雄真豪杰的所为。

六二，丰其蔀，日中见斗。往得疑疾，有孚发若，吉。

《象》曰："有孚发若"，信以发志也。

【译】六二，盛大之时却掩盖了光明，犹如太阳正当中午却见到了北斗星一样，前行必被猜疑，幸而又能以自己的一片至诚之心求得信任，最终获得吉祥。

◎《象》解释道：以自己的一片至诚之心求得信任，应该用自己的诚信来感发这种盛大光明的心志。

【智慧解读】

"六二"以阴居阴，又是第二爻，实为居中得正。它居下卦离卦之中，离为电为明，说明它为人光明正大，是一个光明之主。但是"六二"的光明却被丰卦的卦主"六五"所掩盖——"日中见斗"，这是因为"六五"以阴柔之才窃居高位，而"六二"正好与其敌应。即便"六二"去迁就"六五"也有可能被"六五""疑疾"，这就是"六二"所遭遇到的困境。但是，"六二""有孚发若"始终如一地以至诚之心去接近去感化"六五"，最终还是能够获得"六五"的信任的。此爻告诫我们：做事为人不要有太多的顾虑，只要诚心为之，日久自然可以实现目标。

【要诀】精诚所至，金石为开。

【例解】

楚国初创之时，社会和地理环境都非常不利。但当时的熊渠是一个很有抱负、办事认真的国君，他有"精诚所至，金石为开"的坚定信念，因此在很多方面取得了成功。在一些诸侯国不服从周王室的号令，掠夺弱小诸侯，在天下纷争的情况下，熊渠坚持以壮大自己的实力为主要政策。当时楚国境内的越人是最大的不稳定因素，他抛开偏见，积极地、真心诚意地与越人建立友好关系，发布了一系列有利于越人的政策、法令，越人终于受到感动，心悦诚服，积极支持熊渠促进了楚国社会的安定，生产的发展，军事实力日益强大。在此基础上，熊渠凭借自己强大的军事力量，开始向周围用兵，扩张领土。最后，一举攻克了位于今湖北鄂州市的鄂国，占领了鄂地，打下了楚国的基业。

九三，丰其沛，日中见沫，折其右肱，无咎。

《象》曰："丰其沛"，不可大事也；"折其右肱"，终不可用也。

【译】九三，盛大之时光明被遮蔽，犹如太阳正当中午却见到了无名小星，只好折断右臂，屈己慎守，不会招致灾祸。

◎《象》解释道：盛大之时光明完全被遮蔽，说明"九三"不可与之共济大事。折断右臂，说明"九三"最终不能施展才用，有所作为。

【智慧解读】

"九三"以阳爻居阳位，本是光明正大，它与"上六"相应，可是"上六"阴居阴位，且高居丰卦之极，是以阴暗之极，这样"九三"被"上六"所遮，真是被遮得昏天黑地，连天空中的小星星都能被看见。处于如此黑暗之中的"九三"被动至极，没有一点儿作为。没奈何，它只得"折其右肱"以求自保。只有这样，才如爻辞所说"无咎"。此爻提示我们：在遇到无法解决的困难时，有时候做出一点儿牺牲是值得的。

【要诀】自残以保，清醒果断。

【例解】

自然界中的许多动物都有自残以保的本事，比如壁虎和许多种蜥蜴在遇到危险时都能够咬断自己的尾巴以自保，敌人往往得其尾而止。虽然要忍一时的残缺和疼痛，但比起死于非命要好。引申开来，人类在生活中遇到危难时虽不必自断肢体，但放下面子、名誉等身外之物却是必要的。《水浒传》中的宋江，有一次在浔阳楼独自饮酒，吟了首牢骚诗，蔡九知府准备以谋反罪将他逮捕入狱。戴宗劝他装疯，宋江照办了。尽管最终被知府识破，却好歹拖延了一段时间，使得其江湖朋友们有时间谋划营救之法。宋江最后在法场上被众兄弟救了后，终于决心上梁山，成就了一段轰轰烈烈的起义斗争。

九四，丰其蔀，日中见斗，遇其夷主，吉。

《象》曰："丰其蔀"，位不当也。"日中见斗"，幽不明也。"遇其夷主"，吉行也。

【译】九四，盛大之时光明却被掩盖，犹如太阳正当中午却见到北斗星一样。但能遇合与之阳德相匹敌的主人，从而获得吉祥。

◎《象》解释道：盛大之时光明被掩盖，说明"九四"居位不当。太阳正当中午却见到了北斗星，说明"九四"处境幽暗，难见光明。遇合与之阳德相匹敌的主人并获得吉祥，说明"九四"宜于有所作为。

【智慧解读】

"九四"以阳刚之质居阴柔之位，居位不当，恰如盛明之躯隐入晦暗之中，光明被遮掩。就如日当中午却见到了北斗星一样。可是处于震之下的"九四"却看到处于离之下的"初九"和自己一样刚强。虽然处于敌应的状态，却不把它视为敌人，相反"九四"认为"初九"是自己的"夷主"，从而主动地去联络它组成坚固的联盟，由于得到了"初九"的相助，"九四"的前途变得一片光明。此爻告诉我们：必须善于团结可以利用的力量，以合作的态度来完成重大的事业。

【要诀】强强联合，结成联盟。

【例解】

2005年8月11日，阿里巴巴和雅虎双方在北京签署合作协议，阿里巴巴收购雅虎中国全部资产，同时得到雅虎10亿美元投资。尽管这一合作是以收购形式出现的，但它确实是一种强强联合。在发布会上，马云自称与雅虎的创始人杨致远有着"7年的相爱"，"终于在今天这个中国的情人节里结合在一起"。马云的话显示，"雅巴"二者不是以竞争者的面目互相吞并，而是以互补姿态进行联合。虽然雅虎只得到了阿里巴巴35%的投票权，但雅虎首席运营官罗森格仍认为雅虎作为策略投资者将从中获益不小。事实证明他的看法是正确的，自消息披露以来，雅虎股价涨了0.85%，而其竞争对手eBay则下跌了4.12%。

六五，来章，有庆誉，吉。

《象》曰：六五之吉，有庆也。

【译】六五，招来天下俊美之才，必然会有福庆，从而获得美誉与吉祥。

○《象》解释道："六五"得到吉祥，说明一定有福庆之事。

【智慧解读】

"六五"为丰卦之卦主，是爻辞说的"王假之"的"王"。它居于兑卦之首，兑为悦，所以它喜气洋洋，受到众人的赞美和庆贺，十分吉祥。然而"六五"虽然位尊却体虚，这是因为它是阴爻。要想长治久安还必须不断地加强修养，光明正大，明辨是非，只有这样，才能乐而无忧。此爻提示我们：要想获得成功，就必须正视人才的作用，人才是事业获得成功的关键所在。

【要诀】广揽英才，为我所用。

【例解】

除了技术和管理，现代企业的竞争同时也体现在人才竞争上。中国最有国际竞争力和活力的民营企业深圳华为就是广揽英才的典范，它在延揽人才方面几乎到了令人震惊的地步。通信行业内曾经有一个传说，说任何人到了华为都不要企图夸耀自己的学历，因为华为传达室的一个收发信件的普通员工都可能拥有研究生学历，此说固然夸张，但足见华为对高级人才的渴求。所有企业都要招聘，但华为与其他企业不同在于：其他企业以一种等待、寻求的姿态来进行招聘，而华为则以一种抢夺的姿态进行招聘。据说2001年华为以高薪招了将近6000名优秀人才，有人怀疑通信和网络方面成绩较优的本科、硕士应届毕业生被其劫掠一空，直接造成其他同行的后劲不足。很显然，这种对人才的孜孜以求获得了回报，华为成为中国成长最快的公司之一。

上六，丰其屋，蔀其家，窥其户，阒其无人，三岁不觌，凶。

《象》曰："丰其屋"，天际翔也；"窥其户，阒其无人"，自藏也。

【译】上六，扩大房屋，反而掩蔽了自己的居室，从门缝里窥视，寂静而不见人迹，如果长时间还看不见人露面，就必有凶险。

◎《象》解释道：扩大房屋，说明"上六"居位极高，不与下交，犹如独自在天空飞行一样。从门缝里窥视，寂静而不见人迹，说明"上六"自己把自己掩蔽深藏起来。

【智慧解读】

"上六"以阴柔之身居于丰卦之巅，震之极，可谓高高在上，志得意满。可是它"丰其屋"而"蔀其家"，飞扬跋扈，不断扩大自己的房屋，结果反而把自己掩藏起来，以至于与世隔绝，陷于孤立之地，招致无穷的风险。此爻告诫人们：人生活在社会里，不可因无人管束而自我封闭、避世独存，不可为自己的爱好而放弃一切。每一个人都应该负起自己的社会责任来。

【要诀】人不可避世。

【例解】

明神宗当朝时，竟有近30年不见朝臣，不闻世事。《明史钞略》记载：万历二十一年（1583年）皇太后大寿时，神宗驾临皇极门，朝贺结束后，曾在暖阁召见了王锡爵，王锡爵对神宗说："今天见了皇上，不知何时能够再见？"神宗竟说："我也想和你常常相见，怎奈我身体不时动火（言下之意还是不能上朝）。"王锡爵虽然苦口婆心，但是皇帝终究是无动于衷，在这种情况下，众臣当然不会奢望与皇帝共议朝政。神宗当朝期间，很多政务开始废弛。尽管张居正当大学士时还有过一些作为，但是都不能从根本上使社会有大的、较长远的振兴，所以有人认为明朝并非亡于崇祯而是亡于万历，神宗消极避世，给国家带来了巨大的灾难。

丰卦给我们的启示

1. 人生的发展过程有如农民种地，讲究春播夏种，秋收冬藏，完成一轮耕种和收获的过程，应该马上考虑明年的收成状况。也就是说"丰不忘欠，乐不忘忧"，有些人在事业上取得了一点儿成就，获得了一些财富，便得意忘形，认为可以放心歇息或者认为自己可以无往而不利，结果一定会遭到严重的打击。这是因为未来的一切结果都是与今天的行事状态密切相关的。

2. 丰卦中的丰亦作"盛"讲，事物发展到"盛"的阶段，就容易向衰的方向转变。因此凡事不可超过极限，超过极限就会有失败之忧。譬如做生意，当一个产品价格高到用户能接受的极限，则切不可再涨，再涨就会给本来弱势的竞争者提供机会。行商如此，其他一切事业都是如此。

旅卦第五十六

——人生旅途道为先

(艮下 离上)

旅：小亨，旅贞吉。

《彖》曰："旅小亨"，柔得中乎外，而顺乎刚，止而丽乎明，是以"小亨旅贞吉"也。旅之时义大矣哉！

《象》曰：山上有火，旅。君子以明慎用刑而不留狱。

【译】旅卦象征行旅，小有亨通，旅行者能守持正固是吉利的。

◎《彖》解释道：行旅，可以小获亨通，谦柔之人在外居位适中而且能够顺从阳刚者的意愿，安静守正而又依附于光明，所以说小获亨通，行旅能守持正固可获吉祥。行旅时的意义是多么重大啊！

◎《象》解释道：山上燃烧着火焰，象征行旅。君子因此动用刑罚要明察而审慎，而且不能长期拖延不判。

【智慧解读】

在极其丰盛壮大之后，丰卦之上六爻不断扩大自己的房子，结果是把自己与世隔绝起来，招致凶险，其必先失其居而沦为寄人篱下的行旅之人，所以丰卦之后就是旅卦。就卦体而言，旅卦艮下离上，艮为山，离为火，意为山上有火。山上有火在四处蔓延，到处流动，就象征人在行旅之中。艮又为止，离又为明，它暗喻羁旅之人应该安静以坚守志向，而又要向上附丽光明。只有这样，才能获得吉祥。人失其所，在外漂流，对于他的一生会有特别重要的意义。行旅之道，也是人生之道，人生也会有无可奈何、遭受挫折的时候。越是在这样的艰难处境中，就越要守持正道，永不磨灭的是对光明前途的坚强信念。

【要诀】寄人篱下，不失其志。

【例解】

晋献公宠爱骊姬，骊姬为立自己的儿子奚齐为太子，陷害太子申生，重耳受到连累，被迫逃亡。重耳在外流亡19年，直到公元前637年，才在秦国的帮助下返回晋国，登上君位，是为晋文公。后来他对内任用贤能，改革军政，使得国力增强；对外尊奉周王，帮助王室平乱，取得"尊王"美誉。最终灭曹却楚，成为中原霸主。重耳在流亡时曾在卫国向野人乞讨食物，时常断伙绝粮。他曾经依附于齐桓公，娶其女齐姜为妻，在齐国这一段时间，重耳行事适中，谨慎以守，但始终不忘东山再起，

晋文公重耳复国图卷　南宋　李唐

最终成为与齐桓公齐名的春秋五霸之一。重耳一生的危难和转折都在行旅中出现，这是最能体现他个人承受力和理想的关键环节，他在羁旅中的处世之道使人受益匪浅。

初六，旅琐琐，斯其所取灾。

《象》曰："旅琐琐"，志穷灾也。

【译】初六，行旅初始，行为猥琐卑贱，这是自我招取灾患。

◎《象》解释道：行旅初始，行为猥琐卑贱，说明"初六"意志穷窘，因而自取灾患。

【智慧解读】

"初六"虽然有"九四"的刚阳相应，但它以阴柔之才处于旅卦之始，以阴居阳，本失其位，是寄居在外，远离家室的旅人之象；而阴柔之质，没有刚强振作的意志，故性格柔弱，目光短浅。此爻告诫我们：越是才能有限，越是事业刚刚起步，就越应该加强自己的意志力，不做猥琐失仪之事。

【要诀】人生旅途立志始。

【例解】

1917年4月6日，艾哈迈德·奥斯曼出生在埃及伊斯梅利亚城的一个贫苦家庭。他幼年丧父，母亲希望他成为上流社会的工程师，但奥斯曼希望当一名建筑承包商，从不愿改变自己的理想。1940年，奥斯曼大学毕业，身无分文，却想实

现多年来的梦想——当承包商。为了筹集资金学习承包业务,他先到他舅父那儿当帮手,积累了大量工作经验。1942年,奥斯曼离开舅父,开始实现他的承包商之梦。他第一次设计的一个商店的铺面,合同金只有3埃镑,但他仍然费苦心追求完美。到20世纪50年代初,他的承包公司已获纯利5.4万美元。由于他的志向坚定,不屈不挠,到了20世纪80年代,他已经成了有200多家子公司、26家银行的大富豪。

六二,旅即次,怀其资,得童仆,贞。

《象》曰:"得童仆贞",终无尤也。

【译】六二,行旅路上住进客舍,由于身上带着钱财,所以可以雇佣童仆,应守持正固。

◎《象》解释道:雇佣了童仆,应守持正固,最终不会有什么问题。

【智慧解读】

"六二"阴柔,阴居阴位得正,说明它有柔顺中和之德。恰如人在旅行中住进旅舍,身上也有足够的盘缠,因而能够买到童仆,不会有什么过失和问题。此爻告诫我们:人在旅途,应该尽量选好适合自己的寄居之所,准备好足够的资金,找到协助自己的人同行,这样才能够安然完成行程。如果不做准备,结局自然危险。比起旅行,人生更应该遵守这一原则。

【要诀】漫漫长路,有备而行。

【例解】

192年,曹操占领兖州,自任兖州牧,派枣祗镇守东阿。枣祗在东阿期间,致力于劝课农桑,积谷囤粮,并且组织操练东阿军民,将东阿城的城防工事修缮一新。吕布、陈登占领兖州以后,派兵猛攻东阿城,东阿城始终都没有被攻下,东阿后来

水田附船陶器 汉
东汉末年,曹操占据北方,实行屯田,这样既能舒解军粮短缺的压力,又可操练军队,控制军纪。汉代规定,作战士兵每人以月供应粮物,粮物的进出都有严格的手续,曹操更是规范了这一程序,并且更为严密。此器即是军屯的士兵在水田中劳作的形象反映。

还成为曹操反攻吕布,重夺兖州的可靠后方和军需基地。后来,曹操又击败了颍川汝南的黄巾军,夺得了一大批耕牛、农具和劳动力。枣祗就建议曹操利用这些农具,在许昌一带屯田,以解决粮食问题。曹操采纳了他的建议,并让他全权负责屯田的事宜,最终取得了很好的成绩,使曹操在征伐四方时,不必担忧军粮不足的问题。

九三，旅焚其次，丧其童仆，贞厉。

《象》曰："旅焚其次"，亦以伤矣；以旅与下，其义丧也。

【译】九三，行旅之时被大火烧掉了住处，童仆也逃走了，应守持正固以防危险。

◎《象》解释道：行旅之时被大火烧毁了住处，本来就会受到伤害。旅居在外却将童仆也看作陌生的行路人，既如此，按照常理，当然要失掉童仆。

【智慧解读】

"九三"以阳刚之体居阳位，过于阳刚，而它又居于艮卦之上，失其中道。这就像一个人在旅途之中朋友和伙伴很少，结果房子不慎失火，但他仍然高傲强横，连伺候他的童仆都被他视为陌生人而离开了他。社会上一些成功人士的"突然失败"，表面上是由偶然因素决定的，其实是其性格导致了悲剧。此爻告诫我们：人若过于阳刚，就会为莫名之火所伤，甚至众叛亲离。

【要诀】不可一意孤行，免致众叛亲离。

【例解】

恺撒被暗杀后，重新爆发的内战使罗马帝国陷于分裂。马克·安东尼作为东罗马帝国的统治者，竟很快被恺撒的情妇——埃及艳后克丽奥佩特拉所吸引，还跟随她去了亚历山大。安东尼回到罗马后和屋大维的一个亲属结了婚，但他还是爱着克丽奥佩特拉。后来，克丽奥佩特拉为他生了一对孪生子，他回到东部后又和克丽奥佩特拉结了婚。屋大维认为自己遭到了嘲弄，便狂怒地向克丽奥佩特拉和安东尼宣战。结果发生了公元前31年著名的阿克提莫岬角大海战，安东尼一意孤行，损失惨重。克丽奥佩特拉则鼓动安东尼再一次出征。尽管安东尼英勇无比，无奈众叛亲离、势单力薄，已然是无力回天，直战到奄奄一息，最后绝望的安东尼拔剑自刎。

九四，旅于处，得其资斧，我心不快。

《象》曰："旅于处"，未得位也；"得其资斧"，心未快也。

【译】九四，行旅之时暂得居住之处，获得利斧斫除荆棘，但是我的心中还是不大畅快。

◎《象》解释道：行旅之时只是暂得居住之处，说明"九四"还未有适当的居位。尽管获得利斧斫除荆棘，心中仍然不畅快。

【智慧解读】

"九四"阳刚居柔，处在上体之下，而且与"初六"形成正应，刚柔能下，刚柔相济，所以其命运比"九三"要好些，能在行旅之时暂得安身之所，虽然赚到了钱，但无法在此地使用，改变不了旅途的困苦状况，这暗示"九四"窘迫的流浪生活还要持续一段时间。此爻告诫我们：不要太看重外在的小小成就，人在未达到终极目标之前，是算不上成功的。

【要诀】 勿迷于当前的微小成就。

六五，射雉，一矢亡，终以誉命。

《象》曰："终以誉命"，上逮也。

【译】 六五，射取野鸡，虽然费去一支箭，但终将会获得美誉。

◎《象》解释道：终将会获得美誉，说明"六五"的地位与声望很高。

【智慧解读】

"六五"以柔居刚，处于中位，身在离明卦体，这说明"六五"具有光明正大而又柔顺中和的美德，而这种美德在行旅之时是最为适宜的，也最合处旅之道。虽然"六五"光明柔顺，得乎中道，但终究是行旅在外，总会有所缺失。射取野鸡，虽然失去了一支箭，总还是得到了一只野鸡，得到的还是比失去的要多。此爻告诫我们：要看长远利益，不能为一点儿小小的损失而灰心丧气。

【要诀】 失之东隅，不忘收之桑榆。

【例解】

20世纪90年代初，段永平领导下的集体企业小霸王横空出世，风靡全国，很快达到年产值10亿的规模。然而随着企业的发展，小霸王与其上属怡华集团关系也变得更加微妙，段永平的发展备受掣肘，最后竟不得不提出辞职。应该说，段永平失去了他一手打造的事业基础，但是他没有丧气，决定以个人力量东山再起。1995年，段永平组建步步高电子有限公司，两年以后，步步高的无绳电话市场占有份额全国第一，后来VCD（video compact disc，激光压缩视盘）火遍全国，段永平在广告上以李连杰的"真功夫"对成龙的"好功夫"，搭当时爱多VCD的便车大赚一把，成为中国最著名的企业，而小霸王则几乎被人忘记。

上九，鸟焚其巢，旅人先笑后号啕。丧牛于易，凶。

《象》曰：以旅在上，其义焚也；"丧牛于易"，终莫之闻也。

【译】 上九，鸟窝被焚烧，行旅之人先是喜笑颜开，后是号啕大哭。在异国荒远之处丢失了牛，有凶险。

◎《象》解释道：作为行旅之人却尊高自处，依理必然会有鸟窝被焚的灾祸。在异国荒远之地丢失了牛，说明"上九"在外遭祸却没有人能够知道。

【智慧解读】

"上九"以阳刚处于旅卦之巅，自以为无比高大而沾沾自喜，就如起火的山林中的鸟窝面临被焚的危险而不知。等到大火烧毁其巢，"上九"只好号啕大哭了。爻辞感叹：远在异国他乡遇难而不被人知，其命运实在可悲啊！其意义就在于警示我们：刚刚获得成功，身处高位，得意之时不可过于兴奋，免得乐极生悲，反而失败得一败涂地。

【要诀】小心乐极生悲。

【例解】

拿破仑在法国历史上留下了辉煌的一笔。不幸的是，他的结局没有以皇帝的身份见上帝，而是给法国带来了屈辱。1812年6月，拿破仑相信自己无坚不摧，执意远征俄国，结果俄国坚壁清野和诱敌深入的战术让法军困窘不堪，法国军力受到重挫。1813年，他又败于莱比锡，被放逐到厄尔巴岛。1815年，拿破仑重返巴黎恢复短期统治，同年6月，滑铁卢会战失败后再次退位，被放逐到圣赫勒拿岛。1821年，拿破仑因胃疾死于该岛。拿破仑是在维护国家尊严、反对外国干涉革命的战争中逐步取得人民的信任的，但是他加冕后的10年间，战争逐步由自卫转为侵略，同时也由胜利走向挫折和失败，可谓乐极生悲。

旅卦给我们的启示

1. 一个人暂时的穷和他今后的前途并不具有必然的联系。只要你有宏大的志向、远大的目标，不利条件也可转化为有利条件，你会因此以十倍百倍的努力去改变现状，最后你一定会由穷至富，由失败转向成功。

2. 人生旅途，一定要有志同道合的伙伴。而此卦中的"行旅"不仅仅指出门在外，而且暗喻人的一生，乃至万事万物，无不借天地以行旅，有好的朋友相扶相帮，对人生是不无裨益的。

巽卦第五十七
——顺逊容人成大器

（巽下 巽上）

巽：小亨，利有攸往，利见大人。

《彖》曰：重巽以申命。刚巽乎中正而志行，柔皆顺乎刚，是以"小亨，利有攸往，利见大人"。

《象》曰：随风，巽。君子以申命行事。

【译】巽卦象征逊顺，小有亨通。利于有所前往，利于见德高望重的人。

◎《彖》解释道：上下逊顺宜于尊者申谕命令。阳刚尊者以其中正美德被众人顺从而其意志得以推行，阴柔者都逊顺于阳刚，所以卦辞说小有亨通，利于有所前往，利于见德高望重的人。

◎《象》解释道：和风相随而吹拂，象征逊顺。君子因此申谕命令并见诸行动。

【智慧解读】

巽卦是八纯卦之一，它的上下都是由单卦"巽"组成的，巽为风，巽卦卦体两巽相重，是风与风相随而吹拂，风之入物无所不至，无所不顺。这也是巽卦紧跟旅卦之后的原因——行旅之人总想一帆风顺。巽卦由一阴爻伏于两阳爻之下，有逊顺以容人之象，上下皆为巽，象征上下皆逊顺。由于上下皆顺，所以有利于上级发布命令，众人执行，这就是爻辞所说的"重巽以申命"，而刚阳之君——上级领导者也正好效法"风行"之象发布命令于众，以行事天下。此卦告诫我们：任何事情要成功，首先应该遵守一个"顺"字，下级应该顺应上级的命令，上级的决策则应该顺应客观规律和民心民意，悖逆对抗太多，目标再简单也不能实现。

【要诀】言而有信，言出必行。

【例解】

春秋末期，鲁国人曾参与妻子带着儿子去集市。在集市上儿子哭闹不停，妻子为了哄儿子不哭，就告诉他如果不再哭闹，回家以后就会有肉吃。回到家后，曾参便拿刀准备宰羊，妻子连忙阻止他说："我不过是哄着他玩呢！"曾参却说："孩子虽小，但不可以戏弄他，现在你对他说谎，将来他会照样对你说谎，如果母亲欺骗儿子，他会从此不信任你。"最终，曾参还是把羊宰了，他言出必行、不失信于儿子的做法至今广为流传。

初六，进退，利武人之贞。

《象》曰："进退"，志疑也；"利武人之贞"，志治也。

【译】初六，进退犹豫，勇武之人守持正固是吉利的。

◎《象》解释道：进退犹豫，是因为思想混乱，疑惑不决；利于武人守持正固，是勉励他修治和树立坚强的意志。

【智慧解读】

"初六"本是阴爻，体弱性柔，又在重巽之下，是进是退，不能决断，"初六""志疑"，进退不决，是由于体性柔弱，逊顺太过造成的。要改变这种状态，必须用武人的决断力来补充支持它。此爻告诫我们：不是所有的人都有阳刚果决的气质，而很多事败就败在反复犹疑、迟迟不定上。而如果临事能用武勇之气加以调整，则可以勇猛果断，济其柔弱之不足。

【要诀】坚决果断，切忌犹豫。

【例解】

在中途岛海战时，日本海军航空母舰舰队司令南云忠一，在面对攻击中途岛机场还是美国航空母舰时，显得非常犹豫，一会儿要求轰炸机挂载鱼雷，一会儿又要求卸下鱼雷，改挂炸弹，结果使得航母的甲板上放满了炸弹。他的犹豫，使得日本舰队遭到灭顶之灾。美军的海军航空兵忽然到来，日军的战斗机正在挂弹，来不及升空，美军战机迅速投弹，引爆了甲板上的炸弹，结果日军航母被炸沉多艘，从此失去了海战中的优势。南云忠一在关键时刻的犹豫不决，使得他所率领的舰队遭受了巨大的打击。

九二，巽在床下，用史巫纷若，吉，无咎。

《象》曰："纷若之吉"，得中也。

【译】九二，逊顺而屈居床下，通过祝史、巫觋以谦卑侍奉神祇，可获吉祥，没有灾祸。

◎《象》解释道：以谦卑侍奉神祇可获吉祥，说明"九二"能够守中不偏。

【智慧解读】

"九二"阳居阴位，表现得很逊顺，屈居床下。因为"九二"与"九五"阳气相冲，所以它不断通过祝史、巫觋去向"九五"致意，以求得到"九五"谅解，居中则无过刚之弊，逊顺从上而不卑屈谄媚，因而与"九五"疏通了关系，达成谅解。最后得到"九五"的信任，获得了吉祥。此爻告诉我们：为人处世要能屈能伸，过于刚强不能顺应领导，对自己对事业都是不利的。

【要诀】 适时地放弃。

【例解】

1976年，迈克·莱恩随英国探险队成功登上珠穆朗玛峰。而在下山的时候，他们却遇上了大风雪。更严重的是，风雪根本没有停下来的迹象，而他们的食品已所剩不多了。如果停下来扎营休息，他们可能在没下山就会饿死；如果继续前行，大部分路标已被积雪覆盖，不仅要走许多弯路，而且他们身上所带的物品会使他们因疲劳而倒下。在大家陷入迷茫的时候，迈克·莱恩丢弃了自己所有的装备，只留下食品，告诉大家按这样的方法轻装前行。开始几乎所有的人都反对，迈克·莱恩帮大家分析了形势后，大家才逐渐采纳了他的建议。一路上他们互相帮助、互相鼓励，忍受疲劳、寒冷，只用了8天的时间就到达了安全地带。

九三，频巽，吝。

《象》曰："频巽之吝"，志穷也。

【译】 九三，皱着眉头勉强逊顺，有所恨惜。

◎《象》解释道：皱着眉头勉强逊顺而有所恨惜，是因为壮志全失。

【智慧解读】

"九三"阳居阳位，是阳刚之躯。可是其上为"六四"阴爻所乘，又和"上九"相敌应，所以它不得不皱着眉头勉为逊顺，忍受屈辱，根本没有志气，只知唉声叹气，一味地忍屈顺从，无法救治，是以"吝"矣。此爻警示我们：一味隐忍只会使敌人更加嚣张，使自己的困难严重加剧，所以人不可逊顺过度。

【要诀】 不可一味忍屈逊顺。

【例解】

北京通产集团公司是北京市发展最早、规模最大的民营企业之一，公司总裁陈金飞是个极重民族尊严的人。有一次陈金飞希望购买一个美国人手里的几条性能好、价格便宜的砌块生产线。经过艰苦谈判终于要签约了，对方却把他的支票扔在地上说："中国人的支票是假的，你们中国人用这么便宜的价格从我这里买设备，简直跟偷一样。"陈金飞立刻站起来说："请你把支票捡起来！"看陈金飞一下子强硬起来，美国人倒不知所措了。他捡起支票说："咱们签约吧！"谁知陈金飞说："你先签。"那个美国人把签好的合同递给陈金飞，陈金飞一把撕掉合同说：

"你要为你的行为付出代价！"那个美国人惊得目瞪口呆。虽然没做成生意，但是陈金飞却赢得员工的无限钦佩，后来，企业发展得有声有色。

六四，悔亡，田获三品。

《象》曰："田获三品"，有功也。

【译】六四，悔恨消失，田猎获取三类猎物。

◎《象》解释道：田猎获取三类猎物，有功赏。

【智慧解读】

"六四"阴柔无应，又乘凌"九三"阳刚，处境不利，本该有悔，但是另一方面，"六四"以阴居阴，上承"九五"之阳，依尊履正，故虽有悔而终当"悔亡"。"六四"与"初六"同样处于二阳之下，但"六四"吸取了"初六"进退犹疑的教训，虽以逊顺上承"上九"，却又能主动出击，"田获三品"终于有所建树，获得成功。此爻告诫我们：逊顺的目的是为了能够有所作为，而不是为了毫无原则地刻意讨好他人。

【要诀】逊顺之道在于追求成功。

【例解】

渡边正雄原是日本的一个小商人，每月辛苦所得仅够勉强维持一家人的生活。为改变这种状况，他竟然到一家大的房地产公司，主动提出不要薪水当业务员。在这里，他谦卑好学，很快掌握了大量的业务知识，积累了很多经验，还结识了很多人。后来他辞去了工作，借钱成立了自己的房产公司——大都房地产公司。渡边很快用每平方米60日元的低价买下了一块无人问津的高原，在上面建了许多高档住宅和别墅。几年后，随着日本经济的高速发展，人们对乡村别墅的需求应运而生，而此地曾建有日本天皇的别墅，渡边的房子卖得非常火，这使他大赚一笔，后来渡边成了日本最大的房地产商之一。

九五，贞吉，悔亡，无不利，无初有终。先庚三日，后庚三日，吉。

《象》曰：九五之吉，位正中也。

【译】九五，守持正固可得吉祥，悔恨消失，无所不利。虽然没有良好的开端但有吉利的结果。在象征"变更"的庚日前三天发布新令，而在庚日后三天实行新令，必获吉祥。

◎《象》解释道："九五"之所以获得吉祥，是由于它居中得正。

【智慧解读】

"九五"处在当"巽"之时，但以阳居阳，显得不太逊顺，好在"九五"刚正居中，因而能够得"吉",使"悔亡",并"无不利"。爻辞中所说的"庚"古人常取以象征"变更",此处作为更布新令之意。"先庚三日"是指在象征"变更"的庚日前三天发布新令,"后庚三日"是指在象征"变更"的庚日后三天实行新令。庚日的前三天是丁日,后三日是癸日,丁借为叮咛之叮,癸借为揆度之揆。变革之际,叮咛于先,揆度于后,办事如此严谨,当然可以获吉。此爻告诫我们:要想成就伟业、做成大事就必须谨慎小心,认真防范细微过失和问题。

【要诀】办事严谨,抓紧细节。

【例解】

　　第二次世界大战期间的诺曼底登陆之所以被称为人类历史上最伟大的战役之一,就是因为盟军为之做出了巨大的牺牲和无比严谨的准备。由于首批空降部队是由好几个国家的士兵组成,又在夜间行动,为解决敌我识别的难题,盟军研究了几套方案以备讨论选择。经过多次争论,他们最终决定给空降官兵每人配发一只打火机大小的"蟋蟀"玩具,用手一捏,就会发出"咔吧"的响声。以一声"咔吧"作为询问,两声"咔吧"作为回答。尽管几美分的小玩具算不得什么,但是这种认真精神确实是难得的。为确保登陆的成功,盟军还挑选了相貌酷似总指挥官蒙哥马利的人装扮成蒙哥马利出访直布罗陀、开罗,造成蒙哥马利不在英国的假象,正是这些细节保证了登陆的成功。

上九,巽在床下,丧其资斧,贞凶。

《象》曰:"巽在床下",上穷也;"丧其资斧",正乎凶也。

【译】上九,逊顺而屈居床下,犹如丧失了刚坚的利斧,守持正固以防凶险。

◎《象》解释道:逊顺而屈居于床下,已经是穷极无奈;犹如丧失了刚坚的利斧,说明"上九"应守持阳刚之正以防凶险。

【智慧解读】

　　"上九"本为阳爻,但是身处逊顺穷极之位,卑躬屈节,犹如丧失了刚坚的利斧。此时已经是穷途末路,如果不能奋起,便只能走向凶险的死路。此爻告诫我们:位卑人轻而危难频仍之时,除了奋起改变自己的状态,此外别无办法,逊顺至极,只会使自己的处境更加危险。

【要诀】途穷时宜主动反击奋起自救。

巽卦给我们的启示

1. 大丈夫要能屈能伸。巽卦描述的逊顺结果，尽管只是小有亨通，但主于有所行动，建功立业。因此任何团队的中层管理者，都应该善于以屈求伸，而不应盲目强硬。

2. 卑躬屈节、阿谀奉承为人所不齿。六爻的爻辞告诉我们：逊顺并不等同于无条件地盲目卑顺，更不是卑躬屈膝，而是要以不失人格为底线。所以"九三"以刚屈柔，一味逊顺，则生"吝"；"上九"卑躬屈膝，失去决断，则生"凶"。

3. 巽卦所言的逊顺，其目的不在于逊顺本身，而是在于通过逊顺容人，营造一个利于进取建功的宽松环境，所以逊顺就有一个度的问题，过刚不逊、傲慢无礼固然不好，而卑躬屈膝、任人宰割当然也不会有好结果。《周易》所提倡的这种在人事交往中不卑不亢、逊顺容人、以屈求伸的态度和方法，是有益于人生的。

兑卦第五十八

——和悦处世心态正

（兑下 兑上）

兑：亨，利贞。

《彖》曰：兑，说也。刚中而柔外，说以利贞，是以顺乎天而应乎人。说以先民，民忘其劳；说以犯难，民忘其死。说之大，民劝矣哉！

《象》曰：丽泽，兑。君子以朋友讲习。

【译】兑卦象征和悦，亨通，利于守持正固。

◎《彖》解释道：兑，意思就是悦。阳刚居中而柔和处外，足以使人和悦相处而利于守持正固，因此真正的喜悦，上顺于天理之正，而下应于人心之公。先于民劳苦使民喜悦，民众就会忘记他们的劳苦。先于民犯难使民喜悦，民众就会忘记他们的牺牲。悦的重要，使民众能互相鼓励！

◎《象》解释道：两泽相连互相滋润，象征和悦。君子观此卦象便聚集朋友相互讲解道理研习学业。

【智慧解读】

巽是无所不入的意思，而当进入居所以后就会感到喜悦，所以紧接着巽卦之后就是兑卦。兑卦是八纯卦之一，由两个单兑卦上下组成。从卦象来看，兑为泽，两泽相附丽，交相浸润，互有滋益，是和悦相处之象。从爻象来看，兑卦上下二体皆以刚爻居中，故称"刚中"，而上下二体又皆以柔爻居上位，故又称"柔外"。阳刚居中，有中心诚实不虚伪之象，阴柔在外又象征对外待人接物柔和逊顺而不粗暴。内心诚实而不虚伪，待人逊顺而不粗暴，这当然给人带来喜悦，大家和悦相处，故无所不亨。兑卦告诉我们：和悦相处是总的行为原则，它是"顺乎天而应乎人"的法宝。违反了这个原则，不唯不能至亨，还要有悔厉。

【要诀】和悦待人，摒绝凶暴。

【例解】

罗杰·罗尔斯出生在纽约的一个贫民窟里，却成了美国第一位黑人州长。这一切与其小学时的校长保罗有莫大关系。保罗刚上任时，发现学校的穷孩子无所事事，整日打架胡闹，但他没有气馁，没有用凶暴、严酷的办法来惩罚他们，而是给他们以宽容和鼓励。当罗尔斯从窗台上跳下，伸着小手走向讲台时，保罗微笑着说："我一看你修长的小指就知道，将来你是纽约州的州长。"当时罗尔斯吓了一跳，他记下了这句话，并且相信了它。从那天起，纽约州长就成为他的目标，他说话不再夹杂污言秽语，待人真诚友好，他开始面带微笑，挺直腰板走路，还当了班长。在以后的时间里，他没有一天不按州长的身份要求自己，在51岁那一年，他真的成了州长。

初九，和兑，吉。

《象》曰："和兑之吉"，行未疑也。

【译】初九，和悦待人，吉祥。

◎《象》解释道：和悦待人可获吉祥，说明"初九"行为端正，无可怀疑。

【智慧解读】

"初九"以阳居下，又无所系应，能够随时处顺，有和悦待人之象。和悦待人只是一方面，卦辞已指出处"兑"之时利于守持正道。"初九"获吉，一方面是由于和悦待人，另一方面也是由于其阳刚居正。阳刚则行为不谄媚，居正则行为端正。这样一来，"初九"的所作所为没有什么过失，也没有什么可遭人疑忌的，故而可获吉祥。此爻告诫我们：为人处世，对待自己可以严格，对待他人一定要注意一个"和"字。

【要诀】行为端正，宽以待人。

【例解】

唐朝的藩镇割据，自代宗时形成，此后朝廷对藩镇一味姑息。宪宗元和年间，西川节度使韦皋病逝，部将刘辟作乱，满朝文武都认为西蜀险固，不宜生事，唯独杜黄裳强烈反对，坚请讨除。他举荐高崇文为帅，又奏请不再让宦官做监军，使高崇文得以放手施为，最终活捉刘辟，平定了西川。这次胜利，极大地鼓舞了士气人心，于是奏请剪平藩镇，还政中央，整肃朝纲，纪律风气，为之一张。他虽为相日短，然正是在他的主持下，朝廷不再对藩镇妥协退让，诚为开风气之先的一代贤相。然而生活中的杜黄裳却十分宽仁。有一次杜黄裳生病，庸医误诊，将他整治得死去活来，就算一般老百姓，拔错一颗牙恐怕也会气得当场跳起来，何况像他那样给治丢了半条命的。然而杜黄裳却仍是一以贯之地淡然处之，始终没有责骂加罪于行医者，可见他的修养和德行。

九二，孚兑，吉，悔亡。

《象》曰："孚兑之吉"，信志也。

【译】九二，心怀诚信，和悦待人，吉祥，悔恨消失。

◎《象》解释道：心怀诚信和悦待人而获得吉祥，说明"九二"思想诚实坚定。

【智慧解读】

"初九"阳刚居正，而且远离"六三"阴柔小人，所以和悦而又端正，行为也无可怀疑，其获吉是轻松而又自然的。"九二"则不同了，"九二"以阳居阴，且又面临"六三"阴柔小人的谄媚，有失位失正之悔。好在"九二"以刚居中，孚信存于中，有中正诚实之德，一方面心怀诚信和悦待人，另一方面自守不失，与"六三"相和而并不同流合污，这才获"吉，悔亡"。此爻告诫我们：在和悦待人的前提下，也要注意坚守正道，这样才能达到真正意义上的"和谐"。

【要诀】君子和而不同。

【例解】

《左传》记载，有一次齐景公打猎后回到自己田庄遄台，宠臣梁丘据前往问候。齐景公对随侍的晏婴感叹说："只有梁丘据与我相'和'啊！"晏婴回答说："他不过是懂得讨好您而已，岂能谈得上和？'和'好像是做羹……不够就增调料，太过就减调料；君子食之，心平气和。"晏婴又指出："君臣之间的关系也是这样。国君认为对的，而其中有错的，臣下指出其中错的，使对的更加完备；国君认为错的，而其中有对的，臣下指出对的，去掉真正错的。从而使政事平和，民无争心。"最后，他还指出："梁丘据是您说对就对，您说不对就不对。就像用水来煮水，有什么味道？要是琴瑟都发一个音，又有谁愿意听呢？可见同与和的区别了。"

六三，来兑，凶。

《象》曰："来兑之凶"，位不当也。

【译】六三，前来谋求和悦，有凶险。

◎《象》解释道：前来谋求和悦而有凶险，说明"六三"居位不正当。

【智慧解读】

"六三"不是以正来与人相处，而是以谄媚来取悦人，这就与"初九""九二"有很大区别，它以阴处阳，不中不正，且与上无应，故来求"初九"与"九二"二阳，谄媚求欢，自然有凶险。此爻告诫我们：主动谄媚者不可信任，无故亲热的人必须提防。

【要诀】无故求悦，应当防范。

【例解】

齐桓公有一个名叫易牙的御厨，极有野心。有一次，桓公开玩笑地对他说想尝人肉，听了桓公的话后，易牙想，这倒是个难得的献媚机会。于是，就设法四处为桓公找人肉。易牙找了几天，也没找到可供桓公食用的人肉，最终，他就将自己的幼子杀死做成蒸肉，送给桓公品尝。桓公品尝后，连声说："味道好极了。"从此，对易牙更加深信不疑。与易牙同时的还有一个人，名叫竖刁，他为了能接近桓公，到宫廷谋一职位，竟将自己阉了，变成太监来到了齐桓公的身边。齐桓公认为竖刁真是太忠实于自己了，也就把他留在了自己的身边。后来齐桓公老的时候，他们一起发动政变，把齐桓公堵在宫里活活饿死了。可见对那些无故求悦的小人，是不可不防的。

九四，商兑未宁，介疾有喜。

《象》曰："九四之喜"，有庆也。

【译】九四，商度思量和悦之事而心中很不安宁，若能隔断阴柔、疾恨邪佞则有喜兆。

◎《象》解释道："九四"的喜兆，是有功受庆。

【智慧解读】

"九四"上承"九五"之尊，下比"六三"之佞，自身却刚居柔位，刚能守正，柔则不坚定，因此对于究竟是接受"六三"的谄媚求悦，还是上奉"九五"的刚中之尊，一时拿不定主意，内心斗争激烈而不能自宁，这就是爻辞所说的"商兑未宁"。"九四"毕竟质本阳刚，最后还是决定不与"六三"结交，并挡住"六三"，不让它越过自己进而再去迷惑"九五"，并疾恶"六三"阴柔邪恶，"九四"能做到这些，自然是喜庆之兆，故爻辞又说"九四""介疾有喜"。此爻提示我们：生活中常常有正邪两派力量来争取你，这时候如何甄别，如何做出正确的选择就显得非常重要了。

【要诀】亲贤士，远小人。

【例解】

齐威王的大臣邹忌长得十分英俊潇洒。有一次他用自己与美男子徐公比美的事来讽谏齐威王，他说："我的妻子是因为偏私我，妾是因为怕我，朋友是因为有求于我，所以才都说我好话，说我比徐公美，但其实并非真话啊……现在全国的官员百姓，后妃内侍等，没有一个

邹忌讽齐王纳谏故事图盒

不对大王有所求的，所以大王可能受到的蒙蔽是多么大啊……"齐威王听了以后，便采纳邹忌建议，广开言路，虚心纳谏，令诸侯慑服。实际上，邹忌提到的治国要旨除了要纳谏之外，还有"亲贤士，远小人"的内涵，只不过直斥小人有些不便，便借题发挥。有所图谋的小人，哪怕有赏赐他也不会说真话，而忠直之士，哪怕有危险也会大胆进言，所以只有善待忠直之人，才能不受蒙蔽和误导。

九五，孚于剥，有厉。

《象》曰："孚于剥"，位正当也。

【译】 九五，信任剥蚀阳刚的阴柔小人，有危险。

◎《象》解释道：信任剥蚀阳刚的阴柔小人，将使自己处于易被小人伤害之位。

【智慧解读】

"九五"紧邻"上六"之阴，"上六"阴邪不正，别无系应，专附于"九五"。"九五"阳刚居尊位，且得乎中正，但在和悦相处这个问题上，仍不能掉以轻心，因为"上六"用巧言令色将自己的祸心包藏起来，引诱"九五"信任于它，以便消剥"九五"阳刚。如果"九五"真的谬信小人，受其谄媚，沉醉于无端的欢快和悦之中，那无疑是自寻死路。此爻告诫我们：看人不可看外表，要观其言，察其行，与外表热情、内里奸邪的小人在一起，容易受到他的消剥，走上危险的路。

【要诀】 切勿受小人巧言令色的迷惑。

【例解】

明代嘉靖年间，奸臣严嵩秉政，朝政腐败，民不聊生。严嵩在内阁20年，专擅国事，贪鄙奸横，在治国安邦上没有什么本领，却会一味地讨好皇帝。他巧言媚上、阿谀逢迎，不时奏请有祥瑞出现；又因世宗崇尚道教，每每以青词献上。世宗以为自己真的被上天所垂青，严嵩是宰辅之材，于是军国大事一概委之，自己只顾信奉道教，悠哉乐哉。严嵩得以贪污纳贿、鱼肉百姓、倒行逆施、废弛边防，造成北方俺答贵族军骚扰和东南倭寇猖獗，从而给人民招致了深重的灾难。由于边防费用大增和世宗斋醮（请道士设坛）、营建之费有增无减，人民的赋税大大增加，国力日衰。虽然世宗在位末年处治了严嵩一党，但是明朝的国力已经彻底衰败了，不久就走上了灭亡的道路。

《钤山诗选》书页 明 严嵩

上六，引兑。

《象》曰：上六"引兑"，未光也。

【译】上六，引诱他人相与和悦。

◎《象》解释道："上六"引诱他人相与和悦，说明"上六"的和悦之道未能光明正大。

【智慧解读】

"上六"以阴柔而居兑卦之极，是极其阴邪不正之人。其危害不仅在于其阴邪不正，更在于其以巧言令色包藏着割阳的祸心，用谄媚的手段来引诱别人与之和悦相处，以便实现其阴谋。因此"上六"是居心不良，远非光明正大之人。此爻说明一个道理，那些曲意奉承，无端谄媚的人，往往包藏着祸心，应该引起我们的警惕。

【要诀】谨防糖衣炮弹。

兑卦给我们的启示

1. 待人和善是处理好同事、朋友关系的关键。人一生的工作、生活无不处于各种团队之中，待人处世之道就成了人生存最重要的能力，有些人为人严肃不苟言笑，即使待人以诚，心无城府，仍然得不到朋友和上司的信任，有些人言辞激烈，说话不留情面，即便有益于朋友，意见也不被人采纳。这都是值得引以为戒的。

2. 和善待人并非无原则地迎合，需要坚持意见和观点，需要提醒他人改过的时候，则不应该一味地和颜悦色。所谓"良药苦口利于病，忠言逆耳利于行"，必要的时候应以当头棒喝代替温言细语。

3. 世间有许多面善心不善的小人，必须对这些人加以防范。这些人的特点是巧言令色，无故主动示好，与之相处往往让人感到十分愉悦，但正是这种过度的和悦透露了小人奸邪的居心。所以君子处世，对这种情况不可不察。

涣卦第五十九
——临灾逢变创新天

（坎下 巽上）

涣：亨，王假有庙。利涉大川，利贞。

《彖》曰："涣，亨"，刚来而不穷，柔得位乎外而上同。"王假有庙"，王乃在中也。"利涉大川"，乘木有功也。

《象》曰：风行水上，涣。先王以享于帝立庙。

【译】涣卦象征涣散，洪水到来，亨通，君王到宗庙祭祖祈祷，有利于渡过大江大河，利于守持正固。

◎《彖》解释道：洪水到来亨通，是由于阳刚者居阴柔之中而不穷困，阴柔者获正位于外而与在上的阳刚同德。君王以美德感化神灵而保有庙祭，说明君王居处正中而能凝聚人心。利于涉越大河巨川，说明乘着木舟合力涉险必获成功。

◎《象》解释道：风在水上，为洪水来到的征兆。先代君王观察到这种情况就祭享天帝、建立宗庙。

【智慧解读】

涣卦坎下巽上，坎为水，巽为风，所以涣是风行水上之象，也即洪水泛滥的样子，洪水来时会冲乱一切，故此卦象征天下大乱。按卦变理论，下体坎本是坤，上体巽本是乾；乾的初爻来居坤的中位，坤则变成坎，而坤的中爻填补乾的初位，乾则变成巽。有天翻地覆、阴阳转化之形，故涣卦也强调主导力量的转换规则、观念的变化。同时卦辞也说，要主导乱局、改天换地，王者需要假以宗庙。此卦告诫我们：成大事最好是看准由乱转治的机会，同时紧握权柄、坚守权威地位，带领众人避开危难，以成就自己的事业。

【要诀】树立权威，紧握权柄。

【例解】

一位将军很善于带兵。普通的将领最多带10万兵已经是个异数了，但是对于他来说，10万还远远不够。由于他能征善战，所以很快成为这个王国的上将军，手握帝国的军事大权，但是，他私下并不以此为满足。他希望得到更大的权力，而不是现在这种"万人之上，一人之下"的局面。他有这个念头，但不敢马上行动。皇帝知道了他的念头，于是就把他招进宫来。皇帝对他说："你的本领很好，我很佩服你。不过，你知道为什么我能当上皇帝吗？"将军说不知道。皇帝很认真地说："会统兵还不够，还要善于统将。尤其是能用那些能力强于自己的人，使之为我效命。你的本事不错，但是你在用人上有很多缺陷。你容不下比你强的人，也不喜欢和你不同的人；你不能完全信任你任用的人，你任用他们却又限制他们。所以，虽然你和许多将领的领军能力都比我强。但是，注定你们只能给我做臣子，而不能做皇帝。这就是我今天叫你来的原因了。"领导不一定是最聪明的人，但是要最善于用人。真正的领导要善于用各种方式把不同背景和才能的人聚集到一起，并为其提供公平的、合理的机会，使他们在发挥个人潜能、实现自己的目标的同时为组织创造价值。

初六，用拯马壮，吉。

《象》曰：初六之吉，顺也。

【译】初六，洪水到来，骑马避害，吉利。

◎《象》解释道："初六"的吉祥，因其能够顺着正确的方向跑。

【智慧解读】

"初六"为阴爻，它处涣卦之初，洪水刚来，此时奔逃，生存的机会很大。但是"初六"本身阴柔，无力自救，只得借助外力，骑马而奔。因为逃得早，又因马快，所以最终安然无恙。而此中快马，喻示的正是紧邻的"九二"，"初六"上承"九二"之刚，当然获得吉利。此爻提示我们：遇到重大危难的时候，在奋力自救的同时还要努力寻求外援，凡有借力的机会，都不能放弃。

【要诀】借用外力，能够及早救难。

【例解】

中国加入 WTO（World Trade Organization，世界贸易组织）的一个重要承诺就是 2006 年底银行业要实行全面开放，面对严酷的竞争环境，中国的银行业如不进行彻底的改革和制度创新，恐怕会面临崩溃的局面。要解决问题，只能采取引入外部战略投资者，借助外力推动，并以国际理念引导改革的策略。截至 2005 年 10 月，共有 19 家境外金融机构入股 16 家中资银行，投资总额近 165 亿美元。例如，按照剥离和核销不良资产、财务重组、财政或外汇注资之后，2005 年中国建设银行成功引入美洲银行等战略投资者，并在香港上市。外资的进入给中国银行业带来了急需的资金，并为国有银行寻求海外上市增添了筹码。

九二，涣奔其机，悔亡。

《象》曰："涣奔其机"，得愿也。

【译】九二，涣散之时奔就几案似的可供凭依的处所，不再悔恨。

◎《象》解释道：涣散之时奔就几案似的可供凭依的处所，说明"九二"得遂阴阳聚合的愿望。

【智慧解读】

"九二"为阳爻，但它阳居阴位，逢洪水袭来的局面，虽然有阳刚之力，却无保家之法，只好急速离开危境到安稳之地。此爻告诫我们：遇到危难或特别棘手的问题，可以考虑彻底放弃过去的办事思路和方法，改弦更张，获得新的机会。

【要诀】另辟蹊径，再创新天。

六三，涣其躬，无悔。

《象》曰："涣其躬"，志在外也。

【译】六三，洪水冲到身上，无灾无悔。

◎《象》解释道：洪水冲到身上，心中却想着外面的人。

【智慧解读】

"六三"乃阴柔之质，处位不中不正，有私己之念，本该有悔。但它居于阳位，应于"上九"，有去其私心、忘身救人之象，因此在洪水冲来之时，还想着外面的百姓，从而消除了导致后悔的错误，所以能做到"无悔"。此爻喻示世人：危难之时，不可只顾自身，虽不能完全济天下之灾，但只要与救世之主的志向相合，能够系念他人，自然会得到世人的认可，获得尊重。

【要诀】忘身无私，可致无悔。

【例解】

宋朝统治近百年后，宋初制定的许多政策弊端渐露，官场腐败，财政出现危机，各地农民起义不断，辽、西夏不断袭扰边境，国家处于危险的局面中。面对这种情形，宋神宗在王安石的辅助下，开始了一场两宋历史上空前绝后的大变法。王安石要求变法，并非为了升官发财，完全是出于一片报国之心。虽然贵为宰相，他的生活却极为朴素，他既不贪污也不受礼，可谓无私为国。王安石主持的变革使得宋王朝重新恢复了生机与活力，

王安石尺牍

所以即使是他被罢免之后，神宗也并未放弃改革的既定路线。王安石第二次罢相后的第二年，神宗改年号为"元丰"，从幕后走到台前，亲自主持变法。王安石与宋神宗，正是"六三"与"九五"的关系，王安石的舍身为国，换来了宋朝的一段中兴。

六四，涣其群，元吉。涣有丘，匪夷所思。

《象》曰："涣其群元吉"，光大也。

【译】六四，涣散朋党，至为吉祥；涣散小群聚成山丘似的大群，这不是平常人思虑所能达到的。

◎《象》解释道：涣散朋党，大吉大利，是因为品德光明正大。

【智慧解读】

"六四"居阴得正，上承"九五"。这就像一个有远见、会领路的人，在洪水到来之前，能够指引大家往高处奔跑。洪水冲击人群，使之聚集到山丘上，从另外一个角度上看，这是凝聚群众、改造社会的机会，因而它又是大吉大利的。此爻意在说明，社会遇到灾难之时，需要有远见、无私奉公的人出来引导大家同舟共济、共渡难关，此理同样适合于一个遇到困难的团队。

【要诀】着眼大局，同舟共济。

九五，涣汗其大号，涣王居，无咎。

《象》曰："王居无咎"，正位也。

【译】九五，像发散身上汗水一样发布盛大的号令，又能疏散王者的居积以聚合天下人心，必无祸害。

◎《象》解释道：疏散王者的居积必无咎害，是因为他正居于尊位。

【智慧解读】

"九五"为阳爻，处于尊位，有散居积，聚民心的盛德，因此虽处"涣"道，却能"无咎"，能散而不乱，散而能聚。此爻启示我们：在危难来临、人心涣散时，要将正确的领导者放在核心位置，使团队能够获得正确的方向和维系人心的力量。

【要诀】危难之时，重在择帅。

【例解】

英国电信（BT）是老牌电信运营商。由于经营投资策略失误频频，导致公司几近崩溃，2001年年底背负了高达430亿英镑的债务。2002年2月，公司董事会为挽救危局,免除了任职长达6年的CEO彼得的职务,以美国朗讯科技公司前副董事长本继任。本是一个有着坚定信念的人,他对整个电信业的事情了如指掌,有清晰成熟的战略,并能毫不动摇地实施战略。由于他的上任,2002年底,英国电信的财务状况大为改观,公司营业额与上年同期相比增加了2%;税前利润与去年同期相比增加了55%;每股利润为54%。经过一年多的努力,英国电信已经"翻身"。正因为果断换帅,英国电信的发展才有了转机。

上九,涣其血,去逖出,无咎。

《象》曰:"涣其血",远害也。

【译】上九,洪水的忧患消除了,但要提防灾难重现,就不会有灾祸。

◎《象》解释道:洪水的忧患消除了,远离了伤害。

【智慧解读】

"上九"为阳爻,又居涣卦之极,其意为经过各爻的努力,大乱达到了大治,大散达到了大聚,故"上九"能够离忧出惕,远离伤害而"无咎"。此爻告诉我们,至乱可臻于至治,因此在发生大的危难之后不能放弃希望,而应努力恢复元气,发展自己的力量。

【要诀】大治不远,不可放弃。

【例解】

鸦片战争后,中国积弱积贫,面临被列强瓜分的局面。辛亥革命后,形势曾经为之一变,但袁世凯窃取了政权,接着中国又陷入军阀混战中。这时候很多知识分子灰心、失望,觉得无力改变现实,部分人开始沉沦。但胡适、陈独秀、鲁迅等人却没有失望,他们认为应该唤醒民众,于是发起了新文化运动,结果培养了一大批有为青年,为国家的进步做出了大贡献。

陈独秀像
陈独秀(1879~1942年),安徽怀宁(今安庆)人,字仲甫。1915年9月在上海创办《青年》(后改名为《新青年》杂志)是新文化运动和"五四"运动领袖之一。

涣卦给我们的启示

1. 洪水来时,冲乱了自然界的种种事物,洪水走后,又要建立新秩序。此种现象推衍到人事上看,人与人之间的关系,甚至每一个社会组织,都经历过有散有聚的过程,原有的形态在完成特定性的使命后终将瓦解，而新的关系又将逐步确立。可以说"涣"促使过时观念和陈旧制度的瓦解，而孕育着新事物的诞生。据此看来，灾难并不可怕，关键是要抓住机遇，借机改革，促使其向新的方向聚合发展，从而达到亨通的境界。

2. 要整治灾害，重聚人心，并不是一蹴而就大功告成的，而是要采取切实的措施，选定一个正确的方向，同时还需要借助于特定的象征物来聚合种种精神力量，即所谓"王假有庙"。在封建时代，人们借宗庙以唤起人们的宗族意识乃至国家意识，在现代则应以其他的方式来完成这一任务，只要增强了人们的心理凝聚力，克服困难就不是不可完成的任务。

3. 在消灾解祸患的过程中，人们除了方向明确，意志坚定之外，还应该确定一个强有力的领导者，此外还要有大公无私的人辅助他。确保了这些人各就其位，群众才会有所服从，不致各行其是、慌乱不堪。

节卦第六十
——适可而止知节制

（兑下 坎上）

节：亨。苦节，不可贞。

《彖》曰："节亨"，刚柔分而刚得中。"苦节不可贞"，其道穷也。说以行险，当位以节，中正以通。天地节而四时成。节以制度，不伤财，不害民。

《象》曰：泽上有水，节。君子以制数度，议德行。

【译】节卦象征节制，节制可致亨通。但是不能过分节制，应守持正固。

◎《彖》解释道：节制可致亨通，这是因为阳刚与阴柔上下明白相分而阳刚又得中的缘故。但是不能过分节制，否则就会导致节制之道走入困穷。物情欣悦就会勇于赴险，处位妥当就能自觉进行节制，居中守正则行事畅通无阻。天地自有节制，因而有了四季；圣贤明主以典章制度为节制，就不会浪费资财和残害百姓。

◎《象》解释道：沼泽上有水，象征节制。君子因此制定礼数法度为准则，详细考察道德行为从而任用得宜。

【智慧解读】

任何事物不可始终分离涣散，涣散的局面最终要加以节制，否则会不可收拾，所以接着涣卦的是节卦。节卦上为坎，下为兑，坎为水，兑为泽，沼泽里有水，而水要漫出，就会受到沼泽沿岸的限制——这就是节卦的象征。节卦说的是不论是自然界还是人类社会，节制都是普遍存在的，天地节制寒暑的长度，而形成了四季，制定完善的政治制度，对财经加以节制，就不会浪费钱财和残害老百姓。万事万物只要能适当节制，就会通达顺利。但是节制要有度，过度了就成为苦节，就会走向反面，最终陷入困穷之境。

【要诀】节制有道，过犹不及。

【例解】

据说上帝在创造万物时，并没有为蜈蚣造脚，但是它仍可以和蛇爬得一样快。有一天，它看到羚羊、梅花鹿和其他有脚的动物跑得比自己快，它心里想："哼！脚越多当然跑得越快。"于是，它便向上帝请求："上帝啊！我希望拥有比其他动物更多的脚。"上帝答应了蜈蚣的请求。他把许多脚放在蜈蚣面前，蜈蚣迫不及待地拿起这些脚往身上贴，从头一直贴到尾，直到没有地方可贴了，它才依依不舍地停止。看着自己满身是脚，它心中窃喜。但是，等它开始要跑时，才发觉自己无法控制这些脚。它费很大的力才使得这些脚不互相羁绊而顺利地往前走。结果，它比以前走得更慢了。

初九，不出户庭，无咎。

《象》曰："不出户庭"，知通塞也。

【译】 初九，节制以守，待在家中不动，必无灾祸。

◎《象》解释道：节制以守，待在家中不动，说明"初九"懂得通畅则行、阻塞即止的道理。

【智慧解读】

"初九"处于节卦之始，以阳居阳，居得其正，上应"六四"，但是前进路途中有"九二"相阻，故节制自己的行为，宜于慎守，等待时机，遂以"不出户庭"以免除灾祸。这是"初九"的聪明之处，它深深地懂得路途中畅通则行，阻塞即止的节制之道。此爻告诫我们：为人处世，最重要的是知节能止，也就是说要看清前途，当有不可逾越之阻碍时不要去浪费精力，伤害自己，知不可为而不为，才是智者的表现。

【要诀】 慎言慎行，知节能止。

九二，不出门庭，凶。

《象》曰："不出门庭凶"，失时极也。

【译】 九二，不走出自家门庭，有凶险。

◎《象》解释道：拘于节制，不跨出门庭而有凶险，说明"九二"丧失了适中的时机。

【智慧解读】

"初九"前面有"九二"阳刚阻塞，是不当有为之时，故节制不出；"九二"前面是二阴，阳遇阴则通，通则利往，所以"九二"应跨出家门有所作为，到广阔天地中去大展宏图。但"九二"由于阳居阴位，过分拘于节制，虽前途畅通却保守不出，所以"九二"违时有凶。此爻告诫我们：消极保守不等于小心谨慎，人生很多事情，错过机会不但不能获得成功，相反还会因之受害。

【要诀】 当动则动，切忌犹豫不决。

【例解】

在人生的紧要关头，当动不动，犹豫不决，就会反受其害。昔日，淮南王刘安预备谋反，又恐事不成惹杀身灭族之祸，因此裹足不前，最终被汉武帝以毒药鸩杀。刘安深于谋略，却死于胆识不足。既有反心，就应该想到此路一走断无回头之路的道理，倘若稍一迟钝，良机错失，依旧会落个身败名裂的下场。形势到了某一个关口，就不能坐等它发生变化，而应主动去改变或推动事态发展，从而避开凶险。

六三，不节若，则嗟若，无咎。

《象》曰："不节之嗟"，又谁咎也？

【译】 六三，不能节制，于是就嗟伤自悔，仍然没有灾祸。

◎《象》解释道：不能节制而嗟伤自悔，又有谁还会加害于他呢？

【智慧解读】

从爻象上看，"六三"乘凌阳刚之上，这种处境是相当危险的，但实际却并非如此。"六三"以阴柔之质居阳刚之所，失其当位，又处下卦之终，很有不知天高地厚的骄傲之象，过乎中而不知节，不过"六三"不同于"九二"的是，它能认识到自己的错误，并开始懊悔自己的过失。既然能嗟伤自悔，居不自安，则人将容之，谁还会加害于它呢？故"六三"可以"无咎"。此爻提示我们，人无完人，因为不善自制而犯错是常有的事，但一个人若能谨慎自察，多多反省，则虽有过而无大害。

【要诀】 勤于自省，勇于自察。

【例解】

人做事不可能没过错，企业也是如此。一个企业，无论它有多大规模，无论以前它有多么成功，在变化纷纭的外界环境面前，其应对措施总会有出现错误的时候。2005年，联想公司兼并了IBM公司的个人计算机业务，当时业界普遍认为这种整合必然会出现很多纰漏和错误，其合作前景不会乐观。但是新联想找到了适当的对策，那就是勤于自省，其CEO专门成立了"战情室"，每天将公司出现的问题进行汇集并检讨，还要保证在24小时内就扭转任何危机。通过这些努力，新联想运作顺畅，原IBM的计算机产品丝毫没有受到抵制，业绩节节上升，大大超过了业界的普遍预期。

六四，安节，亨。

《象》曰："安节之亨"，承上道也。

【译】 六四，安然进行节制，可致亨通。

◎《象》解释道：安然进行节制，可致亨通，说明"六四"能够谨守顺承尊上刚中之道。

【智慧解读】

"六四"以阴居阴，柔正得位，处"九五"尊阳之下，能够顺承"九五"中正之君，它所处的环境要比"六三"好得多了。所以爻辞说，"六四"安于低伏，乐于自节，而亨通无阻，这是顺承上天的道理，按社会规律办事的结果。此爻启示我们：当自己没有能力改变现状时，不要去做非分的事，而应该节制自己的欲望和意念，安之乐之，得到的一定会比失去的多。

【要诀】柔顺尊上，万事亨通。

【例解】

嵇康是三国时曹魏文学家，"竹林七贤"之一。嵇康在当时的政争中倾向皇室一边，对于司马氏采取不合作的态度，因此颇招忌恨。嵇康的友人吕安被其兄诬以不孝，嵇康出面为吕安辩护，钟会即劝司马昭乘机除掉吕、嵇，司马昭便处死了嵇康。嵇康平时"刚肠疾恶，轻肆直言，遇事便发"，每每"非汤、武而薄周、孔"，实际上是要否定"今王"——司马氏。因此最后落得个悲惨的下场。其系狱临终时所作《幽愤诗》，认为自己终致囹圄，是由于性格颃傲、不知柔顺所致。他虽然在诗中表示希望渡过目前的厄难，然后去过超尘绝世的生活，

嵇康像

但这不过是美好的愿望而已，不懂柔顺尊上的他，终于英年早逝，令人扼腕。

九五，甘节，吉，往有尚。

《象》曰："甘节之吉"，居位中也。

【译】九五，适当节制而能够令人感到甘美适中，可致吉祥。采取行动，必受嘉赏。

◎《象》解释道：适当节制而能够令人感到甘美适中，获得吉祥，说明"九五"居位处中，无过也无不及。

【智慧解读】

"九五"以阳刚居中，处于尊位，是节卦的卦主。"九五"的节制是"甘节"，这是节制的最高境界，甘节与安节的区别就在于：安节只行于己，唯有自己身安而已，但别人未必可安。甘节则不是这样，甘节是节以制度，不伤财不害民，这种"节"既施之于己，也施之于人，故而其不仅像安节只获亨通，而且可以获得吉祥。在此情况下，如果有所行动，一定可以引致人们的崇尚追捧。由此可见，节卦的要义为贵中，"九五"之所以能够得甘节之吉，根本的原因就在于它居位处中、当位以节的缘故。此爻向我们说明一个道理：善

于节制固然是一种美德的表现，但把这种信条执行得太过的话，就会对自己有危害。只有节制得恰到好处，达到甘节的状态才是真正的成功。

【要诀】 节制要恰到好处。

上六，苦节，贞凶，悔亡。

《象》曰："苦节贞凶"，其道穷也。

【译】 上六，过分节制，应当守持正固防备凶险，悔恨可消亡。

◎《象》解释道：过分节制，应当守持正固防备凶险，是因为节制之道已走入困穷之境。

【智慧解读】

"上六"之"苦节"与"九五"之"甘节"刚好相反。"上六"居于节卦之极，节已过中失度，节制过苦，人们不堪忍受，故曰苦节。不过，节制之道虽然到了"上六"已经"道穷"，但是"上六"以柔居上，未失其正，行"节"之苦心，又不能完全否定掉。所以此爻意在劝勉我们，节制自守固然好，但如果做得太过，让节制苦不堪言，事情就会向反向发展，因此我们应该节而有道，化"苦"为"甘"。

【要诀】 固本培元，慎处困穷。

【例解】

以高科技为核心的IT业在印度的兴起和发展，与印度国家政策的引导密不可分。从20世纪50年代开始，印度就投入巨资，仿照美国麻省理工学院的模式，在全国陆续建起了6个"印度理工学院"。20世纪90年代，拉奥就任总理后对IT产业的发展又推出了许多扶持政策。1998年，印度政府组建了"国家信息技术特别工作组"，制订了"印度信息技术行动计划"，全方位推动IT产业的发展。如今印度的国策已经收到了丰硕的成果，其做法可谓"固本培元，慎处困穷"。

节卦给我们的启示

1. 人的欲望和意念很多，如果不予以节制，无限度地放纵自己，就必然会导致灾祸，这种节制之道在倡导发展和谐社会、节约型社会的当代中国有着非常重大的意义。

2. 自我节制的行为有不同的状态，有些人能够始终如一地控制言行，有些人则只在有失节行为之后才做出自我反省。不管如何，有节总比无节好，知节总比不知节好，人不必为过去的"不节"而心存痛苦，重要的是自我节制的意识要时刻在心。

3. 节制之道，贵在"持正"和"适中"，因此卦辞一方面称节制可致亨通，一方面又告诫不可过分拘于节制，如果过于节制，则有害无益。

中孚卦第六十一

——讲诚信，善待人

（兑下 巽上）

中孚：豚鱼，吉。利涉大川，利贞。

《彖》曰："中孚"，柔在内而刚得中，说而巽，孚乃化邦也。"豚鱼吉"，信及豚鱼也；"利涉大川"，乘木舟虚也；中孚以利贞，乃应乎天也。

《象》曰：泽上有风，中孚。君子以议狱缓死。

【译】中孚卦象征诚信，诚信到能够感动豚鱼这种顽固的动物，因此可以获得吉祥，利于涉越大河巨川，利于守持正固。

◎《彖》解释道：内心诚信，柔顺处内能够谦虚至诚，刚健居外又能够中实有信，从而下者欣悦，上者和顺，如此诚信之德就能够惠化邦国。诚信到能够感动豚鱼这种顽固的动物，因此可以获得吉祥，这就是说诚信之德已惠及豚鱼等世间万事万物。利于涉越大河巨川，是因为此时像乘驾木舟渡河那样方便可行，畅通无阻。内心诚信而利于守持正固，是因为应合了天的刚正之德。

◎《象》解释道：大泽之上吹拂着和顺的风，象征内心诚信。君子们因此用诚信之德仔细审议讼狱，宽缓死刑。

【智慧解读】

中孚卦从整体来看，"六三""六四"为柔，"九二""九五"为刚，两阴正居其内，柔在内而刚得中，是为中虚至诚；从上下卦来看，两阳爻恰好分处其中，犹如中实有信，故名"中孚"。所以节卦之后次之以中孚卦，表示"节"必须有"信"来做保障，这就是说用以节制的制度定出后，能否顺利执行，关键还要看人们是否诚信。如果诚信之德已经能够感动豚鱼这种顽固的动物，那天下还有什么东西不能被感动呢？喻示出这种诚信之德可以广施世间万物，能如此自然可以获得吉祥。有了这种诚信之德，自然就无往而不胜了。此卦告诫我们：要有君子的诚信，诚信之德可以惠化邦国，改天换地。

【要诀】诚信为本。

【例解】

摩托罗拉公司是世界财富百强企业之一，也是全球通信行业的领军者之一。企业的核心竞争力是"诚信为本和公正"。他们强调以诚信对待用户和员工。在他们看来，外在的东西——无论是金钱、权力，还是法律制度，都不可能为人提供持续不断的力量源泉。他们认为企业的成功不能建立在员工暂时对金钱或权势的屈从上。企业短期的繁荣可以通过许多方式获得，但是企业持续增长的力量却是从人类几千年来形成的价值公理中获得的。因此，要想获得真正的核心竞争力，企业形象导入就必须从这些核心价值观上下功夫。

初九，虞吉，有它不燕。

《象》曰：初九"虞吉"，志未变也。

【译】 初九，安守诚信，可以获得吉祥，别有所求就会不得安宁。

◎《象》解释道："初九"安守诚信，可以获得吉祥，因为它别无他求的心志没有改变。

【智慧解读】

"初九"位处"勿用"之位，所以要顺其自然，不能妄有他求。从卦象上来看，"初九"本与"六四"有应，但有"九二"在路途上成为阻碍，这时"初九"很识时务，不再为"六四"而心有所动，安虞自守其诚信之道，故而能得到吉祥。若有他意于"六四"，不顾"九二"之阻而往应之，则不得安宁。此爻告诫我们：人应该讲究诚信，**同时也要摒除内心的妄想妄求**，只有这样才能真正做到心中安宁，乐于事业。

【要诀】 不妄求，自心安。

【例解】

颜回是孔子的高徒，被后世尊称为"复圣"，后世以他为安贫乐道不妄求的典型。他出身贫寒，自幼生活清苦，却能安贫乐道，不慕富贵，性格恬静。孔子表扬他说："贤哉，回也！一箪食，一瓢饮，在陋巷，人不堪其忧，回也不改其乐。"公元前481年，颜回去世，孔子对他的早逝感到极为悲痛，可见他对颜回的重视。有些人物欲太重，种种愿望得不到满足。究其原因，就是不明白妄求所带来的戕害。其实，每个人都有属于自己的幸福，只要善待和珍惜已经拥有的，不奢求不妄求，随遇而安、随境自适，自然就会幸福了。

九二，鸣鹤在阴，其子和之。我有好爵，吾与尔靡之。

《象》曰："其子和之"，中心愿也。

【译】 九二，鹤鸟鸣叫在背阴，它的同类以声相应和。我有甘美的酒浆，我愿意与你共同分享，以求同乐。

◎《象》解释道：鹤鸟的同类以声相应和，说明这是发自内心的真诚意愿。

【智慧解读】

"九二"阳刚居中，处两阴之下，笃实诚信，声名闻于外，故有"鸣鹤在阴"之象。"九五"处上，也以自己的诚信之德遥相应和，故是"其子和之"。爻辞中的"我""吾"均指"九二"，"尔"指"九五"，以甘美酒浆共饮同乐为象，进一步说明"九二""九五"以诚信相互感通，相互应和。此爻将这种至诚感通之理应用到平常的社会生活中，就会出现善言善行，即使在千里之外也能应之。此爻意在说明：只要心意真诚，以至诚感人，纵使相距再远，也能相互应和。

【要诀】以我诚心，感动他人。

六三，得敌，或鼓或罢，或泣或歌。

《象》曰：或鼓或罢，位不当也。

【译】 六三，内心不诚，树起对立面，忽而击鼓进攻，忽而疲惫败退，忽而因惧怕敌人反攻而悲泣，忽而因敌人不加侵害而欢歌。

◎《象》解释道：忽而击鼓进攻，忽而疲惫败退，这说明"六三"居位不当。

【智慧解读】

"六三"以阴柔之质居于阳位，失其正，导致心意不诚，甚至将"六四"当作敌人。而且"六三"很不安分，轻视"六四"，有躁动之象，故而击鼓进攻，采取断然而又盲目的行动。而"六四"履正承尊，以"六三"的实力恐怕是难以战胜的。所以"六三"只能疲惫败退。同时又害怕"六四"的反攻，"六三"不禁忧惧哭泣起来，但"六四"阴柔守正，不会加以侵害，"六三"又无忧而欢歌了。"六三"因居位不当，其言行举止，喜怒哀乐，完全系诸外物，而且不自量力，进退无恒。这启示我们：在生活中，不能像"六三"这样心意不诚，有过多的私心杂念，以至于多方投机钻营，言行无常，终将徒劳无益，白白浪费精力。

【要诀】不以物喜，不以己悲。

【例解】

唐代著名的慧宗禅师常为弘法讲经而云游各地。有一回，他临行前吩咐弟子看护好自己的数十盆兰花。一天深夜，狂风大作，暴雨如注，弟子们一时疏忽将兰花遗忘在了户外。第二天清晨，慧宗禅师返回寺院时，众弟子跪地准备领受责罚。得知原委后，慧宗禅师泰然自若。他宽慰弟子们说："当初，我不是为了生气而种兰花的。"禅师之所以看得开，是因为他虽然喜欢兰花，但心中却无兰花这个挂碍。因此，兰花的得失，并不影响他心中的喜怒。人生不如意事十有八九，关键的问题是要泰然处之，要静心养性，如果我们能加强自己的修养，便可以以一种"享受"的心态去迎接生活。

六四，月几望，马匹亡，无咎。

《象》曰："马匹亡"，绝类上也。

【译】六四，月亮接近满圆但还没有满圆，良马亡失其配，不会招致灾祸。

◎《象》解释道：良马亡失其配，说明"六四"断绝与其配偶的关系而向上顺承"九五"。

【智慧解读】

"月几望"是"六四"最佳处境，"六四"以阴柔之质居阴柔之位，得正，上承于"九五"之君，犹如柔顺之德走上盛大而又未达到至尊而盈的程度，故有"月几望"之象。从卦象来看，本卦中"初九"与"六四"正好形成阴阳互应。它一方面上承"九五"，另一方面又下应"初九"，面临着一种痛苦的选择，但"六四"选择了"九五"作为自己诚信奉事的对象，而不分心去往应"初九"，就像马失其匹配一样，与"初九"割绝一切联系，断然割舍，因而"无咎"。此爻告诫我们：在生活、事业上，必须讲诚信，不可首鼠两端，选定了跟随的目标就该始终于一。

【要诀】系心于一，脚踏实地。

九五，有孚挛如，无咎。

《象》曰："有孚挛如"，位正当也。

【译】九五，用诚信之德广系天下人之心，一定没有灾祸。

◎《象》解释道：用诚信之德广系天下人之心，说明"九五"处位中正适当。

【智慧解读】

"九五"这一爻就是中孚卦中《彖传》所说的"孚乃化邦"。"九五"以阳刚之质处阳刚之位，居中得正，又是君位，为中孚卦之卦主，"九五"的孚就是人君的诚信之德。"九五"之孚与在下诸爻之孚有所不同。在下诸爻因居于下位，居于下位的"孚"只要内心诚信，不系于外就行了；"九五"却不同，身为尊贵之君，必须能够使诚信之德施及天下，这样才会没有灾祸。可见要想得为君之道，必须有中正之德和至诚至信之心，从而使天下人都能以诚信相通。此爻提示我们：有了诚信这一美德，待人处世就会无往而不利，事业就一定能获得成功。

【要诀】正大光明，以诚治世。

【例解】

明孝宗是个为政谨慎、重视道德的皇帝，他特别赏识有德有才的兵部尚书刘大夏。有一天，他告诉刘大夏："以后朝中大事，你有什么想法，都可以用'揭帖'密陈，我都照你的意思去办。"刘大夏骤闻此言，跪地大呼："臣不敢！"孝宗十分不解，心想：天下哪有给权不要的人？刘大夏说："如果我用揭帖向皇上进言，便是阻碍言路，时间一久，将会产生前朝出现的营私舞弊、贪污腐败等问题，一定会祸害无穷……"孝宗听了，叹服不已。尽管刘大夏自己能够洁身自好，秉公守法。但是他知道如果以阴暗的"揭帖"手段来辅佐皇帝的话，皇帝与一般大臣之间就不能光明正大、坦诚相见，政治就不会清明，他的做法正是忠君爱国的表现。

上九，翰音登于天，贞凶。

《象》曰："翰音登于天"，何可长也？

【译】上九，高空飞鸟的鸣叫声响彻天宇，虚声远闻而缺乏笃实，守持正固以防凶险。

◎《象》解释道：高空飞鸟的鸣叫声响彻天宇，虚声远闻而又缺乏笃实，这种声音怎么能够保持长久呢？

【智慧解读】

"上九"为阳爻，虽然表面上看起来直爽坦诚，但它居中孚卦之极，诚信之德过中已衰，而与之相反的虚伪则随之生出，恰如声音飞得越高，越显得虚无缥缈。此爻告诫我们：要内修至诚至信之心与笃实之道，而不能华美外扬，唯虚名是务，只以矫揉虚伪为尚，华而不实的人，是绝不会有所作为的。

【要诀】切忌追求虚名。

中孚卦给我们的启示

1. 一如其字面意义，中孚卦全卦阐明的正是"内心诚信"的意义。诚信是当今十分需要的一种社会道德风尚，但诚信环境不能等别人来建设，你只有以诚待人，别人才会以诚回报。自视为强者的人，都应该行事磊落，而不应使奸耍滑。

2. 本卦强调待人诚信的时候，同时还注意提醒我们内外如一。卦中特地设有几爻来警示外诚内奸的人——"六三"居心不诚，言行无定，"上九"诚信衰竭，追求虚名。其结局都是凶险难测的。所以为人应当先保证心诚，后实现行诚。

3. 中孚的"诚"，还有对事业、对理想忠诚之意，人若要实现自己的价值，就必须心系事业，始终如一，不能三心二意，有始无终。

小过卦第六十二

——小过无妨多通变

（艮下 震上）

小过：亨，利贞。可小事，不可大事。飞鸟遗之音，不宜上，宜下，大吉。

《彖》曰：小过，小者过而亨也。过以利贞，与时行也。柔得中，是以小事吉也；刚失位而不中，是以不可大事也。有飞鸟之象焉，"飞鸟遗之音，不宜上，宜下，大吉"，上逆而下顺也。

《象》曰：山上有雷，小过。君子以行过乎恭，丧过乎哀，用过乎俭。

【译】小过卦象征小有过越，可致亨通，利于守持正固。不过只可以施行于些微柔小之事，而不能践履天下刚大之事。犹如飞鸟留下悲哀的叫声，不宜于向上强飞，而宜于向下安栖，这样才会大为吉祥。

◎《彖》解释道：小有过越，说明在日常小事上有所过越，可以获得亨通。有所过越，可以获得有利于守持正固，说明应该配合适当的时候来实行小过之道。阴柔处中不偏不倚，因此小过施行于平常柔小些微之事可以获得吉祥；阳刚失其正位而又不能居中，所以小过不能用以践履天下刚大之事。卦中有飞鸟的喻象，飞鸟发出了悲哀的叫声，不宜于向上强飞而宜于向下栖安，这样会大为吉祥，说明向上行大志则易违逆，而向下施行小事则会安顺。

◎《象》解释道：山顶上响动着震雷，声音超过常态，象征小有过越。君子们因此在行为举止上稍过恭敬，丧事中稍过悲哀，日常费用稍过节俭。

【智慧解读】

小过卦艮下震上，艮为山，震为雷，故有山上有雷之象。震雷在山顶上响动，山谷的回音使得震雷发出的声音稍微超过在平地上的常态，所以用雷在山上之象来象征小有过越。《周易》讲究中庸，但要完全得中是很难的，小过卦的卦意在于以过求中。此卦告诉我们：在社会生活中，虽说行贵乎中，但是在有些时候，矫枉则必须过正，就是说要想求中，就非要过一点儿不可，这种过越是为了求中，故可致亨通。

【要诀】 不拘小节，灵活处事。

初六，飞鸟以凶。

《象》曰："飞鸟以凶"，不可如何也。

【译】初六，飞鸟硬是逆势向上，必会有凶险。

◎《象》解释道：飞鸟硬是逆势向上，必会有凶险，说明"初六"是无可奈何，自取其咎。

【智慧解读】

"初六"处于本卦之始，阴柔之质居于阳刚之位，而且不得其中，正是不宜有所行动，而应安止、栖宿的时候。但"初六"明知上有"九二"相阻，却不能自禁，而往应"九四"，势必会折断翅膀，坠落于地，不会有好结果的。而飞鸟之过，一往而不及返，只能是自食其凶咎之果，谁也救助不了。此爻告诫我们：不能好高骛远，要顺势而为，把握住尺度，否则一味奋进，就有凶险了。

【要诀】把握尺度，忌好高骛远。

六二，过其祖，遇其妣。不及其君，遇其臣，无咎。

《象》曰："不及其君"，臣不可过也。

【译】六二，越过祖父，得遇祖母，但不能擅自越过君主，君主能够遇合臣仆，一定没有灾祸。

◎《象》解释道：不能擅自越过君主，说明"六二"作为臣仆绝不能擅自越过尊贵之君。

【智慧解读】

"六二"柔顺居中得正，它可以适当地在前进中过越"九三"与"九四"，从而得以与"六五"之妣相遇合，但是因为"六五"是尊位，"六二"不能擅自过越，于是就像臣仆对待君主那样去顺从"六五"，"六五"遂得以遇合"六二"，故而说"过其祖，遇其妣；不及其君，遇其臣"。此爻告诫我们：超越自己能力和本分的事不能多做，偶尔为之也许可以获得好处，做多了则会引起他人不快，触犯尊者，会给自己带来危险。

【要诀】适当过越，不致凶咎。

九三，弗过防之，从或戕之，凶。

《象》曰："从或戕之"，凶如何也？

【译】九三，不愿过分防备，势必将要受人加害，有凶险。

◎《象》解释道：势必将要受人加害，说明"九三"的危险是多么厉害啊！

【智慧解读】

"九三"的处境很凶险，它位居下卦之上，以阳刚之质处阳刚之位，势必会为诸多阴柔小人所忌恨，受到他们的不断加害。因此应该过防小人，以免遭人暗算。但"九三"致命的弱点就是以刚居刚，阳刚得正，自恃强盛，不把那些阴柔小人放在眼里，既不屑于谨小慎微，也不屑于严加防备，所以才遭到小人的戕害。此爻提示我们：应该时刻对小人有所防备。

【要诀】防人之心不可无，留意宵小。

【例解】

从前有个国王，在一次与大臣出游的时候，让一个他最信任的马夫备马。马夫一时疏忽，错给国王选了一匹刚烈的种马，害得国王当众摔下来，颜面尽失。于是他鞭打了马夫以示惩戒。国王对此并没有太在意，没多久便忘了这事，照样论功行赏，而马夫却总想找机会报复国王。某年该国发生了叛乱，国王要御驾亲征，再一次让马夫备马。这次马夫给国王挑了一匹真正的好马，但在给这匹马钉掌的时候故意少钉了一个钉子。结果国王在战场上追杀敌人的时候突然连人带马一起跌倒，原来马掌脱落了！敌军见国王倒地，竟然转身杀回，将国王擒获。后来他得知原来是这个马夫害了他，不由得大骂自己不识小人。

九四，无咎，弗过遇之；往厉必戒，勿用，永贞。

《象》曰："弗过遇之"，位不当也；"往厉必戒"，终不可长也。

【译】 九四，不会有灾祸。不过分刚强就能够得遇阴柔，但是如果前往应合必有凶险，定要心存戒惧，不可施展才能，永久守持正固。

◎《象》解释道：不过分刚强就可以遇合阴柔，说明"九四"所居的阳刚位置不适当。前往应合会有凶险，务必要心存戒惧，说明去应合阴柔终将不能保持长久无灾祸。

【智慧解读】

"九四"阳居阴位，不为过刚，于是能够遇合下卦之初，有卦辞的"宜下"之象，所以"九四"不会招致灾祸。但"九四"阳居阴位，有失正之嫌，若主动前往应合"初六"，则真的失去了其自慎守正之道，所以爻辞说"往厉"。"九四"不可忘乎所以，主动求应于"初六"。此爻告诫我们：一个人要坚持正道，不必关心阴柔小人的看法，更不可自以为有能力兼顾小人的要求。

【要诀】自守正道，不偏不倚。

【例解】

岳飞被诬陷下狱后，秦桧即指派御史中丞何铸审理岳飞，何铸反复查证此案后，认为岳飞罪证不足，但回报宰相秦桧后，秦桧却明白地告诉他："这是皇上的意思……"何铸听了不为所动，并且答道："我是个执法者，不能栽赃冤枉，为了国家前途，凡是一个有良心的人，都不能如此做啊！何况多事之秋，诬杀大将，必使士卒寒心，而国家前途，将不堪设想。"秦桧无法回答，于是另派他人审理此案。何铸因此得罪了秦桧，而何铸也知道自己的处境艰险，于是更加洁身自守。他没有自营宅第，而是在佛寺赁屋居住，并且将俸给之余济助贫困乡亲，平时则以读书为乐。最终秦桧也没办法，何铸得以善终，后世还称之为"直官"。

岳王庙内秦桧夫妇铁铸跪像

六五，密云不雨，自我西郊；公弋取彼在穴。

《象》曰："密云不雨"，已上也。

【译】六五，阴云密布而不降雨，云气的升腾起自我们城邑的西郊，王公贵族竭力射取那隐藏在洞穴中的野兽。

◎《象》解释道：阴云密布而不降雨，说明"六五"阴柔过盛，已经高居阳刚之上。

【智慧解读】

"六五"以阴柔而居尊位，高高在上，就像密布的雨云一样，但因其下无阳应，阴无阳相合则不能成雨，故爻辞言"不雨"。爻辞中的"公"当指"六五"自己，"在穴"指的是隐藏在洞穴中的野兽，这句紧承前面的意思，说明"六五"身处人君之位，虽不能施惠天下万物，但是作为一个王公贵族尚可以稍稍过行其职，竭力除害，矫正弊端。此爻提示我们：身处要职、肩负重任者行事不可拘泥于条条框框，在处理日常事务时应该果断坚决，以大局为重。

【要诀】不可过于优柔守法。

【例解】

三国时期，蜀国的国君刘备逝世后，由诸葛亮代掌国事。诸葛亮治理蜀国时，厉行法治，惩治不法。有人不满地说："以前刘璋治蜀，比较宽厚，您为什么要这样苛刻呢？"诸葛亮说："正因为刘璋宽厚，才使国法不行。我现在施行'猛政'，正是要对国家进行整治。"在当时蜀国新立、民心不稳、吏治庸怠的情况下，诸葛亮不局限于条条框框，威猛执法，果断坚决，使蜀国的面貌为之一新。

上六，弗遇过之；飞鸟离之，凶，是谓灾眚。

《象》曰："弗遇过之"，已亢也。

【译】上六，不能遇合阳刚却超越了极限，犹如飞鸟遭到射杀，有凶险，这就叫作灾祸。

◎《象》解释道：不能遇合阳刚而超越了极限，说明"上六"已高居亢极之地。

【智慧解读】

"上六"居小过卦之终，阴柔所处过高，早已失去其适中之道，不仅不能应合在下的阳，而且己身之亢超过了极限，所以才说"弗遇过之"。飞鸟拼命向上飞，飞到了极点，然而却遭到了射杀，这喻示"上六"过极，是自取其灾。这揭示了一个道理：世间万物，都宜适可而止，纵使小有过越，也不应超过其应有的度，因为大的凶险就是因小的过失累积而成的。

【要诀】千里之堤，溃于蚁穴。

【例解】

长江边上的某县城，每年汛期都会经历一次洪水的考验，老护堤人沿堤巡查时遇到任何寄居在堤里的虫蚁小兽都不放过，不但要填了它的窝，还要将小兽抓出来。后来这个人退休了，换了一个年轻人来看堤。年轻人母亲信佛，儿子也不敢违逆，因此不会对这些动物斩尽杀绝，只是把它们赶走便罢了，老太太认为是积了德。可当这一年的夏天到来时，洪水超过警戒线，大堤的另一侧突然被冲出一个豁口，好在解放军及时封堵，才没有发生进一步的危险。人们最后在周边找到了许多隐蔽得很深的兽洞，这才知道是守坝人的"小小"失职制造了严重隐患，守坝人每次只是放过一只小动物，却给全城百姓造成了危险。

小过卦给我们的启示

1. 中庸是保证人生成功的关键，但是实施这个原则不能没有余地，一味追求中庸反而可能离中庸之道更远。在处理事务性工作时，原则并不总是那么重要，如果过于拘泥于原则和标准，不能灵活机变，办事的效率和效果都会打折扣。

2. 用"小过"这一行事哲学来指导生活也有许多讲究。从程度上看，实行小过只是稍稍而已，这就是说施行小有过越不能不以"正"为根本标准，否则就会大过而致凶。只有适可而止，审时度势，具体问题具体分析，才能够处理好事务性工作，遇有麻烦时才能逢凶化吉。

3. 小有过越只可施行于寻常细微的无关紧要的小事，而不可用以践履天下家国的大事，这是实行小过的范围问题。对于关涉道德的选择，则应该坚守道德，不可随意践踏道德底线，处理重大事件，切不可任意过越，而应该按既定的规矩即"道"来行事。

既济卦第六十三
——功成名就须谨慎

（离下 坎上）

既济：亨小，利贞；初吉终乱。

《彖》曰："既济，亨"，小者亨也。"利贞"，刚柔正而位当也；"初吉"，柔得中也；"终止则乱"，其道穷也。

《象》曰：水在火上，既济。君子以思患而豫防之。

【译】既济卦象征成功，连柔小者也获得亨通，利于守持正固，若不能慎终如始，则起初吉祥终将危乱。

◎《彖》解释道：事已成，亨通，说明此时连柔小者也获得亨通。占问结果吉利，因为阳刚阴柔均行为端正、居位适当。起初吉祥，说明柔小者能持中不偏。最终停滞不前必将导致危乱，说明既济之道已经困穷。

◎《象》解释道：水在火上，象征"事已成"。君子因此而思虑可能出现的祸患而预先做好防备。

【智慧解读】

小过善补就能成功渡到彼岸，所以紧接"小过"之后，是象征事物圆满成功的"既济"卦。从卦象上看，既济卦离下坎上，离为火，坎为水，喻义水在火上可以把食物煮熟了，是事业圆满成功的象征。从既济卦的结构看，其六爻的排列次序都是先阳后阴，阴阳交配，而且各爻都居位得正，这在六十四卦里是仅有的一例。这也象征着各爻各卦的变化已经结束，亦即事物已经圆满成功，所以正如爻辞所说，已经渡过了河，结局已定，万事亨通，即使是小事，也顺利正确。水在火上，是水火相济，然而水火还有相灭的一面，水太大就会将火熄灭，火太大，则会把水煮干。这就告诫我们：在事业圆满成功之后，要懂得事物终而复始不断变化的规律，要看到祸福相乘、治极复乱、初吉终乱的潜在危机，及早敲响设防的警钟，提前采取措施，确保来之不易的成功局面，否则就会如卦辞所说"初吉终乱"。

【要诀】察机识变，巩固成果。

【例解】

7世纪，墨洛温王朝对法兰克王国的统治十分软弱无力，尚武的军阀肆意分裂国家。赫里斯塔尔·丕平在697年通过战争剪灭群雄，但是他死后，立刻出现了一场夺权斗争。其子查理·马特凭借杰出的军事才华和政治手腕，到720年，再一次平定了各地叛乱，成为法兰克王国实际统治者。取得战争胜利的查理并没有沉浸于喜悦之中。目光远大的他认为，仅仅镇压内乱、驱逐外敌，并不能达到长治久安的目的。在长久的思考后他决定在根本上改变墨洛温王朝时代无条件封赠土地的制度，实行有条件的分封，将豪绅显贵跟王室紧密联系起来，从而加强中央权力。这种层层分封的采邑制度，为后世西欧封建社会结构定了型，也保卫了法兰克王国的长期和平。

初九，曳其轮，濡其尾，无咎。

《象》曰："曳其轮"，义无咎也。

【译】初九，拖住车轮使之缓行，沾湿小狐狸的尾巴使之缓渡，没有灾祸。

◎《象》解释道：拖住车轮使之缓行，说明"初九"的行为符合居安思危、慎终如始的道理而没有灾祸。

【智慧解读】

"初九"处于既济之初，以阳当位，又上应"六四"，一切皆亨。于是就忘记了居安思危、慎终如始的道理，行事孟浪，急于求应于"六四"，沉湎于欢愉之中，这是很危险的。故爻辞以"曳其轮，濡其尾"为喻，劝人谨慎守成，不要因功生骄，胡乱处事。

【要诀】居安思危。

【例解】

微软是世界上最大的软件公司之一，世界上80%以上的电脑中装有微软的操作系统或软件，可以说在PC软件上具有稳固的垄断地位。但其创始人比尔·盖茨仍然不断告诫员工："我们的公司离破产永远只差12个月。"这既是对市场形势的一个生动说明，也是危机意识的明确表现，正因为懂得居安思危，所以微软每年要投入大量的利润到未来产品和市场的研究上。居安思危，正是伟大企业和伟大人物的成功法宝。

六二，妇丧其茀，勿逐，七日得。

《象》曰："七日得"，以中道也。

【译】六二，妇人丧失了车幔，不用去寻找，七天后必能复得。

◎《象》解释道：七日后必能复得，是因为"六二"能守中正之道。

【智慧解读】

"六二"以阴爻得中得正，像一位柔顺淑贤的妇人，必有好报。如爻中所言，一位妇人丢失了车幔，无法出门了，但用不着急着去寻找，因为将会有拾金不昧的好心人给送来，过不了几天就能失而复得。此爻告诫我们：失去了发展机遇，不要太不甘心，只要能够克制自己，等待新的机会，事情终将会圆满完成的。

【要诀】克制自己，等待机会。

九三，高宗伐鬼方，三年克之，小人勿用。

《象》曰："三年克之"，惫也。

【译】九三，殷高宗讨伐鬼方，历经三年终于取得了胜利，在善后处理上不要任用小人。

◎《象》解释道：历经三年终于取得了胜利，说明"九三"已疲惫不堪。

【智慧解读】

"九三"阳爻居阳位，是刚正之士，所以爻辞把它类比为殷高宗武丁，他是商代著名的中兴之君，曾征伐鬼方（鬼方是商周时代西北方的部族，常袭扰中原）。"九三"虽然阳刚英武，但是它处于水坎之中（它正居于和"六二""六四"组成的坎卦之中），本就处境不好，要去完成大业，远方又有水险阻道（在它之上是一个坎卦），所以殷高宗伐鬼方费时三年才获得胜利。胜利来之不易，成功之后管理国事也不容易，这里就面临一个新问题：怎样对待小人？小人在战乱之时能顺势立功，但小人焦躁激进，若任用小人管理国家，必致危乱，因此不能重用。本爻说明：创业难，守成更难，守成之事千头万绪，会遇到许多意想不到的事，稍有不慎就可能酿成大祸。

【要诀】胜利来之不易，万勿任用小人。

六四，繻有衣袽，终日戒。

《象》曰："终日戒"，有所疑也。

【译】六四，华美的衣服将会变成破衣烂衫，应当整天戒备可能发生的祸患。

◎《象》解释道：整天戒备，说明"六四"有所疑惧。

【智慧解读】

既济以内卦为主，至外卦则开始向未济方向转化。"六四"居外卦之始，将要变化但尚未变化。"六四"进入外卦坎体之中，此为坎险之地，因此要"终日戒"。华美的衣服终将会变成破衣烂衫，说明静止是相对的，变化才是绝对的。对于打败鬼方的高宗来说，安乐是暂时的，艰辛是长期的。所以要居安思危，终日戒惧，防患于未然。此爻强调在守成之时仍须终日戒惧，自强不息。

【要诀】时刻警惕，不可松懈。

【例解】

明初为了巩固统治，对于贪官污吏的惩罚到了苛酷的程度。明太祖朱元璋特制了《申诫公侯铁榜》，亲自编写《大诰》《大诰续编》等书，搜录150件贪官案例，大力开展法令宣导活动以强化百官的"心防"。他对贪污问题，已达"洁癖"的地步。他惩杀贪官绝不手软，蓝玉一案，竟杀了2万多人，而杀的官阶层级方面，从宰相、皇亲国戚、驸马、大将军、尚书、钦差大臣到侍郎，各级地方官吏都有。朱元璋为什么要如此苛刻地对待他的臣下呢？因为他从元朝末世走来，深感守成不易，所以战战兢兢重视民心，日夜防备官逼民反。事实证明他的做法是有成效的，明初政治的清明，为其后世皇帝的守成打下了良好的基础。

九五，东邻杀牛，不如西邻之禴祭，实受其福。

《象》曰："东邻杀牛"，不如西邻之时也；"实受其福"，吉大来也。

【译】九五，东边邻国杀牛盛祭，不如西边邻国简薄的禴祭，更能切实承受神灵赐予的福泽。

◎《象》解释道：东边邻国杀牛盛祭，不如西方邻国能适时而薄祭。西方邻国能更切实地承受神灵赐予的福泽，说明盛大的吉祥将会来临。

【智慧解读】

"九五"以阳刚中正，处既济之尊位，事成物盛，此时最易生骄奢之心而失诚敬之意，所以爻辞以东邻西邻之祭祀为喻，说明处盛之时切忌骄奢，勿忘诚敬，须知既济已经到来，未济就在后面。既济的盛大之时，最忌骄奢，只有心怀诚敬，慎修其德，才能获得神灵所赐予的福泽。此爻提示我们：在成功之后，还须戒骄戒躁。

【要诀】满招损，谦受益。

【例解】

孔子去周室宗庙参观的时候，看见一个非常奇巧的器皿。孔子便问守护宗庙的人："这是什么器皿？"回答说："这是放在君主座位右边，让君主自警的一种器皿。"孔子说："真是幸运啊！我能看见这个器皿。"看到老师感叹的神情，学生们都大惑不解，孔子就回头对弟子们说："往里面注水。"他的弟子开始往里面灌水，灌到一半之后，器皿还能保持端正。但是灌满了之后，器皿便倒了，里面滴水无存。孔子叹息说："唉，这就是盈满的人的下场吧！"子贡问道："老师，给我们讲讲盈满的道理吧。"孔子说："太多了它就减少。"子贡又问："那么什么是太多了就减少呢？"孔子回答说："物品繁盛到了极点就会衰亡，高兴到了极点就会有悲伤的事情发生，太阳到了中午的时候就会往下移，月亮圆了之后就会开始缺损。因此，头脑聪明的，要用示笨的方法来保持；功盖天下，要用退让来保持；勇力出众，要用怯惧来保持；富有四海，要用谦逊来保持。这就是所谓的自退自损的办法。"

孔子讲学图　清
此图表现了春秋时期孔子在杏坛讲学的情景。图中孔子端坐讲授，弟子们在周围恭敬地聆听。

上六，濡其首，厉。

《象》曰："濡其首厉"，何可久也？

【译】 上六，小狐狸渡河沾湿头部，有危险。

◎《象》解释道：小狐狸渡河沾湿头部有危险，若不采取断然措施怎么能够长久呢？

【智慧解读】

"上六"处既济之极，坎险之上，质本柔弱，济道又穷，有如小狐狸涉水而沾湿头部，危厉可想而知。但"厉"只是危险，还有转危为安的可能，必须尽快采取措施，否则便不能长久了。此爻告诫我们：事业达到顶峰之时，往往就是危机到来之日，这时必须以雷霆手段，果断处置，方能解决问题。

【要诀】 危机之时，应采取断然措施。

既济卦给我们的启示

1. 事业即将成功之际，不可对潜在的困难掉以轻心。"渡河成功"（既济）在人生中并非常态，更多时候总是在一种摸索、挣扎的状态，所以获得阶段性成功以后应该总结经验、研究下一步的前进方向。否则当前的胜利只能算是跨过一条窄沟，真正的大河仍然能够将成功者淹没。

2. 既济虽说是处于事已成之时，物无大小俱获亨通，但日子过得一点儿也不轻松。卦辞强调"利贞"，并警告说"初吉终乱"，《象传》与卦前《象传》也反复申述了思患防患的思想。存不忘亡，安不忘危，既济卦所阐述的这种警钟长鸣、慎终如始的思想，是古人留给我们的宝贵遗产，值得今人去认真思考。

未济卦第六十四
——变易无穷向前行

（坎下 离上）

未济：亨。小狐汔济，濡其尾，无攸利。

《彖》曰："未济，亨"，柔得中也。"小狐汔济"，未出中也；"濡其尾，无攸利"，不续终也。虽不当位，刚柔应也。

《象》曰：火在水上，未济。君子以慎辨物居方。

【译】未济卦象征事未成，勉力使成可获亨通。小狐狸渡河接近成功之时，被沾湿了尾巴，没有什么吉利。

◎《彖》解释道：事未成而至亨通，是因为柔顺而能守持中道。小狐狸渡河接近成功之时，实际上仍未脱出坎水之中；沾湿了尾巴而没有什么吉利，说明努力没有持续至终。卦中六爻虽然位皆不当，但刚柔两两相应，勉力可获成功。

◎《象》解释道：火在水上，象征事未成。君子因此以审慎的态度分辨万事万物，使之各居适当的处所。

【智慧解读】

"未济"卦为六十四卦之终，它与既济卦正好相反，是离上坎下，火在水上，不能烹煮食物，象征事业未成。从爻位看，也和既济卦相反，先阴后阳，各爻都不得位。这也是六十四卦中特有的一卦，它象征着各爻位又要重新排列，以不得位逐渐到得位。以未济逐渐达到既济，此卦卦辞以一只小狐狸过河的寓言，寓意事物未成之象。未济卦向我们揭示：自然界和人类社会处在不断变易的过程中，经过运动和斗争，矛盾得以解决，事物达到了终极目标，即"既济"，然而既济是暂时的，旧矛盾解决后，新的矛盾又会形成，于是又要经过不断的运动和斗争，即"未济"状态，而这种未济的状态却是相对久远的。正是这种既济—未济—既济的过程，才使自然和社会永无穷止地向前运动。

【要诀】坚持奋斗，善始善终。

初六，濡其尾，吝。

《象》曰："濡其尾"，亦不知极也。

【译】 初六，小狐狸渡水沾湿了尾巴，会有麻烦。

◎《象》解释道：小狐狸渡水沾湿了尾巴，亦不知谨慎持中。

【智慧解读】

"初六"处于未济的开始，并不具备可济的条件，且本质阴柔，力不从心。它居于坎险之中，急于脱险，又应于"九四"，必欲上行。然而"九四"本身并不是中正之才，不会前来援助，如此，"初六"的前途可想而知。爻辞以小狐狸渡河为喻，说明"初六"犹如柔弱幼小之狐，不度量自己的才力和客观形势冒险躁进，结果未游到对岸就气力不济，沾湿了尾巴，终有憾惜。

【要诀】 审时度势，不可冒进。

【例解】

现代企业，往往靠兼并来扩大规模，但是兼并容易给人们带来高速发展的错觉，从而走向大胆冒进，无序发展的境地。2000年前后，朗讯和北电在当年的IT泡沫时，错误地估计了形势，大量兼并相关企业，结果导致多项费用过高，最后兼并没有产生效益反而带来大幅度亏损，导致企业长期不能恢复元气。看来，兼并也并不完全是好事，是否采用并购方式，不但取决于企业的需求，还应该看整个产业环境，审时度势，才不会出现重大的损失。

九二，曳其轮，贞吉。

《象》曰：九二贞吉，中以行正也。

【译】 九二，拖住车轮使之缓行，守持正固可获吉利。

◎《象》解释道："九二"守持正固可获吉祥，说明居位适中，行事端正。

【智慧解读】

"九二"以阳居阴，其位不正。"九二"有阳刚之才，上应"六五"，又得柔中之助，是可以有为的。但它身处坎险，谨慎而不敢轻进，犹如向后拖住车轮使之缓行。能如此小心，自然可以获得吉祥。此爻告诫我们：一快不如一慢，有时候稳健比速度更重要。

【要诀】 放缓步伐，稳健前行。

六三，未济，征凶，利涉大川。

《象》曰："未济征凶"，位不当也。

【译】六三，事未成，急于前进必有凶险，但利于涉越大河急流。

◎《象》解释道：事未成而急于前进必有凶险，说明"六三"居位不当。

【智慧解读】

"六三"是阴爻，以阴居阳。从爻辞看，"六三"令人不解，其实是在"利涉大川"之前脱了一个"不"字。"六三"在事未成之时，以阴柔之质处坎险之上，属居位不当，此时不宜妄动，更不利涉越大河。此爻告诫我们：身处险境不可逞强，若强行前进，必受其害。

【要诀】 失位处险，不可妄动。

【例解】

金正DVD（digital video disc，数字激光视盘）曾经是中国DVD产业的巨头之一，销售形势一度非常好。但是，集团却想实现跨越式发展，并进行多元化经营。2003年，金正成功收购了陕西、山东、浙江、广东4个空调生产基地，宣布大举进入空调领域，产品5月初大规模上市。同时，为了实现快速转型，金正进入了手机、LCOS背投等领域。金正似乎在向业界透露，准备花费数年时间实现整个企业的多元化转型，实现其所推崇的产业品牌战略。然而现实是，金正空调只在国内极少数二、三级市场销售，金正手机在国内市场表现平平，而金正液晶电视则只在美国有少量销售。相反，DVD领域竞争更加激烈，金正的优势丧失殆尽。

九四，贞吉，悔亡；震用伐鬼方，三年，有赏于大国。

《象》曰："贞吉悔亡"，志行也。

【译】 九四，守持正固可获吉祥，悔恨消失。以雷霆震动之势讨伐鬼方，历经三年战争胜利，被封赏为大国诸侯。

◎《象》解释道：守持正固可获吉祥，悔恨消失，说明"九四"立志于求济的行动。

【智慧解读】

"九四"已脱离下卦坎险进入上卦离明，总体说来命运已开始改变，未济将有可济的希望。但"九四"以阳居阴，处位不正，仍然有悔，须守持志向方可获吉，消除悔恨。此爻告诫我们：处在事业未竟将竟之时，要真正地守正除悔，不能坐等，而应竭力奋斗到底。

【要诀】 坚持不懈，奋斗到底。

六五，贞吉，无悔；君子之光，有孚吉。

《象》曰："君子之光"，其晖吉也。

【译】 六五，守持正固可获吉祥，没有悔恨；君子之德似太阳之光，有诚实守信的德行可以获得吉祥。

◎《象》解释道：君子之德似太阳之光，光照天下，带来吉祥。

【智慧解读】

"六五"是未济卦得以至亨的主爻，它是从未济转向既济的关键。"六五"虽以阴居阳位不当，但居中，居中则无不正，故可获得吉祥，而没有悔恨。"六五"爻位非常好，《象传》所说"未济亨，柔得中也"。"六五"居上卦离体之中，是文明之主，它不仅自己能获得吉祥，没有悔恨，而且以柔居刚，下应"九二"，象征着它能带领大家共同渡过未济难关，进入既济的太平盛世。此爻提示我们：人要获得超越群伦的成功，不但要独善其身，还要兼济天下。

【要诀】 尽施其力，兼济天下。

上九，有孚于饮酒，无咎；濡其首，有孚失是。

《象》曰："饮酒濡首"，亦不知节也。

【译】 上九，怀着诚信之心举杯庆贺，没有灾祸。但若沉湎于酒，将如小狐狸渡水沾湿头部，必然有失正道。

◎《象》解释道：沉湎于饮酒如同小狐狸渡水沾湿头部，说明如此下去也太不知节制了。

【智慧解读】

"上九"以阳居未济之极，物极必反，未济遂成既济，于是举杯庆贺，天下太平。但此时若沉湎于饮酒。就会转向其反面，重演小狐濡首的悲剧，正道尽失，既济又将变为未济。在这最后一爻中，巧妙地浓缩和再现了未济—既济、既济—未济这一"物不可穷"的观点。一方面警醒世人慎待人生，须臾不可耽于逸乐；另一方面卒彰显其志，揭示了事物总是按着否定之否定规律向前发展的辩证思想。

【要诀】 谨慎节制，不可得意忘形。

未济卦给我们的启示

1. 调查研究是事业成功的第一步。把站在河边试探、观察当作整个渡河工作的一部分，渡河才不会有预料不到的危险。人生处处都维持这种思维，则可以避免不必要的失败。

2. 做事要持之以恒。人生旅途的整个过程，就如同渡河，容不得一丝懈怠和反悔，很多时候人已经游到了河中间，只有持之以恒才能化险为夷，到达光明的彼岸。

3. 不断创新才能不断前进。在很多情况下，不仅仅是客观原因促成事态的变化，主观因素往往起着决定性的作用。